関西学院大学研究叢書　第95編

パスカル『プロヴァンシアルの手紙』
―ポール・ロワイヤル修道院とイエズス会―

森川　甫
MORIKAWA Hajime

関西学院大学出版会

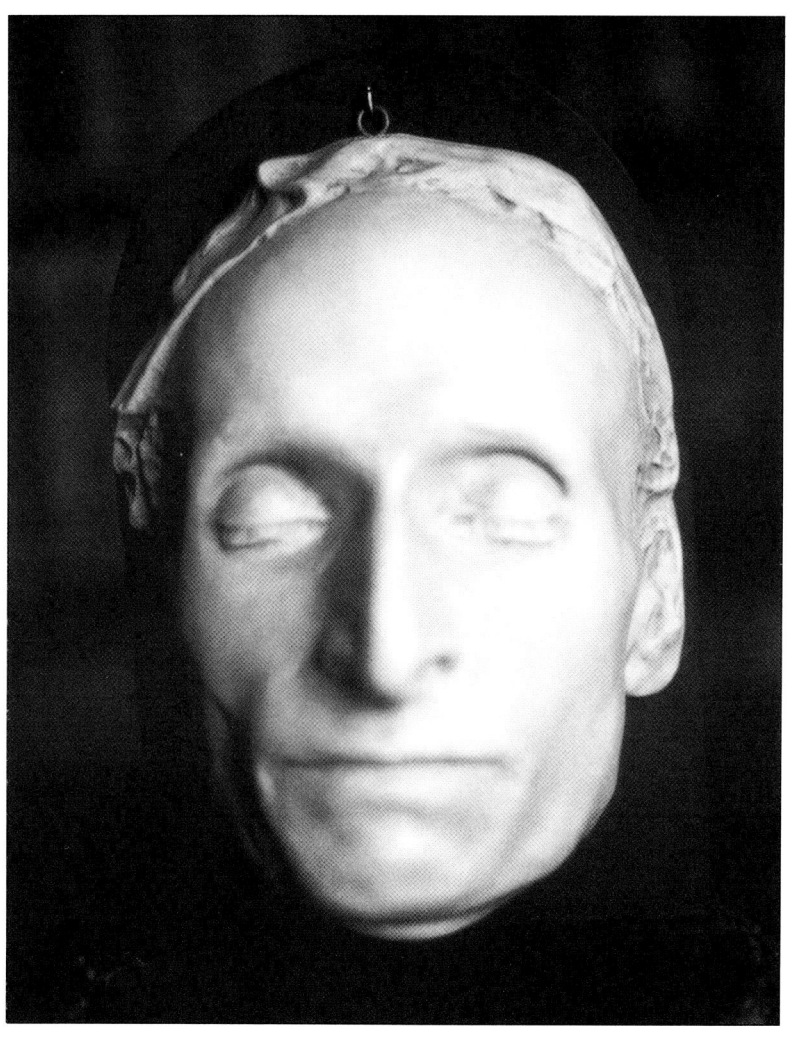

パスカル デスマスク
（ポール・ロワイヤル図書館 Bibliothèque de Port-Royal 所蔵）

イグナティウス・デ・ロヨラ　　　　　　　ジャン・カルヴァン

ブレーズ・パスカル　幼少期

姉　ジルベルト
（フロラン・ペリエ夫人）

妹　ジャックリーヌ
（サント・ユーフェミイ修道女）

ブレーズ・パスカル　青年期

17世紀パリ地図
向かって左側　右岸地区(リーヴ・ドロワト)，中央　シテ島(ラ・シテ)，右側　左岸地区(リーヴ・ゴーシュ)（大学地区＝カルチエ・ラタン）

サンシラン

コルネリウス・ジャンセニウス

「ポール・ロワイヤル修道院における聖アウグスティヌス」

アンジェリック・アルノー

アニェス・アルノー

当時のポール・ロワイヤル・デ・シャン全図

x

ポール・ロワイヤル・
デ・シャン

食事

集会

個室

ポール・ロワイヤル・
デ・シャン

プロセション（行列）

看護

埋葬

ポール・ロワイヤル・デ・シャン　上　迫害・追放
　　　　　　　　　　　　　　下　現状　左　小礼拝堂
　　　　　　　　　　　　　　　　　右　マニ・レ・アモ　墓地と礼拝堂

ソルボンヌの礼拝堂

ポール・ロワイヤル・ド・パリ
（中庭の向こう側の建物は礼拝堂）

パスカル『プロヴァンシアル』執筆の家（現在の状態）

『メモリアル』（紙片　自筆）

E

L'an de grace 1654.
Lundy 23. Nov.ᵉ jour de S.ᵗ Clement
Pape et m. et autres au martirologe Romain
veille de S.ᵗ Crysogone m. et autres &c.
Depuis environ dix heures et demi du soir
jusques environ minuit et demi

――― FEV ―――

Dieu d'Abraham. Dieu d'Isaac. Dieu de Jacob
non des philosophes et scavans.
certitude joye certitude sentiment veue joye
Dieu de Jesus Christ.
Deum meum et Deum vestrum.
Jch. 20. 17.
Ton Dieu sera mon Dieu. Ruth.
oubly du monde et de Tout hormis DIEV
Il ne se trouve que par les voyes enseignées
dans l'Evangile. Grandeur de l'ame humaine.
Pere juste, le monde ne t'a point
connu, mais je t'ay connu. Jch. 17.
Joye Joye Joye et pleurs de joye _____
Je m'en suis separé _____
Dereliquerunt me fontem _____
mon Dieu me quitterez vous _____
que je n'en sois pas separé eternellement.

Cette est la vie eternelle qu'ils te connoissent
seul vray Dieu et celuy que tu as envoyé
Jesus Christ _____
Jesus Christ _____
je m'en suis separé : je l'ay fui renoncé crucifié
que je n'en sois jamais separé.
il ne se conserve que par les voyes enseignées
dans l'Evangile.
Renontiation Totale et douce _____
Soûmission totale a Jesus Christ et a mon directeur.
eternellem.ᵗ en joye pour un jour d'exercice sur la terre.
non obliviscar sermones tuos. amen.

『メモリアル』（羊皮紙の副本）

歴史的な和解のミサ　1991年9月（ポール・ロワイヤル・ド・パリ）

対話　リュスティジェ枢機卿（中央），ジャン・メナール教授（左から1番目）
　　　フィリップ・セリエ教授（左から2番目）

撮影　著者

凡　例

Lettre	LETTRE A VN PROVINCIALE, Edition princeps, 1656-1657 『プロヴァンシアルの手紙』初版本．序数形容詞を付している．例．*3ᵉ Lettre*.
GE	*Œuvres complètes* (Grands Ecrivains), 1904-1914. ラテン数字は巻数を表す．以下同様．
OCL	*Œuvres complètes,* éd, de Lafuma, 1963.
OCM	*Œuvres complètes,* I-IV, éd, de Mesnard, 1964-1992.
PC	*Les Provinciales,* éd. de Louis Cognet, 1965.
『P 著作集』	『パスカル著作集』1980-1982.
『MP 全集』	『パスカル全集　メナール版』I-II, 1993-1994.
Réponses	Réponses aux "Lettres Provinciales", 1656.
Bonne Foi	La Bonne Foi des Jansénistes, 1656.
Apologie	Apologie pour les Casuistes, 1657.
INS.	Institution de la Religion chrétienne, 1560.
BN.	Bibliothèque Nationale
BM.	Bibliothèque Mazarine
L.	*Les Pensées*『パンセ』の Lafuma 版.
B.	同上書 Brunschvicg 版.

目　次

まえがき 1

第1部　パスカルの精神形成 3
第1章　パスカルとその時代 5
　第1節　時代の潮流 7
　第2節　科学的業績──自然学者パスカル── 15
　第3節　社交生活 23
第2章　決定的回心 31
　第1節　決定的回心をめぐる状況 33
　第2節　『メモリアル』「決定的回心」の記録──「喜びの涙」──.....41
　第3節　『メモリアル』「決定的回心」の記録
　　　　　──「イエス・キリストへの服従」── 49
第3章　決定的回心後の作品 55
　第1節　『エピクテートスとモンテーニュについての
　　　　　ド・サシ師との対話』..57
　第2節　『要約　イエス・キリストの生涯』..........................67
　第3節　『幾何学的精神について』..77

第2部　『プロヴァンシアルの手紙』 85
第1章　『プロヴァンシアル』論争 87
　第1節　論争の起源と経過 89
　第2節　『プロヴァンシアル』論争のテキスト 107
第2章　『プロヴァンシアル』論争の主題と内容 129
　第1節　恩寵問題　『第1の手紙』〜『第4の手紙』..........131
　第2節　道徳問題　『第5の手紙』〜『第10の手紙』........151
　第3節　道徳問題（再び）『第11の手紙』〜『第16の手紙』..185
　第4節　恩寵問題（再び）『第17の手紙』『第18の手紙』....211
第3章　イエズス会の反応 219
　第1節　『1656年度フランス管区年次報告書』....................221

第2節　アンナ神父　イエズス会の論争家（1）..................227
　　第3節　ヌエ神父　イエズス会の論争家（2）..................237
　第4章　パスカルの表現論..................247
　　第1節　『プロヴァンシアルの手紙』の表現形式..................249
　　第2節　表現技術..................287
　第5章　パスカルにおける恩寵論―展開と傾向―..................303
　　第1節　恩寵論の展開..................305
　　第2節　恩寵論の源泉―アウグスティヌスとパスカル―..................323
　　第3節　恩寵論の源泉―アウグスティヌスとカルヴァン―..................341

結　論..................355
補　遺..................357
　補遺1　カルヴィニストとジェズイットとの論争..................359
　補遺2　パリに生きたパスカル..................367
資　料
　1．*Annuæ Litteræ Prouinciæ Franciæ Ad annum Christi 1656*..................379
　2．上記手稿本をタイプしたテキスト..................392
参考文献..................415
あとがき..................423
索　引..................429
　事項索引..................430
　人名索引..................437

まえがき

　数々の発明、発見をなした令名高い自然学者であり、当代の社交界にも出入りした人間観察家でもあり、また、1654年11月23日、「決定的回心」という宗教体験をした熱き信仰者パスカルは、未完の大著『パンセ』と呼ばれるキリスト教弁証論を1658年頃より執筆し始める。その間、1656年1月から1657年3月にかけて、『プロヴァンシアルの手紙』を次々と書いて出版し、ジャンセニストとジェズイットの大論争に主役として活躍する。この論争はパスカルの思想と表現技術の発展にいかなる意味を持っているであろうか。
　パスカルの著作は時代の思想的状況や彼自身の生涯と深い関わりを持っているので、第1部において、『プロヴァンシアルの手紙』執筆以前の時代の思想的状況と彼の生涯の歩みを概観し、第2部において『プロヴァンシアルの手紙』それ自体を考察する。
　第2部では、初めに、論争の起源を概観したのち、『プロヴァンシアルの手紙』とジェズイットによる反論文書をできるだけ厳密に対応させ、主題別に双方の主張を明らかにし、パスカルとイエズス会両者のこの論争に対する評価、また、反応を調べたい。次に、パスカルの用いた表現技術、論証方法を調べる。パスカルは『プロヴァンシアルの手紙』執筆以前から、すでに表現技術、論証に秀で、実際に、書簡、科学論文、宗教的省察を優れた文体で発表していたし、さらに、表現技術を考察して、「説得術について」も書いているが、『プロヴァンシアルの手紙』においていかなる表現技術を駆使しているであろうか。終わりに、キリスト教の根本的教理である恩寵論については、聖書、教父からパスカルに至るまですでに膨大な研究がなされているが、我々は、『プロヴァンシアル』論争を通じて神の恩寵と人間の自由意志に関する教理においてパスカルの思想がいかに展開したかを見ていきたい。ジェズイットは『プロヴァンシアルの手紙』の著者をカルヴァンと同じ異端とみなし、

また、パスカルは、カルヴァンのような異端でないことを強調するが、実際のパスカルの恩寵論はどうであろうか。この問題は精密な研究を必要とするが、本論文では引用テキストを比較検討し、パスカルにある重要な思想的傾向の把握を試みたい。

　本書は第1部「パスカルの精神形成」と第2部『プロヴァンシアルの手紙』で構成されている。第2部は1990年に大阪大学に提出した学位論文に加筆、修正を加えたものであり、第1部と「補遺2」は『兄弟』誌（基督教学徒兄弟団発行）に連載したものである。一般読者の方々にお読みいただければと思い、本書に加えた。本書の主体をなす第2部の執筆にあたっては、フランス国立図書館、マザリーヌ図書館、ポール・ロワイヤル図書館、イエズス会古文書館でかなりの文献、資料を収集したが、阪神大震災でその多くを紛失、あるいは、散逸したので、十分に駆使できなかった。また、神の恩寵と人間の自由意志、倫理・道徳、表現（レトリック）など、神学、哲学、文学の根本的な重大問題に関する思索と研究はもちろん不十分ではあるけれども、ただ1つ、専門家にも提供できる歴史的資料を掲載している。パスカル研究者の間で今日、存在しないと思われていた『プロヴァンシアルの手紙』に関するイエズス会の公式報告を含む資料（*Annuæ Litteræ Prouinciæ Franciæ ad annum 1656*『1656年度フランス管区年次報告書』cf. 本書 第2部 第3章、および、巻末 pp. 379-413）については、既に、日本フランス語・フランス文学会研究大会（於　東京大学、1991年）で研究発表をし、また、*Etudes de Langue et Littérature Françaises,* No. 60, 1992. 3, *GALLIA* 1992. 3,『関西学院大学社会学部紀要』63号，1991. 3. において発表したが、古文書館館長から本資料、とりわけ、写真版公刊の許可を受けていないとの指摘を受けていた。1991年、リュスティジェ枢機卿を迎えて、17世紀以来初めて、ポール・ロワイヤル・ド・パリの礼拝堂で行なわれた「和解のミサ」の写真を添え、本年改めて許可願いを提出したところ、教皇ヨハネス・パウルス2世によるカトリック教会とユダヤ教、あるいは、イスラム教との和解の表明が報ぜられた去る3月上旬、ローマのイエズス会古文書館館長から公刊許可の通知を拝受した。今回初めて、許可を得て掲載し、研究者の利用に供することが可能となった次第である。

第 1 部
パスカルの精神形成

第1章　パスカルとその時代

第1節 時代の潮流

　ブレーズ・パスカル（1623－1662）が生きた時代は、互いに矛盾した様々な理念、感情、傾向がまさに沸騰していた。それは幾年にもわたっており、その行き着く先は見えない有様であった。フランスの思想史の上で最も壮観な時代のひとつであったといわれる。この時代を科学思潮、異教思想（古代ギリシャ思想）、キリスト教思想に関して概観してみよう。

1）科学思潮

　天文学を研究して地動説の研究にその生涯を捧げたコペルニクス（1473－1543）の地動説をすでに知っている近代科学の創始期に当たるこの時代には、実験的方法の建設者ガリレイ（1564－1642）と一般解析学の創始者デカルト（1596－1650）が新しい衝撃を与えた。ガリレイは落体の実験を行ない、近代的力学成立の基礎をおき、また、望遠鏡を発見し、これを天体観測に応用して、コペルニクスの地動説に1つの証拠を与えた。デカルトは幾何学に代数的方法を適用した。また、ケプラー（1571－1630）は多年観測した惑星の位置に基づいて、初めて観測だけから惑星の軌道形とその運動法則、いわゆる「ケプラーの法則」を発見した。これがニュートンの万有引力の法則の基礎となった。パスカル自身も、精密で完全な真空実験を行なって、自然学実験の最初の模範を示し、また、積分学の基礎をおき、確率論を創始した。計算機の発明者であることは、すでによく知られているところであるが、近年行なわれた度量衡の国際単位の名称改正により、ニュートン、デシベル、ジュールらとともに、パスカルの名が採用され、ミリバールに換わって「ヘクト・パスカル」（hectopascal, hecto＝100, 記号 hPa）が気圧の単位として用いられることになり、今日、パスカルが再び思い起こされることになった。

2）異教思想（古代ギリシャ思想）

　西欧の文学、思想の歴史には、古代ギリシャ精神とイスラエル・キリスト教精神という二大潮流の葛藤、総合が見られるが、この時代には、古代ギリシャ精神の復興が著しい。

　まず第1に、ストイシスム（ストア哲学、禁欲主義）の復興が見られる。『ストイシスムの道徳哲学について』(1585)を著したギヨーム・デュ・ヴェール[1]は、ストイシスムを鼓吹した1人である。理性を正しく用いれば、自然の創造者であり、目的である神への奉仕に、ストイシスムを役立てることができると言うのである。風俗の紊乱（びんらん）、内乱、現在の悲哀と未来の不確実のために、人々がその隠れ家を、福音の真理と古代の知恵をひとつに結ぶ哲学の中に、求める傾向のあった時代の要求に、彼の教説は合致していた。彼の主張はネオ・ストイシスムと呼ばれる。彼の教説の根底に、あるいは、態度の背景には、ストイシスム的な理念がある。人間は人間だけで十分であり、人間の理性は天地を計り知ることができる。人間は自力でいかなる働きもなすことができる。外的事物さえも、我々の判断の働きによって作られたものに過ぎない。従って、一切のものは、結局、神ともいうべき我々の理性と我々の意志に従属するという思想である。デュ・ヴェールは人間の腐敗、堕落を認めないこのストイシスム的道徳の不十分なことを承認していた。この道徳がキリスト教的道徳とカトリックの教義によって補われなければならぬことを、自ら先へ進むにつれて次第に明瞭に認めるようになったけれども、人間の罪と神の恩寵の必要についての深い認識、救い主キリストに対する生き生きとした信仰が、すべてのネオ・ストイシアンの場合と同様、彼にもなかった。キリスト者としての謙虚さが彼には欠けていた。このように、ストイシスムは傲慢という罪を犯している。

　パスカルがストイシスムを非難したのは、まさにこの「傲慢」の点である。パスカルは『ド・サシ師との対話』においてストア哲学者、エピクテートス[2]

---

1) Du VAIR, Guillaume (1556-1621)　フランスの政治家，哲学者．キリスト教とストイシスムの融合を企てた．
2) Epiktētos (51-125または130)

の説を紹介して、「何をなすべきかをこれほどよく悟っておりながら、何ができるかについては、... 傲慢に陥ってしまいました。... 精神は、自分が誤りだと知っているものを信じるようにと強制されることはなく、意志は、自分を不幸にすると知っているものを愛するようにと強制されることはないのだから、この2つの能力は私たちが自由にできるものであり、これらによって、私たちは完全になることができる、また、これらの能力によって、人間は神をまったく知り、愛し、服従し、み心に添い、すべての悪徳から癒され、すべての徳をかち得、ついには、聖なるもの、神の友となると彼は言うのです」と述べている。

第2に、懐疑論（ピュロニスム）の再興である。ストイシスム的な道徳のいかめしい顔つき、緊張した苦しそうな姿勢と著しい対照をなし、親しみ易く、明るく、快活な、いわば、人生をお茶にごす態度は、与えられたままの習慣と通念に順応するために、理性を挫き、人間の全き無能を示し、一切の原理を覆すことを好む。幾分エピキュリアン（享楽主義者）的であり、一層人間的であり、一層魅力があり、実行も容易な知恵のひとつの形態である。この派の師であるモンテーニュ[3]は Que sais-je?（ク・セ・ジュ＝私は何を知っていようか）という問いを突きつけ、独断論者の認識の基礎を揺るがす。パスカルは前述の『ド・サシ師との対話』において、次のように述べている。「彼らはすべてが疑わしいと断言する人にも、疑わしくないと断言する人にも、同じように反対するのです。何一つ断言したくないからです。このような自分をも疑う懐疑と自分を知らぬ無知とが自分の主要な思考形態なのだと彼は言うのですが、これこそが彼の説の中心点であって、それははっきりした言葉で表現できないものだったのです。というのは、彼がもし、私は疑うと言うとすれば、少なくとも自分は疑うことだけは断言して、自己矛盾に陥るからです。これは明らかに彼の意図に反するので、彼は疑問形を用いて自説を言い表わすよりほかはありませんでした。そこで、『私は知らない』とは言いたくないので、『私は何を知っていようか』と言い、それを自分の銘句に

---

[3] Michèle de MONTAIGNE (1533-1592)

したのです。つまり、彼は全くのピュロン派なのです。この原則の上に、彼の論説のすべて、その『エセー』のすべてが展開されています。」懐疑論者は傲慢の一変形にほかならない。また、ストイシズムと同じく、懐疑論は神を認めないとは言えないまでもキリストを知らないのである。

　第3に、自由思想家（リベルタン）が登場する。ストイシアン（ストア学派）とピュロニアン（懐疑論者）は、ともかくも宗教に対する尊敬を口にする誠実な人々のつつましい一群を形成していた。彼らはいずれも反乱の敵であり、平穏の友であった。ところが、この人達とは反対に、自由思想家たちは、多かれ少なかれ、公然と無神論を唱え、彼らは容赦なくキリスト教を攻撃するに至る。当時、フランスに普及したのは、無神論ではなくて自由思想であった。この名称は、「思考する自由」とともに「風俗の放縦」という意味にも用いられる。

　風俗の紊乱は、宗教戦争の苦難に引き続いて、その反動として現われた。かくして大動乱の後では得てして起こりがちなことであるが、久しい間、抑圧されていた欲望や情念が、秩序や法律や他人の生命や財産を無視して解放された。将来の見通しがつかないことが熱狂的に人々の享楽心を駆り立てた。『当代の高邁な人々、あるいは、そう自称する人々の奇怪なる学説』の中で、ガラス神父は、当時の自由思想家たちの生き生きとした群像を描いた。「これらの自由思想家たちは、エピキュリアンであり、たかりであり、酔っ払いであり、その上、好色家であった。彼らの学校は居酒屋であり、彼らの教壇は食卓であった。」キリスト教弁証論であるパスカルの『パンセ』はこのリベルタンをも主要な対象にして執筆されている。

3）キリスト教思想

　宗教改革によるプロテスタンティズム、とくに、フランスでは改革派教会の誕生により激しい抗争が、以後3世紀にわたって繰り広げられる。[4] ルター[5]

---

4) Cf. 森川 甫著『フランス・プロテスタント　苦難と栄光の歩み―ユグノー戦争，ナント勅令，荒野の教会』日本基督改革派教会西部中会文書委員会　1999. 2.
5) Martin LUTHER (1493-1546)

の宗教改革は1518年にはフランスに伝えられ、モーでこの事業が始められた。フランスにおける宗教改革は流血の連続と言えるが、それでも最初の30年間は、後半の時代ほど激しくなかった。信仰を内面的に深め、自然的な枠組みを尊重していたからであろう。次の30年は、カルヴァン[6]が代わって指導する。彼はジュネーブの宗教改革事業を推進し、祖国フランスの福音主義者に信条の草案を送り、教会規定の草案を与え、教会の建設を指導した。当時の証言記録によれば、フランス国民の3分の1から3分の2はプロテスタントになったと言われる。1561年から1592年にかけて30年間に8次にわたる戦争が行なわれる。その間には、摂政カトリーヌ・ド・メディシス[7]の陰謀で、プロテスタントの指導者をルーヴルに招待し、3千名虐殺したといわれるサン・バルテルミーの虐殺（1572年）がある。しかし、プロテスタントは消滅するどころか、さらに勢いを強めている。プロテスタントの領主アンリ・ド・ナヴァール[8]がカトリックに改宗して、国王となり、漸く統一に向かうことになる。1598年、アンリ4世は「ナント勅令」を発布して、完全なものではなかったが、プロテスタントに信教の自由、礼拝の自由、安全保障地域、市民権を与えた。発布後も、カトリックとプロテスタントの争いは続くが、彼が暗殺されるまでの12年間は、比較的平穏な時期であった。以後、1685年の「ナント勅令の廃止」まで、迫害がますます強化されることになる。この時期、礼拝はパリでは許されず、郊外のシャラントンで認められた。恩寵論、聖餐論に関する論争がカトリックとの間でなされている。パスカルも神の恩寵と人間の自由意志に関して、『恩寵文書』や『プロヴァンシアルの手紙』で論述している。

　カトリック教会内部では、プロテスタンティズムの宗教改革事業に対抗して、カトリック信仰の高揚、教会、修道院の刷新運動がなされる。17世紀は聖フランソワ・ド・サルや聖ヴァンサン・ド・ポールのような信仰の実践者が現われる宗教の世紀である。

---

[6] Jean CALVIN (1509-1564)
[7] Catherine de MEDICIS (1519-1589)
[8] Henri de NAVARRE (1553-1610)

ルターと教皇庁が分裂したのち25年後、1545年12月13日、トレント公会議が開かれた。一連の会議が長い休会期間をもって進行した。教皇パウルス3世が開会し、ユリウス3世やピオ3世が在位の時を経て、ピウス5世の時、1563年に終了した。ルター、カルヴァンの宗教改革に「回答するために」アウグスブルグ信仰告白のプランに従っている。トレント公会議の事業を対抗宗教改革と呼ぶのは誤りではない。「対抗宗教改革」(カトリック改革)の教会刷新の中心勢力はイエズス会とポール・ロワイヤル修道院であった。

パリで学んだイグナティウス・デ・ロヨラ[9]は、7名の同志を得、数年後の1537年、イエズス会を設立し、教皇に忠誠を誓い、軍隊組織をもって、強力な宣教に乗り出した。カルヴァン派と激しく対立し、激しい抗争が続けられた。イエズス会は東印度、西印度に宣教師を派遣し、フランシスコ・ド・シャヴィエル(ザビエル)は1549年、鹿児島に上陸した。また、青少年の教育にも熱心であった。これはジュネーブでのカルヴァンの教育事業をモデルとしたと言われる。また、宮廷には王の聴聞司祭を派遣し、アンリ4世から、ルイ14世[10]に至るまで、ブルボン王朝に大きな影響を与えていた。イエズス会会士の人数は、『イエズス会フランス管区年次報告書』[11]によると、例えば、1656年には596名、1657年には700名であり、宣教、教育事業に活躍していることが窺える。

ポール・ロワイヤル修道院は1204年、シュヴルーズ[12]の谷間に女子修道院として設立され、1225年にシトー会の修道院となった。1602年、アンジェリック・アルノー[13]が修道院院長となり、1609年に改革に着手した。1625年に修道女はパリのポール・ロワイヤル修道院に移ったが、ポール・ロワイヤル・デ・シャン修道院は、サン・シラン[14]、サングランの指導の下に、また、アントワーヌ・アルノー[15]の影響を受けて、ジャンセニスムの強力な支持母体と

---

9) Ignatius de LOYOLA (1491?-1556)
10) LOUIS XIV (1638-1715)
11) *Annuæ Litteræ Prouinciæ Franciæ ad annum Christi 1656.* (Archivum Romanum Societatis Jesu イエズス会古文書館所蔵)
12) Chevreuse　パリ南郊外.
13) Marie Angélique ARNAULD (1593-1671)
14) SAINT-CYRAN , Jean DUVERGIER de HAURANNE (1581-1643)
15) Antoine ARNAULD (1612-1694) Le Grand ARNAULD　フランスの神学者.

なった。ルーヴァン大学の教授、また、イープルの司教ジャンセニウス（ヤンセン）はアウグスティヌスを祖述して大著『アウグスティヌス』[16]を書き、1640年、死後出版されるが、ポール・ロワイヤルに強力な支持者を見出すことになる。

　イエズス会とポール・ロワイヤル修道院は、『アウグスティヌス』の出版後、激しい論争を繰り返しているが、やがて、パスカルは1656年から1657年にかけて、迫害されるポール・ロワイヤルを擁護して18通の『プロヴァンシアルの手紙』を書いている。両者は真理と道徳に関して、明確に対立する性格を持っている。真理に関して、イエズス会は多くの人々に受け入れられるために、希薄になることも認めている。中国で皇帝崇拝をも認めたことをパスカルに非難されている。ポール・ロワイヤルは真理は十分で完全でなければならないと説き、聖書に忠実である。道徳に関しては、イエズス会は多くの人々を引き付けるために道徳を緩めることを恐れない。逆に、ポール・ロワイヤルは修道院で厳しい道徳を追求した。イエズス会は多数派となり、ポール・ロワイヤルは常に少数派に留まった。

　また、神の恩寵と人間の自由意志、聖餐論に関して、プロテスタント（改革派）、イエズス会、ポール・ロワイヤルの間で三つ巴の大論争が繰り広げられた。

---

16) Cornelius JANSENIUS (1585-1638), *Augustinus*.

第2節 科学的業績―自然学者パスカル―

　1636年か1637年に、パリ市債の利子が減額された時、パリで騒動があった。市債購入者たちは抗議のため、大法官セギエの屋敷に頻繁に訪れた。ある日、このことに関して、激しい抗議が起こり、その晩、集まった者のうち2名がバスチーユに投獄された。そこに居合わせたブレーズ・パスカルの父、エティエンヌは逮捕されるのを懸念して、故郷オーヴェルニュに身を隠した。パリのパスカル家では、ブレーズ、姉ジルベルト、妹ジャックリーヌら、3人の子供だけが残された。この窮状を見て、エギュイヨン夫人がとりなしをし、すぐれた才能を持つ妹ジャックリーヌが枢機卿リシュリューの褒賞に与かり、このおかげでエティエンヌ・パスカルは罪赦され、謁見を賜わることになった。

　1638年、または、1639年、父エティエンヌは大きな争乱が起こっているノルマンディに地方総監として派遣されることになった。この時、国王は2人の地方総監をノルマンディに任命した。1人は国政調査官のド・パリ氏で、もう1人が人頭税徴収を担当するエティエンヌ・パスカルであった。[1] こうして、パスカル家の人々は1640年の初め、ルアンに移住し、1647年の夏までサン・クロワ・サン・カン教区に居を構える。住居はサン・トゥアン城壁の裏側で、現在の市役所広場の近くである。ルアンではパスカル家の人々は海事審判所の法官であった劇作家のコルネーユと親しい交わりを持ち、大司教フランソワ・アルレイに招かれたりしている。ブレーズはまた、父の代理として故郷クレルモンへ旅行したり、パリへ出張している。パリのブレーズ・

---

1) *Mémoires concernant M. PASCAL ET sa Famille*, in Blaise PASCAL, *Œuvres Complètes* (略号、*OCM*).『メナール版　パスカル全集』(略号,『MP全集』) I. 拙訳　マルグリット・ペリエ『パスカルの親族についての覚書き』p. 81. cf.『パスカルとその家族の思い出』『パスカル著作集』田辺保全訳（略号,『P著作集』）I. 所収.

ミッシュ通りの家[2]は、ルアン滞在中も借りていた。ブレーズはパリに戻ると必ずメルセンヌ学会に出席した。このようなルアン滞在時代に「計算機」を発明し、また、「真空実験」を行なっている。

計算機の発明

姉ジルベルト・ペリエは『パスカル氏の生涯』の中で、計算機の発明について次のように言及している。「この時期、19歳の時に、弟はあの計算機を発明したのでした。この機械を用いますと、ペンや数え札を使わなくとも、ありとあらゆる計算ができるばかりか、算術の規則など全然知らなくとも、正確に間違いなく計算ができるのでした。この作品は、ただ精神の内部にのみ存在する知識を機械という形にまとめあげたこと、また、理性を働かす必要がなく、これだけで実に正確にすべての計算ができる手段を発明したことによって、今まで世に見られなかった斬新なものとして迎えられました。」[3]

ブレーズ自身も、大法官セギエに次のように書いている。「かねてから私は数学を愛好し、すでにその学習に着手しておりましたので、これまでに得たすべての知識を投じてその開発に努めました。幾何学、自然学、機械工学の知識を動員して設計図を書き上げました。後は、私の考案した雛形に基づいてこの器機の製作にかかってくれる職工が見つかりさえすれば、間違いなく実用化できるという確信もつかめました。」(『大法官閣下への献呈の手紙』)[4]

職工を見つけ、その職工に機械の全構造を理解させて部品を造らせるのは、大変厄介な仕事であった。このため、彼自身も工場に入った。「2年」後にこの計算機を完成したのであった。『パンセ』にはその困難さを反映している断章がある。「真理と正義とは、実に微妙な2つの尖端であって、我々の道具は、それにぴったり触れるには、摩滅しすぎている。それに届いた時には、尖端がつぶれて、すっかりその周りを、真よりもむしろ偽のほうを多く押さ

---

2) Cf. 本書 p. 369.「補遺2」
3) Gilberte PÉRIER, *La Vie de M. PASCAL; OCM,*『MP 全集』I. 赤木昭三訳『パスカル氏の生涯』p. 19.『P 著作集』I, 田辺保訳『パスカルの生涯』
4) *OCM,* II, p. 332. cf.『P 著作集』II, 16.

えてしまうのである。」[5]

　パスカルの製作した計算機は今日でも作動し、加減乗除の四則計算ができるが、この計算機はどの程度、独創的であるだろうか。自動的に計算できる機械というアイディアは、パスカル以前にも幾人かの学者が考えていた。しかし、頭脳の働きを全く必要としないようにするのは、誰も成功していなかった。それには2つの困難があったからである。その1つは機械工学上のものであり、もうひとつは技術上の問題であった。機械工学上の問題というのは、機械の作動によって桁を送らせることのできるメカニズムを考案することであった。ブレーズは隣り合う8つの歯車を正確にかみ合わさせ、「ソートワール」と称する部品を発明し、正確に桁を送ることに成功した。これはパスカルの計算機のうちで最も注目すべき新機軸であるとされている。今ひとつの独創点は、この発明の実用性と便利さである。パスカルの製作した計算機の大部分は、抽象的な数を表わさず、リーヴル（1リーヴル＝20ソル）、ソル（1ソル＝12ドニエ）、ドニエ等、当時の貨幣の単位について計算するようになっている。実際、父の税務計算の仕事に大いに役立ったようである。しかし、思想史から見てこの発明の持つ何よりも重要な意義は、人間が自己の統御からはみ出る可能性を持つ機械を生み出したことである。

　パスカルはこの計算機が完成すると、これを市販しようと考えていた。（晩年、パリ市内最初の乗合馬車を走らせ、その利益を慈善事業に寄付しようとしたが、彼には創業の意欲がうかがえる。）1645年、大法官セギエへの『計算機献呈の手紙』に添えて、「この機械を見ること、使用することに関心を持つ方のための趣意書」が印刷されている。「趣意書」はこの計算機の特徴や模造品の欠陥を記している宣伝文であり、「この機械に関心を持ち、御覧になりたい方は、どうぞ王立コレージュ・ド・フランス数学科教授ロベルヴァル氏にお申し出ください。同氏はこの機械の操作が容易であることを簡潔に、無料で説明し、購入を取り次ぎ、使用方法を指導してくださいます」[6] と記し

[5] L. 44, B. 82. L. は *Les Pensées*『パンセ』の Lafuma ラフュマ版, B. は Brunschvicg ブランシュビック版の略記号.
[6] *OCM*, II, p. 341.

ている。そして、計算機はロベルヴァル家に展示された。製作経費が高くかかったので、100リーヴルという高い値段であった。高価な機械なので、金持ちの贅沢な収集品か、博物館の陳列品に終わり、パスカルはこの機械によって財産を作るという目論みは実現できなかった。しかし、名声は、学者仲間だけでなく、民衆の間でも広まったのであった。名声に対する彼の満足は『大法官閣下への献呈の手紙』にも窺うことができる。「20歳の若者の試作品に対して、かたじけなくも賞賛のお言葉を頂きました。そればかりか、閣下はこの作品のことを一度ならず、話題にのせてくださいました上、御執務の部屋を占めています滅多にない、貴重な多くの品々の仲間入りをさせてくださいました。こうした事どもを考え合わせます時、私は光栄の思いに満たされ、閣下に対する感謝と、自分の喜びとをどのように言い表わせばよいのか、言葉に窮します。」[7]

真空実験[8]

1646年、フランス王国築城港湾総監、ピエール・ド・プチがルアンのパスカル家を訪ねた。数学者、自然学者でもあるプチはメルセンヌ学会のメンバーであり、エティエンヌと同じくオーヴェルニュ州出身で、2人は親しい間柄であった。パスカル父子はプチから、数年前イタリアで行なわれた水銀実験の話を聞くと共に、真空の存在を証明するというこの実験を、プチが再現する現場に立ち会い、ブレーズは父エティエンヌとともに強い関心を持っていた真空の問題を考察する機会を与えられた。

真空に関しては、古代から大きな問題であった。アリストテレスは充満論、デカルトも充満の学説を唱えていたが、これに対し、エティエンヌは当時の学校で支配的であった「自然は真空を嫌悪する」という命題を否定し、真空の存在を認めていた。学者たちの中には、自然の内部に空なる隙間を許すく

---

7) *OCM*, II, pp. 333-334. cf.『P 著作集』II, p. 18.
8) 小柳公代著『パスカルの隠し絵　実験記述にひそむ謎』中公新書, 1999年. および同著『パスカル　直観から断定まで—物理論文完成への道程—』(名古屋大学出版会, 1992年) の両書はパスカルの真空実験を詳細, 正確に扱った優れた著作である。

第2節　科学的業績—自然学者パスカル—

らいなら、むしろ天が地に落ちて来るだろうとまで言う者がいた。デカルトもこの意見を支持し、水銀柱の上部の空所に微細な空気が充満しているという充満の学説を最後まで捨てなかった。

プチによるトリチェリの実験再現の後、ただちにブレーズ自身がイタリアの実験を繰り返し、翌年初め、独自の「新実験」として、大型注射器やふいご、長大ガラス管、巨大サイフォンと、水、ぶどう酒、油を用いた実験を行ない、ガラス管内部に生じる空所は、「自然界に既知のいかなる物質にも満たされていない」、「そこを満たしているという何らかの物質の存在が示されるまでは、そこはまさしく空っぽであって、あらゆる物質を欠いていると言うのが、私の意見となろう」[9] と強く「真空」を主張した報告『真空に関する新実験』を出版した。(1647年10月)

パスカルの述べる刊行趣旨によれば、この小冊子『新実験』は、いずれ全体を公にする『論文』の「要約」である。パスカルの書き振りは本論文がもうほとんど完成しているような印象を与えるが、にもかかわらず、この時点で「要約」だけ刊行する理由について、「時間、出費、労苦を払わなかった人が、見も知らなかった事柄を、従って必要な正確さ、手順をもって報告することのできないような事柄を私に先んじて世間に公表するようになることを恐れたためです」[10] と述べている。

いずれにせよ、『論文』はまだ明確な構成をとるところまで行っていなかったと思われる。管の中で水銀が2ピエ3プース (73cm)、水が31ピエ (10m)、にとどまる原因がトリチェリの言うところの「空気の重さ」であることを証明するための実験を欠いていたからである。パスカルはこのために、山の頂上と麓でできる差が現われるか否かの実験、および、真空の中に真空を作り出す実験を考案した。まず、後者を試みたが、これだけでは大気圧を原因と断定するには不十分であった。したがって、1647年11月15日付けの手紙[11] によって、クレルモンにいるペリエに、ピュイ・ド・ドーム山の頂上と麓で、

---

9) *OCM*, II, p. 501.
10) *Ibid*.
11) *OCM*, II, pp. 678-681.

水銀柱の高さの違いを調べてほしいと依頼した。

　この手紙の中でパスカルは、この「実験」が約束の『論文』の仕上げをなすものであると言っている。つまり、水銀柱をガラス管の中で押し上げている原因が大気であることがはっきりと示されれば、『論文』は仕上がると言い、その『論文』の中心課題は「液体の平衡」であると言明している。ペリエへのこの手紙は、1648年にピュイ・ド・ドーム山上での実験の成功を見て刊行された実験報告、『液体の平衡に関する大実験談』の中で公表されたのであるが、そのように懸案の実験が成功したにもかかわらず、相変わらず『論文』は発表されなかった。その理由は、パスカルにとってまだ解明されていないことが残っていたためであろう。すなわち、一箇所に固定しておいても水銀柱の高さは時によって変化するからである。

　パスカルはピュイ・ド・ドームの実験の時と同じように、ペリエに水銀柱を長期間、継続的に観測するように依頼し、ペリエは1649年初めから1651年3月まで、忠実に抜かりなくその仕事を果たした。ペリエはクレルモンの自宅で観察するだけではなく、パリ、ストックホルムにも、同じ観察を依頼してデータを集めた。

　ペリエの観察が終了すると、パスカルはいよいよ、ルアンの実験以来、繰り返し人々に約束してきた『論文』の完成に取りかかった。この年、7月のパスカルからド・リベイル宛ての公開書簡で「1つの論文が完成しつつあり、すでに幾人かの友人たちにも見てもらっています」と言っているところから、この頃には『論文』がほぼ完成していたと思われる。

　1663年版に収録された『真空論』断片から、それがいかなる内容であったかを窺うことができる。『真空論』は、部、巻、節、項という細かな下位区分を持つ大部なものであり、そこには海抜高度の違いによって水銀の高さの異なる様子、天候の違いによる気圧変動の様子が、さまざまな実験によって調べられ、克明に記述され、数表によって示されていたと思われる。それらの実験の中には、ペリエの長期観測のほかに、パスカル自身の行なった、ふいご、サイフォン、水銀柱などの継続実験があった。パスカルは1649年5月から1650年11月までクレルモンに滞在した時に、この地でもこれらの継続観測

を行ない、パリに戻ってからデータの整理を行なったのであろう。

　パスカルはほとんど完成していた大論文『真空論』の構想を捨てて、今日、我々が目にすることができる2つの論文『流体の平衡について』、『大気の重さについて』を1654年春に完成したのであろうと推測できる。そして、パリの数学アカデミーに対して、「近く真空に関して1つの論文を印刷に付す」と予告した。

　1654年11月23日、「決定的回心」の夜が訪れた。パスカルは印刷を済ませていた『数三角形論』をしまい込み、まして自然学の著作など放棄してしまった。パスカルがこの「夜」以来、この分野の仕事に立ち戻ったといういかなる資料もない。完成し、放棄された2論文『流体の平衡について』『大気の重さについて』の出版は彼の死の翌年である。

第3節 社交生活

父の死と妹ジャックリーヌの修道院入り

　1651年、父エティエンヌ・パスカルが亡くなった時、パスカルは義兄ペリエに手紙を書き、ペリエ夫妻を慰めている。「お父様の最後が、いかにもクリスチャンにふさわしく、幸いにみち清らかな、理想的なものであったということ、自然の感情に動かされている人たちならいざ知らず、いやしくもクリスチャンであって、お父さまのような最後を、かえって自分の喜びとしないような者があるはずがないということです」[1] と堅く信仰にたって父の死を捉えている。さらに、我が身に起こる禍に対する慰めを、自分自身の中にも、人間の中にも、どのような被造物にも求めてはならず、ただ神にのみ求めなければならないこと、被造物は何物であろうと、禍と呼ばれる出来事の第1の原因ではあり得ず、神のみ心だけが、その唯一の真の原因であり、神はその絶対最高の主権者なのであって、揺るぎのない慰めにあずかろうとするならば、どうしてもこの源泉に直接救いを求め、そこに帰って行かねばならないと述べている。

　「教会のため、神のみ名と偉大さをたたえるために、そして永遠の初めからたてられていた神のみ心の定めが、時満ちて、この年、この日、この時間、この地において、このような仕方で果たされたということを示すために、当然起こるべくして起こった、避け難い、正しく、清く、そして有益な結果であるとみなされなくてはならないのです。要するに、どんな出来事もすべて、神の中において、初めから予知され、予定されているのだと考えねばなりま

---

[1] Cf. *Lettre de Monsieur PASCAL à Monsieur PÉRIER, son beau-frère*, le 17 octobre 1651. *OCM*, II, pp. 851-863.「義兄ペリエ氏への手紙」1651年10月17日．

せん」[2]（父の死にさいしての義兄ペリエ氏への手紙　1651年10月17日）と堅く予定論に立脚している。

　父の死を契機に妹ジャックリーヌは修道院入りを実行しようとした。誰よりも妹を愛していたパスカルは修道院入りを遅らすように妹に懇願する。しかし、1652年1月4日妹はかねてからの決心を決行した。姉は最後の場面を次の様に書いている。「私たちは涙の場面になるのを恐れて、お互いにさようならも言いませんでした。妹が出て行く時、私はわざとその姿を見まいと身を隠していました。こうして、妹はこの世を捨てました。1652年1月4日、26歳と3ヵ月の若さでした。」

　パスカルがなぜ社交界に入るようになったか、その理由は、1651年の父の死、1652年のジャックリーヌの修道院入り、病気の回復が思わしくなかったこと、広く計算機の宣伝と販売をしようとしたことなど推測できるが、姉ジルベルトは弟の社交界入りを次のように説明している。

　「そこで医者たちは、全快を早めるためには、弟が、体にさわる精神的な営みは一切止め、できるだけ気晴らしをする機会を多く作らねばならないと考えたのでした。彼が夢中になることが出来て、しかも楽しいもの、つまり一言で言えば、世間一般の交際で気晴らしをすることが出来ればよいと考えたのでした。弟の場合はほかに適当な気晴らしもなかったからでした。けれども、弟のようにいったん心に感銘を受けた人間が、どうして気晴らしにふける気持ちになれるでしょうか。実際、最初は、非常に苦痛だったのです。しかし四方八方からみんながやいのやいのと攻め立てますので、弟もしょうことなく、自分の健康を回復するためという滅多にない理由に承服することになりました。」[3]

　初めは気乗りのしなかった社交生活に徐々に魅惑され、そこに没入するようになる。「こうして、弟は社交界の人となりました。たびたび宮廷へもその姿を見せましたが、宮廷内のいとも洗練された方々も、弟が初めから、ずっ

---

2) *Ibid.*
3) *La vie de Pascal, OCM*, I, p. 612. cf.『P著作集』I,『パスカルの生涯』p. 22.

と今まで宮廷内で育ってきたみたいに実に愉快そうな様子を示し、実に楽しそうにふるまうさまがよく分かるのでした」とジルベルトは記し、さらに「それは、弟の生涯のなかで一番悪く費やされた時期でした」[4]とも書いている。姪のマルグリットも社交界でのパスカルの姿を伝えている。「おじい様がお亡くなりになって、ご自分の財産を自由にできるようになりますと、世間へ出て行くのも、いっそう容易になりました。こうして、少しばかり深入りなさった後で、世間一般の例にならい、官職について、結婚もしようと決心なさいました。」[5]

1650年、パリはサロン文化の全盛の時期であったと言われる。ランブイエ侯爵夫人の開いたサロンには、枢機卿リシュリューやコンデ公が姿を見せ、コルネーユ、シュヴァリエ・ド・メレらも招かれていた。パスカルが社交界に入った時期には、スキュデリ嬢、サブレ侯爵夫人、エギュイヨン公爵夫人らがサロンを開いていた。また、サブレ侯爵夫人のサロンには、いわゆる社交生活時代を終えたのちにも訪れて夫人の信仰問題の相談にのっている。夫人のほうもパスカルの病状に配慮し、医者を紹介したりしている。「まだまだ体がいうことをきかない身なのですが、マンジョーさんを紹介してくださいましたことについて、もうこれ以上お礼を申し上げるのを遅らすわけにはゆきません」[6]とパスカルは手紙を送っている。

1652年には、パスカルは、エギュイヨン公爵夫人のサロンで自然学の講演をしている。また、1653年夏頃からロアンネス公爵と親しい交際に入った。ロアンネス公爵アルチュス・グーフィエは宮廷で国王の信用を増していた。当時、30歳のパスカルは計算機の普及を期待して、ロアンネス公爵の社交界への紹介を受けようとし、また、ロアンネス公爵は干拓事業を計画し、科学者の助言を必要としていた。

---

4) Cf. *ibid.*, p. 23.
5) Marguerite PÉRIER, *Mémoire sur sa famille*, OCM, I, p. 1100. cf. マルグリット・ペリエ『パスカルの親族についての覚書き』
6) *Lettre de Monsieur PASCAL à Madame SABLÉ* (décembre 1660.), OCM, IV, cf.『サブレ公爵夫人への手紙』1660年12月.

教養人との交わり

　シュヴァリエ・ド・メレ[7]は洗練された身ごなしと才気溢れる会話術でパリ社交界の高い評価を得ていた教養人で、オネトゥテ（紳士道）の完全な理念を作ったと言われている。パスカルにとって、メレはオネトゥテの師であった。『パンセ』には次のような断章が見られる。「私は抽象的な学問の研究に長い間たずさわってきた。そして、そういう研究から得られる交わりが、余りにも少ないのが、つくづく嫌になった。人間の研究を始めた時、私はこういう抽象的な学問は人間に向いていないこと、それを知らない人たちよりも、それを深く究めている私のほうが、自分自身の条件について迷っているところが多いことに気がついた。」（L. 687）「繊細の心」（L. 512）を持つ時、科学者の理詰めの推論ではとらえ得ない人間の心の機微が分かってくるとパスカルは述べている。また、『幾何学的精神について』[8]では、「何事を説きつけるにも、説得しようとする相手の人への配慮が必要だということがはっきりする」「説得術は、説き伏せる術であるとともに、また、気に入る術でもある」とし、気にいる術は、説き伏せる術とは「比較にならないほどに難しく、微妙をきわめ、また有用であって、すばらしいものである。したがって、私がそれを扱わないのは、自分にはその能力がないからである。また、自分はとてもそんなことをするのに適した人間ではないと思うから、まず絶対にできないだろうと思うのである。」「少なくとも、その能力を持つ人があるとしたら、私の知っている何人かの人たちだけであって、他の人は、このことについて、それほど明るい、充ち溢れる光は持っていないと思う」と述べている。パスカルはメレを念頭においてこのように書いたのであろう。メレも「パスカル氏も...ロアンネス公爵も、私という者がいなかったら、ついに何も知らずに終わっただろう」（メレ『語録』）と言う言葉を残している。

　パスカルはメレやミトンたちと旅行したが、メレは次のように書き残している。「当時まだあまり有名でなかった、中年の 1 人の男を同行」した。のち

　7）Chevalier de MÉRÉ (1607-1685)　本名　アントワーヌ・ゴンボー.
　8）De l'Esprit géométrique, OCM, III, pp. 360-429. cf. 本書, pp. 77-83.

に、「人々の口に上るように」なるが、この時には「大した数学者」というふれこみであったが、「数学以外には何も見知らぬありさまだった。」(メレ『精神について』) 趣味もセンスも持たぬくせに、メレたちの話に事々に口出しをして、みんなをその都度あきれさせたり、苦笑させたりした。目的地Pに着く前には、「彼はまったく別な精神を知り得た喜び」を「私はついに、この荒れ果てた地から脱けだすことができました」と言い表わした。数学の愛好者でもあるメレは賭けの勝負に数学の確率論を導入することを考案するようこの若き数学者にすすめた。こうしてパスカルは確率による決定の理論を案出した。『パンセ』にはその反映が見られる。つまり、あの有名な「賭けの断章」(L. 418)である。『キリスト教弁証論』においてこの「賭けの断章」をどのように解釈するかに関してはきわめて多くの議論がなされてきたが、一般には、賭けのような偶然に支配されやすい要素を信仰の理解に持ち込むのは不適当とする見解が多いが、実存主義は、人間が主体の責任をかけて、ある立場を選択する在り方として、賭けは「企投」の一表現としている。当時、社交界では賭けの遊びは人気があり、流行していたので、注意を引くために賭けの議論を用い、アポロジーの土俵に引き入れようとしたのであろう。

ミトンとの交わり

　ダミアン・ミトン[9]は1646年以来、「フランドル、アルトワ、ピカルディ各州管理臨時軍事国庫総務」を務め、若い時から社交界の人であった。『パンセ』には彼の名前が登場する。「自我というものはおぞましいものだよ。ミトン君。」(L. 597)「[ミトンは]、人間の本性が堕落しており、人間が君子の道とはかけ離れた存在であることを、よく知っている。」(L. 642) ミトンはパスカルの社交界時代の友人の1人であり、オネットームであり、リベルタンでもあった。パスカルがアポロジーで説得しようとした対象の1人でもあったと思われる。

---

9) Daniel MITON (1618-1690)

シュヴァリエ・ド・メレはパスカル宛に手紙を送り、社交界での行動について注意を与えている。「パスカル君。君はある時、僕に向かって、もう自分は数学の優秀さをそれほど信じてはいないんだと言ったことがあるのを、覚えているだろうか。今度はまた、僕のお陰ですっかり迷いから覚めることができた、僕と知り合いにならなかったら、ついに知らずに終わっただろうことを、いくつも僕から教えてもらったなどと手紙に書いて寄こされた。さあ、果たしてこの僕が、君の思っているほど、そんなに君のお役に立ってきたのだろうかねえ。君はいまだに、科学を学びながら身についた習慣から抜け切れないらしい。つまり、何事であれ、証明によらずには判断を下さないという習慣なんだが、この証明というやつほど、どうも、信用しかねる場合が多いのだな。一段また一段と、えんえんと推論を進めてやまぬということばかりしているから、君は、決してあやまつことがない、もっと高度な認識の中へと、一挙に飛び込むということができないのだ。そればかりでない。そのおかげで、君は社交界でも大変損をしていることを言っておいてあげよう。鋭い感覚と細やかな目配りを備えていると、会う人ごとに、顔色や態度の中からも、いろいろなことをどっさり見てとれるし、それがまたずいぶん役に立つのだ。そして、こういう種類の観察をうまく利用している人に向かって、君が君の習慣に従い、いったいそういう観察はどんな原理に基づくものなのかと問うたところで、おそらくその人は、そんなことは何も知らぬ、その証拠は自分にしか分からないのだと答えてくるだろうよ。ところで、他方、君は、こう信じきっている。正確な判断力を持ち、間違った推論をしないためには、小粒の人間や生半可な学者がひどく大事そうに担いで回っている、規則ずくめで推論をすすめる術と同じく、まずもって何の価値もないものなのだ。」[10]

　妹ジャックリーヌから見れば、兄ブレーズは社交界の泥沼のなかに溺れかけているので、心を痛めたジャックリーヌは修道院から義兄フロラン・ペリエに切々と訴えている。「神さまは、苦しむ者のかたわらにおいでになり、苦

---

10) *A Monsieur Pascal, OCM*, III, p. 353.

しむ者の祈りに好んで耳を傾けて下さると教えられていますから、私の哀れな兄のためお祈りもつけ加えたいと思います。お義兄さんも、どうか同じようにしてください。どうか神さまが、この苦しみをお用い下さり、あの哀れな兄を自分に帰らせ、その目を開かせて、この世のすべてのものの空しさを悟らせてくださいますように。神様が、あの兄にこの世の経験を味わわせるよりももっと前に、このようなお恵みの光を与えて下さっていたら、そして兄を通じて私たちにも、同じ光を与えて下さっていたら、姉にとっても、お義兄さまにとっても、どれほどの慰めとして、しみじみ感じられたことでしょうか。」[11]

---

11) *Lettre de Jacqueline PASCAL à Florin PÉRIER* (31 juillet 1653), *OCM*, II, p. 1004. 「ジャックリーヌからペリエ氏への手紙」1653年7月31日．

第 2 章　決定的回心

第1節　決定的回心をめぐる状況

　パスカルの決定的回心を伝える『メモリアル』の編纂者の1人であるP. ゲリエは、その編纂の解説のなかで、次のように述べている。「パスカル氏の死後まだいくらも日が経たない頃、1人の召使が、今は亡きこの有名人の胴着の裏地に、他のところより厚いところがあるのに気がつき、何かと思ってそこをほどいてみると、パスカル氏の手跡による小さな羊皮紙がたたみこまれ、その中に同じく氏の手跡の紙片がはさみこまれていた。この2つの文面は同じであり、羊皮紙のほうは紙片のほうの忠実な写しであった。この2枚の紙は、さっそく、ペリエ夫人に手渡され、夫人は、特別に親しい友人の何人かに見せた。この羊皮紙は、大変心をこめて、よく分かる文字で記されており、氏が1つの出来事の思い出を持ち続け、常に自分の目に、精神にこれを現前させておきたいと思って、体に保存していた、一種の『メモリアル』(覚え書)と言うべきものに違いない、と人々の意見は一致した。8年間というもの、氏は、衣服を替えるたびに、この紙を縫いこんだり、またほどいて出したりする手間をいとわなかったのである。....。」[1]

　この注意深い召使によって、1654年11月23日夜半の、パスカルの生涯で最も感動的な出来事が発見されたのである。この出来事は姉のジルベルト・ペリエも知らなかった。しかも、それはパスカルの魂の中で起こった、出来事であり、彼の生涯に決定的な影響を与えた宗教体験であった。「火」という大きく書かれた文字で始まり、「アブラハムの神、イサクの神、ヤコブの神。哲学者および学者の神ならず。確実、確実、感情、平和。イエス・キリストの神．．．」と続くこの文書は、「羊皮紙」のほうは失なわれたが、「紙片」のほうは今日、フランス国立図書館に保存されている。

---

1) [Commentaire du P. Guerrier], *OCM*, III, pp. 55-56.

1654年11月23日の夜、パスカルの心に何が起こったかは、『メモリアル』以外にこの事件について語っている資料がないので、私たちはそれを知ることができない。したがって、この時パスカルの心に何が起こったかに関して述べたところで、それはすべて推測か、あるいはせいぜい、おおよその見当の域を脱することができないであろう。それでは、何故、正確に把握しえない出来事を記録するこの文書が今日までしばしば論議の対象となってきたのであろうか。何故ならば、パスカルの生涯や思想を考察する場合、この文書は決して無視することも軽視することもできないからである。例えば、優れたパスカル研究家、ベガンは次のように指摘している。「『メモリアル』を見るならば、パスカルのその後の知的発展とか、後年の作品である『アポロジー』(『キリスト教弁証論』または、『パンセ』)のすべての主要なテーマを一瞥することができるであろう」と。実際、『メモリアル』以後の作品を検討するならば、『メモリアル』に記されている、この体験の反響が彼の作品のいたるところに認められるであろう。

　さて、まず、『メモリアル』がパスカルの生涯においてどのような位置を占めているかを調べ、ついで、『メモリアル』自体を分析してみよう。11月23日の夜に、何が起こったかを記録文書によって確かめることは重要であるが、これを立証する資料は『メモリアル』以外にはない。しかし、この事件の前後の模様は、パスカルに最も親しく、また、彼の回心に直接かかわりをもった者の手によって、生き生きと克明に語られており、また、パスカルの回心と殆ど時を同じくして書かれた正統的な文献がある。それはパスカルの妹ジャックリーヌから姉ジルベルト (後のペリエ夫人) にあてられた、1654年12月8日および1655年1月25日の2通の手紙と、ジャックリーヌからパスカルへの1655年1月19日の手紙1通である。[2] この他、パスカルの死後まもなく書かれたと言われるジルベルトの『パスカルの生涯』と、ジルベルトの娘マルグリット・ペリエによる『パスカルの親族についての覚書き』が『メモリアル』前後の事情に少しふれている。これらの資料により、『メモリアル』

---

2) Cf.「パスカルの回心についてのジャックリーヌの手紙」(解題・訳・解説＝西川宏人)、『MP全集』I, pp. 318-319.『P著作集』II, pp. 245-260.

の出来事前後のパスカルの信仰の状況を調べてみよう。

　この世を放棄することを記している『メモリアル』は1654年11月23日に書かれている。パスカルが「社交界でもっていた新しい仕事を切り捨てようと決心したのは30歳の時でした」とジルベルトは述べているが、彼が30歳になったのは、1653年6月19日であり、また、ジャックリーヌも「もう1年以上にもなりますかしら、お兄さまは社交界をひどく御軽蔑になり、…」(『1654年12月8日の姉ジルベルトへの手紙』)と書いている。この点から考えると、一般に呼ばれている「第2の回心」は『メモリアル』の書かれた1654年11月23日夜に、そのすべてが起こったのではなく、1年前に、つまり、1653年秋にすでに始まっていたのではないだろうか。この点を調べてゆきたい。

妹ジャックリーヌとの関係

　パスカル家の3人兄弟姉妹、ブレーズ、姉ジルベルト、妹ジャックリーヌの仲はきわめて良かったと伝えられているが、とりわけ、ブレーズとジャックリーヌとは互いに深く尊敬し合い、愛し合っていた。この2人の微妙な心の絡み合いについては、フランソワ・モーリアックがその著『パスカルとその妹』[3)]において興味深く追求している。

　ブレーズが長い間なじんできた社交生活を捨てるに至ったのは、かつて、彼がその信仰を導いた妹ジャックリーヌの説得に負うところが大きかった。ジルベルトは次のごとく記している。「さらに大きな完徳を弟に求めたもうた神は、弟を長く社交界にとどめようとはなさらず、以前、私の妹を社交界でいろいろな約束事から引き離そうとされた時、弟をお使いになったのと同様に、この企てのために私の妹をお使いになりました。その頃、妹は修道女であり、家中を感化するほどに清らかな生活を送っておりました。こういう状態にいたので、妹は自分の受けている神の恩寵について、神の次に恩のある人が、自分と同じ恩寵を受けていないのを見て悲しんでおりました。ところが、弟は彼女にしばしば会っていたので、また、彼女は優しく語った挙げ句、

---

3) MAURIAC, François, *Pascal et sa soeur Jacqueline*.

ついには、むかし弟が最初に説得したこと、つまり、絶対に社交界を捨てるということを弟に納得させたのでした。」[4]

　パスカルのいわゆる第1の回心は、1647年、父エティエンヌが大腿骨をくじいて、熱心なジャンセニストであるデ・シャン兄弟の治療を受けた時に起こった。この時、ブレーズは家族の誰よりも先にこの兄弟たちの教えを受け入れ、ついで、彼は家族の者をジャンセニストの信仰に導いたのである。「並みはずれた才能を持ち、幼い頃から、世の娘たちにはめったに得られぬほどの評判を得ていた」[5] ジャックリーヌに対して、殊に大きな影響を与えた。彼女は、さらに、ジャンセニストの拠点であるポール・ロワイヤル修道院の指導者、サン・シランの著書を読んで深い感銘を受け、この修道院に入ることを決心して、兄に打ち明けている。1648年5月には、父に許可を求めるが、許しを得ることができなかった。そこで、父の在世中は家に留まることにし、1651年9月、父が没すると、翌年1月4日、ポール・ロワイヤル修道院に入り、3月には着衣式を受けてしまった。その時のブレーズの悲痛な心中をジルベルト・ペリエ夫人は次のように語っている。「弟は目に見えて悲しみ嘆いていました。彼は妹から多くの慰めを受けていたので、父が亡くなっても、彼女が慈悲心からせめて1年くらいは一緒にいてくれるだろう、そして、不幸の中で自分が心を決めるのを助けてくれるだろうと期待しておりました。彼は妹にそのことを話しましたが、その話し振りで彼女がそうしてくれるものと信じ切っている様子なので、彼女は兄の苦しみを増すことを心配して、反対する勇気が出ませんでした。それで彼女はやむなく、私たちが到着するまで、本心を隠しておいたのでした。」[6]

　この時期のブレーズは、かつて妹を導いた頃とは非常に違っていた。姪のマルグリット・ペリエが証言しているように、父エティエンヌの死により財産を持つ身となり、社交界に深入りし、公職につくことを考え、結婚も決心していた。この時でも、ブレーズとジャックリーヌはお互いに心を打ち明け

---

4) *La vie de PASCAL*, OCM, I, p. 581. cf.『パスカルの生涯』
5) *OCM*, I, p. 580.
6) *Ibid.*, pp. 670-671.

て語り合っている。もっとも、ジャックリーヌが修道院へ持って行く持参金の問題については、1653年にかなり激しく対立したことがあるが、それとても、2人の間を割くことはなかった。

社交界放棄と第2の回心

　健康の保持が社交界に出入りする1つの重要な理由となっているが、彼がいったん、恩寵によって救われた時、社交界を棄て、健康のことはもう懸念していない。ジャックリーヌは姉ジルベルト・ペリエ夫人にあてた、1654年12月8日の手紙に次のように書いている。「その人（兄、ブレーズ）は、長いことご健康が勝れず具合がよくないようですが、そんなことで少しも、いったん心に決めたことを退けようとはなさっておられません。そうしてみますと、以前のご理屈は、ほんの口実にすぎなかったことがわかります。」[7] ジャックリーヌは1655年1月19日の兄への手紙[8]で、健康というものが古代ギリシャの大医であるヒポクラテスよりも、イエス・キリストに多く負うものであり、神は病気を通して鍛錬し強めようとなさる場合は別として、魂の摂生によって肉体は癒されるものだと説いており、一方、パスカルは信仰のためには医者の禁止を無視して、早朝起床、徹夜の祈り、断食などを行なっている。パスカルは、ジルベルトが記しているごとく、「社交界での語らいをまったく棄て、健康を危うくしても、人生の無駄事をすべて切り棄てようとしました。霊の救いこそあらゆるものに勝ると信じたから」[9] であろう。

　1654年12月8日の手紙で、ジャックリーヌは、「もう1年以上になりますかしら、お兄様は社交界をひどく御軽蔑になり」と言っており、また、1655年1月25日の手紙で、「お姉様に初めてお知らせ致しました時より数日前のこと」、つまり、「昨年9月の終わり頃...」兄ブレーズは次のことを告白したと伝えている。「自分はこうして立派だと言われるような仕事に従事してお

---

7) *Lettre de Jacqueline PASCAL sur la conversion de son frère* (8 décembre 1654), *OCM*, Ⅲ, p. 68.
8) *Lettre de Jacqueline PASCAL* (19 janvier 1655), *OCM*, Ⅲ, p. 70.
9) *OCM*, Ⅰ, p. 582.

り、それだけに、何もかもが一緒になって、自分をこの世に引きつけて離すまいとし、人が自分をあまりにこの世に執着していると思いこんでも、それは当然のことなのだが、自分は世俗の馬鹿騒ぎや慰めごとがたまらなく厭になったし、自分の良心にも絶えず責められるので、何とかすべてこの世のものから離れたいと思う。こういう次第で、私の心は世のことすべての執着をはっきり断ち切ってしまっており、こんなふうに執着を断ち切れたということは、今まで一度もなかったし、これに少しでも似たことさえもあったとは思えぬくらいだ」と。ジャックリーヌは兄の告白をさらに次のように続けている。「けれども自分は、神様の側からも、まったく見棄てられた状態にあり、神様のほうに引かれる気持ちも全然感じない。とは言いながら、力を尽くして神様のほうに向かおうとしているのだが、ただ自分の理性や利己心に駆り立てられているだけで、神様のみ霊に動かされているのではない」[10]と。

　第1の回心当時、神はパスカルの心情に働きたもうたであろうが、その後、パスカルは社交界との交渉を断ち切ることが出来なかった。妹と共にポール・ロワイヤルに入ることが出来なかったのは、社交界に対して、「恐ろしいほどの執着心を持っていたに違いない」からであろう。『メモリアル』に至る1年間、一方では、パスカルは全然、社交界に足を入れたことがないかと思われるほど、社交界を嫌悪しており、他方では、理性によって神の方へ向かおうとしていたけれども、彼は神が彼の心情に働きかけられるのを感じることが出来なかったのであろう。彼は社交界から離れ、神からも見棄てられた状態にあったのであろう。この時のパスカルはその苦悩を告白するために妹を修道院に訪ねている。「この時以外にも、何度も親しくお訪ね下さいましたけれども、全部御話申し上げるとしましたら、1冊の本を書かなくてはならないでしょう。と言いますのは、お兄様はこの時以来、それほどしげしげ、長時間のご訪問をなさいましたので、私はもうほかの仕事ができなくなったくらいでございます」[11]とジャックリーヌは述べている。

　1654年12月8日の手紙で、ジャックリーヌはペリエ夫人に、「私たちにとっ

---

10) *Lettre de Jacqueline PASCAL* (25 janvier 1655), *OCM*, Ⅲ, p. 71.
11) *Ibid.*

て一番親しい間柄のあの方の中に、神様がいかなるみ業をなしたもうているかを、これ以上ご存知ないままでいらっしゃるのはいけないことでございます」と書いている。ここで注目すべきことは、ジャックリーヌが、「なしたもうた」とか、「なしたもうたところだ」とか過去形を用いていないことである。彼女は、「なしたもうている」と現在形を用いている。このことは、前年9月末からの恩寵の緩やかな歩みを語っているのであろう。「こうしてお兄様は、以前のお兄様と知られぬくらい、次第次第に進歩なさったのでございました。」とは言え、『メモリアル』を読むと、「次第次第」の進歩ではなく、むしろ魂の急激な変化が読み取れる。ジャックリーヌの手紙にもそのことが窺える。「今、是非申し上げておきたいことは、ただお兄様が、神さまの御愛に支えられ、神様にすべてをお捧げしたいとの、非常に熱い願いに燃えておられるだけでございます。」「お兄様は何もかもサングラン様のお導きに身を委ねておられます。」「今はまったく完全な服従の中においでになるのでございます。」[12]

第2の回心は、1653年秋頃から緩やかに進展していたのであるが、『メモリアル』の夜に、神の側から救いのみ手が差し伸べられていることを確実に知るにおよんで、パスカルはイエス・キリストに全身全霊を捧げて、絶対的に服従することを誓っているのであろう。「結局、お姉様に申し上げたいことはただ1つ、お兄様のなかに働いているのは、もう生まれながらの精神ではないということがはっきり分かるということです。」

以上、パスカルの生涯において、彼の信仰の歩みを辿りつつ、『メモリアル』[13]の出来事の位置付けに努めてきたが、この位置付けから、11月23日の夜の出来事をかいま見ることが出来るであろう。しかし、その夜、パスカルが何を瞑想していたか、彼の心の中で何が起こったかは誰も知ることが出来ない。ジルベルトとジャックリーヌの書き残した手紙や文書からは、私たちは彼の苦悩を高じさせ、彼の内省をかきたてる状況を知るだけである。

---

12) *Lettre de Jacqueline PASCAL, OCM*, Ⅲ, pp. 67-68.
13) *Le Mémorial* (23 novembre 1654), *OCM*, Ⅲ, pp. 50-51. cf. 本書 第1部 第2章 第2－3節.

第2節 『メモリアル』「決定的回心」の記録 ―「喜びの涙」―

『メモリアル』の最初の数行は、この夜の宗教体験の起こった日時が記されており、本文は「火」という文字で始まる。

　　　　　　　火
　「アブラハムの神、イサクの神、ヤコブの神。」
　哲学者や学者の神ではない。
　確実、確実、直感、喜び、平安。
　イエス・キリストという神。
　「私の神、また、あなたの神」
　「あなたの神は、私の神です。」
　この世も、何もかも忘れる、神のほかは。
　神は、福音書に教えられた道によってのみ、見出される。
　人間の魂の偉大さ。
　「正しい父よ、この世はあなたを知っていません。しかし、私はあなたを知りました。」喜び、喜び、喜びの涙。
　........................[1]

『メモリアル』は直接、間接に聖書の引用によって構成されている。聖書から引用されている言葉は、宗教体験の「出来事」の意味を最も多く担っている言葉と思われる。聖書からの引用は、『メモリアル』においては、装飾でないことは、確実である。脈絡のない、個々にそれぞれが独立した思索を並べたものと見るのは適当ではないだろう。彼はある宗教体験をしたのであり、

---

[1] *OCM*, Ⅲ, p. 50. 『メモリアル』のテキストに関しては，支倉崇晴氏が詳細，かつ，適切な解説を与えている. Cf. 『MP 全集』I, pp. 293-317, 『P 著作集』I, pp. 159-161.

その状況の要約を紙の上に書きつけたのが『メモリアル』の本文であろう。聖書の引用箇所はその状況と関係のある場面の思い出ではないだろうか。

「神秘的な出来事によってつくられたある状況が『メモリアル』の原因であるならば、そして、この文書が記憶、想像、省察などを動かしている意識の中でその状況の投影を表わしているならば、その時パスカルにもたらされた聖書の歴史の状況は彼の体験した状況に似たものであろう。パスカルにとって、聖書をほとんど暗唱していることは、単にいつも引用できるということではなく、キリスト者がそれによって自身の歴史を考えなければならない、魂を感動させた模範的な歴史の記憶を保持していることを意味している。この視点によると、『メモリアル』は最初の物語（聖書）の言葉が思い起こさせるさまざまな出来事（エピソード）を並置した一種のシナリオとなるであろう。その時、それを注釈することは、テキストが明らかにする聖書の場面を見出し、そして、その場面を通して、その場面が表現し、また、パスカルが今まさに生きた状況に近づくことになるであろう」とアンリ・グイエ教授は聖書の引用の考察が『メモリアル』を知るために必須であることを指摘している。[2]

聖書からの第1の引用は、『出エジプト記』である。その引用が参照している場面は、3章の冒頭に語られている、いわゆる「燃える柴」という有名なエピソードであり、神がその民を救うためにモーセを出エジプトの指導者とされた時である。モーセはあかあかと燃える柴に近づく。「主はモーセが見に来るのを御覧になった。神は柴の間から声をかけられ、『モーセよ、モーセよ』と言われた。」「彼は『はい』と答えた。」パスカルの引用はその時、モーセになされた啓示を示している。「私はあなたの父の神である。アブラハムの神、イサクの神、ヤコブの神である。」（『出エジプト』Ⅲ，6）少し先で、この言葉を繰り返して、神はモーセに言われた。「これこそ、とこしえに私の名。これこそ、世々に私の呼び名。」生きている者の神であることを告げるた

---

[2] Henri GOUHIER, *BLAISE PASCAL Commentaires*, （『ブレーズ・パスカル　注解』）p. 35. アンリ・グイエ（アカデミー・フランセーズ会員，パリ大学教授，哲学史家．1995年没）この著書に関する的確な評価は，塩川徹也氏によってなされている．cf.アンリ・グイエ『ブレーズ・パスカル　注解』『MP全集』Ⅱ,「月報第二号」1994年6月．

めに、イエスが再び用いられたこの言葉は極めて根本的な啓示である。復活を否定するサドカイ人に対して、イエスは次の言葉を述べられた。「死者の復活については、神があなたがたに言われた言葉を読んだことがないのか。『私はアブラハムの神、イサクの神、ヤコブの神である。』」(『マタイ』XXII, 31, 32) したがって、この言葉は、神の主導権を中心とする場面であり、神は直接にはご自身を表わさない形で出現する。次いで、モーセを呼び、そして、モーセは答える。「私はここにいます。」言うならば、神はご自身の歴史的アイデンティティを表に出さないで、神は彼の民の歴史の中に存在する時には、彼の民にふさわしい名前をご自身に与えておられる。こうして、おそらく、パスカルは神からもはや離れていないことを知ったとしたら、神がモーセに呼びかけた時にそこにおられたように、神はパスカルにおられたのであり、また、モーセと共に神を人間の歴史に住んでおられる神としてパスカルが認めたからである。[3]

　もし、パスカルが3章で語られている場面について瞑想したとしたら、おそらく「燃える柴」を思い出すことから始めたであろう。「モーセは、羊の群れを飼っていたが、ある時、その群れを荒れ野の奥へ追って行き、神の山ホレブに来た。」モーセは言った。「道をそれて、この不思議な光景を見届けよう。どうしてあの柴は燃え尽きないのだろう。」(III, 1, 3)

　したがって、それは、モーセの注意を引く火、柴の中で燃え尽きることなく燃える火である。そして、この火は、すでに主ご自身であり、ただちに、「私はあなたの父の神であり、アブラハムの神、イサクの神、ヤコブの神である」と言われる方である。この火が1654年11月23日夜、輝いた火ではないだろうか。羊皮紙の冒頭に描かれている輝く十字架は聖なる山の柴の中で、燃え尽きることなく燃えた木を思い起こして描いているのではないだろうか。「燃える柴」の思い出はごく自然に『メモリアル』の火につながるので、これに接する読者もただちにそのことを思い付くであろう。最も古い証言は、「ペリエ手稿本」として呼んで、ルイ・ラフュマが採用している注釈[4]、つ

---

3) Ibid., p. 36.
4) Louis LAFUMA, Trois pensées inédites. p. 51. ルイ・ラフュマ，パスカル関係の手稿本研究家.

まり、パスカルの甥、ルイ・ペリエ神父の注釈とされているものと思われる。「彼の親族たちはこれは幻であろうと思った。...この文書の断片的な言葉は、燃える柴の中に現われた神がモーセになさったのと同じような聖なる神の幻がパスカル氏に現われた時のさまざまな印象を記している。」

「燃える柴」との比較はやはり、『メモリアル』の「火」を神秘的なものにしている。単的に意味しているのは、イメージの文学的、また、言語的源泉、「火」と「アブラハムの神、イサクの神、ヤコブの神」に共通する源泉であろう。この2つは同一の場面を示している。モーセの前で神がご自身に与えられた名をパスカルが書く時、それについてイエスがお与えになり、そして、3人の福音書記者の用いている表現をパスカルは思ったのではないだろうか。イエスがすでになさったように、パスカルはアブラハムの神でないものをただちに言い表わそうとしており、それは聖なる言葉と対立する形で示され、反響している。生きている者の神と死んだ者の神、聖なる歴史の神と哲学者の神についての省察である。[5]

しかし、選ばれた民の歴史におけるこの神が哲学者の神とは異なることを確認した後、パスカルは人類の歴史の中でこの神がみ子の姿をとって現在されて以来持っておられる名をこの神に与えることができた。つまり、「イエス・キリストという神」である。そして、パスカルはみ子ご自身の言葉を繰り返す。「私の神はあなたの神。」

羊皮紙には、パスカルは「『ヨハネ』XX, 17」という参照をつけている。マグダラのマリアは墓が空であるのを見つけた。後ろを振り向くと、1人の男の人が立っているのを見た。その人は言った。「婦人よ、なぜ泣いているのか。誰を捜しているのか。」しかし、それがイエスだとは分からなかった。そして、彼を園丁だと思って、「あなたがあの方を運び去ったのでしたら、どこに置いたのか教えて下さい。私があの方を引き取ります。」イエスが「マリアよ」と言われると、マリアは「ラボニ（先生）」と言った。この箇所は、『メモリアル』の中ではこの場面全体が要約されている言葉「私の神はあなたの

---

5) Henri GOUHIER, *op. cit.*, p. 36.

神」に続く。「私にすがりつくのはよしなさい。まだ父のもとに上がっていないのだから。私の兄弟たちのところへ行って、こう言いなさい。『私の父であり、あなたがたの父である方、また、私の神であり、あなたがたの神である方のところへ私は上がる』と。」

　この場面では、「燃える柴」の場面と同様、神は現在しているが、人間には見えない。そこで、神は、ご自身がメッセージを託すために選んだ者の名前を呼んで、呼びかけられる。次いで、族長、あるいは、「イエス・キリストの神」であることを名乗られる。しかし、マグダラのマリアの場面では、復活されたイエスは、ご自身と神との親子関係の中で、私たちを彼との関係に結びつけて下さる。そして、この「あなたたちの」という言葉はパスカルを第3の引用へと導くことになる。

　マグダラのマリアへのキリストの言葉は呼びかけである。パスカルは『ルツ記』（Ⅰ，16）の中に彼の答えの言葉を見出している。2人のイスラエル人がモアブの国の娘たちと結婚した。その2人の男が死んだ後、その母親はユダの国に帰ろうとする。2人の嫁のうちひとりは、自分の親の国に帰る。しかし、もうひとりの嫁、つまり、ルツは夫の母親に従って来て、言う。「私はあなたの行かれるところに行き、お泊りになるところに泊まります。あなたの民は私の民、あなたの神は私の神。」

　前の2つの場面の中では、神が出現し、ご自身を認めさせておられるが、そのうちの2番目の場面では、復活されたみ子が、養子とすることによって彼の兄弟となる者に福音を告げ知らせておられる。同じ父からのすべての子供を彼の兄弟と言っておられるのであるから。この福音に対する彼らの反応を見る時、もしも、パスカルが生きたすべての場面が大筋として、ユダヤ・キリスト教の啓示が神と人間との間に打ち立てた関係を持っているとしたら、「燃える柴」とマグダラのマリアへの出現の啓示は、とりわけ、神から人間への関係を、その次のルツの場面は人間から神への関係を示している。ところで、パスカルが新約聖書の約束への応答の言葉、養子とされるという神秘の領域にある応答の言葉を見出しているのは、旧約聖書においてである。というのは、ダビデの祖母であり、イエスの先祖であるルツが「あなたの神

は私の神」となることを選んだ者として選ばれたからである。[6]

　この言葉を心から発することは、「この世を何もかも忘れる、神のほかは」、言い換えれば、「福音書に教えられた道によってのみ」ということを受け入れることである。この対照的表現をパスカルに備えたヨハネの言葉は、「正しい父よ、世はあなたを知りませんが、私はあなたを知っております」である。

　神が出現し、呼びかけ、ご自身を知らせる2つの場面を、旧約聖書、次いで新約聖書がパスカルの中に蘇らせた。旧約聖書、次いで、新約聖書が応答の言葉を彼に与えている。ルツにつづいて、イエス・キリストである。

　第4番目の引用は、『ヨハネによる福音書』の章（XVII）全体を占めるイエスの祈りから引かれている。イエスは彼が全世界に遣わされている使徒と彼らの言葉を信じているすべての人のために祈られている。「彼らのためにお願いします。世のためではなく、私に与えて下さった人々のためにお願いします。彼らはあなたのものだからです。」（9節）「私は彼らにみ言葉を伝えましたが、世は彼らを憎みました。私が世に属していないように、彼らも世に属していないからです。」（14節）

　「福音」にとってかくも必須な世との断絶をイエスは繰り返す。「私が世に属していないように、彼らも世に属していないのです。」（16節）パスカルが採用する言葉が現われるのはこの祈りの終わりである。「父よ、私に与えて下さった人々を、私のいるところに、共におらせて下さい。．．．正しい父よ、世はあなたを知りませんが、私はあなたを知っており、この人々はあなたが私を遣わされたことを知っています。私は御名を彼等に知らせました。また、これからも知らせます。私に対するあなたの愛が彼らのうちにあり、私も彼らのうちにいるようになるためです。」（24−26節）パスカルは最後の行は引用しなかったが、「喜びの涙」はそれ以上のことを伝えている。

　「私は御名を彼等に知らせました。」（26節）「アブラハム、イサク、ヤコブの神　イエス・キリストという神」という名前は呼び出されたばかりである。そして、「あなたのみ名を知る」とは、心に「父なる神がその子を愛する愛」

---

6) *Ibid.*, p. 38.

を感じることであり、この愛は父がそこにみ子が現在するのを見られる時にのみ、心の中に生きることができるのである。

　イエスの父なる神への祈りは養子とするという神秘の約束であると共に成就である。「喜びの涙」は、滅びの子が救いの子とされる「養子とする」というこの神秘をパスカルが彼自身の生において体験したことを意味し、その熱い喜びを「喜び、喜び、喜びの涙」と切々と綴っているのであろう。[7]

---

7) Cf. *ibid.*, p. 39.

第3節 『メモリアル』「決定的回心」の記録 ―「イエス・キリストへの服従」―

キリスト紀元1654年
　（中略）
　　　　　　　　　火
　（中略）
私は神から離れていた。
「生ける水の源である私を捨てた。」
「わが神、私をお見捨てになるのですか。」
どうか、永遠に神から離れることのありませんように。
「永遠の命とは、唯一の、まことの神でいますあなたと、あなたが遣わされたイエス・キリストを知ることであります。」
　イエス・キリスト。
　イエス・キリスト。
私は、彼から離れていた。彼を避け、彼を捨て、彼を十字架につけたのだ。
もうどんなことがあろうと、彼から離れることがありませんように。
彼は、福音書に教えられた道によってのみ、保持しておられる。
すべてを放棄した。心の平和。
イエス・キリスト、そして私の指導者へのまったき服従。
地上の試練の1日に対して、永遠の喜び。
私は、あなたのみ言葉を忘れません。
アーメン。

1654年11月23日の夜、パスカルは主が御子にゆだねられている救いの群れに入れられていることを実感して喜びに満たされている。しかし、この喜びそれ自体が彼に後悔を呼び起こしている。「われ神より離れおりぬ」と。神に

献身し、神と結びつくことによって世から離れるこの心の動きを、パスカルはかつて、1646年の「第1回の回心」で体験していた。しかし、彼はやがてこの信仰心から遠ざかっていた。当時の彼は、エレミヤの口を通して、「あなたがたの先祖は、私にどんな不正を見つけて、私から遠く離れ、むなしいものに従って行って、むなしいものになったのか」(『エレミヤ』Ⅱ、5) と神が怒りを表わされたユダヤ人のようであった。妹、ジャックリーヌは義兄ペリエ氏への手紙のなかで「どうか、神様が、この苦しみをお用いください、あの哀れな兄を自分に帰らせ、その目を開かせてこの世のすべてのもののむなしさを悟らせて下さいますように」と手紙 (1653年6月6日) を書いている。

　パスカルは預言者エレミヤの非難を一身に受け止めていたのであろう。その長い非難については、パスカルはただひとつのイマージュで書き留めている。「彼らは生ける水の源である私を捨てた。」(Ⅱ、13)

　神から捨てられていた者に救いのみ手がさしのべられる時が来て、喜びの火が迷いから覚めた社交人パスカルの魂を照らす。しかし、また再び、神から捨てられるのではないかという恐れが、今得ている喜びを震えさせている。「わが神、私をお見捨てになるのですか。」ここで、パスカルの著作の編者や注釈者たちは、好んで十字架上のイエスの声を引用している。「エリ、エリ、レマ、サバクタニ。わが神、わが神、なぜ、あなたは私をお見捨てになるのですか。」(『マタイ』XXVII、46)

　この聖書の言葉は、「捨てられて」いることが現在の事実であることを表わしているが、パスカルは未来のこととして捉え、恐れを覚えている。パスカルの念頭にあったのは、むしろ、彼が特に愛し、羊皮紙に書き写した際、『メモリアル』の最後の行に加筆した『詩編』119編であろう。「あなたの掟を守ります。どうか、お見捨てにならないでください。」(『詩編』119、8)

　　私は神から離れていた。
　　「わが神、私をお見捨てになるのですか。」

　　後悔と懸念。私は神から離れたことを悔いる。神が私から離れるのではな

いかと恐れる。パスカルはパウロのフィリピの信徒への教えを心に受け止めている。「恐れおののきつつ自分の救いを達成するように努めなさい。」(『フィリピの信徒への手紙』Ⅱ, 12) そこで、恐れに続いて、祈りが心から出てくる。「どうか永遠に神から離れることのありませんように。」

「正義の父」への恐れは、パスカルを最後の晩餐の夜「とりなしの祈り」を聴く弟子たちに結びつける。もはや弟子たちを見ないで、眼を天に上げるイエスを弟子たちと共に見ながら、パスカルは、エレミヤの姿を思い起こしている。ついで、「どうか永遠に神から離れることがありませんように」という言葉は、おのずと福音を告げ知らす言葉を思い起こさせる。

　　永遠の命とは、唯一の、まことの神でいますあなたと、あなたが遣わされたイエス・キリストを知ることです。

「火」は消えたが、「イエス・キリストの神」は神が臨在されるところにおられる。

　　イエス・キリスト。
　　イエス・キリスト。

長い瞑想の、交わりの神秘的な時から決意への移り行きの中で、神の名が心から上がってきて口に出てきたのであろう。決意が、この「紙片」の最後を締めくくっている。もはや、聖書の引用はない。ここまでの聖書の引用はパスカルが熟知している神との出会いの重要な場面を思い起こさせる。燃える柴の木のモーセ、復活を前にしたマグダラのマリア、分かれ道にいるルツ、エレミヤが非難した不忠実なイスラエル人、天の父の家に通じる途上にある子なる神の後を追う弟子に自らを重ね合わせたのち、パスカルはこの地上で、1654年11月23日のこのパリにいる自分自身を見出している。彼は11月23日夜、自らの手で「紙片」の上に書きつけた宗教体験の記録、『メモリアル』を読み直し、表現を直した。事実、最後の各行は前半の行のヴァリアントである。

「私は彼から離れていた」のヴァリアントである「私は彼から離れていた。彼を避けた。彼を捨て、彼を十字架につけたのだ。」後悔の思いは重くなり、倍増している。[1]

「彼は福音書によって教えられる道によってのみ保持しておられる」は「神は福音書によって教えられる道によってのみ見出される」のヴァリアントであり、「すべてを放棄した、心の平和」は、「この世も、何もかも忘れる。神のほかは」のヴァリアントである。

生ける水が明日、明後日、毎日、最後の日まで私の魂を生かしてくれますように。問題は、見つけることではなく、保持することである。「忘れる」は「放棄した」となっている。言い換えれば、私はこれから「忘れる」のではない。私はすでに「忘れている」ということである。そして、この「忘れる」のは「神のほかすべて」であるから、この「放棄する」は「すべて」を放棄するのである。「平和」という言葉は、「紙片」の最後の行が約束であるだけでなく、パスカルが「心の平和」をすでに経験していることを表わしている。

パスカルの自筆の「紙片」は今も残って、フランス国立図書館に保管されているが、この「紙片」とともに彼の胴着に縫いこまれていた「羊皮紙」は失なわれた。しかし、甥のルイ・ペリエが忠実に書き写したと言われる「羊皮紙」がある。この「羊皮紙」には、次の3行が書き加えられている。

イエス・キリスト、そして私の指導者へのまったき服従。
地上の試練の1日に対して、永遠の喜び。
私は、あなたのみ言葉を忘れません。
アーメン。

『メモリアル』を書いた夜とそれを羊皮紙の上に転写した日の間に、パスカルはジルベルトが「大変すばらしいことを見出したので、それを暗誦する新しい喜びを感じていた」と書いているように、『詩編』119編を何度も読んだ

---

1) Cf. Henri GOUHIER, *op. cit.*, p. 41.

のではないだろうか。この詩が新たに最後の行となったのは当然であろう。「私はあなたの掟を楽しみとし、み言葉を決して忘れません。」(16節)

この119編は、魂の神のみ言葉への熱烈な服従を表現している。「私はあなたのみ言葉を忘れません。」この約束は又、祈りである。「私はあなたの掟を守ります。どうか、お見捨てにならないでください。」（8節）「心を尽くして私はあなたを尋ね求めます。あなたの戒めから迷い出ることのないようにして下さい。」「私は命を得て、み言葉を守ります。私の目の覆いを払って下さい。あなたの律法の驚くべき力に私は目を注ぎます。」(17, 18節)

11月23日のあの夜半、「紙片」に書きつけた言葉を読み返しながら、パスカルの最後の行は祈りとなっている。「もうどんなことがあろうと、彼から離れることがありませんように」と祈り、そして、彼と同様、夜、神の呼びかけに答えた詩編の作者と共にこの恐れの混じった喜びを再び経験したのであろう。「夜半に起きて、あなたの正しい裁きに感謝をささげます。」(62節)

この世の富のむなしさを示している『詩編』119編の霊的文脈において、パスカルは「イエス・キリストへの服従」が意味している「すべてを放棄した。心の平和」について内省しつつ、喜びの永遠さと苦しい試練の短さを比較している。

　　　地上の試練の1日に対して、永遠の喜び。

「不当な利益にではなく、あなたの定めに心を傾けるようにしてください。むなしいものを見ようとすることから、私のまなざしを移してください。」(36, 37節)「それゆえ、金にまさり、純金にまさって、私はあなたの戒めを愛します。」(127節)

「私はあなたのみ言葉を忘れません」と同じ行に、アーメン（かくあれかし）と神の助けによって私の約束がむなしいものになりませんようにと願って、全体を要約している。[2]

---

2) *Ibid.*, p. 42.

第３章　決定的回心後の作品

第1節 『エピクテートスとモンテーニュについてのド・サシ師との対話』

1) 対話の実現

　ル・メートル・ド・サシの秘書、フォンテーヌが対話を位置付けている時期は、「第2の回心」と呼ばれている出来事の後である。この出来事は既述のごとく、1654年11月23日夜の神秘的な体験であり、その思い出は『メモリアル』に保存されている。1655年1月のヴォミュリエやグランジュ（現在、ポール・ロワイヤル博物館）での滞在は貴重な記録によって説明される。
　『メモリアル』は「私の指導者へのまったき服従」という決意で終わっている。パスカルがサングラン師に求めていたのはまさにこの指導者である。サングラン師はその務めをド・サシ師にゆだねた。指導者への「まったき服従」は、前行で知らされている「全的な、甘美な放棄」、少し前の言葉、「この世を忘れること、神のほかはすべて」によって説明される。ところで、この神は旧約聖書、新約聖書の引用が示す神であり、「哲学者や科学者の神ではない。」パスカルがまさに、あかあかと輝く柴の火による光の中にいることを明確にし、彼が喜びのうちに「アブラハム神であり、イエス・キリストの神である」神の臨在を確信していたのである。それゆえ、採られた決意は、彼が2度言っているように「福音書によって教えられた道によってのみ、完成されるのである。」
　したがって、ポール・ロワイヤル・デ・シャン修道院に受け入れられた若きインテリはただ単に修道院に隠世に来たのではない。彼はサン・イウフェミ修道女が「私たちの新しい回心者」と書いているように回心者なのである。パスカルは「まったき服従」を約束している指導者と関係を持ち始めたのである。1654年11月23日夜の「火」の宗教体験の後、パスカルはポール・ロワイヤル・デ・シャン修道院を訪れ、サングラン師に会おうと考えた。翌年1月7日家を出て、ポール・ロワイヤル・デ・シャンへ行き、まず、ヴォミュ

リエのリュイヌ公爵の居城で、ついで、隠士たちの住むグランジュに3週間、滞在した。そこで修道女たちの聴聞司祭イザーク・ル・メートル・ド・サシに出会った。パスカルとド・サシ師との対談は『ド・サシ師との対話』[1]に収録されている。

　正確な題名は『エピクテートスとモンテーニュについてのパスカルとド・サシ師との対話』であり、ニコラ・フォンテーヌ著『ポール・ロワイヤル史に資するための覚え書き』に収録されている。フォンテーヌはル・メートル・ド・サシの秘書であった。著者、フォンテーヌは、哲学の教説とキリスト教の真理との対比を試みる大数学者パスカルと聖アウグスティヌスの教えのみによって信仰と学識を養ってきたポール・ロワイヤル・デ・シャンの隠士、ド・サシ師を登場させている。パスカルとド・サシとの対話は非常に貴重な記録をなしているだけでなく、回心者、パスカルの口を通して述べられる言葉はその内容、表現においても、また、『パンセ』のいくつかの主題と同じであることから、今日まで、パスカルの個人的な著作の中に収録されており、また、その中の最も優れたもののひとつと考えられてきた。フォンテーヌの『覚え書き』の原文は失なわれているので、テキストの問題、また、彼がどこから資料を得たか、ここで話題になっているエピクテートス、モンテーニュ、聖アウグスティヌスの引用や言及はどこから得ているか、パスカルの発言の時期はいつか、それは彼の知的発展のどの時期を占めているか、『パンセ』の同類のテーマとどのような関係があるかなどの問題は、メナール版『パスカル全集』に詳しく論じられている。[2] ここでは、エピクテートス、モンテーニュ、聖アウグスティヌスをめぐるパスカルとサシの対話に入ろう。

2）エピクテートスとモンテーニュ

　パスカルが日常ふだんに親しんできた本は、エピクテートス[3]とモンテー

---

1) *Entretiens avec M. de SACY, OCM,* Ⅲ, pp. 124-157. cf.『MP全集』Ⅰ, pp. 330-370. 解題・訳・解説＝支倉崇晴.『P著作集』Ⅰ, pp. 173-196. 訳・訳注＝田辺保. Le Maistre de Sacy (1613-1684)
2)『MP全集』pp. 330-331, pp. 361-370.
3) Epiktētos (50-125 ou130)　ストア派の哲学者.

ニュ[4]とであり、この2人を大変高く評価していた。エピクテートス（50－125または130）はストア派の哲学者であった。ローマに連れて行かれ、ネロの臣下の奴隷となったが、のち、解放された。著書、『提要』、『語録』において、道徳の実践によって精神と身体の苦しみを克服することを説いている。モンテーニュ（1533－1592）はカトリックとプロテスタントの8次にわたる戦争のさなかにボルドー市の市長を務め、調停役を努めたこともあった。そうした中で、人間や社会のさまざまなことについて思索しそれを3巻の『エセー』にまとめた。パスカルはこのモンテーニュを懐疑論の代表者として紹介している。ド・サシ師は、エピクテートスやモンテーニュのような著者の書物はあまり読むべきではないというのが日頃からの信念であったので、この2人のことを存分に話してくれるように、とパスカルに頼んでいる。

　パスカルは言う。「エピクテートスは、人間が何をなすべきかを世界中で誰よりもよく知っていた哲学者の1人です。彼が何にもまして願うのは、人間が神こそ自分の主要目的と見るようになることです。神が一切を正義をもって支配なさることを信じ、心から喜んで神に身をゆだね、神は何事もまったく大いなる知恵をもってしか行なわれないのだとして、すすんでこれに従うことです。このような気持ちになれれば、どんな嘆きもつぶやきも出てこないでしょうし、どんなにつらい出来事が降って湧いても、精神は平静にこれを忍べる備えができているはずです。」[5]

　神は人間に、そのすべてのなすべき務めを果たし得る手段をお与えになった。その手段は私たちの力量内にある。神が私たちに、そうするようにとお与えになったのだから、自分の力の範囲内にあるものを用いて、幸福を見出すべきである。私たちが自由にできるものは何かを知らなくてはならない。財産、生命、他からの評価は、私たちの力の及ぶところにはなく、したがって神へと至らせるものではない。しかし、精神は、自分が誤りだと知っているものを信じるようにと強制されることはなく、意志は、自分を不幸にすると知っているものを愛するようにと強制されることはないのだから、この2

---

4) Michel de MONTAIGNE (1533-1592)　主著 *Les Trois Essais*.
5) *OCM*, III, p. 130.

つの能力は私たちが自由にできるものであり、これらによって、私たちは完全になることができる。また、これらの能力によって、人間は神をまったく知り、愛し、服従し、み心にそい、すべての悪徳から癒され、すべての徳を勝ち得、ついには、聖なる者、神の友ともなりうる、とエピクテートスは言う。[6]

モンテーニュについては、パスカルは次のように紹介する。

「すべてにわたって、広くなにもかも疑わしいとします。それはあらゆるものに及んでいて、疑わしいとするその思い自体がふっ飛んでしまうぐらいです。すなわち、自分が疑っているとすれば、疑っているというそのことまでも疑うので、疑わしさから疑わしさへの堂々めぐりになって、果てることも止むこともなく、くるくる回るばかりです。すべてが疑わしいと断言することにも、疑わしくないと断言することにも、同じように反対するのです。何一つ断言したくないからです。このような自分をも疑う懐疑と自分を知らぬ無知とが自分の主要な思考形態なのだと彼は言うのですが、これこそが彼の説の中心点であって、それははっきりした言葉では表現できないものだったのです。というのは、彼がもし、私は疑うと言うとすれば、少なくとも自分は疑うことだけは断言して、自己矛盾に陥るからです。これは明らかに彼の意図に反するので、彼は疑問形を用いて自説を言い表わすより他はありませんでした。そこで、〈私は知らない〉とは言いたくないので、〈私は何を知っているだろうか〉と言い、それを自分の銘句にして、その銘句を相反するものを重しにして完全な均衡状態にある秤の図の下に記したのです。つまり、彼は、まったくのピュロン派（懐疑論者）なのです。この原則の上に、彼の論説のすべて、その『エセー』のすべてが展開されています。」[7]

彼は、信仰抜きの理性をこっぴどく、厳しく責めつけ、果たして理性がほんとうに理性的なのか、動物は理性的なのかどうか、それ以上なのかそれ以下なのかを疑わしめ、理性が自分勝手にのし上がっていた高い地位から引きずり降ろし、お情けで動物と対等の状態においてやり、自分では見定められぬ自分の本当の位置を、創造主から教えられるまではこの状態を抜け出すこ

---

6) *OCM*, III, pp. 133-134.
7) *Ibid.*, pp. 136-137.

とを許さず、それでまだ理性が文句を言うようならば、あらゆるものの最下位へ引き降ろすぞと、脅すのである。

ド・サシ師は、珍しい国へ行って、珍しいことを聞かされている思いがし、心の中で、聖アウグスティヌスの言葉を唱えていた。「おお、真理であられる神様、このようにこまかしい理論を心得ている人には、そのためにあなたから一層喜ばれるのでしょうか」と。そして、聖アウグスティヌスが同じ状態にあった時の自分自身について述べたように、自分で勝手に作った茨で八方から自分を刺し、引き裂いているのだとこの哲学者を哀れに思った。かなり長い間我慢しておられたが、とうとう、パスカルに向かって言った。

「モンテーニュは、ただ自分の書物についてあなたがなさるお話を通してだけ皆に知られるようになるといいと願うべきでしょうね。聖アウグスティヌスにならって、『このところに我を見よ、注意せよ』と言うこともできるのでしょうね。私は、むろん、あの人にも才があったと信じますが、ひょっとするとあなたは彼の原則をそんな風に整然と並べ上げて見せることによって、彼が実際の持ち前よりも少々よけいに持っているかのように仕立てられたのではありませんか。あなたも分かってくださるでしょうが、私のような生涯を送ってきた者は、この著者のものを読むことは余り好ましくないと言われてきました。この人の全著作には、聖アウグスティヌスの規定によれば、私どもが読書において何よりも求めるべきものは全然含まれておりません。なぜなら、彼の言葉は、謙遜と信仰の深い泉から溢れ出てきたものとは思えないからです。…モンテーニュは何の必要があって、今ではキリスト教にとって愚かなことと見られている教えを再び持ち出して、嬉しそうにはしゃいでいるのでしょう。聖アウグスティヌスがこの種の人々について下された判断があります。モンテーニュについても、聖アウグスティヌスにならってこう言えないでしょうか。〈彼は自分の語るすべてにおいて、信仰を脇に置いている。それなら、信仰を持つ私たちも同様に、彼の語るすべてを脇へ置かなければならない。〉」[8]

---

8) *OCM*, III, pp. 144-145.

3）ド・サシとパスカル

　パスカルは、自分がモンテーニュをよく捉えて、うまく使いこなしているとのお褒めをいただいたのだが、ド・サシ師の方こそ、聖アウグスティヌスをはるかによく捉え、哀れなモンテーニュにとっては余り有利なものとは言えないにしろ、はるかにうまく使いこなしておられる、とお世辞抜きで言えると述べた。パスカルは、ド・サシ師が自分に教えて下さったすべての事柄の確かさに、この上なく感じ入った旨を言い表わしたが、まだまだモンテーニュのことで頭がいっぱいだったので、自分を抑え切れず、なおも語り続けたのであった。

　「私はこの著者のものを読み、彼をエピクテートスと比べてみて、この2人こそまさに世界中で一番よく知られ、また理性にかなっているという点では他に例のない2つの教派を守って立つ最大の代表者だと思ったことを、あなたにも打ち明けずにはおれません。いったい、人は次の2つの道のうちのどちらかを歩むほかはないからです。すなわち、神が存在するとして、そこに自分の最高の幸福を託する道、もしくは、確信が持てないため、真の幸福をもまたつかめずに、不確かなままでいる道です。こうして、このように不完全な光しか持たなかったため、一方では、人間のなすべきことを知りながら、その無力を知らぬどころか高慢に陥り、他方は、無力を知っていても、何をなすべきかを知らなかったので無気力に陥りました。こんなふうに、一方が真理であるところで他方が誤りなのですから、この両者をひとつに結び合わせば完全な道徳ができ上がりそうに思えます。ところが、この2つの合体から生じてくるものは、平和であるどころか、戦争と全般的破壊にほかなりません。一方が確かさを、他方が疑いを、一方が人間の偉大さを、他方がその弱さを打ち立てようとするので、互いに誤りばかりか真実性をも砕き合っています。そんなわけで、この2者は、それぞれの持つ欠陥のためひとり立ちができませんし、互いに対立し合うため、合体もできず、その挙げ句、自壊し、自滅し、福音の真理に場所を譲るに至るのです。福音の真理こそは、まったく神から出た巧みによって相反するものをもひとつとする、真の天の知恵をこ

こから作り出すのです。人間的な教えの中では、対立物はついに並び立つことが出来ませんでした。．．．すなわち、脆弱なものはすべて自然に、強力なものはすべて恩寵に属すると知るのです。これこそは何とも驚くべき新しい一致であって、神のみが教えてくださることができ、神のみに可能であったことです。また、それは、人にして神であられる1人の方の中での、2つの性質の、言葉に言いつくせぬ一致のしるしでもあり、結果であるに過ぎないのです。」

　ド・サシ師は、パスカルに向かい、あなたの物事の処理の仕方は本当に見事だと告白なさらずにはいられなかった。しかし、同時に、本を読んで、誰でもが、あなたと同じくこれほどまでに思慮深く高度な反省のできる秘訣を心得ているわけでないとの意見もつけ加えた。

　パスカルは言った。「この人たちの本を読む利益について、あらましざっと私の考えを申し上げておきましょう。私は、エピクテートスにおいては、外的な物事の中に安らぎを求めている人々の安らぎをかき乱し、その人々が真の奴隷であり、哀れな盲人であること、ただひたすら神に身を捧げない限りは、どんなに誤りや苦痛を逃れようとしても、出会うのはただそういうものばかりであることを、どうしても認めずにいられなくするのに、比類のないわざが見出されると思います。モンテーニュは信仰なしに真の義を有すると誇っている人々の傲慢を打ち砕き、自分の見方に固執して、学問の中にこそ不動の真理が見出されると信じている人々を迷いから覚まし、理性が実にわずかな光しか持たず、錯乱状態にあることを十分納得させるのに、比類のないものです。．．．しかし、エピクテートスは怠惰を攻撃するにしても、傲慢へ導きます。．．．モンテーニュはいくらかでも不信仰と悪徳への傾きがある人々には絶対に有害です。そういうわけで、この人たちの本を読めと勧めるなら、読者の境遇や素行を十分に配慮して、何よりも慎重に注意をこらした規律を立ててやらねばなりません。ただ私は彼ら2人を一緒に読めば案外うまく行くのではないかと思うのです。」

　さて、このようにして、これほどまでに優れた精神の2人が、最後には、これらの哲学者の読み方について一致し、ともに同じ結論に達した。けれども、2人は、いくらか違った仕方でたどり着いたのである。ド・サシ師はキ

リスト教信仰による明知によって一気に到達したのだが、パスカルはこれら哲学者の諸原則から離れずに多くの回り道をした後で、たどり着いたのであった。

この対話の目的は決してド・サシ師にこの2人の哲学者に関心を持たせようとするものではない。真理がこの2人の哲学者の文書の誤りの内に混じっていてもド・サシ師はそんなことは気にもかけない。パスカルはそのことをよく知っている。そしてド・サシ師の意見を変える意図は持っていない。もしイエス・キリストの神が哲学者の神でないとしたら、つまり、哲学者の神が神でないとしたら、彼らの哲学はどうでもよい。パスカルはド・サシ師と共に、科学的探究をしようというのではなく、キリスト者として、この世の世界観の無用性と不確実性を言おうとしているのである。パスカルはこの2人の哲学者の存在を、それを否定するド・サシ師に対して擁護しようとしているのではない。パスカルが言っているのはまったく異なる。それを用いるのは、キリスト教にとってこの2つの哲学は有用だと彼には思えたのである。ド・サシ師との談話はまさに弁証論的な目的を持っており、したがってド・サシ師はそのことをよく理解しているのである。[9]

パスカルの意図はド・サシ師の反論の中に鏡のようによく反映している。ド・サシ師は信仰による再生を見ることで、彼の対話者と一致している回心の視野の中に直接位置している。この新しい回心者、パスカルに「パスカルさん、あなたは幸いでしたよ。博士などと呼ばれ学問に酔いしれながらも、心に真理を欠いたこのような人々の至らなかった高みにたどり着くことができたのですから。」だから、あなたはここにおり、私もここにいる。「神はあなたの心に、モンテーニュの中に見出してこられたものとは違った心地よさ、楽しさを注ぎ込んで下さいました。」ド・サシ師は『告白』から引用して彼の話を構成する。パスカルを導くのは、聖アウグスティヌスの個人的体験である。ド・サシ師は目の前に世俗の読書の危険を証明するように、巧みにテキストを並べている。

---

9) Henri GOUHIER, *op. cit.*, p. 87.

第1節 『エピクテートスとモンテーニュについてのド・サシ師との対話』

　ド・サシ師はエピクテートスについては一言も述べていない。パスカルはエピクテートスの学説を検証し、それが誤りであることを証明している。『エセー』の哲学者、モンテーニュとなると危険をはらんで来る。指導者、ド・サシ師はパスカルがモンテーニュによって真理を述べようとして激しい喜びを感じているのを察している。ド・サシ師の最初の反応は、微笑である。「ド・サシさんは、珍しい国へ行って、珍しい言葉を聞かされている思いがした。...」「私はむろん、あの人にも才があったと信じますが、ひょっとすると、あなたは彼の原則をそんなふうに整然と並べ上げて見せることによって、彼が実際の持ち前よりも少々余計に持っているかのように仕立てられたのではありませんか。」そこで、ド・サシ師は、聖アウグスティヌスがラテンの詩人の中に不道徳の師を示し、キケロのレトリックを部分的にかのマニ教の責任者とし、学芸の研究の無用さを示し、プラトンの書物の中に信仰と相容れない謙遜の欠如を見出している。しかし、アカデメイア派の書物に関する証言は、モンテーニュのキリスト教読者にとって特に教訓的である。ここかしこに、信仰は、懐疑論が合理論を追い払った理由を見る利益は持ち得るかも知れない。いったん回心すると、ド・サシ師は彼らの愚かさを語る。

　「これがアカデメイア派と呼ばれた昔の哲学者たちなら、すべてを疑ったことも、あるいは許せるかもしれません。しかし、モンテーニュは何の必要があって、今ではキリスト教にとって愚かなことと見られている教えを再び持ち出して、嬉しそうにはしゃいでいるのでしょう。聖アウグスティヌスがこの種の人々について下された判断があります。」「そして、あなたはモンテーニュについて、すべてを疑うことで当時の異端を打ちたたいたと言われましたが、聖アウグスティヌスもまた、アカデメイア派に従って、同じ疑いを向け、マニ教徒の異端から脱けられたのです。」「神に戻られてからは、この空しいものを汚れごとだと言って、振り捨てられ、ほかの空しいものについて語られているのと同じことを実行なさいました。」「それは危険な食物なのだ、と聖人は言われます。その食物がきれいな皿に載せて出されるのだ。」

　指導者、サシ師は彼の改悛者パスカルの知性を何ら心配していない。パスカルが誤りを識別する能力を完全に持っていることをド・サシ師は知ってい

る。ド・サシ師はパスカルの談話の中に逸脱も、不用意さも指摘しないが、しかし、読者の魂への世俗の読書の影響を懸念している。

「あなたは最大の毒をも巧みに調合して、そこから最上の薬を取り出すことのできる有能な医師に似ている」とド・サシ師は言われた。ド・サシ師は哲学者や哲学の友人に語っているのではなく、魂の治療法、つまり、弁証論に専念する信仰の人に語っているのである。彼の師の精神の中でパスカルが出会っている抵抗は、彼の弁証論の独自性に起因する。つまり、その独自性とは、毒を持って毒を制する治療法である。

指導者、ド・サシ師は彼の改悛者が「危険な食物」を完全に消化していることを認めざるを得ない。聖アウグスティヌスが世俗的読書について言ったことはやはり真実であると主張する。すなわち、慎重なド・サシ師にとっては、「精神がいくらか地をはっているため、こういう作家たちを読んで正しい判断を下し、汚物の中から真珠を取り出してくることのできるほどの高潔な心を持たぬ多くの人々にとっても有益であるとは信じられない。」したがって、医者だけが問題ではない。直ると主張する者たちがいる。魂の聴聞司祭であり、指導者であるド・サシ師の主張と激しさは今や世俗の書物の読書が含む弁証論の危険を狙いとしている。それはどんな書物か。霊的情熱に燃えたこの反哲学者は、「汚物から金を取り出す」という「この教父の言葉はよく当たっているのであって、その汚物は、黒い煙を放ち、彼らの本を読む人々のよろめきがちの信仰を曇らせるものであった」と激しく指摘する。この時の問題の核心は、魂の救いである。ド・サシ師は「常々、この人々に向かって、軽々しくこれらの哲学者のものを読むことに熱中してはならないといさめておられたのであろう。彼らと共に身を滅ぼし、聖書にも言われているように、悪魔のもてあそび者、うじ虫の餌食になってはならないからである。これらの哲学者は、そうなってしまったのである。」

ド・サシ師はキリスト教弁証論の中での毒物免疫を信用していない。[10]

---

10) *Ibid.*, pp. 88-90.

第2節 『要約　イエス・キリストの生涯』

　パスカルの決定的回心を記録する『メモリアル』には「神は福音書に教えられた道によってのみ、見出される」と記されている。のちに、『要約　イエス・キリストの生涯』[1] と名づけられる原稿は、1654年11月23日の「決定的回心ののち、1655年初め、パスカルが福音書の研究に没頭して書いた最初の宗教的作品であると言われている。このイエス伝が今日までほとんど注目されなかったのは、パスカルの著作に関心を持つ者にとっては、ひとつの驚きである。確かにこの文書に関して、これまでも言及されてきているが、ほとんど専門領域にとどまっている。しかも、この著書に対して、慣例的な賞賛とか、無知による軽視を表わすという初歩的段階のものである。しかし、『要約』は単純な作品ではない。執筆方法、目的において複雑な、豊かな内容をもった重要な作品である。

　パスカルの他の大部分の作品と同様、このテキストは著者によって生前に出版されたものではない。彼が死んだ時（1662年）、『パンセ』の草稿の横にあるのを彼の家族によって発見されたのであった。『要約』の原稿は、「イエスは園におられる。それは最初のアダムがいたような園ではない。そこで、アダムは、自分を滅ぼし、また全人類を滅ぼしたのだった。イエスがおられるのは、責め苦の園、そこで、彼はご自身を救い、全人類を救われたのであった」とゲッセマネの園でひとり祈られるイエスを瞑想する『イエスの秘義』と一緒に発見された。『秘義』の原稿は早くから注目されてきたが、『要約』の原稿は注意を引かなかった。『要約　イエス・キリストの生涯』の原稿は、『パンセ』の草稿と同時に、1711年9月25日、パスカルの甥、ルイ・ペリエ修道

---

1) *Abrégé de la vie de Jésus-Christ*, Pascal, OCM, Ⅲ,（『要約　イエス・キリストの生涯』以下, 略記号『要約』）cf.『MP 全集』Ⅱ, pp. 9-65. 解題・訳・解説＝森川甫.『P 著作集』Ⅰ, pp. 267-32. 訳・訳注＝田辺保.

士によってサン・ジェルマン修道院の図書館に寄託された。その際、添付された寄託の証明書には、「パスカル氏の手によって書かれた...イエス・キリストの生涯の要約に関する...ノート」から構成されている1つの「巻」であると記されている。この証明書は保存されたが、その草稿は大革命のとき消失した。他方、『パンセ』は幸いなことに無事保存されたのである。しかしポール・ロワイヤルの信者で、ペリエ家の人々をよく知っているテメリクール嬢が、1735年頃、このテキストの写本を作成した。その写本は、間もなく、ユトレヒトの、ついで、アムステルダムのヤンセン派の教会の古文書館に入った。それは、今日では、ユトレヒト地方古文書館の「ポール・ロワイヤル・コレクション」に収められている。この写本が、1845年、教会員ヴァン・デル・ホウヴェン氏の目に留まり、彼は同年、以後その受け継がれてきた題名『要約 イエス・キリストの生涯』でこの文書を出版した。1844年、『パンセ』の最初の完全な版を出したばかりの碩学、プロスペル・フォジェールが1846年、『要約』の新しい版を刊行し、ついで、聖書やその他の源泉の探究に特別な注意を払ったオーギュスト・モリニエが1889年、ギュスターヴ・ミショーが1897年、レオン・ブランシュヴィックが協力者、フェリックス・ガジエとともに1914年、ギュスターヴ・ミショーが再び、1942年に、版を刊行した。[2]

　メナール教授はこれまでの編纂者の成果をさらに前進させ、消失しているパスカルの原稿に最も近いと思われるテキストを作成された。また、諸説ある執筆年代に比して最も説得的な年代を推定された。それでは、『要約』の目的と方法はどうであろうか。『要約』執筆の意図は、これまでも『要約』の本文の成立に関する批判的研究や執筆年代の調査研究に言及する際、現われてきたが、この問題を考察すると、『要約』の編纂者たちの努力が明らかになり、そして、注釈者たちに対しても道を整えることになるであろう。

　イエス・キリストの生涯を書く計画は、まず第1に、ポール・ロワイヤルの宗教思想を形成した修道院長サン・シランの宗教思想においてキリストの人格に認めている重要さによって説明されるであろう。1651年に、ジャック

---

2) Cf. *OCM*, III, pp. 179-185.

第 2 節 『要約 イエス・キリストの生涯』 69

リーヌがイエス・キリストの十字架の死の秘義についての瞑想を作成するように導かれた。同年、少しのちに、ブレーズが、キリストの人格に触れて、キリスト者の全存在の鍵を求めたのは、「父の死についての手紙」を書いた時である。パスカルは次のように書いている。「そのことを考えるには、イエス・キリストその人に助けを求めなければなりません。と申しますのも、人間のうちなる一切はいとわしいものでありますし、また、神様は仲介者イエス・キリストによってのみ人間をお考えになりますゆえ、人間のほうでもイエス・キリストを媒介としてのみ他人や自分自身を考察しなければならないでありましょうから。もし私たちがこの中間の道を通らないとしましたら、私たちは自分のうちに文字通りの不幸か、忌まわしい快楽だけを見出すことになりましょう。」イエス・キリストに到達したすべてのものは、それぞれのキリスト者の魂にも、体にも生じるはずであるということは、キリスト教の最も重要な原理のひとつである。イエス・キリストを知るために学ぶということは、必然的にこの原理から由来する。

　イエス・キリストを知った結果は、『メモリアル』においてさらに、強く、深く刻まれている。『メモリアル』では、幾度も繰り返されているイエス・キリストの名が、ブレーズ・パスカルの魂の重要な記録文書の中心的位置を占めている。「私はキリストから逃げ、彼を否認し、十字架につけた」という言葉は、福音書の幾つかの重要な場面を明らかに示している。回心という心の決定的な動きが完成した「火」の体験の夜、パスカルは次の 2 つの確信を刻んでいる。

　「神は福音書に教えられる道によってのみ見出される。」
　「キリストは福音書に教えられる道によってのみ保持される。」
　これらの言葉には、『要約』の執筆へと駆り立てたと思われる決意が含まれている。すなわち、この推測は『要約』の執筆年代が『メモリアル』（1654年11月23日）の少しあとであるだけにますます是認できる。しかし、『要約』が書かれた動機は、パスカルの内的な生命だけに結びついているのではない。「もし読者がそこに幾分かでも長所を見出されるならば」という「序文」の読者への言葉は、『要約』が出版に関わっていることを示している。そして、

この出版には、ただ単に、パスカル個人だけでなく、確かにポール・ロワイヤル修道院も関わっていた。この文書の執筆年代から判断すると、幾つかの推測を立てることができる。あるいは、世俗的な研究からパスカルを完全に引き離そうとしていたポール・ロワイヤルの指導者の勧めに彼が従ったことが考えられる。つまり、このような態度は、『エピクテートスとモンテーニュについてのド・サシ師との対話』（以下、『対話』と略す）での質問者、ド・サシ師のパスカルに対する態度から想像できる状況とよく一致している。あるいは、ジャンセニウスやアルノーの著作よりも幅広い読者を目指し、しかし、彼らから協力を受けている『要約　イエス・キリストの生涯』は、ポール・ロワイヤルの「小さな学校」の教科書の出版計画に入っていたのであろう。とういうよりも、むしろ、アルノーの『福音書の語る出来事と対照四福音書』[3]（以下、『出来事と対照表』と略す）の出版に始まって、モンスの新約聖書やド・サシの聖書の出版に至る一連の出版計画に入っていたのであろう。あるいは、より真実と思われるのは、パスカル自身がイエス・キリストを体系的に省察し始めており、そして、ポール・ロワイヤルの彼の友人たちも彼を励まして、それを勧めていたのであろう。この3つの推測は容易に共に一致するものである。

　しかし、『要約　イエス・キリストの生涯』を考察するには多くの仕方がある。一般的な言葉で定義されている対象、目的に加えて、より正確な、具体的な目的を重ね合わせることが適当であろう。このような目的の研究は、それに到達するためには、用いられた方法の研究と切り離すことができない。パスカルは彼の意図に関しては明確にはほとんど何も述べていないし、このことに関して誰も証言していない。つまり、今、追求している対象の性質を明らかにすることができるのは、『要約』の本文、その内容、その構造、その利用された手段を直接に分析することによってである。

　この分析を進めるには、3つのタイプの著作によって、パスカルの企てを位置付けることを努めることによってのみ、それらをよりよく見出すことが

---

3) *OCM*, III, pp. 332-347.

第 2 節 『要約　イエス・キリストの生涯』　71

できるであろう。すなわち、福音書の対照表、イエス・キリストの生涯の物語、聖書本文の注解書である。これらの3つのカテゴリーに関しては、パスカルが『要約』の執筆に当たって、特に参照してきた著作がある。つまり、アルノーの『出来事と対照表』、ジャンセニウスの『時間の順序に従ったイエス・キリストの生涯の経過』と『四福音書注解』である。しかし、同時に、パスカルは彼の先輩たちに全面的に追随するのではなく、しばしば、出発点から作業をやり直した。彼自身のために選んだ案内役を越えて、それぞれのタイプの著作により個々の問題を検討し、『要約』の著者、パスカルが福音書を直接に考察する時、いかに問題を決定し、解決したかを求めることは適当であると思われる。

　実際、3つのタイプの著作に則して、問題を判別することが適当であり、また、必要だとしても、まったく分離しているわけではない。対照表と物語は密接につながっているし、ことに、四福音書を対照することは、ジャンセニウスの作品の展開が示しているように、当然1つの物語に通じる。ジャンセニウスは、『経過』の冒頭で次のように述べている。「これまで、我々は1人1人の福音書記者の物語の構成を説明してきた。しかし、その説明は、個々の出来事が生じる時間や順序によってはいなかった。今や、もしも私が非常に簡潔な形でなし得る限りであるが、キリストの生の順序に従って生じた一連の出来事を、1つの物語の姿で現われるように、目の前に提示するなら、私がそのようなことをする価値があるし、それは勤勉な読者にとって有益で好ましいことであると考えた。しかし、その物語は、もしそうでなければ、非常に込み入っていて、錯綜しているのである。そこで、我々はキリストの生涯を、彼の洗礼に至るまでの幼年期とそれに続く成年期に分け、後者をさらに、最初の過越祭までの宣教に先立つ時期と4年にわたる宣教と伝道から昇天までの時期に分けることにする。」四福音書の対照を想定しない物語はない。アルノーの『出来事と対照表』はただ単に、対照表である。ジャンセニウスの『経過』は、番号を付したそれぞれのエピソードが福音書を参照して簡潔に示されており、暗黙の対照表に基づいている。物語である『要約』を書くために、パスカルはこの2人の先輩に基づきはしているが、彼独自の対

照表を暗黙のうちに作成することなしに済ますことができなかった。

　対照表の目的である福音書の調和は、記述の違いの解決、さらに、4つの平行した福音書を分離する矛盾を聖アウグスティヌスの著書の題名によれば、『福音書の一致』の探究によって解決が得られる。聖書が神の霊感を受けて書かれた書物であるという原理は、解釈の必要を妨げるものではなく、逆に、その必要性を課すものである。

　パスカルにとっては、彼の先輩にとってと同様、対照表を作成する時、かなりの程度、時間の順序の困難さにぶつかっている。『要約』の執筆目的が定義されるのは、この意味においてである。それ故、幾つかの典型的な質問に答えることは、適当なことであろう。彼らのうちの1人によってのみ語られている物語を福音書の全般的な背景のなかのどの位置に挿入するのか。幾人かの福音書記者によって言及されているひとつのエピソードが、お互いにうまく位置付けできない時、どのような選択を行なうのか。時には、本当らしくないところに陥る危険を冒してまで、2つに分けることを認めなければならないのであろうか。ひとつにすることが望ましい場合、どの日付けを保持しなければならないであろうか。いかなる理由で、ある福音書記者でなく別の違った福音書記者の記述に期待しなければならないのか。

　対照表の作成が、直ちに、物語に通じるならば、それはまた、非常に豊かに、注釈に関わってくる。パスカルは先輩たちの対照表を基盤とする時、パスカルは彼らのものによって彼の先輩たちと共に進めている。彼の第1の案内役は『経過』である。彼がそれを全面的に信用しているからではなく、適当な道具とみなしているからである。年代的問題に取りかかる時、アルノーの『出来事と対照表』は彼に材料を提供している。それをパスカルは仔細に研究し、ジャンセニウスの『経過』と差異がある場合には、パスカルはむしろアルノーの意見に組みした。一致しない2つの資料を参照しているという事実は、個人的な独自の立場を定義しようというパスカルの熱心の表われであろう。

　パスカルが独自性を最もよく発揮しているのは、この2人の先輩を同時に避けている点である。この自由は何ゆえであろうか。いかなる基準によって先輩たちの主張を修正しているのであろうか。この修正が現われるのは福音

書記者たちの間に大きな違いが見られる時であるのは言うまでもない。パスカルが先輩たちの先例を避けている場合は、常に他の福音書を選んでいる。この選択はあるひとつのエピソードにのみ通用する1回限りのものではなく、各福音書記者の時間の順序に対する忠実さによって判断されているのは、明白である。従って彼は、とりわけ、時間的順序への関心でよく知られているヨハネを好んでいる。彼はまた、特に、主要な日付けと順序に関しては、ルカに対して信頼を寄せている。他方、マタイとマルコからは資料を得ている。この両者が相違する時、常に、マルコに傾いている。

　もうひとつの主要な原理は、幾人かの福音書記者の平行線を総合する方法である。しばしば、無味乾燥なエピソードと内容豊かなものとの対立が立てられている。その総合は、詳細な記事をつけ加えることによって実現されている。矛盾が明らかな場合、パスカルはできるだけ1つの物語を他の物語にまとめることを避けて、2つに分けるように努めている。たとえば、ジェリコの門の、1つは入口で、もう1つは出口での、盲人のいやしの場面である。前者はルカによって伝えられており、後者はマタイとマルコによって記されている。バプテスマのヨハネの死後、荒野への引き下がりも、2段階に分けて区別している。イエスの宣教が敵意あるデモによって迎えられたナザレでの滞在を2度とし、カイアファの家でのイエスに対する兵士たちの侮辱を2度述べている。その第1回目は、ルカから来ている。

　福音書の時間的な順序に対するパスカルの関心は、好奇心を満足することを目論むものとは、全く無関係である。福音書の対照表を作成することは、彼にとっては、4人の聖書記者の注意をイエス・キリストに集中し、救い主の生涯を具体的な時間の流れの中に位置付けることであった。「言は、ご自分の栄光を脱ぎ捨て、僕の形をとって、人間のなかへ入って住むために来られた。そして、死にいたるまで、しかも十字架の死にいたるまで、多くの苦難のなかを通って来られた。十字架の上にまで、私たちの弱さと病とを担い、ご自分の死により私たちの死を打破し、魂を捨てることも取り戻すこともできる力を持っておられたから、すすんでご自分の魂を捨てたのち、3日目にご自分の力で、復活された。アダムは、自分から生まれたすべての者に死を

もたらしたが、キリストは、ご自身において再生したすべての者に、その新しい命を与えた。そして最後に、すべてのものに満ちるために、地獄の底からもろもろの天の上へとのぼり、神の右に座し、そこから、生者と死者とを裁き、ご自身と1つ体になった選ばれた者たちを神のふところへ連れ戻しに来られるであろう。彼は神と1つであり、永遠に、本質的に一体をなしておられる。」[4] この救い主、イエス・キリストの生涯を時間の順序に従って、具体的に、できる限り正確に書き表わすことが、『要約　イエス・キリストの生涯』を執筆したパスカルの目的であった。

　以上、執筆の方法と目的について述べたが、この『要約』という文書の豊かさから見ると、単なる素描に過ぎない。より深くこの文書の目的を定義するならば、ひとつは釈義に属するものである。彼は簡単な物語の形式の下に注意深く準備された時間の順番に基づいた福音書の対照表を提案し、簡潔ではあるが、堅実な説明をしている。第2の目的は、神学の領域に属するものである。出来事の物語の超越的受肉を中心的奥義として、キリスト論全体が作り上げられている。

　文学的意図は、釈義的、また、神学的目的に比べて、2次的なものではあるが、それでも画期的なものである。散文詩の形式を採っており、しばしば、聖書に霊感されており、古風さを用いることにより、聖書本文の詩的味わいを帯びている。『要約』の節は詩句の形をなし、その言葉は音楽的なテーマともなる。それはまた、個々のエピソードにおいて、また、一連のエピソードにおいて、演劇的な素晴らしい意味を示している。

　「複雑で、内容豊かな作品」と初めに我々は言った。それは十分に立証されたと思う。若干、『四福音書注解』から借用して、『経過』の単なる翻訳であるとみなされていた作品が、多様な、素晴らしい内容を持ち、多種多様なジャンルに属していることが明らかになった。「文学的には価値のない」と軽率にも判定されていたものが、独自の、力強い表現方法を持ち、学問的な美的研究の場所として現われるに至った。パスカルの作品のなかで、他のどの作品

---

　　4)　*OCM*, Ⅲ, pp. 248-249.『MP 全集』Ⅱ, p. 11.

とも類似していない優れたその独自性により、他の文書と比肩し得る地位を与えることが必要となった。今や、その執筆年代は確定し、パスカルの偉大な宗教的作品の中で、最も古いものの１つとなった。

　それ故、以後の彼の作品の道標として、その重要性が倍加する。さらに、ほとんど同時期の作品『ド・サシ師との対話』と共に、意義ある重要な比較をすることができる。最初、一見した時、この２つの作品の視点の間に何と違いがあることかという思いがする。しかしながら、『対話』と同様、『要約』は、「神であり、人である」イエス・キリストの秘義を伝える福音書の真理に通じることを意図している。『要約』は『対話』と同様、真理の認識を全体的に反対する無理解や拒否のさまざまな形態を考慮して書かれている。結局のところ、『要約』の歴史的、神学的歩みは、『対話』の哲学的、教育的歩みと一致している。対立者を考察する方法は、『要約』においても、『対話』においてと同様、欠けてはいない。つまり、演劇的な形態が『対話』を活気づけているが、『要約』においても、場面を項目で示すことにより、演劇的効果を利用している。この両書の後に、少し離れて、『プロヴァンシアルの手紙』が、そして、続いて『パンセ』が登場するのである。

第3節 『幾何学的精神について』

　この小品は「幾何学一般に関する考察」[1]と「説得の術について」[2]の2部からなっている。[3] 自筆原稿は消失しており、ペリエ神父による原稿の「写本」もまた、すでに失なわれているが、これを写した「サント・ブーヴ写本」が現存する。

　第1部「幾何学一般に関する考察」では、まず、真理の研究には3つの主要な目標を挙げうることが示されている。第1は、真理を探究している場合にそれを見出すことであり、第2は、真理を所有している場合にそれを論証することであり、第3は、真理を検討している場合に真偽を識別することである。

　パスカルは第1については言及することを避け、特に、第2について論じている。そして、第2は第3を含んでいる。その理由は、「真理を証明する方法を知っているなら、同時に真理を識別する方法も持つことになり、真理に関して行なう証明が既知の規則に適合しているかどうか検討することによって、真理が正しく論証されたかどうかを知ることになるからである。」[4]「これら3つの方法においてすぐれている幾何学は、未知の真理を発見する術を説明している。それが幾何学が解析と呼んでいるものであって、あれほど多くのすぐれた著作が著されたあとで、このことについて改めて論じることは無用であろう」とパスカルは述べたのち、「私の与えた術は、すでに見出された真理を論証し、その証明が不動のものとなるように真理を解明する術だけ

---

1) *De l'Esprit géométrique*. *OCM*, III, pp. 391-412.
2) *L'Art de persuader*, *OCM*, III, pp. 413-428.
3) *De l'Esprit géométrique*『幾何学的精神について』, *OCM*, III, pp. 360-428. cf.『MP全集』I, pp. 393-445. 解題・訳・解説＝支倉崇晴．『P 著作集』I, pp. 197-237. 訳・訳注＝田辺保．
4) *OCM*, III, p. 390.

である。そのために私がすることは、幾何学がその場合に守っている方法を説明することだけである。というのも、幾何学は、方法を完璧に教えているからである」[5]と書いている。

この術は、2つの主要なことから成り立っている。ひとつはそれぞれの命題を個々に証明することであり、もうひとつは、すべての命題を最も良い順序に配列することである。そこでパスカルは2つの段落を設けている。第1は幾何学の論証、すなわち方法的で完璧な論証の導き方の規則であり、第2は、幾何学の順序、すなわち方法的で完成された順序の規則である。したがって、まったき姿で提示するつもりである真理を論証し識別するために、推論を導くのに必要となるすべてのことは、この両者が一緒になることによって含まれることになると述べている。[6]

第2部「説得術について」では、「説得術は、人々が自分に勧められたことに同意を与える時の仕方と、信じさせようとされた事柄の性質とに条件づけられる。」とし、「誰しも知っているように、魂に意見が受け入れられるには2つの入口があり、それは、魂の2つの主要な力である悟性と意志のことである。より自然なのは悟性の入口のほうである。というのも、人は、証明済みの真理以外のものには、決して同意を与えてはならないからである。だが、より普通なのは、自然ではないとはいえ、意志の入口の方である。というのも、あらゆる人が、ほとんど常に、証明ではなくて心地よさによって信じるように仕向けられているからである」とパスカルは述べている。[7]

ここでは、パスカルは神に関する真理については語っていない。神に関する真理を説得術の対象におとしめたりしないためである。その理由は、この真理は自然を無限に越えているからである。つまり、神のみがこの真理を魂の中に置けるのであって、それも、み心にかなった仕方によってである。パスカルは「我々の力のおよぶ真理だけについて語ることにする」と述べて「説得術」の使用範囲を限定している。「我々を同意させる力」には、「精神

---

5) *OCM*, III, p. 390.
6) Cf. *ibid.*, p. 391.
7) *Ibid.*, p. 413.

の原理」と「意志の原理」がある。「精神の原理」は、自然で万人に知れている真理であり、「意志の原理」は自然で誰しもが持っているある種の欲望である。それに対して、我々が説得しなければならない事柄の性質は、非常に多様である。パスカルは「説得術」を定義、公理、論証という3段階において検討している。[8]

『幾何学的精神について』の執筆年代に関しては、1655年から1659年までの諸説があったが、メナール教授は、1654年「決定的回心」を体験した翌年、1655年としておられる。これは以下の事情から妥当だと思われる。この頃、パスカルはポール・ロワイヤルの神学者アルノーとの会話を行なっている。当時、アルノーは、特に学問や哲学に専念していた。ヴォーミュリエのリュイヌ公の館での会合と、それ以上に重要なポール・ロワイヤル・デ・シャンの「小さな学校」の存在がある。隠士たちの生活に加わるためにやって来た新回心者であり、偉大な精神の持ち主であるパスカルは、幾何学や論理学の分野で教育計画を開陳するよう促されないでいられなかったのである。[9]

1655年執筆とすることで『幾何学的精神について』は、パスカルの他の著作との関連でも最も自然な位置付けがなされることになる。ここでは、この小品と1656年1月から1657年3月にかけてパスカルが書いた18通の『プロヴァンシアルの手紙』との関連について触れてみよう。

「説得術について」

パスカルが『プロヴァンシアルの手紙』で用いた戦略は、この小品の第2部「説得術について」に示されている原理から採られている。パスカルは「私たちが説きつけようとする事柄」にはさまざまのものがあると言う。「その中のあるものは、共通の原理と、承認ずみの真理から、当然の帰結として引き出されてくる。そういうものなら、人に説きつけることも間違いなくできる。それと承認ずみの原理との関係を示せば、どうしても成る程と思わずにはおらせないつながりが生じる。魂がすでに受け入れずみの真理と関わら

---

8) Cf. *OCM*, III, pp. 414-428.
9) Cf. *ibid.*, pp. 368-376.

せたら、これを受け入れぬというのは不可能である。なかには私たちを満足させる対象と密接に結びついているものもある。これらもまた、受け入れられるのは確実である。なぜなら、自分が何にもまして愛しているものの方へと連れて行ってくれるものであるらしいという感じを魂に持たせることができたら、魂は、喜んでそちらの方に向かって行くに決まっているのではないだろうか。しかし、承認ずみの真理にも、心の願いにも、どちらにも関係があるものだと、その影響力はこの上なく確かであり、自然の中にこれ以上確かなものは見出せないほどである。反対に、私たちが信頼も寄せられず、楽しさをも感じられないものは、煩わしくて、いかがわしくまったく無縁なものに過ぎない」。[10]

　説得したいことを人の同意する原理に結びつける術は、パスカルによって「説き伏せる法」と呼ばれ、説得したいことを人を魅する対象に結びつける術は「気に入る法」と呼ばれている。この2つの法全体が説得術であり、「説き伏せる法」は精神に、そして、「気に入る法」は意志に向けられる。

1. 説き伏せる法

　パスカルは「私が説得術と呼ぶ術は、もともと、完全に組織立った証明を行なう術にほかならない」と述べ、それは定義、原理（公理）、論証の3つの主要部分から成り立っているという。すなわち、「はっきりした定義によって、用いようとする用語を定義すること、問題としている事柄の証明のために、明白な原理または公理を提示すること、論証にあたっては、常に心の中で定義されたものに対して、定義それ自体を置き換えて見ること、この3つである。」「説き伏せる法」は『プロヴァンシアルの手紙』において、どのように展開されるであろうか。パスカルが「説得術について」の中で挙げている次の3項目によって検討しよう。

（1）定義　「理解し難い用語のすべてを、あらかじめはっきりと定義してお

---

[10]　*OCM*, III, p. 415.

かないかぎり、証明しようとする問題を提示したり、その論証を試みたりしても、なんの益もない。」モンタルト（パスカルの偽名）は一般信徒にも分かるように、あいまいな神学用語を定義することを相手のイエズス会士に対して、要求している。『第4の手紙』では、「現実の恩寵」について「神父さん」に「この点について教えていただければ大変有難いのですが、と頼んだ。自分はこの言葉の意味するところすら知らないので、その説明をして下さいとも言った」と定義を求めている。

（2）原理と公理　「説得術」において、パスカルは証明が「完全に明白で単純な原理にもとづかなければならない」と言う。『プロヴァンシアルの手紙』において、論証に必要な第1の原理とはキリスト教の原理である。また、「精神の原理は、自然な、誰にもよく知られたもの」であって、これが第2の原理である。パスカルは、『第14の手紙』において、多くの殺人を許しているイエズス会の良心問題判例学者の見解を例示する時、この原理を用いている。

（3）論証　「説得術」においてパスカルは、「論証のために必要な規則　すべての命題を証明し、その証明にあたって、それ自体この上なく明白な公理、または、すでに証明ずみ、承認ずみの命題だけしか用いない」と書いている。モンタルトの論敵は、この点においてもまったく反対で、問題点の多い命題を説明なしで用いている。例えば、ポール・ロワイヤルの神学者アルノーの異端宣告の場合（『第1の手紙』）がそうである。アルノーが異端であるとの譴責文が出る。アルノーの方でも次々と弁明書を発表した。「自分の命題と、自分が典拠とした教父たちの引用文とを数段にわたって並べて見せ、そんなに見る目のない人々にもこの間の一致がはっきり窺えるようにした。」アルノーは「論証のために必要な規則」に則した弁明書を書いているが、彼を異端宣告した側は全く逆に、根拠を示していない。

2．気に入る法

意志の原理は、「ある種の自然な願望であって、どんな人にも共通している。

例えば、幸福になりたいという願望であって、これは誰もが持たずにおれない。さらにまた、人みな幸福になろうとして追い求める多くの個々の対象もこれに属する。それらには私たちの気を引く力があり、実際は有害でも、意志を動かすという点では、真の幸福を作り出すものかと思うほどに強力である。」[11] 気に入る法は、「説き伏せる法とは比較にならぬほどに難しく、微妙をきわめ、また有用であって、すばらしいものである。したがって、私がそれを扱わないのは、自分にはその能力がないからである。また、自分はとてもそんなことをするのに適した人間ではないと思うからである。」[12]「少なくとも、その能力を持つ人があるとしたら、私の知っている何人かの人たちだけであって、他の人は、このことについて、それほど明るい、満ち溢れる光りはもっていないと思う」[13] とパスカルは述べている。

パスカルはオネトゥテ（紳士道）の体現者シュヴァリエ・ド・メレを念頭においてこのことを語っているのであろう。「説得術」執筆時には、「気に入る法」は扱っていない。しかし、姉ジルベルトの証言に注目しよう。弟ブレーズ・パスカルは「話して聞かせる相手が誰であろうと苦労なく、やすやすと話を分からせることができるように、ものを喋る術」が雄弁であり、それは「話し相手の精神や心と、自分の用いる思想や表現がしかるべき適当な状態に配置されるか否かにかかっており、どんな言い表わし方をするかによってのみ、全体としてうまく調和が取れるようになること」を理解していた。また、「何か思想を述べる場合には、いったん聞く人の側に身を置いて見るのでした。」そして、「自分の対面する人の気持ちになってこんなふうに考えて見るのでした」と姉ジルベルトは述べている。[14] パスカルが言う「気に入る法」が初めて用いられ、見事に開花したのは、『プロヴァンシアルの手紙』においてであった。

パスカルは「説き伏せる法」には規則を与えているが、「気に入る法」には

---

11) *OCM*, III, p. 415.
12) *Ibid.*, pp. 416-417.
13) *Ibid.*, p. 417.
14) *OCL*, [37]

与えていない。説き伏せるのは証明によるが、気に入るのは楽しさを与えることによる。「楽しさの原理」が無数にあるように、その規則は無数である。この世にはさまざまな人々がおり、そのひとりひとりも変化する。パスカルは『プロヴァンシアルの手紙』において「楽しみのレトリック」を見事に駆使しているが、しかし、キリスト教の真理を教えることをなんら犠牲にしていない。真理を教えることと楽しみを与えることの両方の義務を果たしている。「イエズス会士」は逆にこの両方を欠いている。「説得術」において、パスカルは「承認ずみの真理にも、心の願いにも、どちらにも関係があるものだと、その影響力はこの上なく確かであり、自然の中にこれ以上確かなものは見出せないほどである」と述べている。『幾何学的精神について』、とりわけ、「説得術について」において表現技術を研究し、まとめたパスカルは『プロヴァンシアルの手紙』という舞台を設定してそれを実践し、「説き伏せる法」と「気に入る法」を結びつけることに見事成功したのである。

第2部
『プロヴァンシアルの手紙』

第1章 『プロヴァンシアル』論争

ブレーズ・パスカルの『プロヴァンシアルの手紙』[1]は18通の手紙と1通の未完の手紙からなり、1656年初めから1657年春にかけて書かれ、パスカルがジャンセニストを擁護して、ジェズイットを論駁するために執筆した一連の手紙である。ジャンセニストとジェズイットとの論争は17世紀前半以来のものであるが、恩寵の問題をめぐるアウグスティヌス派とジェズイットとの論争の歴史は、16世紀中葉までさかのぼることができる。『プロヴァンシアルの手紙』はジャンセニスト、あるいは、アウグスティヌス派とジェズイットとの論争が、その激しさにおいて、頂点に達したところにその位置を占めている。この『プロヴァンシアル』論争を論じる前に、この論争の起源と経過についてその概要を述べよう。

---

1) テキストとしては, *LETTRE A VN PROVINCIALES*, Edition princeps, 1656-1657. 略記号 *Lettre* (序数形容詞を付している. ex. *2ᵉ Lettre*) PASCAL, *Les Provinciales*, Edition de L. COGNET, Garnier, 1965. 略記号 *PC*. *Œuvres de Pascal* du MM. Léon BRUNSCHVICG, Pierre BOUTROUX et Félix GAZIER, tomes Ⅳ, Ⅴ, Ⅵ, Ⅶ, (Paris, Hachette, *Les Grands Ecrivains de la France*, 1914-1926) を用いる. 略記号 *GE*.

第1節 論争の起源と経過

1. 論争の起源

アウグスティヌス派とジェズイットとは、すでに16世紀中葉、ルーヴァンにおいて激しく争った。アウグスティヌスの教説に厳密に立脚したルーヴァン大学の神学は、ジェズイットの強力な神学と対立していた。1567年、アウグスティヌス派のバイウス[2]が断罪され、ついで、1588年、ジェズイットのモリナ[3]が『神の恩寵の賜物と自由意志の協力について』[4]を著わし、予定論と恩寵に関する彼の思想を明らかにし、以後、彼の思想は彼の弟子たちに継承され、モリニスムと呼ばれる。この書物は、トマスの信奉者であり、穏健なアウグスティヌス主義を支持するドミニカン[5]をいたく刺激し、この会派をしてモリニスム攻撃に振起させるに至った。この論争を前にして、ローマ教皇庁はジェズイットとドミニカンをローマに召集し、1597年から1607年まで「恩寵の効果と自由意志に関する」会議を開催した。しかし、この会議はなんら積極的結論を得ないまま終わってしまった。教皇庁のひそやかな意図は、恩寵に関するあらゆる論争をやめさせることにあった。信者たちに悪影響を及ぼすことを恐れたからである。

コルネリウス・ジャンセニウス[6]の著述した『アウグスティヌス』[7]は、ジェズイットとジャンセニストとの間に恩寵に関する論争を蒸し返させた。ルーヴァン大学出身で、さらにその教授となったジャンセニウスは、1629年

---

2) BAIUS (1513-1589)
3) Luis MOLINA (1535-1600)
4) *De concordia liberti arbitrii cum divinae gratiae donis.*
5) Dominicains
6) Cornelius JANSENIUS (1585-1638)
7) JANSENIUS, *Augustinus,* Louvain, 1640.

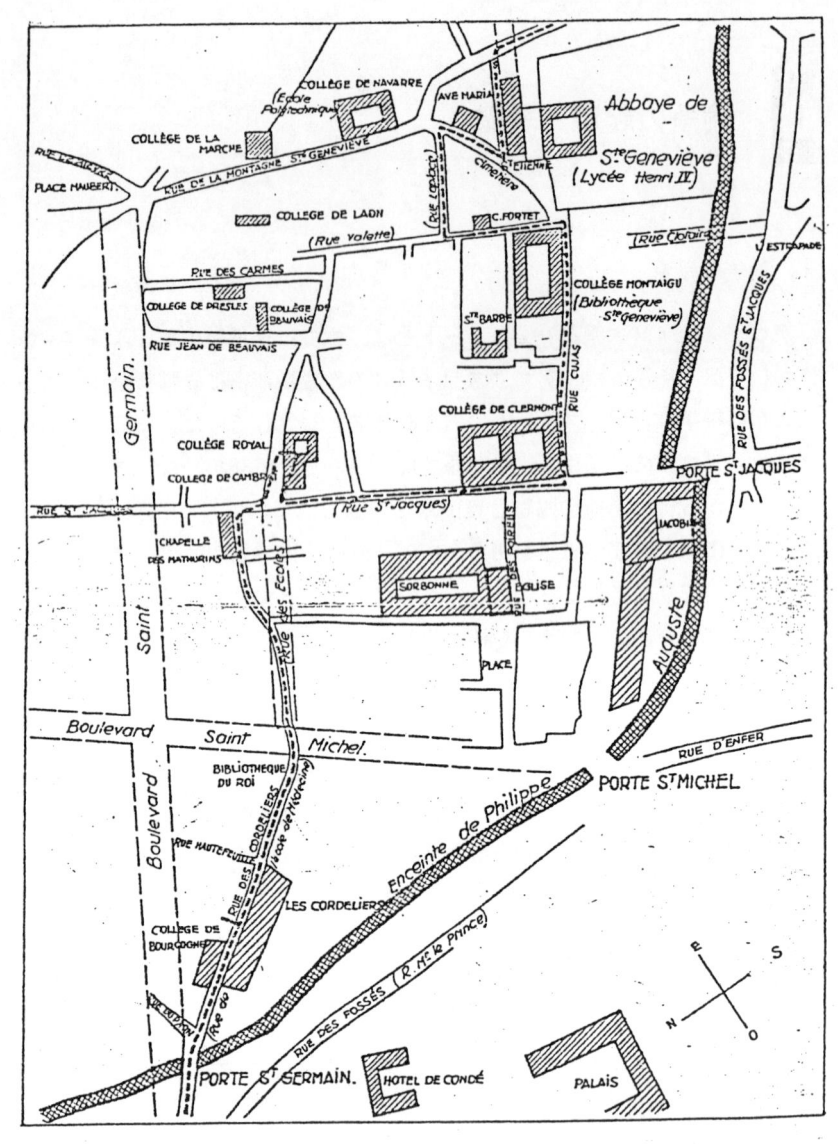

QUARTIER LATIN カルチエ・ラタン

①ソルボンヌ神学大学　②ジャコバン修道院　③クレルモン学寮
④ナヴァール学寮　⑤パスカル『手紙』執筆当時の家

ころ、恩寵問題に関するアウグスティヌスの複雑な思想を総合する大著作をなす計画を立てた。1638年、夭折したにもかかわらず、ジャンセニウスは、ついに『アウグスティヌス』を完成し、彼の死後、1640年、友人たちの手によって、ルーヴァンで出版された。この書物は恩寵に関する論争を再び引き起こし、そして、論争は初めルーヴァンで、ついで、フランスへと広がっていった。ここまでの論争は、ジェズイット対ドミニカン、ないしは、ジャンセニストであったが、ここに至って、枢機卿リシュリュー[8]がジェズイットに組して、『アウグスティヌス』を否定したので、政治的要素も加わり、一層複雑化してきた。しかしながら、ジャンセニウスの『アウグスティヌス』は、ポール・ロワイヤルの修道院隠士たちの中に強力な支持者を見出した。修道院院長で、サン・シランと呼ばれていたジャン・デュヴェルジエ・ド・オーランヌ[9]が、とりわけ熱烈に支持した。サン・シランは『アウグスティヌス』を擁護することを、当時、まだソルボンヌの若い博士であり、隠士たちのうちで最も優秀であった、アントワーヌ・アルノー[10]に当たらせた。サン・シランの宗教的絶対主義は、ジェズイットと結ぶ、リシュリューの余りにも排他的な政策と衝突し、ジャンセニストとジェズイットとの争いは、次の3つの状況において、とりわけ激しく争われた。

1)『ジェズイットの倫理神学』

1643年、アルノーは『頻繁な聖体拝受について』[11]を出版した。この著書はサン・シランの厳格な思想を忠実に擁護したものであり、ポール・ロワイヤル運動を宣明した最初の文書である。この書は悔悛の秘蹟と聖体の秘蹟に関する教説を叙述したもので、ジャンセニスムをフランスの民衆に知らせるうえで大きな役割を果した。この書が出版された前後、ジェズイットの教説をめぐって、もうひとつの事件が起こっている。『プロヴァンシアル』研究を志す立場か

---

8) Jean Armand du Plessis RICHELIEU (1585-1642)
9) Saint-CYRAN (Jean DUVERGIER de HAURANNE, 1581-1643)
10) Antoine ARNAULD (1612-1694)
11) *De la Fréquente Communion ou les Sentiments des Pères, des Papes . . .*

ら言えば、この事件のほうが直接的な興味がある。なぜなら、この事件においては、『プロヴァンシアルの手紙』に先立って、ジェズイットの弛緩した道徳を攻撃しているからである。すなわち、1641年、フランス聖職者大会はボオニー神父の著書、『罪の総集編』[12]が自由思想家と同じ精神を持ち、良き風俗を腐敗へと導いていると非難している。パリ大学の神学部も同調してきわめて厳しく非難し、ボオニー神父の著書の犯している過失、ことに、正義と性道徳に関する過失を指摘した。1641年、ジェズイットのアントワヌ・シルモン[13]神父はパリで『徳の擁護』を出版した。この書物も物議をかもした。なぜなら、のちに『プロヴァンシアルの手紙』において、再び問題になるいくつかの章句のなかで、著者は神を愛せよとの戒律を巧みに避けたからである。著者は最後に次のように結論している。「神は我々に神を愛せよと命じているが、実際は、我々が彼の他の戒律に従うことで満足している」[14]と。アルノー自身もこの論争に加わり、シルモン神父を攻撃するために1冊の反駁書を書いた。一方、ソルボンヌはこの論争を回避して、参加しなかった。大学人たちはシルモン神父を支持しているリシュリューと衝突することを恐れたのである。1643年、わずか61ページの小文書が匿名で出版された。この書は『ジェズイットの倫理神学』[15]という題名がつけられていた。アルノーはソルボンヌの博士で、これらの論争に精通している論争家、フランソワ・アリエ[16]によって提供された資料を利用して、この文書を著述したのであった。ページ数は僅少であったけれども、この文書は非常に重要な意味を持っている。というのは、弛緩した道徳に対して、カトリック内部からなされた、見事な、最初の攻撃だったからであり、また、『プロヴァンシアルの手紙』にも強い影響を与えているからである。時として、『ジェズイットの倫理神学』は、プロテスタントに、とりわけ、デュ・ムーラン牧師[17]の

---

12) Etienne BAUNY (1564-1649), *Sommes des Péchés qui se commettent en tous étapes*, 1640.
13) Antoine SIRMOND (1591-1643), *Défense de la Vertu*, 1641.
14) COGNET, *Les Provinciales*, Garnier, 1956, p. IX.
15) *Théologie morale des Jésuites*, 1643.
16) François HALLIER (1595-1658)
17) Pierre du MOULIN (1568-1658), パリ南郊外のシャラントン Charenton のフランス改革派教会牧師. 当時の, フランス・プロテスタントの代表的論争家.

『ローマ教会の伝統の列挙』[18]に、その起源を持つとされるが、これはジェズイットのヌエ神父[19]らの推測である。『ジェズイットの倫理神学』が出版されて以来、ジェズイットの神父たちは道徳に関する彼らの教説を弁護し、そして、ジャンセニスム攻撃に力を集中する。ニコラ・コーサン神父は『弁証論』[20]を書き、ピエール・ル・モワーヌは『弁証的宣言書』[21]を出版し、フランソワ・パントロー神父[22]はド・ボアジック師という偽名を用いてアルノーの「欺瞞」と「無知」を非難する。このように、直接、ジャンセニスムを攻撃するとともに、ジェズイットはリシュリューの後継者で、彼と同様、国家の統一強化のため、ジェズイットの権力を必要としているマザラン[23]に接近した。このように、ジェズイットと宮廷が接近している雰囲気のために、かつてジャンセニスムを支持し、または、中立であった多くの人々が、アンチ・ジャンセニスムの立場をとり始めた。コニェ[24]は次のように指摘している。「サン・シランの旧友で、良心問題審議会の議員となった、サン・ヴァンサン・ド・ポールは彼の同僚たちに反対しないようにし、そして、ジャンセニスムに反対を表明するほうが有利であると打ち明けている。」[25]

2）「5命題」非難

1649年、ソルボンヌは月例会議を開いた。学部理事のニコラ・コルネ[26]は恩寵問題に関して、次の7命題を非難決議するよう会議に要請した。大学入

---

18) *Des Traditions et de la perfection et suffisance de l'Escriture Saincte ... avec un catalogue ou dénombrement des traditions romaines*, 1631.
19) Jacques NOUET (1605-1680)
20) Nicolas CAUSSIN (1583-1651), *Apologie des religieux de la Compagnie de Jésus*. 1644.
21) Pierre LE MOYNE (1602-1672), *Manifeste apologétique*. 1644.
22) François PINTHEREAU (1605-1661)
23) MAZARIN, Jules (1602-1664)
24) Abbé Louis COGNET, 最も優れたジャンセニスム研究家の1人. *Les Provinciales*, Garnier, 1965. 略記号 *PC*.『プロヴァンシアルの手紙』研究には欠かすことのできない版である. *Les origines de la spiritualité français au XVIIe siècle*, 1948, *La Mère Angélique et son temps*, 2 vol, 1950 et 1952, *Le Jansénisme*, 1964, などの著作がある.
25) COGNET, *Le Jansénisme*, P.U.F., 1964, p. 49.
26) Nicolas CORNET (1592-1663)

学資格者の論文の中にも、このような異端が見出されるとの口実で、彼はこの非難決議の必要性を強調した。7命題は次のとおりであった。I. 神の十誡のあるものは、義人たちにとって、彼らが自己のうちに保有する力によって意欲し、努力する場合でも遵守することは不可能である。II. 堕落した本性の状態では、人間は内的恩寵に決して逆らいえない。III. 堕落の状態では、賞罰に価する行為をするために、人間は必然性からの自由を持つ必要はなく、強制からの自由だけで足りる。IV. 半ペラギウス主義者たちは、個々の行為に対し、また信仰の開始に対してさえ、先行する内的恩寵が必要であることを認める点で正しいが、彼らは、人間の意志がこの恩寵に反対することも服従することもできないという点で異端である。V. イエス・キリストが、例外なくあらゆる人々のため死んだというのは、半ペラギウス主義的異端である。VI. 不信心者の行為は罪である。VII. ひそかな悔悛の秘蹟は、隠れた罪に対しては十分でないというのが、かつて教会の意見であった。

　コルネはこれらの命題を巧妙に作成していた。なぜなら、これらの命題、とりわけ、その最初の5命題はかなりあいまいな表現をとっているからである。正確な意味を明晰に識別し難い上記の命題のごとき表現は、多くの解釈をとることが可能となってくる。一見して、異端的と見えることが、観点を変えるとまったく正統的となることもあり、その逆もありうる。これらの命題はまさしくそういう種類のものであろう。コルネは一般的なことを述べ、特定の著者のことには言及していないが、彼は疑いもなく、ジャンセニウスを念頭に置いてこれらの命題を提出したのであった。ジェズイットからのこの攻撃に対して、ジャンセニスト側からは多くの文書が書かれ、ジャンセニウス擁護の論陣を張った。その第一人者は、誰よりもまず、アントワーヌ・アルノーであり、彼は『ニコラ・コルネによってなされた企てに関する考察』[27]を著わし、コルネ理事はジャンセニウスを断罪することにより、聖アウグスティヌスをも断罪していると非難した。アルノーは第1の命題に関して、次のごとく説明している。「(第1の命題は)聖アウグスティヌスのきわめて明晰で、判明な、かくも多

---

27) *Considération sur l'entreprise faite par Nicolas Cornet.*

くの章句によって正当とされているイープルの司教の書物[28]の1ヵ所からほとんど逐語的に引用されており、このことを疑うことのできるほど、片意地な者は誰もいないだろう。」[29] ついで、各命題を分析して、彼はこの命題の作成がどれほど命題を欺瞞的なものにしているかを示した。

　ジェズイットはこれら7命題の非難文を印刷して、パリと地方に流布した後、それをローマ教皇庁へ送った。ヴァブルの司教になったイザーク・アベール[30]は1650年、教皇イノケンチウス10世[31]に手紙を書き、最初の5命題を非難するよう要求した。これらの非難に対して、アルノーは『ヴァブルの司教によって、作成された手紙に関する考察』[32]を書いて答えた。しかし、この弁駁書はほとんど効果がなかった。マザランはルイ14世の署名入りの手紙を教皇に送り、最初の5命題を非難するよう要求した。そして、1653年、教皇は5命題を異端として非難することを表明し、そして、1656年、教皇アレキサンドル7世[33]は5命題がジャンセニウスの著作の中に認められることを宣明した。5命題に関する以上の論争とともに、ポール・ロワイヤルに対する攻撃もかなり激しく行なわれた。ブリザシエ神父[34]は、ポール・ロワイヤルの人々が不敬虔な心を持ち、カルヴィニストとひそかに通じていると言って非難した。余りにも激しい非難であるので、パリ大司教が教書でもってブリザシエを非難したが、一度広まった流言は、広がり続けた。ジェズイットの宮廷における大きな勢力を知って、ジャンセニストはついに沈黙を守るようになった。ジャンセニストは大勅書を受け入れ、イノケンチウス10世の決定に服することを公に明らかにした。アルノーは1654年、次のごとく記している。「教皇の大勅書によって非難された命題に関しては、まったく疑問をはさむ余地はない。何人もこの勅書を服従心と尊敬心をもって受け入れている。

---

28) JANSÉNIUS の *Augustinus* のこと。彼は1636年、イープルの司教に任命されている.
29) COGNET, *op. cit.,* p. XIV.
30) Isaac HABERT (1600-1668)
31) INNOCENT X (1574-1655)
32) *Considération sur la lettre composée par M. l'évêque de Vabres.*
33) ALEXANDRE VII (1599-1667)
34) Jean BRISACIER (1592-1668), ジェズイット.

この大勅書に服従しなかったとの理由で、誤って非難されている人々は、いかなる理由や説明があろうとも、非難されたこれらの命題を支持したり、また、今後、支持することはないであろうと、すでに宣明しているし、また、この文書によって宣明する。」[35]

　ジェズイットは形勢の有利なことに勇気づけられて、ジャンセニストを厳しく非難した。アンナ神父は、『ジャンセニストの詭弁』[36]を著わして、教皇によって非難された5命題はジャンセニウスの著作から取り出すことが立証できると主張した。これに対して、アルノーが激しく反駁したが、1654年、マザランは司教会議を召集し、5命題をジャンセニウスのものとして、非難するとの決議に署名した。1655年、会議は全聖職者に対して、非難書に署名することを強要した。

3）事実問題と法問題

　ポール・ロワイヤルと親しい関係を持っていた、リアンクール侯爵[37]はサン・シュルピス教区に居住していたが、その教区の主任司祭ジャン・ジャック・オリエ[38]はジャンセニストに対して強い敵対心を抱いていた。侯爵がサン・シュルピスの助任司祭ピコテに告解をしようとすると、この助任司祭は、ポール・ロワイヤルとの関係を全面的に絶たない限り、告解をさせないと言った。侯爵はこの要求を拒絶したので、ピコテは侯爵に罪の赦しを与えることを拒絶した。そこで、再び、ジャンセニストとジェズイットとの間の論争が始まった。この時、アルノーは『ある貴族への手紙』[39]を著わし、人々に事情を明らかにしようと決意した。この手紙の中で、彼はジェズイットの不当な非難をなじり、ジャンセニストはイノケンチウス10世の大勅書をまじめに受け入れているのであるから、異端として扱うことはできないはずだと主張した。国

---

35) COGNET, *op. cit.*, p.XVI.
36) François ANNAT (1590-1670), ジェズイットの代表的論争家. *Cavilli Jansenianorum Chicaneries des Jansénistes*, 1654.
37) Duc de LIANCOURT, 1674年没.
38) Jean-Jacques OLIER (1608-1657)
39) *Lettre d'un Docteur à une personne de condition*, 1655.

王の聴聞司祭であるアンナ神父は『現在その説明が必要とされているいくつかの要求に対する回答』[40] において、アルノーはカルヴィニストであると非難した。アルノーは『ある侯爵、重臣への第2の手紙』[41] を書き、まず第1に、ポール・ロワイヤルに対してピコテがなした、異端と言う非難を論駁するために、ピコテの行為を取り上げて攻撃し、次いで、ジャンセニウスの著書『アウグスティヌス』は過不足なく、アウグスティヌスの思想を明らかにしていることを示して、ポール・ロワイヤルのアウグスティヌス思想を擁護した。ソルボンヌでは、アルノーの『ある侯爵、重臣への第2の手紙』を審査するため、特別委員会が組織され、5命題は非難すべきものと断罪された。断罪は2つの項目からなっていた。1つは、イノケンチウス10世によって非難された5命題が、『アウグスティヌス』に存在するか否かという、事実に関する問題[42] であった。もう1つは、この論争の根底にある有効な恩寵の問題、つまり、この5命題が異端的意味を持つか否かという法問題[43] である。

　ポール・ロワイヤルはきわめて困難な局面に陥った。1656年1月14日、アルノーは事実問題で断罪され、さらに法問題でも断罪されそうになった。それ以来、この論争はもはや、専門家だけのものでは済まされなくなった。ソルボンヌにおけるのと同様、多くのサロンにおいても、教養ある人々がこの問題について論議を交わしていた。社交界の紳士、貴婦人の集うサロンでの論争は、アルノーは苦手であったのであろう。彼の文体は重厚すぎて、優雅ではなかった。「そこでは、彼の博学な文書は役に立たぬ表現になってしまう。...民衆はそんな文書を読まないだろう。」[44] 神学部入学資格者であった、若いニコル[45] も、やはり、民衆相手は得意ではなかった。アルノーはちょうどその時、ポール・ロワイヤル・デ・シャンでパスカルに出会った。そして、

---

40) *Réponse à quelque demandes dont l'éclaircissement est nécessaire au temps présent*, par le P. François ANNAT de Compagnie de Jésus. 1655.
41) *Seconde Lettre à un duc et pair*, 1655.
42) la question de fait 事実問題と呼ばれている.
43) la question de droit 法問題と呼ばれている.
44) Albert BAYET, *Les Provinciales de Blaise PASCAL*, SFELT, 1946, p. 27.
45) Pierre NICOLE (1625-1695)

そこで、アルノーはパスカルに執筆を要請したのであった。

2. 論争の経過

「『プロヴァンシアルの手紙』は、この論争の経過につれて次々に起こる新たな事件に直面するに従い、その方法、その調子、また、その主題が変化していった」[46] ので、まず、最初に、その全体の経過を概観するのが適当だと思われる。このため、扱われている主題別に、18通の手紙を分類すれば、次のようになろう。

（1）『第1の手紙』から『第4の手紙』、アルノーのための弁護。恩寵問題、現実の恩寵について。
（2）『第5の手紙』から『第10の手紙』、ジェズイットの弛緩した道徳を攻撃。
（3）『第11の手紙』から『第16の手紙』、ジェズイットからの論駁に対するパスカルの回答。
（4）『第17の手紙』、『第18の手紙』、ジャンセニウスのための擁護。再び、恩寵問題について。

（1）『第1の手紙』から『第3の手紙』において、パスカルは法問題に関して、ソルボンヌで非難されたアルノーを弁護することに努めている。ジャコバンと呼ばれる、パリのドミニカン[47] は、彼らのトマス的教義がモリニスム[48] よりもジャンセニスムに近いにもかかわらず、アルノーに対敵して、ジェズイットに味方した。そこで、パスカルはジェズイットではなく、まず、このジャコバンを非難している。ここで問題になっている「近接能力」[49]に関して、ジャコバンとモリニストは「すべて義人はつねに律法を守る能力を有する」[50] と

---

46) Jean MESNARD, *Pascal*, Hatier, 1962, p. 75.
47) Jacobins. ローマではドミニカンはジェズイットの敵であったが，フランスでは宮廷から異端とみなされるのを恐れて，ジェズイットに組した．サン・ジャック通り rue Saint-Jacques に僧院があった．
48) molinisme. 恩寵と自由意志に関する，スペインのジェズイット，モリナ Molina の教説．これらの問題に関するジェズイットの思想を表現するのに用いられる．
49) pouvoir prochain.
50) *GE*, IV, p. 129.

主張して同盟を結んでいる。しかし、いったん、この近接能力が認められると、モリニストにとっては、行為は人間の自由意志次第となるが、逆に、ジャコバンにとっては、さらに神からの恩寵が必要である。ところで、アルノーの主張は、ジャコバンの主張と同じである。同様に、「十分な恩寵」に関しては、モリニストは「万人に等しく与えられている恩寵であって、これは自由意志のままになる。すなわち、この恩寵は人々の望むところにより、有効にも無効にもなる。この場合、そのうえ神のいかなる助力も必要でなく、また、神は有効に振る舞われて、何ら欠けるところがない。... そして、それゆえ、彼らはこれを〈十分な恩寵〉と呼ぶのである。ことを行なうのにこの恩寵だけで十分だからである」[51] と主張する。ジャコバンによれば、「人々は〈十分な恩寵〉だけで行動することは決してない。人々が行動するためには、実際に彼らの意志を促して行動させる〈有効な恩寵〉が神から与えられていなければならない。そして、これは誰にでも与えられているわけではない。」[52] このように、ジャコバンはジャンセニストとまったく同様に、「十分な恩寵」を否定している。ジャコバン派は「何の意味もない言葉を使う点ではジェズイットと同じでも、実は意見は反対で、むしろ内容はジャンセニストと同じことになる。」[53] このように立場の異なるジャコバン派とジェズイットがなぜ同盟を結んでいるのであろうか。ジェズイットはただ世俗的利益を求めてジャコバン派に結びついたのであった。両者の根本的不一致を「近接能力」という造った用語によって隠しているのである。

　1656年、『ソルボンヌの博士、アルノー氏のための弁護』[54] という題のついた文書が現われたが、『プロヴァンシアルの第1の手紙』に関しては、この文書の影響をパスカルは強く受けている。彼は「そこから、多くの議論とその議論の筋立てとまた、彼が構成したコミックな場面の最初の着想を得た。」[55]

51) *GE*, Ⅳ, p. 157.
52) *Ibid.*
53) *Ibid.*, p. 158.
54) *Défense de la Proposition de Mr. Arnauld Docteur de Sorbonne, touchant le droit. Contre la Première Lettre de Monsieur Chamillard Docteur de Sorbonne, et Professeur du Roy en Théologie. Par un Bachelier en Théologie de la Faculté de Paris.*
55) *GE*, Ⅳ, p. 112.

最も信頼されている著述家のケネル[56]とフイユー[57]は、この文書はニコルによって書かれたもので、アルノーがそれに協力したとしている。[58] そして、グージェ師[59]によれば、『第1の手紙』はニコルとアルノーによって校正されている。[60]『第2の手紙』に関しては、アルノーの小冊子『諸考察』[61]と、ニコル著とされている小冊子に影響されている。[62]『第2の手紙』は、フイユーによれば、ポール・ロワイヤル・デ・シャンでニコルによって校正されている。[63]『第3の手紙』に関しては、パスカルは「アルノーの『ある侯爵、重臣への第2の手紙』がソルボンヌで審理される前、および、その期間中に、アルノー師によって出版されたすべての文書の影響を受けている。」[64]

『第4の手紙』は独自の位置を占めている。『第3の手紙』までのアルノー弁護という守勢から、ジェズイット攻撃に転じるからである。パスカルは「現実の恩寵」に関して、ジェズイットに議論を挑む。ジェズイットによれば、「我々が罪を犯す前に、神が我々にその悪を知らしめ、我々を罪から遠ざけるよう鼓吹されなければ、罪を犯したとしても我々の責任とはなりえない。」[65] ジャンセニストは反対に、「〈現実の恩寵〉なしに犯された罪でも責任は免れない」[66]と主張している。『第4の手紙』で登場する「ジェズイットの神父」は、彼の会派の論争家であるボオニー神父やアンナ神父やル・モワーヌ博士を引用して、論拠を示そうとし、一方、パスカルはモリニスムを的確に、厳しく攻撃することによって、人間に対する神の働きかけに関する彼の思想を定義しようとしている。「現実の恩寵」に関するすべての問題に関しては、パスカルはアルノーが1651年、ル・モワーヌの教説を打破するために書いた

---

56) Pasquier QUESNEL (1634-1719)
57) Jacques FOUILLOU (1670-1736)
58) *GE*, Ⅳ, p. 112.
59) Abbé Claude-Pierre GOUJET (1697-1767)
60) *GE*, Ⅳ, p. 108.
61) *Considérations.*
62) Cf. *GE*, Ⅳ, p. 152.
63) Cf. *ibid.*
64) *Ibid.*, p. 194.
65) *Ibid.*, p. 55.
66) *Ibid.*, p. 55.

『諸神父の弁証論』[67]から引用している。[68]

（2）『第4の手紙』の末尾にパスカルは次のように書いている。「それではあなたは、彼らのでたらめが他のにおけるよりも道徳においていっそう甚だしいことをまだご存じないのですか。彼は多くの奇妙な実例を教えてくれ、あとはそのうちに話してくれるとのことでした。この次には、彼から聞いた話を中心にお話しましょう。」[69]『第5の手紙』以後の6通の手紙は、良心問題判例学に基づいたジェズイットの道徳に関するものである。パスカルは、この道徳の主要な原則[70]、および、ジェズイットの著作、主として、エスコバル著の『倫理神学』[71]から引き出された、この道徳のいくつかの適用例を示している。

あらゆる国家、あらゆる身分の人々に対処するるため、ジェズイットは「あらゆる多様性に適したさまざまの良心問題判例学者を持つ必要があった。」[72]ジェズイットは精神の弱い人々には、「親切で、融通のきいた指導を与える」[73]なまぬるい良心問題判例学者を用意し、彼らの立てた主要な原則を利用することによって精神の弱い人々の要求をかなえている。逆に、もしも、余りにもなまぬるいと言って非難されると、「厳格な指導者たちと、その人たちのキリスト教的掟の厳しさに関する著書を公衆の面前に持ち出す。」[74]

パスカルは『第5の手紙』から『第10の手紙』で、良心問題の具体的な例を挙げ、そして、ジェズイットの弛緩した解決を示している。彼は、聖職録受領者、司祭、修道士、召し使い、商人のそれぞれの場合に、ジェズイット

67) *Apologie des Saints Pères*, 1651.
68) Cf. *GE*, Ⅳ, p. 231.
69) *GE*, Ⅳ, pp. 269-270.
70) la doctrine de la probabilité 蓋然的意見の教説, la direction d'intention 意志の誘導, la doctrine des équivoques 両議論法, la restriction mentale 心内留保の4つ.
71) Antoine ESCOBAR (1589-1669), スペインのジェズイット. *Liber Theologiae moralis*, 1644.
72) *GE*, Ⅳ, pp. 300.
73) *Ibid.*
74) *Ibid.*, p. 301.

が行なっている、彼らの原則の適用を分析している。パスカルは、あらゆる人々に対して迎合するために用意された、ジェズイットの甘い道徳を人々に暴露しようとしているのである。

『第5の手紙』に関しては、アルノーがジェズイットの道徳に対する攻撃のため、資料を提供した。パスカルとアルノーの協力関係は明瞭である。[75] そして、ニコルがパリでこの手紙を校正したとフイユーが伝えている。[76]

『第6の手紙』に関しては、ニコルが校正したと同じくフイユーが述べている。[77]

『第7の手紙』は、特に、ボアロー[78]、アルノー、ニコルの賞賛の的になった。フイユーの言葉によれば、ニコルがデ・ジュルサン館で校正している。[79] この手紙では、パスカルは、ジェズイットを相手として、1643年と1644年に出版された多くの文書、とりわけ、エルマン[80]の著作とアルノーの小冊子から影響を受けている。[81]幾人かの作家たちの証言によれば、この『第7の手紙』の反響はきわめて大きかった。マザランはこの手紙を大急ぎで読んだ。[82]国王は王室付き司祭のル・カミユ師に読ませ、また、アンナ神父は激しい不満を示したとエルマンは伝えている。[83]

『第8の手紙』に関しては、ニコルがデ・ジュルサン館で校正した。パスカルはアルノーの『ジェズイットの倫理神学』によって、ボオニー神父、セロ神父[84]をそこに引用している。1656年4月25日、匿名の著者が『田舎の友よりポール・ロワイヤルの幹事への手紙』[85]という新しい回答を出した。ジェズイット自身も反駁することを決め、この時期に、『「プロヴァンシアルの手

---

75) Cf. *GE*, IV, p. 275.
76) Cf. *ibid.*, p. 274.
77) Cf. *ibid.*, p. 8.
78) Nicolas BOILEAU (1838-1711)
79) Cf. *GE*, V, p. 57.
80) Godefroy HERMANT (1617-1690)
81) Cf. *GE*, V, p. 58.
82) Cf. RAPIN, *Mémoires*, t. II, p. 375.
83) Cf. *op. cit.*, III, p. 65.
84) CELLOT.
85) *Lettre d'un Provincial au Secrétaire de Port-Royal*, 1656.

紙」に対する最初の回答』を出版した。[86]

『第9の手紙』に関しては、パスカルはアルノーの『ジェズイットの倫理神学』と、この書物より以前に彼の友人たちによって書かれた文書の影響を受けている。[87] グージェによれば、この『第9の手紙』の概要はデュ・ジュルサン館でニコルからパスカルに与えられ、また、フイユーによれば、ニコルはポール・ロワイヤル修道院近くでアルノーとともに住んでいるアムラン氏宅でこの手紙を校正した。[88] 他方、ジェズイットは『ある貴族への手紙』という題のついた、新たな回答を公にした。[89]

『第10の手紙』においては、パスカルはジェズイットの悔悛と告解を激しく攻撃する。「これほどの窮地にまで彼等を導いている光が、いかに誤ったものであるかを、彼等に知らせて下さるよう神に祈る」[90] とパスカルは述べている。フイユーは、この手紙にはニコルは参加していないと言っている。しかし、アルノーの協力はきわめて明白である。1641年から1655年の間にアルノーが書いた多くの著作の中ですでに指摘されている、良心問題判例学者が引用されている。[91] ジェズイットの著者によって作成された、新たな回答が、この時期に現われた。[92]

（3）『第11の手紙』から『第16の手紙』はジェズイットの道徳に関するものである。パスカルは『第10の手紙』までに用いてきたフィクションの形式はやめ、『田舎の友への手紙の作者が、ジェズイットの神父がたにあてて書いた第11の手紙』[93] というように、直接、ジェズイットに対して語りかけている。この手紙では、彼はジェズイット攻撃よりも、むしろ、ジャンセニスト擁護

---

86) *GE*, IV, p. 112.
87) Cf. *GE*, V, p. 166.
88) Cf. *ibid.*, p. 164.
89) Cf. *ibid.*, p. 164, *Lettre à une personne de condition, sur le sujet de celle que les Jansénistes publient contre les Jésuites.*
90) *Ibid.*, p. 275.
91) Cf. *ibid.*, p. 220.
92) Cf. *ibid.*, p. 218.
93) *Ibid.*, p. 307.

という守勢にまわらなければならなかった。プロヴァンシアル論争が展開されてゆくにしたがい、ジェズイット側からも多くの反駁文書が出てきた。[94] ジェズイットは『プロヴァンシアルの手紙』の著者を「異端者」、「カルヴィニスト」、「独自性のない中傷者」、「神学者や聖職者にのみ限られていた問題を不用意に公にして民衆を惑わす者」として、非難している。これに対し、パスカルは、とりわけ、「聖事を嘲弄の種にした」[95]との非難に反駁している。『第11の手紙』から『第16の手紙』までは、ヌエ神父が『プロヴァンシアル』の各手紙に反駁している。ヌエ神父の反駁に答えて、『第12の手紙』では、施し、聖物売買、破産の問題を論じ、『第13の手紙』、『第14の手紙』では、殺人の問題を取り上げ、『第15の手紙』では、ジェズイットの誤ったジャンセニスト非難のあくどさを指摘し、『第16の手紙』では、ポール・ロワイヤルの「聖体」観について論じている。

『第11の手紙』の大部分において、パスカルは、1654年に出版されたアルノーの著作の影響を強く受けている。フイユーによれば、ニコルがこの手紙をポール・ロワイヤルの近くに住んでいるアムラン氏宅で校正している。[96] 他方、グージェによれば、ニコルはデュ・ジュルサン館でこの手紙の概要をパスカルに与えた。[97]

サン・ジールの『日記』[98]によれば、アルノーとニコルは、ヌエ神父の『欺瞞集』[99]に反論するため、その準備をした。『第12の手紙』では、パスカルはこの2人によって準備された資料を利用した。グージェによれば、ニコルはデュ・ジュルサン館でこの手紙の概要をパスカルに与え、フイユーによれば、ニコルはこの手紙をアムラン氏宅で校正した。[100]

『第13の手紙』では、パスカルはヌエ神父によって公刊された、『欺瞞集』

---

94) 例えば、*Première Réponse aux lettres que les Jansénistes publient contre les Jésuites.*
95) *GE*, V, p. 307.
96) Cf. *GE*, V, p. 283.
97) Cf. *ibid.*
98) Baudry de Saint-GILLES, 1668年没, *Journal.*
99) *Impostures.*
100) Cf. *GE*, V, p. 352.

に反駁している。この手紙では、パスカルは1644年、エルマンが書いた『ジェズイットのための「弁証論」に対するパリ大学の回答』[101]と、アルノーの『ある神学者からポレマクへの手紙』[102]の影響を受けている。パスカルはまた、1652年から公刊された、エスコバルの『倫理神学』からも引用している。フイユーは、この『第13の手紙』の概要はニコルの手によってなされ、また、彼がアムラン氏宅で校正したと述べている。[103]

『第14の手紙』に関しては、「パスカルは、我々の知らない回想録によってか、あるいは、彼の協力者が用意した引用によって資料を得た。」[104]フイユーはニコルがこの手紙の概要を書き、また、この手紙をアムラン氏宅で校正したと言っている。[105]

『第15の手紙』に関しては、ジェズイットに対してアルノーがなした多くの論駁文書の影響を受けている。フイユーによれば、「『第15の手紙』はパスカルの手によって書かれた。そして、この手紙はニコルによって校正された。」[106]

『第16の手紙』では、パスカルは特に、アルノーの『ある侯爵、重臣への第2の手紙』に影響されている。フイユーは「この手紙はヴォーミュリエにおいて書かれた。ニコル氏がその資料を与えた」と述べている。そして、グージェは、「ニコル氏は同じ頃、ヴォーミュリエへ小旅行に出かけたが、『小さな手紙』への配慮は捨てなかった。彼は最後の3通の手紙の資料を用意していた。」後年、1674年、アルノーは、『第16の手紙』がパスカルの手に全然かかっていないわけではないと述べている。[107]

（4）『第17の手紙』と『第18の手紙』においては、パスカルは『第1の手紙』と同様、再び、恩寵の問題と5命題を取り上げる。しかし、前回と異なっ

---

101) *Réponse de l'Université de Paris à l'Apologie pour les Jésuites.*
102) *Lettre d'un Théologien à Polémaque.*
103) Cf. *GE*, Ⅵ, p. 5.
104) *Ibid.*, p. 121.
105) Cf. *ibid.*, p. 121.
106) Cf. *ibid.*, p. 169.
107) Cf. *GE*, Ⅶ, p. 63.

て、問題の本質をより深くついている。この2通の手紙はジャンセニスムを異端として激しく非難した、アンナ神父に反駁している。

『第17の手紙』では、パスカルはとりわけ、アルノーの『ある侯爵、重臣への第2の手紙』の影響を受けており、アルノーとニコルの協力を得ていることは明白である。ラパンは、『第17の手紙』がアルノー自身によって執筆されたとさえ言っている。[108]

1657年3月24日付けの『第18の手紙』に関しては、パスカルはやはり、アルノーの著書から強い影響を受け、また、アルノーとニコルがジェズイットとの論争に用いた資料を利用した。当時、ポール・ロワイヤルには、論争を中止して沈黙を守ろうとするかなり強い動きがあったが、アルノー、ニコル、パスカルの協力関係は乱れなかったようである。ラパンは、この手紙がアルノーによって書かれたものであると言い、フイユーは「ニコルが書いた『ポール・イレネの論究』に基づいて作成された」と言い、グージェはニコルが資料を用意したと言っている。[109]

---

108) Cf. *GE*, Ⅵ, pp. 318-319.
109) Cf. *ibid.*

第2節 『プロヴァンシアル』論争のテキスト

ブレーズ・パスカルが1656年1月から1657年3月までの間に18通の手紙を出版してジェズイットを非難攻撃しているのに対し、ジェズイットは多くの反論文書を出版している。

1. 論争時に出版されたテキスト

パスカルが著した文書は、もちろん、*Les Lettres Provinciales*（『プロヴァンシアルの手紙』）[1)]であるが、それらの初版本については、『プロヴァンシアルの手紙』の表現形態と関連して後述する。[2)]

1656年から1657年にかけて出版されたジェズイットの反論文書は次の文書である。

1. *Réponses aux "Lettres Provinciales" publiées par le secrétaire de Port-Royal contre les PP. de la Compagnie de Jésus.*[3)]『イエズス会の神父たちに対して反論して、ポール・ロワイヤルの書記が出版した「プロヴァンシアルの手紙」に対する回答』(Par de PP. Jacques Nouet, François Annat, de Lingendes et J. Brisacier) Liège, 1656. BN. [D. 12353.[4)] (略記号 *Réponses* 『回答』)

---

1) *Les Lettres Provinciales*（『プロヴァンシアルの手紙』）のテキストとしては，
PASCAL (Blaises), *LETTRE A VN PROVINCIAL, Edition princeps,* 1656-1657.
— *Œuvres complètes,* Paris, Hachette, (Grands Ecrivains), éd. Brunschvicg, 1904-1914, 14 vol. in-8°（略記号 *GE.* ローマ数字は巻数を表す.）
— *Les Provinciales,* Paris, Garnier, éd. L, COGNET, 1954, 503 p. in-8°（略記号 *PC.*）を主として用いた．また，邦訳では，『パスカル著作集』（略号『P 著作集』Ⅲ, Ⅳ.）田辺保訳および『パスカル全集』Ⅱ 所収の中村雄二郎訳を参照した．本書の日本語題名は状況を考慮して，『小さな手紙』，『田舎の友に宛てた手紙』，『プロヴァンシアルの手紙』を与えている．ちなみに，*Petite Lettre*『小さな手紙』は論争初期に用いられた呼び名で，やがて *Les Lettres Provinciales* が定着してくる.
2) 脚注3 および，本書 pp. 249-250. 参照．

108　第1章　『プロヴァンシアル』論争

2. *La Bonne Foi des Jansénistes en la citation des auteurs, reconnues dans les lettres que le Secrétaire du Port-Royal a fait courir depuis Paques,*（『復活節以来、ポール・ロワイヤルの書記が流布させた中に見られる諸作家引用の際の、ジャンセニストの不誠実』）Par le P. Annat, de la Compagnie de Jésus. A Paris, 1656. BN. [D. 4406.（略記号 *Bonne Foi*『不誠実』）

はじめに、Le Secrétaire du Port-Royal. lettre 7, page 5.（ポール・ロワイヤル

3) *Réponses* の著者が用いた *Les Lettres Provinciales* の版について．
Réponses では，原則として，*Lettres Provinciales* の引用ページが示されている．例，*Lettre* 8, page 4; édit. de Cologne p. 122. つまり，*Lettre* の1つの引用に対して，2つのページが示されている．（前者のページ数を［Ⅰ］で表わし，後者のページ数を［Ⅱ］で示す．*Réponses* の著者は *Lettres Provinciales* のどの版を用いているのであろうか．あるいは，少なくとも，引用のページ数はどの版に一致しているか．「『プロヴァンシアルの手紙』のテキスト」(*Le texte des Provinciales, Grands Ecrivains*, Ⅳ, p. 101. *Grands Ecrivains* は略号 *GE.* で示す）によれば，「『プロヴァンシアルの手紙』は8ページから12ページで4つ折版の小冊子の形で現われた．大部分の『手紙』はいろいろと，あるいは，同時に，または，相次いで多くの部数が印刷された．『第17の手紙』と『第18の手紙』の間で，売れていない部数を集めて合本することを決め，かくしてまず最初に，『第17の手紙』，ついで，『第18の手紙』を含めて，おそらくはニコルの手による前書きを付けて作為的な版が作られた」．フランス国立図書館には，8ページから12ページの4つ折版の小冊子の形で別々に現われた『プロヴァンシアルの手紙』に関しては，整理番号 [Rés.D.4067, [Rés.D.4085, [Rés.D.4109, [Rés.D.4126, [Rés.D.4134, [Rés.D.4148, [Rés.D.4166, [Rés.D.4200, など（我々はこれらの版を『初版本』と呼ぶ）と，作為的合本に関しては，[Rés.D.4045, [Rés.D.4046, [Rés.D.4047, [Rés.D.4048.（我々は，これらの版を『合本』と呼ぶ）がある．*GE.* には，出版業者の名は記されていないが，それぞれの『合本』には，"A Cologne chés Pierre de La Vallée; Paris, 1657, In-4°." のごとく出版業者の名を記している．
［Ⅰ］のページ数に関しては，『初版本』と『合本』のページ数に一致している．
［Ⅱ］のページ数に関しては，彼らはどの版を用いたのであろうか．我々が既に指摘したごとく，これらの「手紙」の『合本』は，フランス国立図書館に [Rés.D.4045, [Rés.D.4046, [Rés.D.4047, [Rés.D.4048. として所蔵されている．それぞれの「手紙」にはページ数はあるが，全体を通じてのページ数はない．たとえ『合本』全体を通したページ数を与えても，［Ⅱ］のページ数には一致しない．「『プロヴァンシアルの手紙』のテキスト」では，「同時期，もっと扱い易い in-12° の大きさで『プロヴァンシアルの手紙』の重版が準備されていた．"à Cologne chés Pierre de la Vallée, 1657." で出版されたと記されて，存在する」と指摘されている．*GE.* では，この版はマザリーヌ図書館に [61116, そして，その再版が [61115, の整理番号で存在することが指摘されているが，我々はフランス国立図書館にも整理番号 [Rés.D.61369

の書記、『第7の手紙』5ページ)、次に、『プロヴァンシアルの手紙』の引用を置き、その次に、Lessius 1.2.c. 9 .d.12.n.77. とジェズイットの良心問題判例学者からの引用箇所を示し、その引用文をラテン語とフランス語で示している。そして、先に挙げたパスカルの引用と比較して論じている。

3. *Apologie pour les casuistes contre les calomnies des Jansénistes. ... par un théologien.*（『ジャンセニストの中傷に対する、ある神学者による良心問題判

(398-111 p.), [Rés.D.12270 (396-108p.), [Rés.D.12271 (396-108p.), を付して存在し、これらの版が Edition de Cologne, in-12°であることを指摘する。
我々は Cologne in-12°の諸版（フランス国立図書館所蔵）[Rés.D.61379, [Rés.D.12270, と［Ⅱ］のページを比較検討した。ほとんど全部が一致し、一致しないものはごく少数である。一致しないものは次の通りである。

	Réponses page des *Réponses.*	[Ⅱ] Edit. de Cologne	[Rés D.61369,	Edition de Cologne, in-12° [Rés D.12270,
No.				
1.	p.74	p.100	p.106	p.106
2.	p.76	p.228	p.128	p.128
3.	p.79	p.64	p.65	p.65
4.	p.149	p.90	pp.90-91	pp.90-91
5.	p.171	pp.72-73	p.73	p.73
6.	p.174	p.72	p.72	pp.72-73
7.	p.191	p.70	pp.69-70	p.70
8.	p.201	p.71	pp.71-72	pp.71-72
9.	p.277	p.73	pp.73-74	pp.73-74
10.	p.278	p.335	p.135	p.135
11.	p.348	p.61	pp.61-62	p.62
12.	p.355	p.260	p.266	p.266

No. 1, 2, 10, 12 に関しては、これらの誤りは著者あるいは印刷業者の誤りであり、他の誤差に関しては、著者の引用の不正確さによるということができるであろう。綴字に関しては、差異がある。すなわち、*Réponses* では、しばしば õn, devã, riẽ などが用いられているが、これらの諸版では、on, devant, rien などが用いられている。しかしながら、内容に関しては、全く差異がないから、ジュズイットの著者たちはこれらの版を用いたということができるであろう。
我々は次のように結論する。1）いずれにしても、Edition de Cologne, in-12°のお蔭で引用のページを容易に見出すことができる。2）［Ⅰ］のページは初版本と合本のそれに、［Ⅱ］のページは Edition de Cologne, in-12°のそれに一致する。
4) フランス国立図書館 Bibliothèque Nationale（略記号 *BN.*）の整理番号。

例学者弁護論』) Paris, 1657. BN. [D. 4414. (略記号 *Apologie*『弁護論』) 例えば、Deuxième Objection. (第2反論) というように反論の番号をつけ、『プロヴァンシアルの手紙』の手紙の引用文、引用箇所を示し、次に、*Réponses*『回答』でその引用を論じている。

上記ジェズイットの反論文書のうち、*Apologie*『弁護論』は『プロヴァンシアルの手紙』に対する反論そのものであるので、ここに加える。

Réponses aux "Lettres Provinciales" publiées par le secrétaire de Port-Royal contre les PP. de la Compagnie de Jésus. の構成

『回答』は多数の文書によって構成されているから、『回答』の「目次」の順序に従って明らかにする。

1) *Première réponse aux lettres que les Jansénistes publient contre les Pères de la Compagnie de Jésus.*（『イエズス会の神父たちに対して反論して、ジャンセニストが出版した「プロヴァンシアルの手紙」に対する第1の回答』）*Réponses,*（『回答』）pp. 3-25.

— *Première réponse aux lettres que les Jansénistes publient contre les jésuites.* in-4°, 8 pages, 1657.

  BM. [A. 14059^{22p}]

    [A. 15945^{6p}]

    [A. 15958^{53p} etc.

2) *Censure de la Faculté de Paris contre la seconde Lettre de Monsieur Arnauld.*（『アルノー氏の第2の手紙に対するパリ大学神学部の非難』）*Réponses,*（『回答』）pp. 27-36.

— *Censure de la sacré Faculté de théologie de Paris, ...*（『聖なるパリ大学神学部の非難』）in-4°, 11 pages, Chez Gaspard Meturas, Paris, 1656.

  BM. [A. 15434^{12p}]

この *Censure*（「非難」）は1656年1月末日、ソルボンヌで行なわれた総会

で作成された。[5]

このテキストはラテン語版とフランス語版の2種類がある。

「王の認可状の抜粋」によれば、1656年2月17日、国王の署名入りの認可状により、パリの書店ガスパール・ムチュラに「聖なるパリ大学神学部の非難」を印刷し、卸売、小売りをすることが許可され、その印刷は1656年2月24日に完了した。(BM. [A. 15434^{12p}, p.11)

3) *Seconde Réponse ou les Impostures Provinciales du Sieur Montalte Secrétaire des Jansénistes découvertes et réfutées par un Père de la Compagnie de JESUS.*(『第2の回答、すなわち、ジェズイットのある神父によって見つけられ、反駁されたジャンセニストの書記、モンタルト氏のプロヴァンシアルの欺瞞』) *Préface*,(「序文」)pp. 37-56.

フランス国立図書館においても、マザリーヌ図書館においても、私たちはこの文書を『回答』以外では見出すことができなかった。この文書の序文では、著者は『第19の手紙』について言及している。「教皇の権威に反対して、ある弁護士の名で出された『第19の手紙』は、1657年7月26日、パリのグレーヴ広場で死刑執行人の手によって焼かれた。」[6]

Réponses(『回答』)出版認可状の日付は、1657年7月13日であるから、この文書は1657年6月26日と7月13日の間に作成され、そして、ジェズイットの公式合本である『回答』に挿入されたのであろう。

4) *Lettre écrite à une personne de condition sur le sujet de celles que les Jansénistes publient contre les Jésuites.*(『ジャンセニストがジェズイットに反論して出した手紙の主題に関してある貴族に宛てて書いた手紙』)*Réponses*, pp. 57-66.
— *Lettre écrite à une personne de condition* ··· in-4°, 8 pages, 1657.
　BM. [A. 15440^{22p}, etc.

---

5) Cf. *Réponses*, p. 36 et BM. [A.15434^{12p}, p. 10.
6) *Réponses*, p. 39.

5) *Autre Lettre du même Auteur, sur la conformité des Reproches des Calomnies que les Jansénistes publient contre les Pères de la Compagnie de JESUS* … (『ジェズイットの神父たちに反論してジャンセニストたちが出した非難と中傷の一致についての、同じ著者の手紙』) *Réponses*, pp. 67-86.
— *Lettre écrite à une personne de condition sur la conformité des reproches des calomnies que les jansé nistes publient* … in-4°, 12 pages.
　　BM. [A. 15434^{2p}
　　　　[A. 15945^{3p}
　　　　[A. 15958$^{5\text{-}2p}$ etc.

6) *Première partie des Impostures.* (「欺瞞集第 1 部」) *Réponses*, pp. 89-117.
— *Réponse aux lettres que les jansénistes publient contre les jésuites,* … in-4°, 16 pages.
　　BM. [12175 A^{24p}
　　　　[A. 15958$^{5\text{-}4p}$ etc.
　　BN. [D. 4411 (3)

7) *VII-11X Imposture* (「欺瞞集　第 1 部　VII-11X」) *Réponses*, pp. 117-178.
— *Continuation des Impostures que les jansénistes publient* … in-4°, 35 pages.
　　BM. [12175 A^{25p}
　　　　[A. 15891^{11p}
　　　　[A. 15891^{35p}
　　　　[A. 15958$^{5\text{-}4bis}$ etc.

8) *Seconde partie des Impostures.* (「欺瞞集第 2 部」) *Réponses*, pp. 179-270.
— *Seconde partie des Impostures que les jansénistes publient leurs lettres* … in-4°, 34 pages.
　『回答』「欺瞞集第 2 部」は、XX から XXIX の欺瞞を収めているが、
　　BM. [12175 A^{25bis}　は、XX から XXIII しか収めていない。

第2節 『プロヴァンシアル』論争のテキスト　113

[A. 14059²³ᵖ　　は、XXからXXIIIしか収めていない。
[A. 15882¹⁸ᵖ　　　同　上
[A. 15945⁵ᵖ　　は、XXからXXIIしか収めていない。
[A. 15958⁵ ⁴ᵗᵉʳ　　同　上
公式合本の著者が終わりの部分の欺瞞を補ったのであろう。

9) *Réponse à l'onzième Lettre des Jansénistes.*（『ジャンセニストの第11の手紙に対する回答』）*Réponses*, pp. 173-290.
— *Réponse à l'onzième Lettre* ⋯ in-4°, 8 pages
　　BM. [A 15882¹⁵ᵖ

10) *Réponse à la douzième Lettre des Jansénistes.*（『ジャンセニストの第12の手紙に対する回答』）*Réponses*, pp. 291-319.
— *Réponse à la douzième Lettre Provinciales* ⋯ in-4°, 8 pages.
　　BM. [A 12175 A¹³ᵖ
　　　[A. 14059²⁴ᵖ
　　　[A. 15440²⁰ᵖ
　　　[A. 15945⁹ᵖ

11) *Réponse à la treizième Lettre des Jansénistes.*（『ジャンセニストの第13の手紙に対する回答』）*Réponses*, pp. 320-351.
— *Réponse à la treizième Lettre Provinciales* ⋯ in-4°, 8 pages.
　　BM. [A 12175 A¹⁶ᵖ
　　　[A. 14059²⁵ᵖ
　　　[A. 15440²⁰ ᵇⁱˢ ᵖ
　　　[A. 15945¹²ᵖ

12) *Réponse à la quatorzième Lettre des Jansénistes.*（『ジャンセニストの第14の手紙に対する回答』）*Réponses*, pp. 351-380.

― *Réponse à la quatorzième Lettre Provinciales* ··· in-4°, 8 pages.
　　BM. [A 14059²⁶ᵖ
　　　　[A. 15945¹⁴ᵖ

13) *Réponse à la quinzième Lettre des Jansénistes.*（『ジャンセニストの第15の手紙に対する回答』）*Réponses,* pp. 381-410.
― *Réponse à la quinzième Lettre Provinciales* ··· in-4°, 8 pages.
　　BM. [12175 A¹⁹ᵖ
　　　　[A. 14059²⁷ᵖ

14) *Réponse d'un Théologien aux propositions* ···（『命題に対するある神学者の回答』）*Réponses,* pp. 411-429.
― *Réponse d'un Théologien aux propositions* ··· in-4°, 8 pages.
　　BM. [A 15958⁵⁻³⁶ᵖ

15) *Réponse à la plainte que font les Jansénistes de ce qu'on les appelle Hérétiques. Par le P. François Annat, de la Compagnie de Jésus.*（『異端者と呼ばれていることについてジャンセニストがした嘆きに対する回答』）*Réponses,* pp. 430-462.
― *Réponse à la plainte que font les Jansénistes de ce qu'on les appelle Hérétiques. Par le P. François Annat, de la Compagnie de Jésus.* ··· in-4°,
　　BN. [D. 3773

16) *Réponse à la seizième Lettre des Jansénistes.*（『ジャンセニストの第16の手紙に対する回答』）*Réponses,* pp. 463-506.

17) *Réponse à la dix-septième Lettre des Jansénistes.*（『ジャンセニストの第17の手紙に対する回答』）*Réponses,* pp. 507-515.
― *A la XVII Lettre.*（『「第17の手紙」に対して』）

第2節 『プロヴァンシアル』論争のテキスト 115

上 『プロヴァンシアルの手紙』および関連文書の合本，初版本．1657年
（関西学院大学図書館所蔵）
左下 同書扉
右下 『第1の手紙』第1ページ

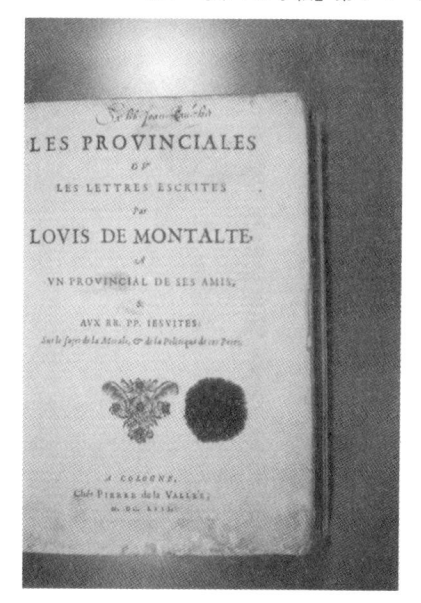

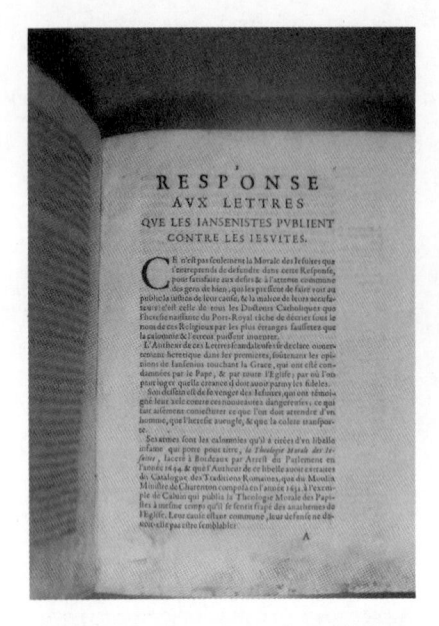

左　『イエズス会の神父たちに対して
　　ポール・ロワイヤルの書記が出版し
　　た「プロヴァンシアルの手紙」に対
　　する回答』
左下　『ジャンセニストの不誠実』
右下　『良心問題判例学者弁護論』

第 2 節 『プロヴァンシアル』論争のテキスト　117

　　BM. [A. 17120-61p

18) *Arrêté du Parlement d'Aix en Provence contre les Lettres Provinciales.*（「プロヴァンシアルの手紙に対するエックス・アン・プロヴァンス高等法院の判決」）*Réponses,* pp. 516-518.
―― *Extrait des registres du Parlement d'Aix en Provence* ⋯ in-4°, 4 pages, A Paris, Chez Jean Henault, Librairie Jur, 1657.
　　BM. [A. 159585-43p

19) *Arrêté de la Cour de Paris contre la Lettre d'un Avocat au Parlement écrite un de ses amis,*（「高等法院のある弁護士がある友人に宛てた手紙に対するパリ裁判所の判決」）*Réponses,* pp. 519- 522.

20) *Bulle de N.S.P. le Pape Alexandre* Ⅶ *contre les Jansénistes.*（「ジャンセニストに対する教皇アレキサンドル 7 世の勅書」）（*Réponses,* pp. 523-532.）
「ローマのサンタ・マリア・マジョーレ教会で、主が1656年10月16日発布された。」（*Réponses,* p. 531.）

２.『プロヴァンシアルの手紙』と反論文書出版の年代順対照表

　　　『プロヴァンシアルの手紙』　　　　　ジェズイットの反論文書

『第１の手紙』（1656年１月23日）
　ボードリ・ド・サン・ジール・ダソンによれば、「1656年１月27日、木曜日。...今日初めて、ソルボンヌで行なわれていることに関して、田舎の友に宛てた四つ折判、8 ページの印刷された手紙が現われた。この手紙は、才気

ある人々から、非常に高く評価され、アルノー氏の正当性と彼の敵対者のさまざまな意見を巧みに示している。」(ジョヴィ, E. Jovy,「ド・サン・ジール氏の『日記』」 Le Journal de M. de Saint-Gilles dans Etudes pascaliennes, Paris, 1936, IX, p. 110.)

『第2の手紙』(1656年1月29日)

ド・サン・ジールの『日記』によれば、「1656年2月1日、火曜日。この優れた文書の著者は、現在、第2番目のものを準備中である。」(ジョヴィ, Jovy, op. cit., p. 118.)

また、「1656年2月5日、土曜日。...今日、『田舎の友への第2の手紙』が現われ始めた。」(ジョヴィ, Jovy, op. cit., p. 121.)

『第3の手紙』(1656年2月9日)

ド・サン・ジール氏によれば、「恩寵の問題、特に、モリニストによるアルノー氏非難に関する、『田舎の友への第3の手紙』が、前の2通の手紙よりももっと大きな爆発的な拍手で迎えられて現われ始めた。」(ジョヴィ, Jovy, op. cit., p. 127.)

『田舎の友に宛てて書かれた3通の手紙の主題に関してある博士から、ある神父に書かれた手紙』

この反論文書の日付は、1656年2月である。(BM. [A. 159584 -24p, Paris, 1656.) この手紙は、1657年に現われた『回答』Réponses と題するジェズイットの公式合本には入っていない。

『第4の手紙』(1656年2月25日)
『第5の手紙』(1656年3月20日)
　ラパン神父によれば、「28日から冊子が出回り始めた。」(『回想記』Mémoires, II, p. 363.)

『ある田舎の友からE.A.A.B.P.A.F.D.E.P氏への返事とお礼』
(BM. [A. 159584-27p.)
『ある友人に宛てたフィラルクの手紙』

『第6の手紙』(1656年4月10日)
　エルマンによれば、「『第6の手紙』は今年1656年4月10日付で出た。」(『回想記』Mémoires, III, p. 3.)
『第7の手紙』(1656年4月25日)
　エルマンによれば、「『第6の手紙』が出版されて以来、人々は『第7の手紙』を求めており、著者がジェズイットから情報を得て、必ず皆に新しい発見を知らせてくれるだろうと期待していた。... 彼はこのあわれみの義務を4月

25日に果たした。」(*op. cit.*, III, p. 4.)

『第8の手紙』(1656年5月28日)

『ジャンセニストが出版した手紙に関してある貴族に宛てて書いた手紙』

「この手紙は1657年版の合本に再び採用された。『第8の手紙』の冒頭に関する嘲笑にのみ終始する平凡なものである」とコニェが述べているのは正しい。(*Les Provinciales*, éd. de Cognet, p. L.)

この『手紙』の著者も「非常に長い8通の『手紙』が出たので、(...)」と書いている。(*Réponses*, p. 59.)

『第9の手紙』(1656年7月3日)

エルマンによれば、「『第9の手紙』は7月9日に出た」(『回想記』*Mémoires*, III, p. 124.) とある。

『ジャンセニストが出版した非難と中傷の一致に関して、ある貴族に宛てて書いた手紙』

著者は『第9の手紙』を読んだのち、この手紙を書いている。(Cf.『回答』*Réponses*, p. 84.)

『第10の手紙』(1656年8月2日)

ド・サン・ジールは次のように書い

ている。「1656年8月18日。この約3ヵ月前から、最近の4通の『田舎の友への手紙』、つまり、『第7、第8、第9、第10の手紙』をただちに印刷させたのは私である。」(ジョヴィ, Jovy, *op. cit.*, IX, p. 180.)

『第11の手紙』(1656年8月18日)

　　　　　　　『ジャンセニストがジェズイットに反対して著わした手紙に対する回答』
　　　　　　　ド・サン・ジールは次のように指摘している。「最近、ジェズイットからまた、2通の文書が出た。1つは、『田舎の友への手紙』に反駁したもので、その題は、『ジャンセニストの手紙に対する回答』である。他の1つは、『ジャンセニストの興ざめ』である。」(ジョヴィ, Jovy, *op. cit.*, IX, p. 180.)
　　　　　　　『「第11の手紙」への回答』

『第12の手紙』(1656年9月9日)

　　　　　　　『「第12の手紙」への回答』

『「第12の手紙への回答」に対する反駁』
　コニェが次のように述べているのは正しい。「パスカルがそこにはまり込むのを避けるため、ポール・ロワイヤル

のある作家が『第12の手紙への回答』に対して反論した。」(コニェ, Cognet, *op. cit.*, p. LIV.)

『ジェズイットに宛てた手紙の中で、ジャンセニストが広めた中傷の続編』

『第13の手紙』(1656年9月30日)

『「第13の手紙」への回答』

『第14の手紙』(1656年10月23日)
　ボードリ・ド・サン・ジールによれば、「今日14日、印刷中である」とある。(ジョヴィ, Jovy, *Pascal inédit*, I, p. 328.)
　オーギュスタン・ガジエ Augustin Gazier によって刊行された、ゴドフロワ・エルマンの『回想記』によれば、「この『手紙』は10月28日に出版された」(III, p. 128.) とあるが、これは印刷の誤りであろう。この『手紙』が出版されたのは、10月23日である。(BN. ms. fond fr. p. 151.)

『「第14の手紙」への回答』
『中傷の第2部』
『ジェズイットの教義に対して、かなり前から出版されてきた手紙の著者に

第 2 節 『プロヴァンシアル』論争のテキスト　123

宛てた全般的な回答』

ゾンメルヴォーゲル Sommervogel によれば、この『全般的な回答』はアンドシュ・モレル神父によって書かれた。しかし、『回答』には入っていない。

『第15の手紙』（1656年11月25日）

コニェは次のように述べている。「この日付は、おそらく執筆の日であろう。ラパン神父の主張とは異なり、この手紙の流布は、延期され、ギ・パタン Guy Patin がスポン Spon に宛てた手紙が証明しているように、12月12日ころになってやっとなされたのであろう。」（コニェ，Cognet, *op. cit.*, p. 275.）

『「第15の手紙」への回答』

『第16の手紙』（1656年12月4日）

エルマンは次のように述べている。「モンタルト氏は、前回同様、ジェズイットの神父たちに宛てて、彼らの中傷について、12月4日に『田舎の友への第16の手紙』を出版したばかりである。」（*op. cit.*, p. 223.）

『「第16の手紙」への回答』
『ジャンセニストの不誠実』
コニェによれば、1657年1月初旬に

現われた。

　アントワーヌ・アダン Antoine Adam は彼の作成した年代表の中で「1657年1月、国王の聴聞司祭、アンナ神父が『ジャンセニストの不誠実』を出版した」としている。(*PC,* p. 9.)

　しかしながら、エルマンは「第27章、パリで12月に起こったこと」の中でこの書物を取り上げている。(*op. cit.,* Ⅲ, p. 222.)

　ラパンはこの書物は『第15の手紙』が現われたころ、印刷されたと述べている。(*op. cit.,* Ⅱ, p. 411.)

　「恩寵の年、1656年12月9日、パリで与えられた」『ジャンセニストの不誠実』に対する国王の認可状によれば、「御世の14日、国王により署名された。...1656年12月14日、登録された」とある。

『第17の手紙』（1656年12月4日）

　　　　『異端と呼ばれたことに対するジャンセニトたちの嘆きへの回答』
　　　　『第17の手紙に対して』

『第18の手紙』（1657年3月24日）

　　　　『良心問題判例学者のための弁護論』

エルマンは「今月（12月）の半ばごろ、傲慢さが日毎に募ってきたジェズイットが、他の中傷文にさらに輪をかけた中傷文を作り、『良心問題判例学者のための弁護論』という題をつけて、出版した」と書いている。（『良心問題判例学者のための弁護論』に反論して、「パリ司祭の第1、第2、第5の文書」が書かれ、それらはパスカルの手によるものとされているが、この論文では、直接扱うのは、『プロヴァンシアルの手紙』18通にとどめておく。）

3．各「手紙」に対する反論文書の対照表

『プロヴァンシアルの手紙』　　　　　反駁文書

『第1の手紙』　　　『回答』 pp.41-42, p.44, p.294.
『第2の手紙』　　　『回答』 pp.42-43, pp.72-73, p.294.
『第3の手紙』　　　『回答』 pp.43-45, p.294.
『第4の手紙』　　　『回答』 pp.45-46, pp.83-84, p.294, p.327.
　　　　　　　　　　『弁護論』 pp.23-34, pp.34-39.
『第5の手紙』　　　『回答』 p.79, pp.79-80, p.106,
　　　　　　　　　　　　　　 pp.123-129, pp.129-135,
　　　　　　　　　　　　　　 pp.171-178, pp.182-190,
　　　　　　　　　　　　　　 pp.191-195, pp.196-203,
　　　　　　　　　　　　　　 pp.203-207, p.294, p.348.
　　　　　　　　　　『不誠実』 pp.19-22, p.22-23, pp.34-36.
　　　　　　　　　　『弁護論』 pp.2-9, pp.9-12, pp.12-23,

		pp.39-44, pp.48-50, pp.52-53, p.53
『第6の手紙』	『回答』	p.60, pp.73-74, pp.80-81, pp.93-96, pp.97-100, pp.146-154, pp.171-178, pp.217-226, pp.226-231.
	『弁護論』	pp.39-44, pp.45-48, pp.50-52, pp.53-60, pp.65-69, pp.69-79, pp.79-80.
『第7の手紙』	『回答』	pp.74-75, pp.104-108, pp.142-145, pp.155-156, pp.157-161, pp.161-171, p.221, pp.353-354.
	『不誠実』	pp.1-3, pp.3-4, pp.4-5, pp.5-7, pp.23-26, pp.36-39.
	『弁護論』	p.82, pp.82-84, pp.84-97.
『第8の手紙』	『回答』	p.49, pp.75-76, p.76, pp.76-77, p.81, pp.81-82, pp.82-83, pp.100-104, pp.108-112, pp.113-117, pp.117-123.
	『不誠実』	pp.9-10, pp.10-11, p.11, pp.11-14, pp.14-16, pp.26-30.
	『弁護論』	pp.39-44, pp.45-48, p.97, p.98, pp.98-99, p.119, p.120, pp.120-122, pp.122-123, pp.123-127.
『第9の手紙』	『回答』	p.47, p.84, pp.84-85, pp.135-141.
	『不誠実』	pp.16-19, pp.30-34.

　　　　　　　　　　　　　『弁護論』pp.131-133, p.133,
　　　　　　　　　　　　　　　　　 pp.133-134, pp.134-135,
　　　　　　　　　　　　　　　　　 pp.135-137, pp.137-139,
　　　　　　　　　　　　　　　　　 pp.139-141, p.141,
　　　　　　　　　　　　　　　　　 pp.141-145, pp.151-152,
　　　　　　　　　　　　　　　　　 pp.152-154, pp.154-156.
『第10の手紙』　　　　　　『回答』　pp.232-237, pp.238-258,
　　　　　　　　　　　　　　　　　 pp.258-270.
　　　　　　　　　　　　　『弁護論』pp.48-50, pp.156-157, p.157,
　　　　　　　　　　　　　　　　　 pp.157-159, p.159,
　　　　　　　　　　　　　　　　　 pp.158-162, p.163,
　　　　　　　　　　　　　　　　　 pp.163-165, pp.165-166.
『第11の手紙』　　　　　　『回答』　p.47, pp.273-290.
　　　　　　　　　　　　　『弁護論』pp.2-9, p.141, pp.166-177,
　　　　　　　　　　　　　　　　　 pp.178-191.
『第12の手紙』　　　　　　『回答』　pp.291-319, p.320.
　　　　　　　　　　　　　『弁護論』pp.53-60, pp.60-65.
『第13の手紙』　　　　　　『回答』　pp.320-351, p.467.
『第14の手紙』　　　　　　『回答』　pp.351-380.
『第15の手紙』　　　　　　『回答』　p.47, pp.381-410, p.463.
『第16の手紙』　　　　　　『回答』　pp.46-47, pp.463-506.
『第17の手紙』　　　　　　『回答』　p.48, pp.507-515.
『第18の手紙』

第2章 『プロヴァンシアル』論争の主題と内容

『プロヴァンシアルの手紙』の主題構成は、大きく分けると次のようになる。

第1節 『第1の手紙』〜『第4の手紙』 恩寵問題
第2節 『第5の手紙』〜『第10の手紙』 道徳問題
第3節 『第11の手紙』〜『第16の手紙』 道徳問題（再び）
第4節 『第17の手紙』〜『第18の手紙』 恩寵問題（再び）

第1節　恩寵問題

　『第1の手紙』から『第10の手紙』は、アルノーの譴責やジェズイットの良心問題判例学の適応例についての情報の提供が豊かになされている。ポール・ロワイヤルの神学者、アルノーが非難され、譴責が伝えられ、権威あるとされているソルボンヌ大学神学部で大勢の博士、修道士が集まって会議を開いている。いったい何が起こっているのか。この疑問に『プロヴァンシアルの手紙』の著者は答えようとして、この手紙を執筆する。『第1の手紙』の冒頭でこの意図を明らかにしている。

　　僕たちは、まんまと騙されていたんだよ。やっと昨日になって、僕も迷いから覚めたというわけだ。それまでは、ソルボンヌで論議されるほどの問題なら非常に重要で、信仰上も絶対ゆるがせにできぬものとばかり思っていたんだ。パリ大学神学部のような名門大学であんなにたびたび会議が持たれ、そこでは、めったに例のない異常な出来事が何度も起こったというんだから、これはもう尋常ふつうではない重大問題が議せられているに違いないと信じないでいられないじゃないか。ところがだよ、これから話すように、これほどの大騒ぎの結果がどういうことになったかを知ったら、きっと、君も驚くだろうよ。僕は、その完全な情報を手に入れたから、ひとつそれをごくかいつまんで、君にも知らせておきたいと思うのだ。(『第1の手紙』)[1]

　冒頭のこの有名な文章は、まず第1に、『プロヴァンシアル』論争の幕開けを告げており、第2に、いかなる論争が起こっているのかと、読者の興味を

---

[1] *1ʳᵉ Lettre*, p. 1. *PC*, pp. 3-4. cf.『P 著作集』Ⅲ, p. 9. *Lettre* は初版本を表わしている.

一挙に引きつける名文であり、第3に、重要な教義に関係があることを予感させる。これは、本書第2部の構成内容、つまり、Ⅰ．論争、Ⅱ．表現技術、Ⅲ．恩寵論、でもある。

また、『第1の手紙』の末尾にも、「これからも事件の経緯をいちいち詳しくお知らせすることにしよう」と述べて、情報提供の意図を明らかにしている。提供している情報の内容は、審議されている2つの問題である。すなわち、事実に関する問題と法に関する問題である。

事実に関する問題というのは、アルノーが、その『ある貴族への第2の手紙』で、次のように言ったのは傲慢無礼であるかどうかを明らかにしたいということである。つまり、アルノーはこう言った。「自分は、ジャンセニウスのその本を、きちんと正確に読んだ。しかし、その中には、前教皇が断罪なさったような命題は見つからなかった。むろん、自分としても、もしどこかでそのような命題に行き当たれば、断罪するに決まっている。ジャンセニウスの中に見つかったとしても、同じことだ」(『第1の手紙』)[2]と。アルノーを非難する勢力は、それらの命題が、ジャンセニウスの『アウグスティヌス』の中にあると明言されているにもかかわらず、アルノーが、ジャンセニウスのものかどうか分からないというような表現をするのは傲慢無礼ではないかということである。

事実問題について情報を提供した後、『プロヴァンシアルの手紙』の著者、モンタルト[3]は、この問題について、感想を述べている。

> 事実に関する問題は、大体、以上のような結果に落ち着いたわけだが、この点については、ぼくはそれほど不安は感じていないんだ。だって、アルノーさんが傲慢無礼であろうと、なかろうと、そんなことは僕の良

---

[2] *1re Lettre*, p. 1. *PC*, pp. 4-5. cf.『P 著作集』Ⅲ, pp. 9-10.
[3] 『プロヴァンシアルの手紙』の著者、ブレーズ・パスカルの筆名である．1657年3月、『合本』が出版されるが、その題名に現われる．
Les Provinciales ou les lettres écrites par Louis de MONTALTE à un Provincial de ses amis et aux RR. PP. Jésuites, sur le sujet de la morale et de la politique de ces Pères. Cologne, 1657.

第 1 節　恩寵問題　133

心には関係がないんだからね。それに、ふっと気が向いて、あの命題は本当にジャンセニウスの中にあるのか調べてみたいという気になれば、あの本は、それほどの珍書でもなく、大冊でもないんだから、いちいちソルボンヌにお伺いをたてなくったって、自分で全部に目を通し、疑問を晴らすこともできるんだからね。(『第 1 の手紙』) [4]

　ソルボンヌで審議されている第 2 の問題は、法的問題である。法的問題に関して、議論の中心になっているのは、アルノーが同じ手紙の中で述べていること、つまり、「聖ペトロは、罪に落ちた時、何かを果たすのに欠かせぬ恩寵を欠いていた」という言葉である。モンタルトは法問題について感想を述べる。

この点、僕たちはすっかり騙されていたというわけだ。君も、僕も、恩寵に関する最も重要な原則、例えば、恩寵はすべての人に与えられているとは限らないのかとか、恩寵は有効であるのかとかいったふうな問題が審議されつつあると思いこんでいたんだから。僕は、わずかな期間に大神学者になったよ。これから、その幾つかの証拠をお見せしよう。(『第 1 の手紙』) [5]

　解明しようとして、関係する立場の人物、すなわち、ナヴァール学寮のスコラ学者某先生[6]、義理の弟がジャンセニストである某氏[7]、ル・モワーヌさんの考えの追随者、新トミストといわれるドミニコ会の人々を訪問し、この訪問の中で、「近接能力」という言葉に出会うのである。

---

[4] *1re Lettre,* p. 2. *PC,* p. 7. cf.『P 著作集』III, p. 11.
[5] *Ibid.,* pp. 2-3. *PC,* p. 8. cf.『P 著作集』III, p. 12.
[6] M. N., docteur de Navarre, (*PC,* p. 8.)
[7] M. N., qui ... et qui eut assez de santé pour me conduire chez son beau frère, qui est janséniste, (*PC,* p. 10.) の N は、イニシャル N でなく、不特定の人物を指すものである。ここで展開される「近接能力」の追跡は、いわば、カルチエ・ラタンを舞台とする劇であり、『第 1 の手紙』*1re Lettre* を散文の傑作にしている。

1）近接能力　pouvoir prochain

モンタルトはまず第1に、ナヴァール学寮のスコラ学者某先生を訪問している。

> この先生は、ぼくの家の近所に住んでいて、君も知ってのとおり、ジャンセニスト反対派の急先峰のひとりだ。僕も物好きなんだな。その先生と話しているうち、先生と同じようにかっかとしてしまい、先生に対して「『恩寵はすべての人に与えられている』ことをはっきり決定して、今後はもう余計な疑いをさしはさめないようにできないものですかね」と、聞いたんだ。すると、先生は、すごい勢いで僕の言葉をはねつけ、「問題はそういうことじゃありません」と言うんだ。「私どもの陣営の中にも、恩寵はすべての人に与えられているとは限らないと主張している人たちがいるんですからね。それに、審議に当たられた方々御自身が、ほかならぬソルボンヌの議場で、『そうした見解には論議の余地がある』と述べておられたくらいですからね。むろん。私もそう思います。」こんなふうに、言ってから、先生は、「そら聖アウグスティヌスの、例の有名な言葉にもあるじゃないですか」と、『恩寵はすべてのものに与えられていないことを、我らは知る』を引用して自説の裏づけをした。(『第1の手紙』) [8]

次に、モンタルトは義理の弟がジャンセニストである某氏を訪問して、質問している。

> 「いったいまあソルボンヌが、『すべての義人は、常に律法を行なう能力を持つ』などという間違った説を教会に持ち込んでいいんですかね。」「な

---

[8]　*1ʳᵉ Lettre*, p. 3. *PC*, p.8-9. cf.『P 著作集』III, pp. 12-13.

第 1 節　恩寵問題　135

んとおしゃる」と、その学者先生は言うんだ。「これほどカトリック的な意見を間違った説だと言われるのですか。これに嚙みついているのは、ルター派とカルヴィニストだけじゃないですか。」「へええ、それじゃ、先生がたの方じゃ、そうはお考えにならないのですか」と僕。「そのとおりですよ」と、先生。「私どもはそんな見かたは、異端的で不敬虔であるとして、あくまでも退けます。」(『第 1 の手紙』)[9]

初めのナヴァール学寮の先生のところに戻り、「ソルボンヌにも間もなく平和が訪れますよ。…ジャンセニストも同じ意見ですから」と伝える。するとその先生は次のように答える。

「ほほう、そりゃ結構ですな」と、先生は落ち着いたものさ。「神学者にでもならないと、細かい点までは分からないものです。私どもの間の相違点は、それはそれは微妙でしてな。私ども自身にもなかなか見分けがつかぬのですよ。あなたにはとても難しすぎて、お分かりにはなれますまい。ですから、あなたはせいぜい、ジャンセニストも、『すべての義人は律法を行なう能力を持つ』ということは言うんだと知って、それで満足しておかれたらいいんですよ。そういうことを、私どもも、とやかく言っているのではないのです。が、彼らは、その能力が〈近接〉だと言わないでしょうな。問題点はそこにあるのです。」(『第 1 の手紙』)[10]

ここで、「近接能力」という言葉が登場する。「近接」という言葉は、モンタルトにとって初めてだったし、「今まで聞いたこともなかった。」その時までは、モンタルトも事件の全体によく通じているつもりだったが、「この言葉を聞いたとたん、何がなんだか分からなくなってしまった。わざと事をこんがらがらせるために、こんな言葉を発明してきたのかと思えるほどだった。」そこで、彼はナヴァール学寮の先生に説明してくださいと頼む。しかし、先

---

9) 1re Lettre, p. 3. PC, p.10-11. cf.『P 著作集』Ⅲ, pp. 13-14.
10) Ibid., p. 4. PC, p. 11. cf.『P 著作集』Ⅲ, pp. 14-15.

生は願いを聞いてくれない。それどころか、「自分でジャンセニストたちのところへ行って、この〈近接能力〉を認めるかどうかをただしてみられるのがよかろう」と突き放される。(Cf.『第1の手紙』)[11]

先程のジャンセニストの先生を訪ね、教えを乞う。

> あなたは、あまりお詳しくないようですな。モリニストといっても、みんながみんな同じ考えの持ち主ではなく、まったく正反対の考えの持ち主もいるんですよ。それがアルノーさんをおとし入れようとの陰謀で一致団結し、この〈近接能力〉という言葉をみなで使うことを内々で決めたというわけなのです。みなが同じひとつの言葉をしゃべっていれば、いわんとする意味は違っていてもかまわないというんで、いっせいにこの語を用いることにしたらしいんですな。こうして、うわべだけの一致を守り、強大な一団体を結成して、多数派になり、アルノーさんを確実に押さえつけようとしているわけです。(『第1の手紙』)[12]

このジャンセニストの先生の勧めで、ル・モワーヌの追随者とニコライ神父の弟子に会い、「近接能力を持つ」ということはどういうことか、「近接能力」の意味の追及が始まる。

ル・モワーヌの追随者から教えられたことは、次のとおりである。

「すべての義人は、常に律法を守る近接能力を持つ」とル・モワーヌが言う時、「義人たちは、神に助けを祈り求めるのに必要なすべてのものを持っていて、祈りのために新しい恩寵を全然必要としない。」「義人たちは、神に祈るために有効な恩寵を必要とはしない。」これがル・モワーヌの教えである。(Cf.『第1の手紙』)[13]

ドミニコ会士から教えられたことは次のようになる。

「義人は常に神に祈るための〈近接能力〉を持つという時、その意味は、義

---

11) Cf. Ire Lettre, p. 4. PC, p. 12. cf.『P 著作集』Ⅲ, p. 15.
12) Ibid., p. 5. PC, pp. 12-13. cf.『P 著作集』Ⅲ, p. 16.
13) Cf. ibid., p. 5. PC, pp.15-16. cf.『P 著作集』Ⅲ, pp. 17-18.

人は祈る時には何か別なものの助けを必要とし、その助けがなければ、祈ることができない」ことを確かめる。つまり、義人たちにも、有効な恩寵がその上に必要だということである。これは誰にでも与えられているものではない。そして、これがあってこそ、義人たちも祈ろうとの決意を固めることができる。だから、「祈るためには、この有効な恩寵が必要なことを認めないのは異端です」と断言する。(Cf.『第1の手紙』)[14]

ドミニコ会士から受けた教えを要約するとこうなる。

ジャンセニストは立派なカトリックである。ル・モワーヌは異端である。その理由は次のとおりである。ジャンセニストは、義人には祈る能力があるが、それでも有効な恩寵を必要と主張しているからであり、ル・モワーヌは、義人は有効な恩寵がなくても祈れると主張しているからである。ル・モワーヌの説は、ドミニコ会士たちが非難している点ではないのかというモンタルトの指摘に対して、

> 「これは、先生がたが非難なさっている点ではありませんか。」「なるほど、そうなんですが」ドミニコ会士は言う。「ル・モワーヌさんの方では、その能力を〈近接能力〉と呼んでいますからね。」「なんですって、神父さまがた」と、僕は叫んだものだ、「それは、言葉の上のごまかしじゃありませんか。言っている意味は反対でも、共通の言葉さえ使っていれば同意見だなんておっしゃるのは。」(『第1の手紙』)[15]

ル・モワーヌの弟子とドミニコ会士が主張する内容が異なるのに、「近接能力」という言葉を用いることで徒党を組んでいるのを突き止める。モンタルトはドミニコ会士に決めつけて言う。

> 意味を明らかにせず、あいまいで、頭に来るような言葉を使うとは、ソルボンヌの権威にとっても、神学の権威にとってもふさわしいこととは

---

14) Cf. *1ʳᵉ Lettre*, p. 6. *PC*, p. 16. cf.『P 著作集』Ⅲ, pp. 18-19.
15) *Ibid.*, pp. 6-7. *PC*, p. 17. cf.『P 著作集』Ⅲ, pp. 19-20.

言えませんね。(『第1の手紙』)[16]

「近接能力」の出典は、聖書、教父、公会議、教皇、聖トマスのいずれでもない。それなら、この言葉そのものには、なんの権威も、意味もないのではないか。「それを言わなければならないのは、いったいどんな必要があるのですか」とモンタルトは問うている。(Cf.『第1の手紙』)[17]

その言葉を使いさえすればよい。そうでなければ、異端になる。ル・モワーヌの弟子たちは、「私どもの方が、多数ですからね。必要とあれば、フランシスコ会の方からも、私どもが勝つのに十分な修道士を動員してきますからね」と言う。(Cf.『第1の手紙』)[18]

つまり、「近接能力」という語は、多数派工作のための手段なのである。

２）十分な恩寵

ニコルは『第2の手紙』に「十分な恩寵について」という副題をつけている。[19]「旧友某君」に「現在、ジェズイットとジャンセニストの間で論争の的になっている点は何かを教えてくれないか」と情報の提供を依頼している。(Cf.『第2の手紙』)[20]

主な論点は2つである。第1点は、前章でとり上げた「近接能力」であり、第2点は「十分な恩寵」である。「十分な恩寵」とは何か。「十分な恩寵」をめぐるジェズイットとジャンセニストの紛争は、一口でいえば次の点にあると言う。

ジェズイットの主張によると、すべての人に等しく与えられている恩寵があり、これは自由意志のままにゆだねられていて、自由意志は自分の望むままにこれを有効にも無効にもすることができる。神の側からのなんらかの助

---

16) *1re Lettre*, pp. 7-8. *PC*, p. 18. cf.『P著作集』Ⅲ, p. 21.
17) Cf. *ibid*., p. 8. *PC*, p. 19. cf.『P著作集』Ⅲ, p. 22.
18) Cf. *ibid*.
19) *PC*, p. 21.『P著作集』Ⅲ, p. 14.
20) *2e Lettre*, p. 1. *PC*, p. 21. cf.『P著作集』Ⅲ, p. 29.

けをあらためて必要とすることはなく、また、自由意志としても、実際に行動する上になんら不足なものがない。(Cf.『第2の手紙』)[21]

　ジャンセニストの主張によると、ジェズイットの主張とは、逆に、現に十分であって、しかも有効でないような恩寵はまったく存在しない。実際に行動へと決意を促さないような恩寵は、行動する上に十分な恩寵とは言えない。人間は、「有効な恩寵」がなければ、絶対に行動できない。(Cf.『第2の手紙』)[22]

　新トミストの教理によれば、彼らは、「十分な恩寵」がすべての人に与えられているということを認める点では、ジェズイットと一致するが、他方でまた、こうも言っている。人間は、この恩寵だけでは、絶対に行動できない。人間を行動へと促すには、現実に行動へと誘う「有効な恩寵」を神から与えられる必要があるという。しかも、この「有効な恩寵」を神が誰にでも与えられるとは限らないとも言っている。(Cf.『第2の手紙』)[23]

　ジャンセニストと新トミストはどのように違うのか。ドミニコ会士（新トミスト）の方は、「すべの人が〈十分な恩寵〉を持っている」と主張した後、「行動する上には〈有効な恩寵〉がどうしても必要だ、しかもそれは誰にでも与えられているわけではない」とつけ加える。意味もない同じ1つの語を使うという点ではジェズイットと新トミストとは一致するが、本当は逆の立場で、むしろ、実質的にはジャンセニストと一致している。(Cf.『第2の手紙』)[24]

　ジェズイットと新トミストはなぜ手を結ぶのか。ジェズイットにとっては、教会内の実力者である新トミストとは、もっと手を結んでおかねばならない。ジェズイットは、少なくとも彼らが「十分な恩寵」という呼び名を認めているだけで、彼らを征服したと喜んでいる。必要な時には、彼らドミニコ会士らの見解は、ばかばかしいものだと吹聴してまわれる利点がある。すべての人が十分な恩寵を持つのなら、有効な恩寵なんて必要ないと結論することは

---

21) *2ᵉ Lettre*, p. 1. *PC*, p. 22. cf.『P 著作集』Ⅲ, pp. 29-30.
22) *Ibid.*, p. 30.
23) *Ibid.*
24) *Ibid.*, p. 31.

ど、簡単なことはない。(『第2の手紙』)[25]

　ジェズイットとドミニコ会士との間には、過去に争いがあった。[26] ジェズイットは、ドミニコ会士らが現在、彼らに賛成してくれていることで大いに満足している。有効な恩寵の必要を無理に否定しろと求めたりはしない。「〈十分な恩寵〉という言い方を、意味は違っているが、双方が受け入れているとなると、よほど感覚の鋭い神学者でもない限りは、ドミニコ会とジェズイットでこの語の意味内容までがまったく同じに理解されていると、誰だってつい思い込まずにいられなくなるじゃないか」と言うのが、「旧友の某君」の説明である。(Cf.『第2の手紙』)[27]

　ドミニコ会士を訪問して、新トミストの説を追及する。

　　ところで、神父さま．．．すべての人は「近接能力」を持っているとしても、それだけでは十分ではない。その能力だけをもって、実際に行動を果たすことは絶対にできない。その上に、「十分な恩寵」を持たなければならない。ただし、その恩寵を持っても、十分な行動ができるわけではない。大体、こんなところが神父さまのお説でしたね。(『第2の手紙』)[28]

　モンタルトは、新トミストの神父に近接能力と十分な恩寵について問いただし、そして、断定する。

　　ということはつまり、誰もが十分恩寵を持っているとともに、誰もが恩寵を十分に持っていないということ、さらに言いかえれば、名前の上では十分な恩寵だが、実際には不十分な恩寵だということになりますね。(『第2の手紙』)[29]

---

25) 2ᵉ *Lettre*, p. 2. *PC*, pp. 23-24. cf.『P 著作集』Ⅲ, p. 31.
26) Cf. 本書 第2部 第1章 第1節.
27) 2ᵉ *Lettre*, pp. 2-3. *PC*, p. 25. cf.『P 著作集』Ⅲ, p. 32.
28) *Ibid.*, p. 3. *PC*, p. 25. cf.『P 著作集』Ⅲ, p. 33.
29) *Ibid. PC*, p. 26. cf.『P 著作集』Ⅲ, p.34.

第 1 節　恩寵問題　141

　ジェズイットの反論文書『回答』の著者は、『プロヴァンシアルの手紙』の著者はデュ・ムーランやカルヴァンと同じ異端に陥っていると、次のように言う。
　「〈十分な恩寵〉とは名ばかりで、実態はそうではない。というのは、もし、この恩寵が十分であるなら、行動するのにこれ以外のものは何もいらないわけだ。もし十分でないというなら、それは〈十分な恩寵〉ではないわけだ」と言って、彼はフランスのすべての異端者の中でも明白なもっとも不敬虔なデュ・ムーランの理屈を、すべての信仰厚い人々によって受け入れられている〈十分な恩寵〉に反論して、恥知らずにも用いている。[30]

　また、「ジェズイットに反対してジャンセニストが出した非難と中傷と、ローマ教会に反対したデュ・ムーランのそれとの一致」では、デュ・ムーランのローマ教会に対する非難と『プロヴァンシアルの手紙』のジェズイットに対する非難を対照して、次のように断定している。

　「これらの非難はまったく同じようなものではないか。川が泉に、子が父に似ているように、ジャンセニストはカルヴィニストに似ているではないか。ここに『第1の手紙』および『第2の手紙』のほぼ全体の主題がある。」[31]

　『プロヴァンシアルの手紙』の『第1の手紙』、および、『第2の手紙』に対しては、イエズス会側からはほとんど反論が出ていない。

3）恩寵のかけた義人

　ニコルは『第3の手紙』に「アルノー氏の譴責の不正、不条理、無効」[32]という副題をつけて情報を提供している。

---

30) *Réponses*, pp.42-43.（『第2の回答，すなわち，イエズス会のある神父によって発見され，反駁された，ジャンセニストたちの書記，モンタルト氏の「プロヴァンシアルの手紙」のぺてん」「序説」）
31) *Réponses*, pp. 72-73.（『第2の回答』）
32) *PC*, p. 39. cf.『P 著作集』III, p. 63.

ソルボンヌ大学のアルノーに対する譴責文が2月17日に印刷され、22日に発売された。アルノーの『ある貴族への第2の手紙』が、教皇や司教の権威に反するだけでなくカトリック信仰や大学教令にまで反する事柄を含むか否かで、ソルボンヌ神学大学に、1655年12月に委員会が設置され、同年12月1日に行なわれた神学大学総会において次のごとく報告された。

「自分たちはこの『手紙』のうちに、他のことはさておき、きわめて譴責に価する事柄を見出した。自分たちはその中でも、とくに顕著ないくつかを認めたが、それらはきわめて明瞭、かつ、簡潔なるがゆえに、2つの要点、あるいは、2つの問題、2つの命題に帰着せしめうるがごとく思われる。前者は事実問題、後者は法問題と呼びえよう。」この報告を聞いたのち、大学はまる2ヵ月間ソルボンヌにおいてほとんど毎日、荘重な集会を持ち、ひたすらこの問題を討議した。そして、厳密な討議ののち、次のごとく宣告した。事実に関する第1の問題、あるいは、命題は不遜であり、破廉恥であり、教皇やフランスの司教方を侮辱するものであるのみならず、それはずっと以前に、異端宣告されたジャンセニウスの教説をして完全に復活する口実を与えさえする。また、法に関する第2の問題は、「不遜であり、背教的であり、涜神的であり、呪詛され、異端的である。」それゆえ、大学は、彼が仲間からうち棄てられ、博士の数から消され、大学からまったく破門されるべきものと判断し、来る2月15日までに彼が意見を変えず、座長、もっとも高名なる司教方、それに上記の委員、あるいは、代表の前で、この譴責に署名しなければ、実際にうち棄てられ、消され、破門される旨、言明した。そして、ペストのごとくすでに多くの人々の心を捉えている上記アルノーのこの危険な教説を、これ以上大きく広がらせないため、大学は今後、いかなる集まりの博士たちに対しても、大学に関するいかなる法規や職権に対しても、さらに神学予備課程にある者に対しても、これを論議し、これに答えることを禁止する旨、命令した。さらにまた、大学入学志願者たちに対してさえ、普通言う最初の課程において、あるいは、試験に答えて、自分たちは先にこの譴責に署名しなかった旨、懇願するのを禁じた。なお、何者かアルノーの上記命題をあえ

て承認し、支持し、教え、説き、書くものがあれば、完全に上記の大学から追放されよう。[33]

　モンタルトはアルノーのこの譴責について情報の提供をしている。「ところで、君、打ち明けていうとこの譴責文にはさすがの僕もひどく驚いたね。僕はその文中で断罪されているのは、世にも恐ろしい異端なのだと思っていたんだ。それがあんなにけんけんごうごうの大騒ぎの果てに何が出てくるのかと期待していたら、まったく屁のようなものだったんだから、僕もあきれ果ててしまったね。君だって聞けば同じようにあきれるだろう」と、まず、「あきれ果てた」といって感想を述べている。(Cf.『第3の手紙』)[34]
　モンタルトはアルノー譴責がきわめて作為的であることを訴えている。
　残忍をきわめた非難をわんさと浴びせた後で、次には、著書を検閲し、審査を加えるという一策をもくろんだ。そのために選ばれたのが、アルノーの『第2の手紙』だった。そこには、この上なくおぞましい謬見が満ちているという口実だった。審査官としてアルノーの敵であることが何より明らかな者だけを選んだ。彼らは、文句をつける種になりそうなものを捜し出そうと努力を尽くし、その中から教えに関連した1つの命題を取り出してきて、これが譴責の対象にならないかを見ようとした。(Cf.『第3の手紙』)[35]
　アルノーの方でも、次々と弁明を発表した。彼の命題と彼が典拠とした教父たちの引用とを対照して、この両者の一致を示そうとした。例えば、聖アウグスティヌスは、「イエス・キリストは、聖ペトロその人がひとりの義人であったことを示しつつも、その堕落を通して、高慢を避けるようにと我々に教えられた。」また、アルノーは同じ教父の次の言葉も引用している。「神は恩寵がなければ人間は何もすることができぬことを示すため、聖ペトロを恩寵のない状態に捨てておかれた。」聖クリュソストモスからも次のように引用している。「聖ペトロの堕落が生じたのは、彼がイエス・キリストに対して冷

---

33) *GE*, Ⅳ, pp. 184-186.
34) 3ᵉ *Lettre*, p. 1. *PC*, p. 40. cf.『P著作集』Ⅳ, p. 52.
35) *Ibid.*, pp. 2-3. *PC*, p. 40. cf.『P著作集』Ⅳ, p. 52.

ややかであったからではなく、恩寵が彼に欠けていたからである。その堕落は、彼の怠慢のためではなく、神に見捨てられたために起こったのである。これは、神なしに人間は何をすることもできないことを、全教会に告げるためであった。」そして、アルノーは非難の的になっている彼自身の命題を掲げている。それは、次のようなものである。「教父たちは、聖ペトロその人が、ひとりの義人であったことを示したが、その彼には、何事かを行なうのになくてはならぬ恩寵が欠けていた。」(Cf.『第3の手紙』)[36]

アルノーの表現が教父たちの表現と比較して、謬説と真理、異端と真の信仰が違うほど違いがあるかどうかを調べても、そんな違いは出てこない。「教父たちは、聖ペトロその人が、ひとりの義人であったということを示した」という、アルノーの言葉だろうか。しかし、聖アウグスティヌスも、まったく同じ言葉でそう言っている。それなら「彼には恩寵が欠けていた」と言った点だろうか。だが、聖アウグスティヌス自身も、「聖ペトロは義人であった」と言いながらも、「彼はそのとき恩寵を持たなかった」と言い切っている。それなら、「恩寵は、人が何事かを行なうのになくてはならぬ」ものだという点だろうか。しかし、このことは、聖アウグスティヌスも同じ箇所でそう言っているし、さらに、これに先立って聖クリュソストモス自身も、語っている。そこに違いがあるとしたら、聖クリュソストモスの方がもっと語調がきついというくらいである。すなわち、彼は、こう述べている。「聖ペトロの堕落は、彼の冷ややかさ、怠慢によって生じたのではなく、恩寵が欠け、神から捨てられたために生じたのである」と。(Cf.『第3の手紙』)[37]

　「これはどうしたことだ」と、みんな言うんだ。「こんなに長い間、こんなにも大勢の大先生たちが、こんなにまで熱心にひとりの人間にかかりきりで、やっと調べあげてきたことといったら、その全著作の中にわずか3行の非難にあたいする言葉が見つかったというだけなんだからね。しかも、その3行も、ギリシャ教会、ローマ教会の最大の学者たちの言

---

36) *3ᵉ Lettre*, p. 3. *PC*, pp. 41-42.『P 著作集』Ⅳ, pp. 52-53.
37) *Ibid.*, pp. 3-4. *PC*, p. 43. cf.『P 著作集』Ⅳ, p. 54.

葉をそのまま引いてきただけのものだというじゃあないか。(『第3の手紙』)[38]

アルノーを譴責する側は、自分たちの弱さを数々と身に沁みて知らされたので、「いまさら反論を報いるよりも、譴責を発するほうが適当だし、簡単だと判断したのでした。つまり、彼らにとっては、正しい理由を見つけるよりも、坊さんの頭数をそろえるほうが、ずっと易しい」のである。(Cf.『第3の手紙』)[39]

ジェズイットの反駁文書『第2の回答』の著者は、次の言葉を引用した後、「序説」において『プロヴァンシアルの手紙』の『第3の手紙』について言及している。

「異端であるのは、アルノーの説ではなくて、アルノーその人にほかならない。人間としての異端である。アルノーが、言ったり書いたりしたことが異端なのではなく、ただ、彼がアルノーという人間だから異端なのだ。これこそが、彼の非難されるべき点なのだ。彼は、どんなにじたばたしても、生きることをやめない限り、最後まで立派なカトリック教徒にはなることができない」(『第3の手紙』)[40] を引用したのち、ジェズイットの著者は、「本気で、私は、彼を恐れている。彼は自分の意見に強く結びついている。異端は伝染病なのだ。これにかかると死ななければならないか、それとも、少なくとも、直るのが難しいのである」[41] と述べている。

『第1の手紙』『第2の手紙』と同様、『第3の手紙』に対しても、ジェズイットの反論はほとんどない。『小さな手紙』の評判が、発行のたびに高まって行くのを、だんだんと増し加わる驚きと不安をもって見守っていたのであろう。[42]

---

38) *3ᵉ Lettre*, p. 4. *PC*, p. 44. cf.『P 著作集』IV, p. 55.
39) *Ibid.*, pp. 5-6. *PC*, p. 46. cf.『P 著作集』IV, p. 57.
40) *Ibid.*, p. 8. *PC*, p. 51. cf.『P 著作集』IV, p. 61.
41) *Réponses*, p. 45.
42) Cf. 第2部 第3章 第1節.

4) 現実の恩寵

ニコルは『第4の手紙』に「常に現存する現実の恩寵と知らずに犯す罪について」[43]という副題をつけて情報を提供している。

モンタルトは、ジェズイットの神父とこの『プロヴァンシアルの手紙』では初めて直接対話する。「現実の恩寵とは、神が御自身の意志を我々に知らしめ、それを実行させようとして与えられる霊感」のことをいうと、モンタルトの頼みに応じて説明してくれる。「私どもは、神が、すべての人に、誘惑の来るたびに現実の恩寵をお与えになるとしたいのです。なぜなら、私どもは、誘惑の来るたび、罪を犯さずにいられる現実の恩寵を持たないのならば、どのような罪を犯そうとも、その罪の責任を負わされることは決してないと、主張してきたからです。ところが、ジャンセニストは、逆に、現実の恩寵を持たずに犯した罪でも、責任は免れられないというのです。おかしなことを考えるやつらじゃありませんか」と「神父さん」は言う。(Cf.『第4の手紙』)[44]

「現実の恩寵」という言葉はあまり聞き慣れないので、この言葉を用いずに説明してほしいと、ジェズイットの神父に頼むと、「よろしいですよ」と神父は引き受けてくれた。「つまり、あなたは、定義済みのものに、別な定義を与えてみよとおっしゃるんですな。そうしても、話の内容は変わりませんからやってみてもいいですよ。要するに、私どもは、次のことを疑いを入れぬ原則だと主張しているのです。『我々が、罪の行ないにふけろうとする場合、あらかじめ神から、その行ないが悪であることを知らされ、それを避けようと促される霊感を与えられていない限りは、その行ないについて責任を負わされることはない。』さあこれで、よくお分かりになったでしょう」とジェズイットの神父は説明する。モンタルトは証拠を請求する。(Cf.『第4の手紙』)[45]「神父さん」が持ち出してきた証拠は、ボオニー神父の『罪の総集編』であ

---

43) *PC*, p. 53.
44) *4ᵉ Lettre*, p. 1. *PC*, pp. 54-55. cf.『P 著作集』IV, p. 68.
45) *Ibid.*, pp. 1-2. *PC*, pp. 55-56. cf.『P 著作集』IV, pp. 68-69.

り、次のように書いている。

> 罪を犯し、神の前に罪人となるとはどういうことか。自分がやろうとする事柄になんの価値もないのを知っていること、少なくともそうではないかと思っていること、自分の没頭する行動が神に喜ばれず、神の禁止されたものではないかと不安に思いつつも、あるいはまさにその通りと正しく知りつつも、あえてその行動に踏み切り、一線を越え、放埒に走るということが必ずそこに伴うのである。(『第4の手紙』) 46)

　『第2の回答』の著者は、「一致」において、デュ・ムーランのローマ教会に対する非難と比較し、「学者ならこの両者が同様の非難であることを疑うことができない」と述べ、また、上記のボオニー神父の引用箇所が『第4の手紙』の主題であり、「私の意図は、ただ、ジャンセニストとカルヴィニストが、偽りの、あるいは、不当な、そして、取るに足りぬ彼らの非難において一致していることを示すことである」と主張している。47)

　ジェズイットの神父は、次の証拠をもって来る。アルノーへの反論として書かれたアンナ神父の近著である。「神や自分の罪について、全然考えることもなく、神への愛や痛悔の業を行なわねばならぬとの気づかいを全然感じることのない人」、すなわち、モンタルトの理解するところでは、「そうした業を行なわねばならぬとの知識がまったくない人」は、「実際に行ないを果たすための現実の恩寵をまったく欠いているのである。だからまた、まさに、そうした行ないを果たさなくても、なんら罪にはならないし、たとい地獄に堕ちたとしても、それは行ないを果たさなかった罰ではない」ということである。(Cf.『第4の手紙』) 48)

　「こうして、神を知らず、神を忘れていたために義とされる人々のほうが、恩寵や秘蹟によって罪から救われる人々よりも、くらべものにならぬくらい多

---

46) 4e Lettre, p. 2. PC, pp. 56-57. cf.『P著作集』Ⅳ, p. 70.
47) Réponses, pp. 83-84.
48) 4e Lettre, p. 2. PC, pp. 57-58. cf.『P著作集』Ⅳ, p. 71.

くなるのだと思います。けれど、神父さん、よもや、嘘の話で私を喜ばせておられるのではないでしょうね」とモンタルトが念を押すと、神父はル・モワーヌの書いた文書を示す。それにはこう書かれている。「ある行ないが罪となるには、『次のようなことがすべて、魂の中に生じる』必要がある」と。ラテン語で書かれている原文をモンタルトがフランス語に直すと次のようになる。(Cf.『第4の手紙』)[49]

「1．一方で、神は、魂の中に愛を注ぎ入れ、律法に定められた事柄を果たすように仕向けられる。ところが、他方、邪欲がこれに反抗し、逆の方向へと魂を引き込む。2．神は、魂に自分の弱さを知らしめられる。3．神は、魂に自分を癒してくれる医者について知らしめられる。4．神は、魂に癒されたいとの願いを抱かせられる。5．神は、魂に神に祈ってその助けを乞い求めようとの願いを起こさせられる。」ジェズイットの神父は「そして、こういうすべてが、魂の中に生じない限りは、どんな行ないも、厳密な意味では罪でなく、その責任を問われることはないのです」(『第4の手紙』)と言う。[50]

モンタルトは「彼ら、リベルタンは、ありとあらゆる種類の快楽をたえず追い求めてその生涯を過ごし、これまで一度も、いささかでも後悔してそれをやめるということはなかったのです。こういう乱行を重ねている限り、彼らの滅びは確実だと思いました。ところが、神父さん、この乱行のお陰で、かえって彼らの救いは確実であるのだとあなたは教えて下さいます」(『第4の手紙』)と感想を述べている。[51]

『第2の回答』の著者は、『プロヴァンシアルの手紙』の『第4の手紙』において、ジャンセニストの書記、モンタルトがソルボンヌでのアルノー譴責に復讐していると述べている。「彼(モンタルト)はジェズイットの教説がキリスト教道徳の驚くべき転覆をもたらしたと主張している。なぜならば、ジェズイットは〈心ばえが正しくなければ〉、現実の恩寵がなければ、地獄堕ちだということを信じていないからである。つまり、ルターやカルヴァンのよう

---

49) *4ᵉ Lettre*, pp. 2-3. *PC*, pp. 58-59. cf.『P著作集』Ⅳ, pp. 71-72.
50) *Ibid.*, p. 3. *PC*, p. 59. cf.『P著作集』Ⅳ, p. 72.
51) *Ibid.*, pp. 3-4. *PC*, pp. 59-61. cf.『P著作集』Ⅳ, pp. 72-74.

に抗し難い無知でも罪を許す十分な言い訳にはならないということを信じていないからである」とモンタルトをルターやカルヴァンと同類として非難し、ジェズイットの神学者を支持している。(Cf.『第4の手紙』) [52]

モンタルトは戦術転換の予告をしている。

「それじゃ、君は、やつらが教えよりも素行においてもっとひどい乱脈ぶりを知らないのか。」友達はいくつかの奇怪な実例をあげてくれたんだが、残りはまたの機会に話すということだった。この次には、彼から聞いた話を話題にできたらと思う。(『第4の手紙』) [53]

---

52) *4ᵉ Lettre*, p. 3. *Réponses*, pp. 45-46.
53) *Ibid.*, p. 8. *PC*, p. 71. cf.『P 著作集』IV, p. 84.

第2節　道徳問題

（1）蓋然性の教え

　ニコルは『第5の手紙』に「新しい道徳を打ち立てようとするジェズイットの意図。彼らの中の2種類の良心問題判例学者。締まりのない者が多く、厳しい者は少ない。この違いの理由。蓋然性の教えの説明。教父たちになり代わろうとする、知られざる、一群の作家たち」[1] という副題をつけている。『プロヴァンシアルの手紙』の著者はイエズス会の道徳問題について述べている。イエズス会の良心問題判例学、ここでは特に、蓋然論に関して読者に情報を提供している。

　モンタルトは友達からの情報を伝える。ジェズイットは自分たちがいたるところで信用を勝ち取り、すべての人の心を自由に操れるようになるのが、宗教のためにも有用だし、是非そうすべきだと信じこんでいる。そして、ある種の人々を支配するには、福音書の厳格な戒めをもってするとうまく行くので、そうするのが好都合と見た時にはそれを利用する。だが、大多数の人たちにとってこの定めは意に背くものだから、その人たち向けには使わない。こんなふうに、誰をも満足させるものを準備している。このようなわけで、彼らは、身分も種々雑多、国籍もずいぶん異なった人たちを相手にするに当たって、それぞれの違いに応じた良心問題判例学者を何人も準備しておかねばならないことになる。(Cf.『第5の手紙』)[2] 友達は言う。

　　さあ、これでやつらが、その〈蓋然的教え〉のおかげで世界中に広まった次第が良く分かっただろう。この教えこそは、今まで述べてきたあら

---

1) *PC*, p. 72.
2) 5ᵉ *Lettre*, p. 2. *PC*, p. 75. cf.『P 著作集』Ⅲ, p. 93.

ゆる乱脈の源であり、その根なのだ。君は、このことを是非ともやつら自身からじきじき聞きだしてみるといいよ。やつらは誰にも隠しだてはしないさ。今君に話したことも全部言ってくれるだろうよ。ただし、人間的、政策的抜け目のなさを神のための、キリスト教的な賢明さなのだと言いつくろってごまかす点は違うだろうがね。(『第5の手紙』) [3]

『第2の回答』の著者、ヌエ神父は、〈蓋然的教え〉が「あらゆる乱脈の源であり、その根なのだ」と言うパスカルの非難に対して、「第20のぺてん」で反駁している。

「このぺてんは何も新しいものではない。ジェズイットに間違って、罪をなすりつけている『道徳神学』の第1命題の一部分である。... 一般に知られているように、道徳に関する神学は、2種類の諸原則を持っている。第1の諸原則は、良心問題判例学者が一致して賛成するものである。なぜならば、聖書、あるいは、教父たちや博士たちの同意がその原則を確実な、そして、疑いないものとしているからである。第2の諸原則は蓋然的なものであり、それは議論の対象となり、また、それについて著者たちの意見が分かれているからである。第1の諸原則に関しては、誰も軽率でなくてはこの諸原則を捨てることはできない。そして、これに異議を申し立ててくるのは通常、異端者である。第2の諸原則に関しては、神学者たちが教える多様の意見の中で自分に最も気に入る意見に従うことが、それぞれの人に、次のように蓋然的でありさえすれば、認められている。... これが蓋然的意見の教えなのである。これが、このジャンセニストが『あらゆる乱脈の源であり、その根なのだ』と呼んでいるものである。これが彼の判断の弱さの眉をひそめさせる点なのである。」[4]

ヌエ神父はパスカルの上記の非難を『「第13の手紙」への回答』で取り上げ、この蓋然的教説を弁護している。[5]

ピロ神父は、『プロヴァンシアルの手紙』の著者の非難、「良心問題判例学

---

3) 5ᵉ Lettre, p. 3. PC, p. 78. cf. Réponses, pp. 182-184.『P 著作集』III, p. 95.
4) Réponses, pp. 182-183.
5) Cf. Réponses, pp. 348-350.

第 2 節　道徳問題

者は蓋然的意見を利用して道徳全体を腐敗させた」[6] に答え、「手紙」の著者モンタルトの攻撃は異端的なジャンセニストのそれと同じであることを示そうと努めている。すなわち、「ジャンセニストたちの行動様式に等しいものが異端者の間にあったではないか。この者たちは彼らの5命題が異端と宣告される前から、この命題の蓋然性に覆われていた。彼らが蓋然的意見に反対して、非難したブリザシエ神父の教説に対して、1652年、彼らがした回答にそれを見ることができる。」[7]

　この『第5の手紙』の中で、モンタルトは中国における偶像崇拝の問題を取り上げている。

　　どんな種類の人にも用意された証拠があるんだな。何を尋ねてこられても、ちゃんと巧みに答えができているんだ。だから、十字架にかけられた神を愚かだと見る国に行けば、十字架のつまずきは取り去り、ただ栄光のイエス・キリストだけを宣べ伝え、苦難のイエス・キリストは宣べ伝えないのだ。インドやシナでのやつらのやり口もその一例さ。やつらは、偶像礼拝も許していたんだよ。そのために案出していた巧妙な策略はこうさ。着物の下にイエス・キリストのみ像を隠しておいて、外向きには、シナ人の神、天帝や孔子を礼拝すると見せて、心の中ではこのみ像を崇めていると思うようにすればよいと教えているんだな。(『第5の手紙』)[8]

　シナにおける偶像問題についてのモンタルトの非難に対しては、ジェズイットはほとんど答えていない。当面、蓋然的意見の弁護が最大の問題であったので、偶像崇拝問題という明白な問題に答える余裕がなかったのであろう。
　今まで誰も知らないような、まったく愛の欠けたキリスト教的道徳や、驚くほど多くの罪が取り繕いされ、多くの自堕落が見過ごされているのを指摘

---

[6] *Apologie*, p. 39. Ⅵ Objection, cf. *PC*, p. 78.
[7] *Apologie*, p. 39.
[8] 5ᵉ *Lettre*, p. 2. *PC*, pp. 76-77. cf.『P 著作集』Ⅲ, p. 94-95.

したのち、モンタルトは、「それを見たら、君はもう、やつらが、自分たちが理解するような信仰生活を送るのに十分な恩寵を、すべての人が、常に持っていると主張するのを不思議とは思わないだろう。やつらの道徳ときたら、まったく異教的なんだから、生まれながらの本性があれば、それを行なうのに結構足りるんだ」と、ジェズイットの道徳の異教性を指摘している。(Cf.『第5の手紙』) [9] ピロ神父は、ジェズイットの道徳が、アリストテレスのほぼ全道徳を写しとった聖トマスから引き出されたものであることを主張する。「あなたが私たちの道徳が異教的であるとジャンセニストたちのいう意味で非難するならば、私たちは喜んでいく分かそれがあることに同意しましょう。しかし、あなたがその教説を非難している天使博士〔トマス・アクィナス〕に対する侮辱と、自然理性の限界内で、後世のもっとも偉大な精神を持つ人々の案内役を果たしてきた、神が非常に輝かしい評価を与えられたアリストテレスに対する軽蔑には抗議します」[10] と反論し、プロヴァンシアル論争の後、1657年3月に『弁護論』を出版しているが、ルアンや、パリの司祭たちからも攻撃され、かえって、ジェズイットの立場を悪くする。[11]

実践道徳の面では、パスカルはエスコバルの1節を引用して断食の問題を取り上げ、人間の弱みにおもねるジェズイットの良心問題判例学を、揶揄し、非難する。[12]

　　断食を破らずに、望みの時間に、しかも大量のぶどう酒を飲むことができるか。(『第5の手紙』) [13]

「一致について」のイエズス会の著者は、デュ・ムーランもまた、同じような文を書いていると反駁する。ピロ神父は断食に関するパスカルの引用箇所を示し、良心問題判例学者を弁護する。「良心問題判例学者はふざけた、そし

---

9) 5ᵉ Lettre, p. 3. PC, p. 78. cf.『P著作集』Ⅲ, p. 96.
10) Apologie, p. 3.
11) Cf. 本書 pp. 109-110.
12) Cf. 本書第2部第4章第2節 1).
13) 5ᵉ Lettre, p. 4. PC. p. 82. cf.『P著作集』Ⅲ, p. 99.

て、取るにたらぬ問題を提案する。例えば、もし、ある人が今夜、午前1時になって21歳になり、明日が断食日だとすれば、明日は断食をする義務があるか」[14]と。ピロ神父は「この種の問題は、宣誓、結婚、および、本質的な条件としてある年齢を要求する他の契約の場合にも、検討される」[15]と答えている。

『第5の手紙』の著者がフィリウッチの1節、「何かの原因で、例えば、女の子をつけまわすなどして疲れた者は、断食を守る義務はあるか。」(『第5の手紙』)[16]を引用しているのに対しては、ピロ神父はこの1節を読んだ人は皆、「この非難が恥ずべきものであり、無用であると思ったに違いない」[17]と反論している。

この1節、および、それに続く節について、ヌエ神父はモンタルトを非難し、「中傷に飢えたこの歯は、フィリウッチの教えの手がかりはまったく見出さないで、テキストを切断し、引き裂いて、この断片にしてしまった」[18]と非難している。

モンタルトはボオニー神父の次の1節を引用している。

> 罪を犯しそうな機会が切迫している者であっても、もしその機会を捨てるならば、間違いなく世間の人々の噂の種になり、また、その人自身にも不便をきたしそうだという場合には、その人に罪はないのだと言ってやるべきである。(『第5の手紙』)[19]

この引用に対して、ピロ神父は「第8の反論」[20]で異議を申し立て、また、「一致について」のジェズイットの著者は、『第5の手紙』の著者の非難と

---

14) *Apologie*, X Objection, p. 52. cf. *PC*. p. 82.
15) *Apologie*, p. 52.
16) *5ᵉ Lettre*, p. 4. *PC*, pp. 82-83. cf.『P著作集』III, p. 99.
17) "VIII Objection" *Apologie*, p. 53.
18) *Réponses*, p. 125.
19) *5ᵉ Lettre*, p. 5. *PC*, p. 83. cf.『P著作集』III, p. 100.
20) *Apologie*, p. 48.

デュ・ムーランの非難が類似していることを指摘し、また両者の意図が同一であると主張している。「デュ・ムーランはエマニュエル・サ[21]の言葉を誤って翻訳し、『第5の手紙』の著者はボオニー神父の思想を誤って解釈した。彼らは2人とも同じ意図を持っており、彼らの非難は同一である」[22]と。

モンタルトは良心問題判例学者、バジル・ポンスとボオニー神父を引用している。モンタルトに、罪を犯す機会を求めてもよいと言い出すのではないかとからかわれて、ジェズイットの神父は、有名な良心問題判例学者のバジル・ポンスとボオニー神父を引用して、「私たちは、自分自身の、または隣人の霊的な幸福、または、この世的な幸福に促されてならば、そうした機会を、真っ先に、それ自体のために、primo et per se 求めてもよい」と答えている。(Cf.『第5の手紙』)[23]

ピロ神父はモンタルトが非難しているこの2人の良心問題判例学者を弁護して、「あなたは宣告された異端者であり、また、マスクをつけたカルヴィニストなので、地獄落ちの状態にあるだけでなく、神があなたを訪れることはありえないし、あなたが救いを危険に陥れることが明白なので、あなたを信用できない。あなたは弱い魂に罠を仕掛けているのであろう」[24]と述べている。

モンタルトは指摘する。

> ただ1人の博士が、意のままに、人々の良心を引きまわし、ひっくり返すことがあっても、それでいつもご安泰と言うわけですね。(『第5の手紙』)[25]

> 私はどうも、そんな規則を大事に思う気にはなれないんです。あなたがたの会の博士たちは理性を用いて万事をとらわれずに検証しているんで

---

21) マヌエル・デ・サ Manuel de Saa (1530-1596) ポルトガルのイエズス会士.
22) *Réponses,* p. 80.
23) *5ᵉ Lettre,* p. 5. *PC,* pp. 83-84. cf.『P 著作集』Ⅲ, p. 100.
24) *Réponses,* p. 134.
25) *5ᵉ Lettre,* p. 5. *PC,* p. 85. cf.『P 著作集』Ⅲ, p. 102.

しょうが、1人の人に確実と思われたからといって、他のすべての人もそう思われると決まったものでしょうか。(『第5の手紙』)[26]

モンタルトのこの指摘、批判に対して、ヌエ神父は、「これ以上馬鹿げた非難を見出すことができるだろうか」[27]と述べて反論しようとしている。

ピロ神父も「ジェズイットの道徳は、理性によって良心問題を検証しているのである」[28]という点を取り上げて、『第5の手紙』の著者を批判しようとしている。

アンナ神父はモンタルトのサンチェスからのこの引用を非難している。[29]

各人が、蓋然的であって、確実な意見を述べうるのです。誰もが皆、同じひとつ意見でないのは、むろん分かりきったことです。その方がむしろ好都合なのです。いや、それどころか、皆が一致することは、ほとんどないのです。たいがいの問題で、ある人がイエスと言えば、ある人はノーと言うのです。(『第5の手紙』)[30]

モンタルトがイエズス会の神父に語らせているこの1節に関して、ヌエ神父は「このぺてんは新しいものではない。それはジェズイットに間違って罪をなすりつけた道徳神学の、第1命題の一部分なのである」[31]と反論している。

モンタルトはイエズス会の「神父さん」にこの会のライマン神父の『倫理神学』から次のように引用させている。

博士たる者は、意見を求められたならば、自分が蓋然的だと考えるだけでなく、自分の見解とは反対であっても他の人々が蓋然的と認めており

---

26) 5e Lettre, p. 5. PC, p. 86. cf.『P 著作集』Ⅲ, p. 103.
27) Réponses, p. 196.
28) Apologie, p. 3.
29) Bonne Foi, pp. 19-22.
30) 5e Lettre, p. 7. PC, p. 86. cf.『P 著作集』Ⅲ, p. 103.
31) Réponses, p. 182.

相談をしかけてきた人にとって、何よりも有利で心地よさそうに思われるならば、そうした意見を与えてやってもよいと。(『第5の手紙』)[32]

アンナ神父は『第5の手紙』の著者のライマンからのこの引用を非難している。

告解をなす者が、ひとつの蓋然的意見に追随する者である場合、司祭は、自分の意見がこの者の意見と反対であっても、この者に赦しを与えねばならない。(『第5の手紙』)[33]

モンタルトが告解と蓋然的意見についての、ボオニー神父の教説をイエズス会の「神父さん」に引用させると、ヌエ神父はボオニー神父を弁護して次のように述べている。「ボオニー神父は、サンチェスによって報告されている46人の著者をさらに引用することができた。これらの著者たちはジェズイットではないが、道徳神学の一流の学者であり、サンチェスはかくも大勢の神学者たちによって告解をなす者が蓋然的意見に従わねばならないことを証明しているのである」[34]と。

教父たちは、その時代の道徳にはうまく適していたのですが、現代から見るとちょっと時代離れしています。現代の道徳を取りしきるのは、もはや教父たちではなく、新しい良心問題判例学者たちです。このことについては、わが有名なレギナルドゥス神父も述べ、同神父に続いて、セロ神父も『階級組織について』のなかで、こう述べています。「道徳問題においては、新しい良心問題判例学者のほうが、昔の教父たちよりもふさわしいであろう。教父たちがどんなに使徒に近い存在であっても。」(『第5の手紙』)[35]

---

32) *5ᵉ Lettre*, p. 6. *PC*, p. 88. cf.『P 著作集』III, p. 10.
33) *5ᵉ Lettre*, p. 7. *PC*, pp. 89. cf.『P 著作集』III, p. 106.
34) *Réponses*, pp. 203-204.
35) *5ᵉ Lettre*, p. 7. *PC*, pp. 90-91. cf.『P 著作集』III, p. 107.

第２節　道徳問題　159

　これに対し、ヌエ神父は次のように答えている。「私はこの作者を、この非難を我々にする第１のぺてん師としては告発しない。彼は第２番手にすぎない。道徳神学に関する中傷文の著者が驚くべき偽りによってこれを造り出したのである。なぜならば、これらの言葉は、セロ神父の『階級組織について』にも、この作者が言及しているレギナルドゥスにもないからである。」[36]

　要するに、ヌエ神父、アンナ神父、ピロ神父、また、他の人々など、イエズス会の神父は、ジェズイットの道徳の意図と、蓋然的教えやその実際上の適用例、すなわち、断食に関してモンタルトの非難に反駁し、良心問題判例学者を擁護している。この論争は、パスカルが設定した枠組みの中で行なわれており、イエズス会の良心問題判例学、ここでは蓋然的教えが揶揄(やゆ)の対象にされているのである。

（２）蓋然的教えの３つの方法──解釈による方法、都合のいい事情を但し書きにする方法、肯定と否定の蓋然性をうまく操る方法──

　ニコルは『第６の手紙』に次のような副題をつけている。「福音書、会議、教皇の権威をまぬがれようとする、ジェズイットの種々の策略。彼らの蓋然性の教えから生じた結果。聖職録の所有者、司祭、修道士、召し使いに対する彼らの締まりのなさ。ジャン・ダルバの物語。」[37]『第５の手紙』で紹介した蓋然論の教えを分析し、この教えが上記の３つの方法によることを明らかにしている。

　『プロヴァンシアル』の著者の「蓋然論」非難に対してジェズイットのヌエ神父は、ジャンセニウスの弟子たちは用語の解釈の教えを研究することを余儀なくされて、彼らの犯した過失をジェズイットに押しつけるために次の３つの例、すなわち、殺人者、施し、修道士を造り出したと述べて、モンタルトの攻撃を避けようと努めている。[38]

36）*Réponses*, p. 174.
37）*PC*, p. 95, cf.『P 著作集』Ⅲ, p. 138.
38）Cf. *Réponses*, pp. 217-218. XXV Imposture.

モンタルトはジェズイットの神父に第1の例を語らせる。

> 教皇グレゴリウス14世は、殺人者は教会の保護にあずかる資格がないばかりか、教会から追放されるべきだと宣言なさいました。ところが、わが会の24長老は、「謀殺者の誰もが、あの教皇の教書に定める罰を受ける必要はない」と言っています。(『第6の手紙』)[39]

ヌエ神父は「第25のぺてん」においてモンタルトに反撃しようと努めている。[40] また、ピロ神父はこの例に関して、良心問題判例学者を擁護して介入している。「この党派の無知は非常に大きく、これらの人たちのうちの多くは弁護士席で法解釈を研究したが、教会法学者、弁護士、裁判官、それに、良心問題判例学者はこれらの解釈や説明を非常に頻繁に用いなければならないことを知っていないのは、信じ難いことだ。彼らの書記はこの良心問題判例学者たちを非難しているのである。」そして、彼は用語の解釈の教えを正しいものとみなし、〈第14の反論〉において弁護している。[41]

次に、パスカルは「ジェズイットの神父さん」に「施し」について語らせることにより、第2の例を紹介している。

> 福音書には、「あなたがたのありあまったものから、人に施せ」と記されています。ところが、多くの良心問題判例学者たちは、どんなに金持ちの人であろうと、施しをしなくてすむ方法を見つけました。ここにも矛盾があるように見えるでしょう。ですが、「ありあまったもの」という語の解釈次第で簡単に折り合いをつけることができるのです。そして、「ありあまったもの」なんてほとんど誰も持っていないことにしてしまうのです。あの博学なヴァスケスが、『施しについて』の中でやったのも、いわばそういうことなのです。つまり、こうです。「この世の人々が、自分

---

39) *6ᵉ Lettre*, p. 1. *PC*, p. 96. cf.『P著作集』Ⅲ, p. 120.
40) *Réponses*, p. 217.
41) *Apologie*, pp. 65-69.

や、自分の親族の生活状態を高めようとして蓄えている分は、〈ありあまったもの〉とは言えない。だから、この世の人々においては、王侯の場合であろうと、〈ありあまったもの〉があった試しはほとんどない。」ディアナも、ヴァスケスの同じこの言葉を引用してから、——あの方は、わが会の神父がたを典拠となさるのが慣例ですからな。——まさに適切にもこう結論しておられますよ。「金持ちは、その〈ありあまったもの〉を人に施さねばならないのかという問題においては、その通りと答えるのが正しいとしても、実際にそうせねばならぬ事態は、決して、あるいは、ほとんど決して生じない」とね。(『第6の手紙』)[42]

パスカルのこの指摘に対して、ピロ神父は「第12の反論」においてヴァスケスとディアナを弁護することに努めている。[43] また、ヌエ神父は「第1のぺてん」においてヴァスケスを弁護している。[44]

さらに、モンタルトは3番目の例、つまり、修道士が僧服を脱いだ場合を「ジェズイットの神父さん」に語らせている。

使われている言葉が明白で、解釈を加えられそうにない時には、何か都合のいい事情を但し書きに添えて逃れます。その例をひとつお見せしましょう。教皇がたは、修道士が僧服を脱げば破門だとしましたが、わが24長老は、それはそれとして、このように説くのです。『修道士たる者が、破門されることなく、僧服を脱いでもよいのは、どのような場合か。』いくつもの場合が挙げられているが、なかにこんなのがあります。『すりを働くとか、おしのびで色町へ出かけるとかのような恥ずべき理由で、一時僧服を脱ぎ、その後ですぐ着した場合。』(『第6の手紙』)[45]

---

[42] 6ᵉ *Lettre*, p. 1-2. *PC*, pp. 96-97. cf. *Apologie*, pp. 53-60. 『P著作集』Ⅲ, pp. 120-121.
[43] *Apologie*, pp. 53-60.
[44] *Réponses*, p. 93.
[45] 6ᵉ *Lettre*, p. 2. *PC*, p. 98. cf. *Apologie*, p. 67. 『P著作集』Ⅲ, p. 121.

ピロ神父は「第14の反論」において「色町に行くために、しばらくの間、僧服を脱いだ修道士を赦す良心問題判例学者を非難するのは正当ではない」[46]と述べて、良心問題判例学者を支持している。

　モンタルトはジェズイットの神父に、「都合のいい事情をうまく用いるやり方」を説明させ、「しかし、時には、書いてあることがはっきりし過ぎて、こんな方法だけではうまく折り合いをつけることができない時もあります。その時はその時で、いろんな別のやり方もあるのだと思っておいて下さい」と「神父さん」に述べさせたのち、その方法を語らせている。「数多い新しい方法の中で何よりも抜かりのない方法、〈蓋然論〉というまったく絶妙な方法によるもので、ジェズイットの博士がたの見解によると、多様な意見はいずれも、肯定にせよ、否定にせよ、おのおのある程度の蓋然性を持っているので、そのどれに従っても良心を痛めずに済む」と。(Cf.『第6の手紙』)[47]

　これに続いて、モンタルトはジェズイットの神父に、「わが会の良き友」であるディアナを引用させている。

　　私の意見と相反する3教皇は肯定に組して、このように語られたのだが、私の考えるところでは、むろんそれも蓋然的な意見である。しかしながら、その否定には蓋然性がないということにはならない。(『第6の手紙』)[48]

　この指摘に対して、ピロ神父は「第14の反論」において、「彼[モンタルト]は3教皇の決定によって断罪された教説をディアナが教えていると言って、彼に対して悪感情をあらわにしている」[49]と反駁している。

　モンタルトは蓋然的教えの3つの方法、つまり、用語の解釈による方法、都合の良い事情を但し書きに添える方法、肯定と否定の蓋然性をうまく操る

---

46) *Apologie*, p. 67.
47) *6ᵉ Lettre*, pp. 2-3. *PC*, pp. 99-100. cf.『P 著作集』Ⅲ, pp. 122-123.
48) *Ibid.*, p. 3. *PC*, p. 100. cf. *Apologie*, p. 68.『P 著作集』Ⅲ, p. 123.
49) *Apologie*, p. 68.

方法をジェズイットの「神父さん」に説明させている。(Cf.『第6の手紙』)[50]

これに対して、ジェズイットの著者が「ある貴族に宛てた手紙」で反論を試みている。ピロ神父は、「第7の反論」において、モンタルトの批判を次のように要約してのち、回答をしている。[51]

「2つの蓋然的意見のうち確実でないほうに従うことができる。2つの蓋然的意見のうち、蓋然性の少ない意見を選ぶことができる。そしてこの蓋然性は著者の数が多いということによらないので、たった1人の意見でも従うことができる。たとえそれが逆である多数意見に対立していても。」[52]

モンタルトの非難は、蓋然性の一般的な教えからあらゆる種類の人々への適用に移る。「神父さん」に次のように喋らせている。

「私どもは、ありとあらゆる人々向きに規律を用意しています。聖職録を受ける人々であれ、司祭であれ、修道士であれ、貴族であれ、召し使いであれ、金持ちであれ、商売人であれ、事業がうまくいかぬ人であれ、貧乏で困っている人であれ、信心深い婦人たちであれ、そうでない婦人たちであれ、結婚した人々であれ、生活の乱れた人々であれ、どなたのお役にも立つようにね。要するに、私どもの良心問題判例学者たちは、先見の明によって何一つ見落としをしなかったというわけです。」「ということは」と、僕は言った。「聖職者、貴族、平民のそれぞれに向いた規律があるということですね。」(『第6の手紙』)[53]

第1は聖職録を受ける人の場合で、モンタルトは聖物売買に注目させている。神父にジェズイットの良心問題判例学者、バレンシア、タンネルスの著作の引用を語らせている。

---

50) *6ᵉ Lettre*, p. 3. *PC*, pp. 100-101. cf.『P 著作集』Ⅲ, p. 124.
51) *Apologie*, pp. 45-48. cf. *Ibid.*, pp. 39-44.
52) *Apologie*, p. 45.
53) *6ᵉ Lettre*, p. 4. *PC*, p. 104. cf.『P 著作集』Ⅲ, p. 127.

「聖職録の代価として金銭を与えるならば、明らかに聖物売買である。しかし、聖職録の所有者にそれを手放そうという気を起こさせるために与えるのならば、聖物売買ではない。たとい相手が金銭を主要目的とみて、金銭を期待して手放すのであるとしても。」同じことは、やはり私どものタンネルスも…述べています。ただ、彼は、「聖トマスはこれに反対であって、あくまで地上の宝を目的とし、それを得ようとして霊的な宝を与えるのは常に聖物売買であると、厳しく教えている」点は認めていますがね。(『第6の手紙』) [54]

ヌエ神父はヴァレンシアとタンネルスを支持して次のように言っている。「あなたは聖トマスに反対しているタンネルスは軽率であり、ヴァレンシアも我を忘れて聖物売買を覆い隠していると言いたいのであろう。しかし、これは、ただデュ・ムーランに従うあのジャンセニストの計略なのである。」[55]

デュ・ムーランの非難と「このジャンセニスト」の非難を比較したのち、ジェズイットの著者はこの2つの場合が同類であると主張する。すなわち、「この2つは別々のものであるが、その非難は同類である。なぜならば、デュ・ムーランは意志の導きによって隠されている聖物売買を非難しているが、このジャンセニストも同じだからである」と言う。[56]

第2は、司祭の場合で、モンタルトは良心問題判例学者の意見に対して、次のような言葉で激しく非難している。

そういう乱脈に陥った司祭が、同じその日のうちに、ボオニー神父の言葉を支えに祭壇に近づくなんてことがあっていいものでしょうか。罪を犯したその日のうちにミサをあげていいなんていう、良心問題判例学者の新説よりも、むしろ、そんな罪を犯した司祭は永遠にミサをあげてはならぬとした、教会の古い掟にこそ従うべきじゃあないでしょうか。(『第

---

54) *6ᵉ Lettre*, pp. 4-5. *PC*, pp. 104-105. cf.『P 著作集』III, pp. 127-128.
55) *Réponses*, pp. 97-98.
56) *Réponses*, p. 81.

6 の手紙』) [57]

　ヌエ神父は、「第26のぺてん」で、次のように述べて、ジェズイットの良心問題判例学者を新しい時代における新しい道徳の教説を作る良心問題判例学者として弁護している。[58] さらに、彼は、教会の古い掟をより重く見ている『第 6 の手紙』の著者を攻撃して、次のように述べている。「現在の教会はもはや、昔の伝統を守らないので、泥水のように腐っていると、サン・シランと同じように考えているのではないか」[59] と。

　修道士に関しては、モンタルトはジェズイットの「神父さん」にモリナの意見を引用させている。

> 修道院を追われた修道士には、行ないを改めて修道院へ戻る義務はなく、もはや服従の誓いには縛られていないと、モリナも断言している。(『第 6 の手紙』) [60]

　モンタルトは、これに対して、蓋然的意見に基づいて修道士に行き過ぎた寛大さを与えていることを責めている。
　ピロ神父は『弁護論』の中で、『第 6 の手紙』の著者の非難に反論して、ジャンセニストたちを嘲笑している。「エチオピア人が白くなる時があるなら、ジャンセニストたちは私たちに素直な心で接するであろう。ジャンセニストが宗教の誓いのために書いているとしたら、驚くべきことである。彼らがこの聖なる絆を馬鹿にしていることは私たちはよく知っている。権力者が彼らに味方する幾つかの町では、サン・ブノアや托鉢修道会の宗教に入るのを妨げており、拘束されることを嫌い、神礼拝の時に自由を賛美していることを私は確かに知っている。ここに熱狂し、悪魔の模倣をすることを避ける

---

57) *Lettre,* p. 6. *PC,* p. 107. cf.『P 著作集』Ⅲ, p. 130.
58) Cf. *Réponses,* p. 230.
59) *Réponses,* p. 231.
60) *6ᵉ Lettre,* p. 6. *PC,* p. 109. cf. *Apologie,* p. 79.『P 著作集』Ⅲ, p. 132.

考えは毛頭ないジャンセニストの姿がある」[61]と。

召し使いの場合について、モンタルトは、「神父さん」に、放蕩者の主人に仕える苦痛と安心して仕える仕方を明らかにさせている。

> 手紙や贈り物を届けること、門や窓を開けること、主人が窓に上るのを手伝うこと、主人が梯子に登っている間、押さえていること、こういうことはみな、許されており、可不可がない。もし、梯子を押さえるのを怠ったりすれば、普段の時以上に叱責を受けることは間違いない。一家の主たる者が窓から入ろうとするのを阻むという不正を働いたからである。(『第6の手紙』)[62]

モンタルトは、ジェズイットの良心問題判例学者からの引用に続いて「なんとまあ、見事なさばきかたと、お思いになりませんか」と皮肉を言っている。ヌエ神父はこのジャンセニストの著者の、ジェズイットに対する非難は、デュ・ムーランのローマ教会に対する非難と同類であることを立証しようとし、そして、ジャンセニストたちとカルヴィニストであるデュ・ムーランを同一視しようとしている。[63]

ピロ神父は、ボオニー神父から「召し使いが自分のもらう給金に不満な時、主人の持ち物に勝手に手をつけて、自分の労働に見合う額は当然この位と思う分まで増やしても構わないだろうか。場合によっては構わない」[64]を引用して攻撃するモンタルトに対して、次のように反論している。「第1に、あなたのぺてんに答えたジェズイットの神父たちは、この攻撃に関してあなたが不誠実であることを確信しており、また、教父たちの権威に基づいて、時としては、このひそかな埋め合わせが許されていることを立証した。第2に、良心問題判例学者たちはあらゆる場合に無差別にこの埋め合わせを許してい

---

61) *Apologie*, p. 80.
62) *6ᵉ Lettre*, p. 7. *PC*, p. 109. cf. *Réponses*, pp. 73-74.『P著作集』Ⅲ, p. 133.
63) Cf. *Réponses*, pp. 73-74.
64) *Apologie*, p. 80. cf. *6ᵉ Lettre*, *PC*, p. 110. cf.『P著作集』Ⅲ, p. 134.

るのではなく、幾つかの状況を設け、それ以外の場合はこの自由を責めていると私は言うのである。」[65]

以上のごとく、『第6の手紙』に関しては、ジェズイットの神父たちは多数の文書を書いて、蓋然論に対するモンタルトの非難に反論している。

（3）　意志の導き

ニコルは『第7の手紙』に次のような副題をつけている。「良心問題判例学者の言う〈意志の導き〉の方法について。名誉や財産を守るためには人殺しをしてもいいとするばかりか、司祭や修道士にもそれを許していること。カラムエルの提出した奇妙な問題、すなわち、ジェズイットはジャンセニストを殺してもいいか、について。」（『第7の手紙』）[66]

この手紙の著者は良心問題判例学の「意志の導き」の方法を紹介し、具体的な例を示して情報を提供し、それを解析して、冒頭に、次のように書いている。

「今度は貴族たちについて、良心問題判例学者らが設けている規律の話だった。大体、こんなふうな内容だったかと思う」と述べて、「例の人のいい神父さん」に説明させている。

> この階級の人々は、名誉が大事だとの一心に心が占められていなさるので、どうかするとキリスト教信仰とはまるでかけ離れた暴力的な振る舞いに走りがちになるのはお分かりでしょうな。ですから、わが会の神父がたが、人間の弱さにかなうように、宗教の厳しさをいくらか緩和しておいてあげなかったら、ほとんど皆が皆、罪の懺悔も聴いてもらえぬ有様だったに違いありません。しかし、神父がたは、神への義務ゆえに福音の教えに、また、隣人への愛ゆえにこの世の人々に、熱い思いを寄せ

---

65) *Apologie,* p. 81.
66) *7ᵉ Lettre. PC,* p. 114. cf.『P著作集』III, p. 163.

ていましたから、何とかこの世で普通に行なわれている方法で、名誉を保持し回復できて、しかも良心を痛めずに済むように、うまく事柄を緩和する方策はないものかと、自分たちの持つすべての知識を傾け尽くしたのです。信仰と名誉という一見して相反する2つの事柄のどちらをも救い出したかったからです。(『第7の手紙』)[67]

「例の人のいい神父さん」が語る。「その世にもすぐれた原理というのは、〈意志の導き〉という、ジェズイットの良心問題判例学の大した方法のことなのであり、これこそは、あの蓋然性の教えと並べてあげてもいいくらいに、イエズス会の実践倫理において重要な位置を占めるものです。」神父は、例えば、「召し使いはどのようにすれば、良心を痛めずにいかがわしい用事を果たせるかをお話ししましたが、あの場合もただ、意志をうまく振り向けて自分たちが悪の仲介をしているのだと思わず、仕事によって得られる利益を望んでいるだけなのだと、思うようにすればよかったのに気づいていらしゃるのじゃありませんか。〈意志の導き〉とはそういうことなのです」と説明する。(Cf.『第7の手紙』)[68]

「神父さん」は「意志の導き」の意図を語る。

はっきり罪を犯そうとの意図を持って犯された罪は許しません。また、ただ悪のために悪を行なおうとする者とは誰であろうと、きっぱり手を切ります。悪魔の仕業だからです。年齢、性別、身分に区別を設けません。しかし、こうしたあわれな心根の人間でない場合には、「意志の導き」という方法を実行してみるのです。それは、行動の目標として、許される事柄を目の前にかざすことです。私どもも、禁止されている事柄から人々を遠ざける力がある限りは、そうしないわけではありませんが、そうしても行為を阻止できないとなれば、せめてその意志だけでも清いものにします。そのようにして、私どもは、手段の悪を目的の清さによっ

---

67) *7ᵉ Lettre*, p. 1. *PC*, pp. 114-115. cf.『P 著作集』Ⅲ, pp. 143-144.
68) *Ibid. PC*, pp. 115-116. cf.『P 著作集』Ⅲ, pp. 144-145.

てただすのです。(『第7の手紙』)[69]

　ピロ神父は「第18の反論」において、モンタルトの意志の導きに関する非難を次のように表現している。「良心問題判例学者たちは復讐に関してこの世の規律と福音書の規律を結びつけている。悪をもって悪に報いるのではなく、名誉を救うためであると、意志を導くことによって復讐心を覆い隠している。」[70] そして、ピロ神父はアウグスティヌスから引用してモンタルトの非難に反論している。「書記どの、あなたは聖アウグスティヌスをよくお読みになっていない。…なぜならば、彼はある場合、殺人を許すためにこの意志の導きを認めているからである。聖アウグスティヌスは、その殺人において罪があるか否かを判断するためには、殺人を犯す人の意志を見なければならないと警告している。」[71] そして、ピロ神父は意志の導きを擁護している。「例えば、ある裁判官がある囚人に死刑の判決を下し、死刑執行人がその刑罰を執行する。このいずれかが受刑人に復讐するためにそれをしたら、彼は罪を犯している。もしも彼が公共の善のためにするならば、それは徳の行為である。もしも夫を殺された妻が、その殺人犯に憎しみをもって、裁判に訴えるならば、彼女は罪を犯すことになる。彼女が復讐を司法官に委せ、そして、彼女の利益だけを求めるならば、彼女は少しも罪を犯していない。このジャンセニストによって非難されている〈意志の導き〉によるのでなければ、この違いはどこから来るのか」[72] と反論している。

　モンタルトは、「意志の導き」の適用例を、「人のいい神父さん」に喋べらせている。

　　敵が、あなたに害を加えようとしても、憎しみに駆られてその死を望んではならない。ただし、被害を避けるためならそうしてもよい。なぜなら、

---

69) *Ibid.*, p. 2. *PC*, p. 116. cf.『P 著作集』III, pp. 145-146.
70) *Apologie*, p. 82.
71) *Ibid.*
72) *Ibid.*

こういう意志を持ってするなら、それはまったく正しい行為になるからです。我らの偉大なウルタルド・メンドーザも「ほかに逃れようがなければ、私たちを迫害しようとする者を速やかに死なしめて下さいと、神に祈ってもよい」と、言われているとおりです。…聖職録の所有者が、自分の収入をさいて扶養料を支払っている者の死を望んでも、息子が自分の父の死を望んでも、また、実際に死んだ時に喜んでも構わないし、なんら大罪にならない。(『第7の手紙』)[73]

ピロ神父は『第7の手紙』の著者の非難に対して次のように答えている。「行為が赴くように思われる目標ではなく、この目標への意志に喜びか、あるいは、嫌悪を与える動機を考えなければならない。」「意志の導き」のさまざまな適用例を説明したのち、「ジャンセニストが引用している著者たちは、非常に蓋然的な意見を持っているが、このジャンセニストは行為の内容を粗雑にしかとらない」[74]と。

モンタルトは「神父さん」に復讐についてレシウスから引用させている。

平手打ちを受けた者が、復讐しようと思うことは許されない。しかし、不名誉を晴らそうとして、そのためすぐに、この侮辱の報復をはかることは、剣で打つことをも含めて許されている。(『第7の手紙』)[75]

ヌエ神父は「このジャンセニストがイエズス会に非難していることは、彼より前にデュ・ムーランが教会全体に対して非難していることと同じである」[76]と反論している。

アンナ神父は『第7の手紙』の著者のジェズイットの良心問題判例学者からの引用が正確か否かを議論している。[77] ヌエ神父はモンタルトのこの引用

---

73) *7ᵉ Lettre*, p. 3. *PC*, pp. 118-119. cf. 『P 著作集』Ⅲ, pp. 147-148.
74) *Apologie*, p. 82.
75) *7ᵉ Lettre*, p. 2. *PC*, p. 118. cf. *Réponses*, p. 104. cf. 『P 著作集』Ⅲ, p. 147.
76) *Réponses*, p. 104.
77) Cf. *Bonne Foi*, p. 88.

第 2 節　道徳問題　171

を「ぺてん」であるとし、この「手紙」の非難とデュ・ムーランの非難の類似性を見つけようとし、「あなたがたの兄弟であるカルヴィニストのように教会をあえて公然と攻撃はしないが、あなたがたはジェズイットを攻撃している」[78] と述べている。

> もし、軍中の一兵士が、また宮中の一貴族が、決闘に応じないなら、自分の名誉を失なうか、財産を失なうかというはめに立ち至ったら、自衛のために決闘を承知した者を非難することはできないと思う。(『第 7 の手紙』) [79]

この引用をして非難するモンタルトに対して、ジェズイットの著者は「ジャンセニストは、よく注意しておかないと、いつも騙そうとする。このたった 1 節の翻訳のなかに何とぺてんが多いことか。彼は非常に変造しているので、そこには腐敗しているもの以外なにもない」[80] と言う。

アンナ神父は、決闘問題のこの引用が正確か否かを検討している。[81] また、モンタルトが皮肉を込めて引用している、次のようなサンチェス、アゾル、セシウス、レギナルドゥスを取り上げている。

モンタルトは、「自分の生命や名誉や財産が、裁判ざたになったり、ぺてんにさらされたりして、不当に奪われそうな危険が続き、しかもそれらを失なうまいとするならほかに方法がないという場合、それらを救うために決闘をしてもよいとする主張は、まったく正しい」というサンチェスの言葉を引用した後、「信仰から出た計画的殺人ということになりますね」と皮肉っている。(Cf.『第 7 の手紙』) [82]

次のレギナルドゥスからの引用に関しては、モンタルトが「これは政治的

---

78) *Réponses*, p. 107.
79) *7ᵉ Lettre*, p. 3. *PC*, p. 120. *Réponses*, p. 142. *Bonne Foi*, pp. 36-39. cf.『P 著作集』Ⅲ, pp. 149-150.
80) *Réponses*, p. 142.
81) *Bonne Foi*, pp. 36-39.
82) *7ᵉ Lettre*, p. 4. *PC*, p. 121. cf. *Bonne Foi*, pp. 36-39.『P 著作集』Ⅲ, p. 150.

禁止に過ぎないんで、信仰上の問題じゃないんですか」と叫んでいる。

> 悪口を言われたなら、人を殺してもよいという意見は、理論上必ずしも蓋然的でないわけでもないが、実際面ではこの意見をとらないほうがよい。なぜなら、自己防衛の仕方においても、国家的損失はどのような場合でも避けねばならないからである。ところで、このようにして、人々を殺してゆけば、殺人沙汰ばかりが、やたらにはびこることになるのは明白である。(『第7の手紙』) [83]

次のレシウスからの引用は、聖職者や修道士の場合である。

> 聖職者や、修道士であっても、自分たちの生命のみならず、自分たちの財産、所属の教会の財産を守るために、人を殺すことは許されている。(『第7の手紙』) [84]

モンタルトが良心問題判例学者の多くの意見を引用して「意志の導き」の教えを攻撃しているのに対して、ピロ神父はこれらの攻撃を「第20の反論」において要約している。「良心問題判例学者は人殺しの味方をしている。その意志を導くことによって、自分の名誉と財産を守るために決闘を受け入れることができると彼らは言っている。時には、不正な告訴人を殺すことができるし、その告訴人の証人、また、彼らの味方をする裁判官をも殺すことができる。そして、平手打ちを受けた者は復讐することなしに、剣で仕返しできるし、平手打ちを加えようとする者を殺すことができる。」[85] ピロ神父は「あなたの良心問題判例学者に対する非難は非常に残酷であり、また、非常に激しく良心問題判例学者の名声を攻撃するので、もしもジェズイットの神父があなたの口を閉ざさないなら、私があなたの数々の中傷に反駁しなければな

---

83) *7ᵉ Lettre*, p. 6. *PC*, pp. 126-127. cf. *Réponses*, pp. 161-171. cf.『P 著作集』Ⅲ, p. 156.
84) *Ibid.*, p. 7. *PC*, p. 129. cf.『P 著作集』Ⅲ, p. 159.
85) *Apologie*, p. 84. cf. *PC*, p. 120, p. 123, p. 126, p. 128, p. 129.

らないであろう」と述べて、反論に入っている。[86]

　ヌエ神父も、「第14のぺてん」～「第18のぺてん」において、『第7の手紙』の著者の引用について論じている。[87]

　『第7の手紙』の終わりの部分で、モンタルトは「神父さん」にラミイ神父の説を紹介させている。

> 聖職者や修道士は、教団や自分自身の恥ずかしい罪を言いふらすと脅迫してくる者があって、即刻殺さねば悪口が広まりそうだというふうに、ほかに防止の手段が何もない時は、その中傷者を殺してもよい。なぜなら、修道士は、自分の命を奪おうとする者を殺してもよいとされている以上、この場合にも、自分や教団の名誉を奪おうとする者を殺してよいことになる。(『第7の手紙』)[88]

　そして、「神父さん」は、カラムエルがその著書『基礎神学』でこのラミイ神父の説を引用し、これこそまったく確実な説と信じるゆえに、「反対説は蓋然的ではない」と主張し、自ら、「結論中の結論」と主張している次の説を紹介している。「『司祭は、時に中傷する者を殺してよい場合があるばかりか、そうしなければならぬ場合もある』。ここから次のような問題を提出している。『ジェズイットはジャンセニストを殺すことができるか』といったふうな。」(『第7の手紙』)[89]

　モンタルトは、「これはまあ、神父さん。何とも驚くべき神学談議ですね。ラミイ神父の説によれば、ジャンセニストはもう死んだも同然ですね」と叫んでいる。

　ジャンセニストはジェズイットをペラギウス派だとそしっている。この

---

86) *Apologie,* pp. 84-85.
87) *Réponses,* pp. 157-171.
88) 7ᵉ *Lettre,* p. 7. *PC,* pp. 129-130. cf.『P 著作集』Ⅲ, pp. 159-160.
89) *Ibid.,* p. 8. *PC,* p. 130. cf.『P 著作集』Ⅲ, p. 160.

理由で、彼らを殺してよいか。よくない。ジャンセニストは、ふくろうが太陽の光を暗くすることができないように、イエズス会の輝きを暗くすることがないからである。むしろ、彼らはおのれの意に反して、輝きを一層高めたのである。(『第7の手紙』)[90]

モンタルトは「意志の導きなんてものに通じている人よりも、信仰も何もない連中を相手にしているほうがまだましですね」とあきれて、また、非難している。

(4)〈意志の導き〉の適用例

『第8の手紙』から『第10の手紙』では、『第6の手紙』から始まったジェズイットの良心問題判例学の実際例の情報提供と解析である。『回答』 *Réponses* では、「一致」において、デュ・ムーランからの引用と『プロヴァンシアルの手紙』の文章を並べて、比較し、カルヴァン、カルヴィニストと同じ異端であることを示そうとし、『ぺてん』 *Imposture* でも同様の意図をもって『プロヴァンシアルの手紙』の引用を非難し、『不誠実』 *Bonne Foi* では終始引用を非難し、『弁護論』 *Apologie* も引用のみを論じて非難している。

『第8の手紙』には、ニコルが「裁判官、高利貸し、モハトラ契約、破産者、返金などについての、良心問題判例学者らの堕落した規律。同じ良心問題判例学者らの無法の数々」という副題をつけているように、著者は実例を示し、解析している。(『第8の手紙』)[91]

モンタルトは、ジェズイットの良心問題判例学の実際例を聴き続けるのは相当な苦痛であり、不快であるが、彼らの道徳を知るために辛抱しているのだと告げる。

　彼らの道徳についてお知らせするという君との約束も果たせなくなって

---

90) 7ᵉ *Lettre*, p. 8. *PC*, pp. 130-131. cf.『P著作集』Ⅲ, p. 161.
91) *PC*, p.133. cf.『P著作集』Ⅲ, p. 189.

しまうだろうから。僕がこうして自分を抑えているのも、ある理由があってのことだと、知っておいてほしいんだ。キリスト教の全道徳が、奇怪きわまる数々の迷いによって覆(くつがえ)されているのをこの目にし、しかも明らさまに反対が言い出せないというのは、実に苦しいことだ。(『第8の手紙』) [92]

「意志の導き」をさまざまな階級の人々に適用する。まず、裁判官の場合を取り上げている。

若干数の人々がいて、各人はみな等しく自分だけが特に裁判の即決をしてもらう権利を持つというわけではない場合、裁判官が、誰より先にやってあげようと約束して、特定の者から金品を受け取れば、罪になるだろうか。ライマンによれば、そうはならない。(『第8の手紙』) [93]

モハトラ契約とは、原料を掛けで高く買って、即刻同じ人にそれを、現金で安く売るというやり方である。(『第8の手紙』) [94]

破産した者が、体面を失なわずに一家の生計を維持してゆくために、必要なだけの財産を手元にとどめておいても、良心に背くことはないか。私も、レシウスにならって、ないと答えよう。たとい、その財産が不正な手段や、世間周知の犯罪行為によって、得られたものであろうと。もっとも、この場合には、ほかの場合ほど多量に残しておくことはできない。(『第8の手紙』) [95]

困窮度がひどい場合はむろんであるが、それほどでなくても、かなり困っ

---

92) *8ᵉ Lettre*, p. 1. *PC*, p. 134. *Apologie*, p. 39. cf.『P著作集』Ⅲ, pp. 169-170.
93) *Ibid.*, p. 2. *PC*, p. 136. *Apologie*, p. 98. cf.『P著作集』Ⅲ, p. 171.
94) *Ibid.*, p. 3. *PC*, p. 138. *Apologie*, p. 138. *Réponses*, p. 117. cf.『P著作集』Ⅲ, p. 173.
95) *Ibid.*, p. 4. *PC*, p. 141. *Réponses*, p. 81. *Apologie*, p. 119. cf.『P著作集』Ⅲ, p. 177.

ている時には、人の物を盗んでも構わない。(『第8の手紙』) [96]

女が姦淫を犯して儲けた金は、不正手段によって得られたものであることは確かである。しかしながら、それを所有することは正当である。(『第8の手紙』) [97]

「愛は、自分の利得を失なってまで、隣人を助けるようにとは、命じていない」と教えています。ここで彼がこんなことを言ったのは、「誰かからお金を借りても、踏み倒し、平然と返さずにいて構わぬ」ことの理由づけをしようとしたのです。(『第8の手紙』) [98]

（5） 聖母への信心など

『第9の手紙』にニコルが与えている副題は次のようである。
「ジェズイットが持ち込んだ、間違った聖母への信心について。何の苦労もなく、楽しく快適な生活を送って、それで救われるようにと彼らが発明したさまざまな便法。野心、嫉妬、美食、あいまい論法、心内留保、娘に与えられた自由、女性の服装、賭け事、ミサを聞く定めなどについての、彼らの規律。」[99]
『手紙』の著者は「聖母への信心」に関する良心問題判例学の実際の運用例を提示する。

「易しく実行できる、聖母への百の信心によって、フィラジー [100] にも天国への門が開ける。」(『第9の手紙』) [101]

---

96) *Ibid.*, p. 5. *PC*, p. 143. *Réponses*, p. 82. *Bonne Foi*, p. 10. *Apologie*, p. 120. cf.『P 著作集』III, p. 179.
97) *8ᵉ Lettre*, p. 5. *PC*, p. 144. *Réponses*, p. 75. *Bonne Foi*, p. 11. cf.『P 著作集』III, p. 180.
98) *Ibid. PC*, pp. 143-144.『P 著作集』III, p. 180.
99) *PC*, p. 153.
100) Philagie 女性の名前。
101) *9ᵉ Lettre*, p. 1. *PC*, p. 154. cf. *Apologie*, pp. 131-133. cf.『P 著作集』III, p. 194.

第2節 道徳問題

　これはジェズイットのバリー神父の著書であり、「この本の中に出ているもろもろの聖母への信心は、どれでも、実行しさえすれば、天国の門を完全に開く鍵となる。．．．そのうちのひとつを実行すればそれでよい」と述べている。
　次はエスコバルの『実行規則』からの引用である。

> 必要もないのに、ただ欲望を満たすためにだけ、飽くほど飲み食いすることは許されるか。わが会のサンチェス神父によれば、許されるという。ただし、健康を害さない限りにおいてである。(『第9の手紙』) [102]

> 意味のあいまいな言葉を用いて、自分が本心で思っているのとは違った意味をその言葉にこもらせてもよい。(『第9の手紙』) [103]

　これはサンチェスの『道徳論』にある「あいまい論法の教え」である。「世間での会話や計りごとにおいて罪を免れさせるために、発明した便法」であって、「嘘を言わずに済ますこと、それも嘘っぱちを信じ込ませようとする時に、嘘を言わずに済ますことです」と「神父さん」は語っている。あいまい語が見つからない場合には、

> 人は、実際に行なったことでも、行なわなかったと誓うことができる。心の中で、いつかある日には、または生まれる前には行なわなかったと了解していればいい。あるいは、それとはっきり知られるような意味の言葉を用いないようにして、よく似ているが、これはまったく別の事情に属するのだとひそかに了解していればいい。この教えは、多くの場合、非常に便利であり、健康や名誉や幸福のために役に立つ時、また、必要な時には、いつ用いても構わないのである。(『第9の手紙』) [104]

---

102) *9ᵉ Lettre*, p. 5. *PC*, p. 163. cf. *Apologie*, pp. 135-137. cf.『P 著作集』Ⅲ, p .203.
103) *Ibid*. *PC*, p. 164. cf. *Apologie*, pp. 137-139. cf.『P 著作集』Ⅲ, p. 204.
104) *Ibid*., p. 6. *PC*, p. 164. cf. *Réponses*, pp. 84-86. cf.『P 著作集』Ⅲ, p. 205.

これはサンチェスの「心内留保の教え」であって、新しい方法だと「神父さん」は説明している。

> 守る意志もなしに結んだ約束は、守らなくてよい。ところで、誓いを立て、契約を交わして約束の確認をするのでないならば、約束を守る意志があるとはとても言えない。だから、約束を守ると口で言うだけなら、気が変わらなければ守るという意味に過ぎないのである。そんなことで自分の自由を奪われることは、誰も好まない。(『第9の手紙』) [105]

これは、エスコバルの著書からの引用で、「以上すべては、モリナ、その他わが会の神父たちの書物から引いたものである」と「神父さん」は説明する。ボオニー神父の『罪の総集編』からは次の引用がある。

> 娘が同意してしたことであれば、たとえその父親に苦情を申し立てる理由があったとしても、娘も、また、娘が身を任せた相手の男も、父親に害を与えたことにはならず、父親の権限を侵したことにもならない。なぜなら、その肉体と同じく処女性も、娘の所有に属するものであって、死なせたり、手足を断ち切ったりするのでなければ、自分の好きなように扱ってさしつかえないからである。(『第9の手紙』) [106]

レシウスの『正義について』からは次の引用がある。

> 聖書に言われていることは、当時の女たちに対する戒めの言葉に過ぎなかった。質素な服装をして異教徒たちの模範になれるようにするため

---

105) *9ᵉ Lettre*, p. 6. *PC*, p. 165. cf. *Apologie*, 139-141. cf.『P 著作集』Ⅲ, p. 206.
106) *Ibid.*, pp. 6-7. *PC*, p. 166. cf. *Apologie*, p. 141. *Réponses*, cf.『P 著作集』Ⅲ, pp. 207-208.

だった。(『第9の手紙』) 107)

エスコバルの『盗みについて』から次の引用がある。

人妻は、幾つかの場合には、自分の夫から金を盗んでも構わない。特に、賭け事をするとか、着物、その他、自分に必要な物を買うとかの場合である。(『第9の手紙』) 108)

「外面的にうやうやしい態度をとっているなら、たとえ心は上の空であっても、肉体だけがミサに出ていれば十分である。」また、ヴァスケスはさらに進んで、「たとい、ミサなどを聞く意志が全然ないとしても、掟に背かずに済む方法がある」と言っています。(『第9の手紙』) 109)

前半部は、ガスパール・ウルタドーの『秘跡について』、および、コナンクからの引用であり、後半部はヴァスケスからの引用である。

以上の点から、私は、ごく短時間でミサを聞くことも可能であると結論する。例えば、4つのミサの取り合わせがうまくできていて、第1のミサが始まった時、第2のミサは聖福音まで、第3のミサは聖変化まで、第4のミサは聖体拝受まで進んでいたとすれば、同時に4つのミサにあずかることが可能である。(『第9の手紙』) 110)

これはエスコバルの『わが会の定めるミサを聞くための実行規則』からの引用である。

---

107) *Ibid.*, p. 7. *PC*, p. 167. cf. *Bonne Foi*, p. 16. cf. 『P著作集』III, p. 208.
108) *9e Lettre*, p. 7. *PC*, p. 168. cf. *Apologie*, pp. 151-152. cf. 『P著作集』III, p. 209.
109) *Ibid.* cf. *Apologie*, p. 152. cf. 『P著作集』III, p. 210.
110) *Ibid.*, p. 8. *PC*, p. 169. cf. *Apologie*, p. 152. cf. 『P著作集』III, p. 211.

（6） 告解の安易化

ニコルは『第10の手紙』に「告解、贖罪、罪のゆるし、罪を犯しそうな切迫した機会、完全な痛悔、神への愛などについての規律を通じて、ジェズイットが悔悛の秘蹟に持ち込んだ安易化」[111] という副題を添え、『手紙』の著者は実際例を報告している。

スアレスからエスコバルが引いた引用をジェズイットの神父が語る。

「2人の司祭を持つといい」と言っているのは、とてもうまい方法じゃないでしょうか。そのうちの1人には、大罪を、もう1人には小罪を告白するようにすれば、それが大罪の中にとどまる機会にさえならなければ、馴染みの司祭の心証を悪くしないで済ませる。（『第10の手紙』）[112]

エスコバルから、もう1ヵ所引用する。

全部ひっくるめた告解をすることである。最近の罪をも、ほかの罪と一緒くたにして、大ざっぱに告白することである。（『第10の手紙』）[113]

ジェズイットの神父は、また、ボオニー神父の『倫理神学』からも引用する。

まれにしか起こらない特定の場合は別として、告解を聞く司祭は、うち明けられた罪が常習的な罪であるのかを問い詰める権利はない。（『第10の手紙』）[114]

---

111)　*PC*, p. 170. cf.『P 著作集』Ⅲ, p. 240.
112)　*10ᵉ Lettre*, p. 1. *PC*, pp. 172-173. cf. *Apologie*, p. 156 (1). cf.『P 著作集』Ⅲ, p. 221.
113)　*Ibid.*, p. 2. *PC*, p. 173. cf. *Apologie*, p. 156. cf.『P 著作集』Ⅲ, p. 221.
114)　*Ibid.* cf. *Apologie*, p. 157. cf.『P 著作集』Ⅲ, p. 221.

第2節　道徳問題

　ジェズイットの神父は、「司祭たちは、決心が本当に確固不動だとはとても信じられなくても、あたかもそう信じているかのように行動して、赦しを与えねばならぬということです」と言って、スアレスとフィリウッチの著作から引用する。

　司祭は、告解した者が決心したとおりに実行するだろうとか、まあそのように見ていいだろうとか、無理に信じ込む必要はない。たとい、すぐしばらくのちには、再び罪に陥るとしても、その瞬間において大体そういう意向があるらしいとみなせるなら、それで十分である。そして、わが会の著作家たちみながそのように教えている。(『第10の手紙』) [115]

　「聖体の秘跡にあずかる準備のための悔俊は、真実で、不動で、強固なものでなくてはならず、ゆるんで、だらけて、度重なる堕落の機会をもたらすようなものであってはならないことを、確かな真理として認める」というペトー神父の説は「昔の教会」の話で、「ちょっと時期はずれ」であって、ボオニー神父の言うようにむしろその逆こそが真であると、ジェズイットの神父は言って、ボオニーの著作から引用する。

　「しかし、正しい意見はただひとつであって、赦しは拒否されてはならないということである。たとい、彼らが、たびたび忠告を受けながら聞き入れようとせず、生活を改めると約束しながら果たそうとせず、身を清める努力をしようとしなくても、一向にさしつかえない。他の者がとやかく言おうとも、私たちの従うべき正しい意見は、どんな場合でも、彼らをゆるさねばならぬということである。」また、「神の律法、自然法、教会法に背いて、ふだんに罪を犯している者に対し、ゆるしを拒否したり、延期したりしてはならない。たとい、改心の望みがまったく見られなくても。」(『第10の手紙』) [116]

---

115) *10ᵉ Lettre,* pp. 2-3. *PC,* p. 177. cf. *Apologie,* p. 162. cf. 『P 著作集』Ⅲ, p. 226.
116) *Ibid.,* p. 4. *PC,* pp. 178-179. cf. *Apologie,* p. 48. p. 163. cf. 『P 著作集』Ⅲ, p. 227.

私たちは、いつ、神を現実に愛する必要があるのだろうか。...わがコナンク神父は、3年か4年ごとに必要だと考え、エンリケスは、5年に1度でよいとしている。しかし、フィリウッチは、厳密に5年に1度、そうする必要もないのではないかという。それなら、いつ、そうする必要があるのか、それは、賢明なかたがたの判断に任せると、彼は言う。(『第10の手紙』) [117]

モンタルトは「ふざけたことを勝手にほざいているがいいや」という気持ちだった。「高慢にも、人間が自分の理性で神への愛をもてあそんでいるのだ」と思う。

ジェズイットの神父は、ついには、こう言う。

わが神父がたは、神を現実に愛するという、つらい義務を人間から取り去ってくれたのです。(『第10の手紙』) [118]

モンタルトは「とても最後まで我慢して聞いていられなくなる。」

「律法全体と預言者とがかかっている大いなる掟」が破られるのです。内なる信仰心に襲いかかり、信仰に生命を与える霊を取り去るのです。神を愛することは救いにとって必要でないと言い、あげくの果て、ついに、「神を愛さなくてもいいようにして下さったのは、イエス・キリストがこの世にもたらされた恩恵である」と説くに至ったのです。これこそは不信仰の極みです。(『第10の手紙』) [119]

「もう2度とここへは来ないような気がして」神父と別れる。

---

117) *10ᵉ Lettre*, p. 7. *PC*, pp. 187-188. cf. *Réponses*, pp. 232-237. cf.『P著作集』p. 235.
118) *Ibid. PC*, p. 189. cf. *Apologie*, p. 165. cf.『P著作集』Ⅲ, p. 236.
119) *Ibid.*, p. 8. *PC*, p. 191. cf. *Réponses*, pp. 238-258. cf.『P著作集』Ⅲ, p. 238.

こうして、ジェズイットの良心問題判例学の紹介は終わるのである。
　『プロヴァンシアル』論争はパスカルの設定した舞台の上で行なわれており、パスカルはジェズイットの良心問題判例学の教えと適用例を読者に興味深く示して、面白おかしく情報提供をしている。ジェズイット側の反論は、パスカルの良心問題判例学の著書からの引用の誠実性、信憑性を問題にしているが、サロンの人々や教養ある市民の関心をひく面白味に欠けている。伝統的キリスト教道徳を守ろうとするパスカルのイエズス会批判は峻烈で、しばしば核心を突いているが、しかしまた一方、新しい時代の変化のなかでキリスト教道徳を新しい時代に適合させつつ、キリスト教を宣教しようとするのが、イエズス会の努力であろう。しかしながら、世俗の要求と妥協しすぎた点をパスカルに鋭く指摘され、批判されたのであろう。

第3節　道徳問題（再び）

（1）　虚偽の嘲弄

　『第1の手紙』から『第10の手紙』までの宛名人は「田舎の友」であったが、『第11の手紙』から『第16の手紙』までの宛名人は「ジェズイットの神父がた」となる。『プロヴァンシアルの手紙』が出た最初のころは、ジェズイットから反論の文書は何も出なかったが、『第3の手紙』が出たあと、最初の反論文書が現われ、以後次々と出てきており、1656年7月頃、『ジャンセニストがジェズイットに反対して著わした第2の回答』が現われた。『第11の手紙』以降、パスカルはジェズイットのこれらの反論に対して、激しい反駁をしている。内容は反論に対する反駁であり、表現も『第10の手紙』までのものとは異なる。また、『第11の手紙』から『第16の手紙』までの各手紙に対して、ヌエ神父が反駁文を書いている。ヌエ神父に関しては、「論争の主題」の後で再び取り上げる。
　ニコルのつけた副題は次のとおりである。
　「愚かしい虚偽は嘲弄をもって退けてもよいこと。それをする時に守るべき注意。モンタルトはこの注意を守ったが、ジェズイットは守らなかった。ル・モワーヌ神父とガラス神父の不敬虔な悪ふざけについて。」[1]

　神父さまがたの道徳について私が書き送りました手紙への反論をあれこれと述べておられる何通ものお手紙は、拝見致しました。ご異議のうちの主要な点のひとつは、私が神父さまがたのお定めになった基準をそれにふさわしい真面目さで語っていないということにありました。この点

---

1)　*PC,* p. 193. cf. 『P著作集』IV, p. 27.

を、あらゆる著作のなかで繰り返しお述べになり、ついには、「おまえは聖なる事柄を嘲笑の的にした」とおっしゃるにいたりました。(『第11の手紙』)[2]

パスカルは、「何ともあきれ果てた、理不尽なものですよ。一体、私はどこで、聖なる事柄を嘲笑の的にしているのでしょうか。あなたがたが特にお取り上げになっているのは、〈モハトラ契約とジャン・ダルバの話〉です。こんなものが聖なる事柄だと言われるのでしょうか」と反駁している。

モハトラ契約なんて、そんなに尊いものなんでしょうか。うやうやしい態度で話さないと不敬になるほどのものなんでしょうか。ボオニー神父の盗みについての教えにしたって、あなたがたのお説にそむいてジャン・ダルバを罪に走らせたものなんですよ。それがそんなに神聖で、それをあざけったりする者は、不敬虔だなんて平気でおっしゃっていいんですかねえ。(『第11の手紙』)[3]

パスカルは、「宗教を笑いものにすることと、とんでもない意見をもてあそんでこれを汚しているものどもを笑いとばしてやることとの間には、非常な違いがある」と指摘する。(Cf.『第11の手紙』)[4]

また、「キリスト教の真理が愛され尊敬されなければならないとしたら、これと反対の虚偽は、軽蔑され憎まれなければならない」と言う。「宗教の真理には、2つのもの、すなわち、真理を好ましいものにする、神々しい美しさと、尊重すべきものにする、聖なる威光が備わっているように、虚偽の中にもまた、虚偽をおぞましいものにする不敬虔と、ばかばかしいものにするぶざまさが含まれているからである。」(Cf.『第11の手紙』)[5]

---

[2] 11ᵉ Lettre, p. 1. PC, pp. 193-194. cf.『P 著作集』Ⅳ, p. 7.
[3] Ibid. PC, p. 194. cf.『P 著作集』Ⅳ, pp. 8-9.
[4] Ibid. PC, p. 195. cf.『P 著作集』Ⅳ, p. 8.
[5] Ibid. PC, p. 195. cf.『P 著作集』Ⅳ, p. 9.

パスカルは、虚偽をあざけりの的にするのは、「教父たちもこぞって実行したことであり、聖書においても公認され、偉大な聖人たちも神ご自身も、身をもってその範を示されたことである」(Cf.『第11の手紙』)[6] と述べて、

　あざけることも、時には人々を迷いから引き戻すのに、ほかにはない適当な方法となり、その場合、義の行為となることが分かっていただけましょう。なぜなら、エレミヤも言っておりますように、「迷っている人の行ないは、そのむなしさのゆえに嘲笑に価する」からです。そして、嘲笑は、少しも不敬虔な行為ではなく、聖アウグスティヌスも次のように言っておりますように、神の知恵の表われなのです。「知恵ある人々は、愚かな者どもをあざ笑う。それは、彼らが自分自身の知恵によってではなく、悪人どもの死を嘲笑される神の知恵によって、知恵あるものとされているからである。」(『第11の手紙』)[7]

　ジェズイットの聖職者がああいうふうに嘲弄されたのが不満であるらしいが、「それなら、聖職者たる者があんなふうに真理を扱ってきたことには、それ以上の不満をお感じにならないのか」と詰問し、次のように言う。(Cf.『第11の手紙』)[8]

　公然たる過ちを犯している者に対してではなく、その過ちを追及する者に対して憤るとは、何と奇妙な熱心さもあったものでしょう。(『第11の手紙』)[9]

　パスカルは、人を追及する言葉は信仰と愛の心から発したものでなければならないという。そして、信仰と愛の心から発したものか、それとも不信仰

---
6) *11ᵉ Lettre*, p. 2. *PC*, pp. 195-196. cf.『P 著作集』Ⅳ, p. 9.
7) *Ibid. PC*, p. 197. cf.『P 著作集』Ⅳ, p. 10.
8) *11ᵉ Lettre*, p. 4. *PC*, p. 202. cf.『P 著作集』Ⅳ, p. 15.
9) *Ibid.*, p. 4. *PC*, p. 202. cf.『P 著作集』Ⅳ, pp. 15-16.

と憎しみの心から出たものかを判別するために、教父たちが基準を備えてくれているという。第1の規則は、「信仰ある心は、常に真実と公正をもって語り、反対にねたみと憎しみの心は、虚言と悪口を用いるものだ」ということであり、第2の規則は、「慎みをもって語ること」であると言って、アウグスティヌスの言葉を引用している。「悪人どもは、情念に駆り立てられ、盲目的に押し流されるままになって、良い人々を迫害する。反対に、善い人たちは、知恵ある慎みをもって、悪人どもを責め立てる。外科医はどこを切ればよいかをとくと考えるが、殺人者はめったやたらと切りつけてくるように。」第3の規則というのは、「もし何らかの嘲弄という方法を用いねばならない場合には、信仰の心をもって、ただ虚偽を打ち倒す時だけに用い、聖なる事柄に対して用いてはならないということ」であり、これに反して、「茶化すこと、不信仰、異端の心は、一番神聖なものを嘲り笑おうとする」と言う。(Cf.『第11の手紙』)[10]

そして、パスカルは、最後に、以上の規則を要約する規則をつけ加えている。

　　それは、愛の心があれば、自分の論争相手が救われるようにと心の中で願うものであり、人間に向かって非難を浴びせかけていても、同時に神に向かってはそのための祈りを捧げているものだということです。(『第11の手紙』)[11]

これに対し、ヌエ神父は『第11の手紙への回答』において、「聖なる事柄を嘲笑した」というジェズイットの非難に反駁したパスカルに、さらに反駁して、『プロヴァンシアルの手紙』の著者のぺてんと中傷はデュ・ムーランのものと同じであるとの非難を繰り返し、「あなたの手紙には、相変わらずの誤謬があり、偽のテキスト、間違った引用、過った非難に満ちており、神学者に値するただのひとつの理性の働きも、ただのひとつの思考も認められない」[12]

---

10) *11ᵉ Lettre*, pp. 5-6. *PC,* pp. 203-205. cf.『P 著作集』IV, pp. 17-19.
11) *Ibid. PC,* pp. 205-206. cf.『P 著作集』IV, p. 19.
12) *Réponses,* p. 280.

第３節　道徳問題（再び）　189

と反駁しており、サロンの人々や民衆を喜ばした『手紙』はイエズス会士を激昂させている。

（２）施しと聖物売買

ニコルは『第12の手紙』に次の副題をつけている。
「施しと聖物売買に関するジェズイットのごまかしを退ける」[13]という副題をつけているが、パスカルはジェズイットのごまかしを一般の人々に訴えている。

パスカルは、ジェズイットが彼に汚名、非難を浴びせかけていると言う。

> もうだいぶ前から、ご著作の中で、私に対して数々の罵り文句を浴びせかけてこられましたが、この点について応戦する準備がやっと整いました。神父さまがたは、私のことを、「不信心な者、茶化し好き、無知、軽率なやつ、ぺてん師、悪口言い、ずるいやつ、異端者、変装したカルヴィニスト、新教徒デュ・ムーランの弟子、悪魔の群れにつかれた者」など、言いたい放題の名で呼んで下さいました。私は、なぜあなたがたがこの私にそんな扱いをなさるのかを、世間の人々に分かってもらいたいと思いました。私がまったくこのとおりの人間だと信じられては、悔しいことですから。私にこういう汚名をかぶせて、非難しておられるあなたがたの反論を読みました時、私は、あなたがたの方こそ、人の悪口を言い、ぺてんを弄しているのではないかと言わずにいられなくなったのです。
> （『第12の手紙』）[14]

パスカルは、ジェズイットに対して、「あなたがたは、偽って、私をぺてん師に仕立てあげられましたが、私としては、自己弁明をする中で、あなたがたのほうこそ、本物のぺてん師なのだと、分からせてあげるつもりでおりま

---

13) *PC*, p. 215. cf.『P 著作集』Ⅳ, p. 55.
14) *12ᵉ Lettre*, p. 1. *PC*, pp. 215-216. cf.『P 著作集』Ⅳ, p. 35.

す」と言う。「なぜなら、私のようにたった1人で、力もなく、どんな人間的な支えもなく、こんなにも大きな教団に歯向かい、ただ真実と公正だけを頼りにして、ぺてんだと決めつけられる危険を冒し、すべてを失なう危険に身をさらすなどということは、どうもありそうにないことだからです」と述べている。(Cf.『第12の手紙』)[15]

これに対して、ヌエ神父は、『第12の手紙への回答』において、「『偽りを言っていないジャンセニスト』というのは、あなたとはまったくかけ離れたものである」[16]と言っている。

ジェズイットがパスカルを「名うてのぺてん師」として扱ったので、パスカルはやり返さずにはおれないと述べて、「いま一度、改めて、あなたがたの道徳上の問題点を探り出し、さらに徹底してあばきたてること以外の方法によってはできない」と告げている。(Cf.『第12の手紙』)[17]

ジェズイットがパスカルをぺてん呼ばわりしているのは「施しに関するヴァスケスの意見」である。パスカルが引用した箇所では、ジェズイットは「ヴァスケスの語った意味があくまで彼自身の言葉どおりでなく、カエタヌスの言ったところに近いのだと思わせようとする。」パスカルはヴァスケスの意見であることを立証して言う。(Cf.『第12の手紙』)[18]

> さあ、これで神父さま、ヴァスケスその人が証言しているんですから、私は正確に彼の考えに従っただけだとお認め下さい。そして「原典に当たってみれば、彼がまったく反対のことを教えているのを知って驚くだろうに」なんて、一体自分はどんな気で、おこがましくも言ったのだろうかとご反省なさい。(『第12の手紙』)[19]

「こういうふうに言うのは、私自身の立場の正当化をはかろうとするためば

---

15) *12ᵉ Lettre*, p. 1. *PC*, p. 216. cf.『P 著作集』IV, p. 36.
16) *Réponses*, p. 294.
17) *12ᵉ Lettre*, p. 1. *PC*, p. 216. cf.『P 著作集』IV, p. 36.
18) *Ibid.*, p. 2. *PC*, p. 219. cf.『P 著作集』IV, p. 39.
19) *Ibid.*, p. 3. *PC*, p. 221. cf.『P 著作集』IV, p. 41.

かりではないのです。そんなことは大したことではありません。あなたがたの良心問題判例学者の基準に、どんなに腐敗したものがあるかを悟っていただき、そのおぞましさを感じていただきたいと願うからなのです」とパスカルはジェズイットを非難している。(Cf.『第12の手紙』)[20]

パスカルは第2番目のぺてん呼ばわりに反駁する。

> 第2点、すなわち、聖物売買の問題については、あなたがたの向けてこられる非難に反論する前に、まずこの点についてあなたがたがどう教えておられるかを明らかにしておきたいと思います。あなたがたは、聖物を売買する者に恐ろしい罰を課す教会法と、こんな汚れ果てた商売に血道をあげる多くの連中の強欲さとの間にはさまって困ったあげく、お得意のいつものやり方をとられました。すなわち、人間には望みのものを手に入れさせ、神に対しては言葉と見かけでごまかしておくというやり方です。一体、聖物売買者は何が欲しいのでしょう。自分たちの聖職録と引き替えに金が欲しいだけが本音ではありませんか。(『第12の手紙』)[21]

ジェズイットの良心問題判例学者たちが説いてきた聖物売買に関する教えを示し、それが人間の欲望におもねるものであることを明らかにし、また、ジェズイットは彼らが聖トマスと一致していると主張するが、パスカルは聖トマスとジェズイットの教えとは一致しないことを明らかにしている。[22]

「3番目の中傷」について、パスカルは語り、ジェズイットの著者の非難を跳ね返して言う。

> この中傷ほどあくどいものはありませんよ。あなたがたは、私が直接引いてきたのでもないレシウスの見解について、私をぺてん師扱いなさっているのですが、これは私の引用したエスコバルの文中に出ていたもの

---

20) *12ᵉ Lettre*, p. 4. *PC*, p. 224. cf.『P 著作集』Ⅳ, p. 43.
21) *Ibid. PC*, p. 224. cf.『P 著作集』Ⅳ, pp. 43-44.
22) Cf. *12ᵉ Lettre*, p. 5, *PC*, p. 226. cf.『P 著作集』Ⅳ, p. 46.

なのですよ。ですから、レシウスの意見が、エスコバルの言うようなものでないのが事実だとしても、そのことを私のせいにするほど不当なことがあるでしょうか。私が自分で、レシウスだとか、その他あなたがたの著者を引いてきたのなら、責任を負いましょう。ですが、あなたがたの会の24神父の所説を収録したのはエスコバルですし、そこから孫引きをした私が引用したと言うこと以外のことにまで責任を取らねばならないのかと、お尋ねしたいのです。(『第12の手紙』) [23]

「ぺてん」の末尾にジェズイットが「警告」をつけ加えているのに対して、パスカルはそれに対する返答を予告している。

あなたがたは、それぞれの「ぺてん」の末尾にいつも、恥ずべき虚偽に満ちた「警告」をつけ加えておられますが、今はそれについては何も触れますまい。いずれ、そのすべてについて、あなたがたの中傷のよってくるところをえぐり出す手紙を書いて、お答えしましょう。(『第12の手紙』) [24]

『第12の手紙への回答』においてヌエ神父は次のように言う。「あなたは私に約束を守らなかった。あなたは私に正確な答えをくれるものと期待させた。そして、くれたものは失敗作に過ぎない。あなたは自分自身の立場を弁明すると、私に約束したが、今日、私があなたの逃亡と嘆きの証人であることを知るのだ。」[25]

(3) 殺人

ニコルは『第13の手紙』に次のような副題をつけている。

---

23) *12ᵉ Lettre*, p. 7. *PC*, p. 231. cf. 『P 著作集』Ⅳ, pp. 50-51.
24) *Ibid.*, p. 8. *PC*, p. 234. cf. 『P 著作集』Ⅳ, p. 53.
25) *Réponses*, p. 291.

「殺人についてのレシウスの教えは、ヴィクトリアの教えと同じである。理論から実行へ移るのがどんなに易しいかということ。ジェズイットはなぜ、このくだらない区別を行なったのか、そして、こんな区別をしても彼らを正当化するのにまったく役立たないこと。」[26]

パスカルは、「殺人」の問題についてジェズイットの言う「ぺてん」に反駁する。

> たった今、近刊のご著書を見せて頂いたところです。ただただ、ぺてん呼ばわりを続けてきて、第20回にも及んだというところですね。第１部を構成するこの種の告発はこれをもって打ち切りだとも宣言しておられますね。これからは第２部に入るわけですか。第２部では、新たな自己弁護の手段をおとりになるらしくて、あなたがた一味の先生がたご同様に、ほかにもだらしのない良心問題判例学者はゴマンといることを証明なさるおつもりのようですね。やれやれ、なんてまあ、たくさんなぺてん呼ばわりにいちいち応酬しなくてはならないんだろうと、呆れているところですよ。目下とり上げている第４のぺてんは殺人問題ですから、その反論をしがてら、同じ問題を扱っている第11、13、14、15、16、17、18のぺてんにも同時に答えておくのがいいだろうと思っています。(『第13の手紙』) [27]

> この手紙では、あなたがたからのうそつき呼ばわりに対して、私の引用は正しかったことを証し立てたいと思います。しかし、あなたがたはご著作の中で、「わが会の著者たちの殺人についての見解は、教皇や教会法の決定にかなっている」とまで、ぬけぬけ言い張っておられるんですから、いずれまた次の手紙では、こういうこわい者知らずの、教会にとって害になる命題をもこっぴどくやっつけてあげなければなりませんでしょうね。教会は腐り切ったあなたがたとは無縁なのだということを是

---

26) *PC*, p. 236. cf. 『P 著作集』Ⅳ, p. 80.
27) 13ᵉ *Lettre*, p. 1. *PC*, pp. 236-237. cf. 『P 著作集』Ⅳ, p. 61.

非とも明らかにしておかねばなりませんから。異端者どもがあなたがたの錯乱につけこんで、教会の名誉を汚すような結果を引き出してきてはいけませんからね。こうして、片方にはあなたがたの有害なもろもろの規律、片方にはそれらを今までずっと断罪し続けてきた教会法をおいてみますと、避けるべきことは何か、従うべきことは何かがどちらもはっきりしてくるようです。(『第13の手紙』) [28]

『プロヴァンシアルの手紙』の著者がしたレシウスからの引用について、ジェズイットが「ぺてん」として非難したが、その非難が誤っていることをパスカルは立証して、

第4のぺてんをあそこまで派手な鳴り物入りで公になさったあなたがたは、本の中で、ある1節を別の1節とすり替えて使っていたのが人々に知れわたって、信用もがた落ちというわけです。あなたがたとしても、レシウスが当の問題を取りあげている場所に、お望みのものが見つかっていたら、なにもわざわざ別の所から探し出さなくって済んだでしょうし、ことさら、こんな策を弄さねばならなくなったのは、要するに、その場所には、ご自分のはかりごとにかなうものを発見できなかったからなんでしょう。(『第13の手紙』) [29]

パスカルはジェズイットの著者の主張の矛盾をつく。

あなたがたは、『ぺてん』第10, ページ12行目で、「レシウスは、この意見が理論上蓋然的であるとは認めていない」とおっしゃったのですが、レシウスの本のなかにもこのとおり言われているのを見せつけたかったのですね。ところが、そのレシウスは、80項の結論で明らかにこう言っているのです。「平手打ちをこうむったために、人を殺してよいという意

---

28) *13ᵉ Lettre*, p. 1. *PC*, p. 237. cf.『P 著作集』Ⅳ, pp. 61-62.
29) *Ibid.*, p. 2. *PC*, p. 240. cf.『P 著作集』Ⅳ, pp. 64-65.

見は、理論上蓋然的である」とね。これでは、あなたがたのお説とは文字通り正反対ではありませんか。(『第13の手紙』) [30]

パスカルは、エスコバルの言葉を紹介する。「エスコバルの言葉は、こうです。『平手打ちを加えた者を殺しても構わないか。レシウスは、理論上は構わないが、その実行は勧められないという。憎しみを伴う危険があったり、また、国家に損失をもたらすような多くの殺人を招く危険があるからである。しかし、他の人々（エンリケなど）は、こういう不都合を避けるならば、許されるし、実行しても差し支えないと判断した』と。」(Cf.『第13の手紙』) [31]

ジェズイットの良心問題判例学者の融通に富んだ教えが神の掟に反することを指摘する。

あなたがたは、良心に関わる問題を、人の気に入るような、融通にとんだ仕方で解決しようとなさってこられたのですが、その中には、純粋に宗教にしか関係のない問題もありました。例えば、痛悔、悔悛、神への愛の問題など良心の内部にだけ関係してくるすべての問題がそうです。ところが、また別に、宗教だけでなくて、国家とも関ってくる問題があります。高利貸し、詐欺、破産、殺人、その他これに類した問題がそれに当たります。そこで、教会に対して心からの愛を抱いている者にしてみますと、あなたがたが、さまざまな機会に、まるでこの世は神が明らかにご自身の義を行なわれる所ではないかのように、ただ宗教を打ち倒すことだけにかかわずらい、どんなおそれも、慎みも、見境もなく、神の掟を覆してきたのを見ますと、本当に心を痛めずにはいられないのです。(『第13の手紙』) [32]

---

30) 13ᵉ Lettre, p. 2. PC, p. 240. cf.『P 著作集』Ⅳ, p. 65.
31) Ibid., p. 3. PC, p. 242. cf.『P 著作集』Ⅳ, p. 67.
32) Ibid., p. 4. PC, p. 243. cf.『P 著作集』Ⅳ, p. 68.

ジェズイットは、少しずつ教説を発展させて行く。いきなり最も極端な形で現われたら、恐怖を引き起こすことだろうが、ゆるやかに、知らず知らずのうちに伸びて行けば、人々もゆっくり慣れ親しみ、つまずきを起こすこともない。こんな方法で、国家にとっても、教会にとっても何よりおぞましい、人殺しの許容などという事態がまず教会に、次いで、教会から国家に導き入れられるとパスカルは指摘する。(Cf.『第13の手紙』)[33]

　パスカルは、「こんなところで立ち止まって、あなたがたの神父がたの本から引用したりしたくないんですが、あなたがたが『第15のぺてん』26ページと30ページで、2度も『悪口を言われたら人を殺してよいなどというジェズイットは1人もいない』と確信ありげに断言しておられるのを打ち砕くためには仕方がありません」と述べて、レギナルドゥスの意見を紹介し、それがキリスト教の律法を否定するものであることを示す。(Cf.『第13の手紙』)[34]

　　悪口を言われたために殺すという問題についてのレギナルドゥスの意見は、事柄を単にそれ自体として見るならば、「個人はこのような自衛手段をとる権利を持つということである。」あなたがたをやり込めるのに、この証言があればほかに何もいりません。あなたがたは言われます。「個人は、事柄それ自体として見るならば、このような自衛手段をとる権利を持つ」と。すなわち、悪口を言われたら、人を殺す権利があるのです。こうして、神父さま、殺すなかれと命じる神の律法は、この決定によって崩されるのです。そのあとで、あなたがたのなさっているようにとってつけたように「国内に多くの殺人沙汰と混乱を生むだろうから、このことは、神の律法に照らしても違法であり、罪である。だから、人は神のみ旨に従い、国家の益をも考慮に入れなければならない」などと言って見たところで、なんの役にも立たないのです。(『第13の手紙』)[35]

---

33) *13ᵉ Lettre*, p. 5. *PC*, p. 246. cf.『P 著作集』Ⅳ, pp. 70-71.
34) *Ibid*. *PC*, p. 246. cf.『P 著作集』Ⅳ, p. 71.
35) *Ibid*., p. 6. *PC*, p. 248. cf.『P 著作集』Ⅳ, pp. 72-73.

ジェズイットは、「一般的原則を打ち立てたあと、今度は、それ自体は無害であるかも知れないがこの有害な原則と結びつくと恐ろしいものになるたぐいの事柄を別個に出してくる」と述べて、パスカルは例として、「あなたがたが『ぺてん集』の11ページで言われたことをあげましょう。私は是非これに答えなくてはなりません。『平手打ちを受けたら、人を殺してもよいとするのが、多数の高名な神学者たちの見解である。』」(Cf.『第13の手紙』) [36]

パスカルは、ジェズイットの良心問題判例学のおぞましさを指摘し、「一部の著者たちが罪深い意見を唱えていると言いながら、同時にこの罪深い意見を容認するような決定を下し、引用文としてあげるだけと見せかけて、そのすべてを心中では許しているとは、何というおぞましい言葉のからくりでしょう」と言う。(Cf.『第13の手紙』) [37]

「ジェズイットを断罪しようと思えば、彼らが自分たちの正当化のため別々にしておいた規律を、合わせてひとつにするだけで足りる」とパスカルは言う。(Cf.『第13の手紙』) [38]

> あなたがたは蓋然性の教えによって、お仲間の一部の著者たちの立派な意見をも、教会にとってなんの役にも立たぬものとし、ただ自分たちの政策上利用するだけに終わったのですから、結局は、あなたがたはふた心の持ち主であることが互いに矛盾する著者たちの意見をとおして明らかにされたのです。あなたがたは、一方では、ヴァスケスとスアレスは人殺しに反対だと言い、他方で、何人もの高名な著者が人殺しを是認していると言って、自分たちがふた心の持ち主であることを完全に暴露なさったのです。それは、人々に2つの道を指し示して、神のみ霊が純粋に1つであることをむなしくしようとするものです。ふた心の者、自分のために2つの道を備えようとするものは呪われよ、と神は言っておられますのに。(『第13の手紙』) [39]

---

36) *13ᵉ Lettre*, p. 7. *PC*, p. 251. cf.『P 著作集』Ⅳ, p. 75.
37) *Ibid. PC*, pp. 251-152. cf.『P 著作集』Ⅳ, p. 76.
38) *Ibid. PC*, p. 152. cf.『P 著作集』Ⅳ, p. 77.
39) *13ᵉ Lettre*, p. 8. *PC*, p. 154. cf.『P 著作集』Ⅳ, p. 79.

ヌエ神父は『第13の手紙への回答』で、「あなたはいつまでも変わらない。相変わらず回答は弱いし、意見は激しい。相変わらず自己弁護では卑怯で、ぺてんにかけては図々しい」と述べて、反論している。[40]

(4) 殺人 (2)

ニコルは『第14の手紙』に「教父がたによって、殺人に関するジェズイットの諸規則を退けようとする。ついでに、彼らの中傷のいくつかにも答え、さらに彼らの教えを刑事裁判に見られる形式と比較する」[41] という副題をつけている。

パスカルは、ジェズイットの非難する「ぺてん」に対する反駁よりも、ジェズイットの規律を論駁すると言う。

> あとに残っているのは殺人についての3つの「ぺてん」ですが、これにお答えするだけでよいのなら、長い議論を繰り広げる必要はないのです。ほんのわずかな言葉で容易に論破できることを間もなくお目にかけて進ぜましょう。しかし、私は、自分の引用が忠実だったことを弁明するよりも、この問題についてのあなたがたのご意見がどんなにおそろしいかを世の人々に知ってもらうほうがずっと重要だと思っていますので、この手紙の大部分も、あなたがたの規律を論駁することに費さねばならないでしょう。そして、あなたがたが教会の見解ばかりか、自然からもどんなにかけ離れているかをお見せしなくてはと思うのです。(『第14の手紙』) [42]

人を殺すことは、通則として禁止された以上、人間には、人の命を左右す

---

40) *Réponses*, p. 320.
41) *PC*, p. 255. cf. 『P著作集』IV, p. 104.
42) *14ᵉ Lettre*, p. 1. *PC*, p. 255. cf. 『P著作集』IV, p. 85.

るどんな権限もない。そして神は、この権能がただご自身にだけ属するとされたので、この点、異教の間違った規律と対立するキリスト教の真理からすれば、人間は、自分の命に対してすらこの権能は持たないのである。しかし、神は、み心によって人間の社会を保持し、これを乱す悪人どもを罰することを望まれたため、ご自身いくつかの掟を設けられて、罪人の命を絶つことができるようになさった。だから、殺人は、神の秩序によらないなら、罰せられるべき犯罪行為でしょうが、神の秩序による限り、賞賛されてよい懲罰行為となる。神の秩序を離れては、殺人ほど不正なものは何もないとパスカルは言う。(Cf.『第14の手紙』)[43]

パスカルは、ジェズイットの良心問題判例学を非難する。「命を落とす危険は少しもないのに、侮辱から身を守り、名誉や財産を失なわないために、個々人に殺人を許し、黙認している、――あなたがたがなさっているように――法律がかつてあったでしょうか」(『第14の手紙』)[44] と。

ジェズイットの言い分に従うと、キリスト教徒の方が、偶像礼拝者や不信仰者よりも、地上の財宝を重んじ、人の命を軽んじるということになる。彼らの主張は次のようではないかと、パスカルは言う。「法律によれば、盗人に対する自衛も、力に対して力で応じることも許されている。ところで、自衛が許されているなら、殺人もまた、許されているとみてよい。そうでなければ、自衛もできないことになる」(『第14の手紙』)[45] と。

　　一体、モリナ、レギナルドゥス、フィリウッチ、エスコバル、レシウス、その他の面々が言っているように、こんなことを言う権限をあなたがたは、誰から得たのですか。「我々を打とうとして来た者を殺しても構わない。」また、「我々に侮辱を与えようとする者を殺してもよいとするのが、全良心問題判例学者の見解である。」これは、レシウスの74項にあります。どんな権威があって、一私人に過ぎないあなたがたが、個々の人間に対

---

43) *14ᵉ Lettre*, p. 1. *PC*, p. 256. cf.『P 著作集』IV, p. 86.
44) *14ᵉ Lettre*, p. 2. *PC*, p. 259. cf.『P 著作集』IV, pp. 88-89.
45) *Ibid.*, p. 3. *PC*, p. 260. cf.『P 著作集』IV, p. 90.

し、また修道士に対してまで、殺してよい権限をお与えになるのですか。どうして、まあ、おこがましくも、生殺与奪の権利を欲しいままになさるのですか。この権利は本来ただ神にだけ属し、最高の力を表わす何より輝かしいしるしではないのですか。この点について、是非お答え頂く必要があったのです。ところで、あなたがたは、「第13のぺてん」の中で、ただ「モリナは、盗人が我々にまったく暴力を加えず逃走した時でも、ある価格以上のものを奪われたのなら殺してもよいとしたが、その価格はあなたの言うほどの少額ではなく、6デュカ以上でなくてはならない」などと言っただけで、十分答えになっているとお考えのようです。（『第14の手紙』）[46]

モリナは、「我々から1エキュを盗もうとした者を殺して」よいとしましたが、この点についてのあなたがたの「第14のぺてん」を一蹴することも、私には何でもないことです。これは動かしようのない決定らしく、エスコバルも、第1論7例44項でこれを裏づけて、「モリナは、殺人が許される額は、1エキュだと、正確に定めた」と言っています。ですから、あなたがたが「第14のぺてん」で私に文句をつけられることがあるとすれば、ただ、この1節の最後の言葉、「この際、正当防衛の枠を越えてはならない」を省略してしまった点です。それにあなたがたも、エスコバルがこの点をはっきり言わなかったことに、ご不満は鳴らされないのですか。（『第14の手紙』）[47]

パスカルはモリナの教説を紹介する。

殺さなければ守れないのならば、たとい相手が武器を持たず、なんら生命の危険がないという場合でも、自分の金を守るためなら、自ら武器をとって、相手を殺しても差し支えない。そうしたからといって、正当防

---

46) *14ᵉ Lettre*, p. 3. *PC*, pp. 260-261. cf. 『P 著作集』IV, pp. 90-91.
47) *Ibid.*, pp. 3-4. *PC*, pp. 261-162. cf. 『P 著作集』IV, pp. 91-92.

衛の枠を越えることにはならないと思う。(『第14の手紙』)[48]

　ジェズイットの良心問題判例学者のだらけた教えは、世俗の法律や異教徒たちの掟の厳しさとまるで相反するものだということが、容易に分かる。まして、教会の掟と比べる時、真の清らかさを知っており、それを持っているのは教会だけなのだから、その掟は、何にもまして清らかなものでなければならない。「こうして、この神のみ子により添う清い花嫁は、夫である方にならい、他の人々のために自分の血を流すことはあっても、自分のために他の人々の血を流すことはできないのですから、殺人に対し、とりわけ、強いおそれを神から特別に授かっている光ともどこか通じあうおそれを感じているのです」とパスカルは言う。(Cf.『第14の手紙』)[49]

　パスカルは、教会が人間を「神の像」として尊重していることを指摘する。

　教会は、人間を単に人間と見るだけではなく、崇めてやまぬ神の像と見ています。教会はひとりひとりの人間に畏敬を抱いており、そのために人間はみな、はかり難い価をもってあがなわれたものとして、尊いものとされ、生ける神の宮とされるのです。ですからこそ、教会は、神の命令によらないでひとりの人間が殺される時、その死は単なる殺人であるばかりか、教会の肢体のひとつをもぎとる冒涜行為だとみなすのです。その人が信者であるかどうかを問わず、教会は常に、その人を自分の子供のひとり、または自分の子供になりうる者と見ているのです。(『第14の手紙』)[50]

　パスカルは言う。「ですから、あなたがたの決定が教会の精神や教会法と一致しているなどと、ぬけぬけとおっしゃることは、もうよして下さい。」(『第14の手紙』)[51]

---

48) 14ᵉ Lettre, p. 4. PC, p. 262. cf.『P 著作集』Ⅳ, p. 92.
49) Ibid., p. 5. PC, p. 265. cf.『P 著作集』Ⅳ, p. 95.
50) Ibid. PC, pp. 265-266. cf.『P 著作集』Ⅳ, p. 96.
51) Ibid., p. 6. PC, p. 267. cf.『P 著作集』Ⅳ, p. 97.

> 私は今さっき、あなたがたの側の弁護者が『第13の手紙』に対して書かれた反論を読んだところです。もっとも、この方の異議の大部分には、この手紙で十分よくお答えできているはずですから、これ以上の反論を寄せて頂けないのなら、反論の意味はなくなることでしょう。この方がともすると常に主題をはずれ、生きている人、死んだ人の区別なく中傷と罵倒に走られるのは、なんとも残念なことですな。(『第14の手紙』)[52]

ヌエ神父は『第14の手紙への回答』において、「あなたの書き方が変化したのは認める。しかし、心の悔い改めは認められない。相変わらず、極端なことを言っており、長い間、嘲笑した後、突然、あなたは博士の振りをしたがっている。この肩書をあきらめたのはもっともだ。その肩書はあなたにはとてもふさわしくない。つまらない態度をとり続けるなら、ソルボンヌで受け入れられるどころか、小道で襲われるかもしれぬ」[53]と言っている。

(5) 中傷

ニコルは『第15の手紙』に「ジェズイットは、中傷を罪に数え入れていないこと。彼らは、敵をおとしめるのに、なんの懸念もなしに中傷を用いること」[54]という副題をつけている。

パスカルは、ヌエ神父の「第20のぺてん」から「第29のぺてん」に反駁する。

> あなたがたは毎日のように「ぺてん」を乱発しては、それを用いてあなたがたの誤りに反対する、信仰心の厚い人々をだれ彼の見境なく、実にあくどい仕方で侮辱しておられるようですから、私も、その人々のため、また、教会のため、あなたがたのやり口の秘密をあばかねばという気持

---

52) *14ᵉ Lettre*, p. 8. *PC*, p. 274. cf.『P 著作集』Ⅳ, p. 103.
53) *Réponses*, pp. 351-352.
54) *PC*, p. 274. cf.『P 著作集』Ⅳ, p. 130.

第 3 節　道徳問題 (再び)　203

ちになっております。前々からそうすると約束もしておりました。そうすることによって、あなたがたの規律から推して、あなたがたの非難や罵りにどれほどの信用がおけるものかを、広く知ってもらおうと思うのです。(『第15の手紙』) 55)

パスカルは、ジェズイットの良心問題判例学者の著作が中傷に満ちていることをあばくだけではなく、もっと先まで進む決意を表明している。「うそつきがうそつきであるのは、嘘をつくという意図を隠し持っているところにあります。そこで、神父さま、私はこれからあなたがたに、うそをつき、人を中傷する意図があったこと、そして、自分では相手が潔白だと知りながら、意識的計画的に相手に罪をなすりつけようとしたことを明らかにしたいと思います」と。(Cf.『第15の手紙』) 56)

ジェズイットが中傷を吐くのを見ても、もはや驚くことはない。なにひとつ、彼らを阻むものはないし、彼らはこの世で信用を得ているので、いくら中傷を言っても、人間の裁きをおそれることはないし、また、良心問題判例学の研究成果を信じていろんな規律を設けたので、何をしようと神の義をおそれることもない。この源泉から、あの数々の陰険なぺてんが生じてきたとパスカルは言う。(Cf.『第15の手紙』) 57)

パスカルは、ジェズイットの虚偽を暴くために、ボオニー神父を取り上げる。

私がどんなに忠実にあなたがたの文章を引用しても、あなたがたはあらゆるところで、「我々の書物の中にどんな痕跡も見えない」ような事柄を「我々のものだと言いふらす手合いは、悪魔の手先に違いない」などと声高にふれ回るに決まっています。あなたがたにしてみれば、いくらこんなことをやっていても、ご自分の規律やいつもの慣習に従っているというだけの話でしょう。まあそこまで、ご自分がただけは、うそをつけ

---

55) *15ᵉ Lettre*, p. 1. *PC*, p. 275. cf.『P 著作集』IV, p. 109.
56) *Ibid. PC*, p. 276. cf『P 著作集』IV, p. 110.
57) *Ibid.*, p. 3. *PC*, p. 280. cf.『P 著作集』IV, p. 113.

る非常な大権をお持ちだということです。そこでわざわざ見つけ出してきた例をひとつお聞かせしたいのですが、聞いて下さるでしょうね。それによって同時に、あなたがたの「第9のぺてん」にもお答えすることになると思います。(『第15の手紙』) [58]

「今から10年か12年前、ボオニー神父の次の規律が非難の的になったことがありました。すなわち、『我々自身または隣人の、霊的な益、世俗的な益のためならば、罪を犯しそうな差し迫った機会を直接に求めても構わない』という、第4論14問の規律です」とパスカルは述べて、

12年前はこの規律がおぞましいものであったのに、今ではまったく無害なものになり、「第9のぺてん」10ページでは、「学界で受け入れられている説だというのに、ボオニー神父にけんかを売るとは、無知、悪らつ」であると、この私を責めておられます。(『第15の手紙』) [59]

ジェズイットは根拠のない曖昧模糊とした言いまわしを用いて、非難している。例えば、「債権者を貧苦に突き落として、返済金を着服した。教会の学者たちに幾袋もの金銭を差し出し、受け取りを拒まれた。信仰にそむく異端の種をばらまこうとして、聖職録を手放している。最も有名な聖職者や高等諸法院のところに寄宿生をおいている。おまえもまた、ポール・ロワイヤルの寄宿生のひとりだ。おまえは、『手紙』を書く前には小説を書いていた」などである。パスカルは言う。「私は、小説など1冊も読んだことがありませんし、あなたがたの弁護者がお書きになった空想物語の題名すら知らないのです。神父さま、こういう言いぐさに対しては、どう言い返せばよろしいのでしょうか。『鉄面皮も甚だしいうそつき』というよりほかに仕方がないのではありませんか」と。(Cf.『第15の手紙』) [60]

---

58) *15ᵉ Lettre*, pp. 4-5. *PC*, p. 285-286. cf.『P 著作集』IV, p. 118.
59) *Ibid.*, p. 5. *PC*, p. 287. cf.『P 著作集』IV, p. 120.
60) *Ibid.*, p. 8. *PC*, pp. 294-295. cf.『P 著作集』IV, p. 127.

ジェズイットの正体が何であるかを明らかにすることがこの手紙執筆の動機であったとパスカルは言う。

> 人々があなたがたに対して寄せていたかも知れない信用を壊したからといって、私はなじられることはないのです。なぜなら、あなたがたは誠実だという評判をお受けになる値打ちはなく、そんなあなたがたに惰眠をむさぼらせておくよりも、あなたがたのために、せっかく厚い信仰の誉れを得ていたのにそれをおとしめられた多くの人々のため防戦に立つ方がずっと正しいことだからです。そして、この2つの両方ともを選ぶことはできないのですから、あなたがたの正体が何者かをはっきり分からせることが、何にもまして重要なことだったのです。私がこの手紙で着手したのもそのことでした。（『第15の手紙』）[61]

　ヌエ神父は『第15の手紙への回答』において、「あなたの手紙の主要部分を慎重に検討した結果、あなたの意に反して、正当な弁明になり、ポール・ロワイヤルの力をまったく抜き取るには、2つの言葉、Mentiris imprudentissmè（臆面もない嘘）に全力を集中すればよいと私には思われます。すなわち、よくお分かりのように、あなたは臆面もなく嘘をついているのです。あなたの行き過ぎは大目に見なければなりません。というのは、あなたは怒っており、安定しておらず、感情の抑制ができないあなたの精神は、さまざまな思いの乱れと精神を惑わす激しい動きの中で、適当な言葉を選ぶことができなくなっています」[62]と、やはり中傷に満ちた言葉で反駁している。

（6）中傷（2）

　ニコルは『第16の手紙』に次の副題をつけている。
　「信仰心の厚い聖職者や清い修道女たちに対するジェズイットのおぞまし

---

61) 15ᵉ Lettre, p. 8. PC, p. 296. cf.『P 著作集』IV, pp. 128-129.
62) Réponses, p. 381.

い中傷。」[63]

　パスカルはジェズイットの中傷について反駁する。

　　続いてあなたがたの中傷を取り上げましょう。まず、あなたがたの「警告」の中で残っているものについて、お答えするとしましょう。しかし、あなたがたの本はどれをとっても中傷に満ち満ちているので、この問題につき、必要と思われるだけお話する材料はたっぷりあることでしょうよ。(『第16の手紙』)[64]

　ジェズイットは、ジャンセニウスのある手紙の中の、どちらともとれる幾つかの言葉を悪意をこめて取り上げている。それは、良識をもって書かれたものであって、教会の愛に満ちた精神にすれば、良い意味にとって当然なのに、ジェズイットは、自分たちの会の悪らつな精神に従った取り方しかできないらしいと、パスカルは非難している。(Cf.『第16の手紙』)[65]
　ジェズイットの、ジャンセニウス非難は、「サン・メリー教会の献金箱」の滑稽な話と同じく、告発はジェズイットの益にはならないと、パスカルは反駁している。

　　こうなると、あなたがたがぺてんを弄したことになりますね。神父さま。この点についても、サン・メリー教会の献金箱のこっけいな話と同じだったことになります。あなたがたはこの聖職者（ジャンセニウス）に対し、引き裂いてもあきたらぬ思いを感じておられるのですが、お仲間の１人がとうとう告発に踏み切ったのでした。そんな告発からあなたがたはどんな益を引き出すことができるのでしょう。１人の人間が告発されたからといって罪人だと決まったわけでしょうか。いいえ、神父さま。この方のような信仰心の厚い人々は、あなたがたのような中傷者が世にはび

---

63) *PC*, p. 297. cf.『P 著作集』Ⅳ, p. 167.
64) *16ᵉ Lettre*, p. 1. *PC*, pp. 297-398. cf.『P 著作集』Ⅳ, p. 137.
65) *Ibid*. *PC*, p. 298. cf.『P 著作集』Ⅳ, p. 137.

こっている限り、告発を受けるのが常なのかもしれません。告発された事実より、判決によって、事の真相を判断してみなければなりません。(『第16の手紙』)[66]

　ポール・ロワイヤルの修道女に対するジェズイットの非難に関して、パスカルは修道女のために弁じようとは思わない。そんな疑いはつゆほどもない人たちなのであり、もし彼女たちのために弁護に立ってくれる者が必要になったとしても、自分などよりももっと優れた人があるはずであると述べて、パスカルは、「私がここで言いたいことは、彼女たちの清らかさを示すためではなく、あなたがたの悪意を示すためです。私はただ、あなたがた御自身に自分のおぞましさを知っていただき、それが分かれば、あなたがたは何をやらかすか知れた者でないことを、世のあらゆる人々に悟ってもらいたいと思うのです」と反駁している。(Cf.『第16の手紙』)[67]

　ジェズイットがひどい中傷を放って侮辱を加えているポール・ロワイヤルの人々の方は、ただ神に苦しみの訴えを捧げ、ジェズイットのために神のゆるしを乞い求めているばかりかもしれないが、こうした侮りの対象ではないパスカルは、先に述べた決意の証し立てをするために、「全教会の面前であなたがたに赤恥をかかせないわけにはいきません。恥じらいを持っていただくことは、あなたがたにとって益があり、あなたがたの場合のような頑迷さにつけるほとんど唯一の薬であり、聖書にも、『彼らの顔に恥を満たして下さい。主よ、そうすれば彼らはあなたの名を求めるでしょう』とあるからです」と言っている。(Cf.『第16の手紙』)[68]

　ポール・ロワイヤルは聖体拝受の秘蹟を信じていないから、カルヴァンと同じ異端だとの告発に対して、パスカルは反駁している。

　　まったくのところ、神父さま、ポール・ロワイヤルが聖体拝受の秘蹟を

---

66) *16ᵉ Lettre,* p. 1. *PC,* p. 299. cf.『P 著作集』Ⅳ, p. 138.
67) *Ibid.,* p. 2. *PC,* pp. 300-301. cf.『P 著作集』Ⅳ, p. 139.
68) *Ibid. PC,* pp. 301-302. cf.『P 著作集』Ⅳ, p. 140.

信じていないとして告発なさったことほど、愚かしい振る舞いはなかったのですよ。どうしてそんなことに巻き込まれなさったのかを、これからひとつご説明申し上げましょう。私があなたがたのやり口を少々心得ているのは、ご存じの通りです。この場合もやはり、あなたがたは同じ方法を踏襲なさったのです。（Cf.『第16の手紙』）[69]

アルノーの『頻繁な聖体拝受について』の中の、下記文書に対するアンナ神父の攻撃にパスカルは答える。

「神は、天にあって聖人たちに与えられるのと同じ肉を、聖体拝受の秘蹟において、私たちに与えて下さる。その間に違いがあるとすれば、天にあってはその見かけと味わいとをそのまま保たれるのに対し、この世では、この２つとも除き去られるということだけである。」神父さま、本当に、この言葉ほど、教会の解釈をありのままに言い表わしたものはないので、一体あなたがたはどこから取りかかって、これを悪く言うようになったのかと、私はいつも分からなくなってしまうのです。（『第16の手紙』）[70]

アルノーの「聖体拝受の秘蹟についての叙述」、つまり、「聖体の秘蹟においてイエス・キリストを受ける者と、至福な人々の間には、清らかさの点で少しも違いはない。違いがあるとすれば、ただ、信仰と、神を明らかに見るという状態に違いがあるだけである。この違いから、イエス・キリストを食する仕方について、地上におけるのと、天におけるのとの違いが由来している」という文章をジェズイットは非難している。（Cf.『第16の手紙』）[71]

あなたがたは、この言葉の中にある聖なる真理を尊重なさるべきでした。

---

69) *16ᵉ Lettre*, p. 5. *PC*, p. 309. cf.『P 著作集』Ⅳ, p. 147.
70) *Ibid.*, pp. 6-7. *PC*, p. 313. cf.『P 著作集』Ⅳ, p. 151.
71) *Ibid.*, p. 7. *PC*, p. 315. cf.『P 著作集』Ⅳ, pp. 153-154.

この中に異端を見つけ出そうとして、この聖なる真理を汚してはならなかったのでした。異端なんて決してなかったのですし、あるはずもないのです。ところが、あなたがたの会のアンナ神父やメニエ神父は悪辣にもイエス・キリストを食するのは信仰のみによるので、口によるのではないとする異端がこの中にあると言い、それを彼らの告発の中心に据えています。(『第16の手紙』) [72]

　ジェズイットは、ポール・ロワイヤルの「清らかな乙女たち」を誹謗する。彼女らが、「その定めに従って日夜、彼女たちがイエス・キリストを礼拝している間も、あなたがたは日夜、彼女たちがイエス・キリストは聖体のうちにも、父なる神の右にもいまさぬと信じているのだとふれ回ってやまないのです」とパスカルは指摘する。(Cf.『第16の手紙』) [73]

　パスカルはジェズイットの信用を失なわせてしまうには、悪行を悪行でなくするあのあやしげな規律を公にするに限る。中傷は、中傷する人が誠実だという高い評判を得ている場合でなければ、何の役にも立たないのだと言う。(Cf.『第16の手紙』) [74]

　パスカルは、ジェズイットのしていることは、非行の手本を見せつけて一部の人々を放蕩へ誘い、あるいはまた、悪口を振りまいて、一部の人々の心に毒を注ぐことであると非難している。(Cf.『第16の手紙』) [75]

　そうして、こうした行動をとるジェズイットは、神の国から追放されるべきものと断定している。

　あなたがたの嘘ごとを安易に受け入れる人々がする信仰告白がどんなであっても、またどんな信仰上の口実を設けるとしても、あなたがたのやったような低劣なぺてんのほかにどんな証拠もなく、れっきとしたカト

---

72) *16ᵉ Lettre*, pp. 7-8. *PC*, pp. 315-316. cf.『P 著作集』Ⅳ, p. 154.
73) *Ibid.*, p. 10. *PC*, pp. 321-322. cf.『P 著作集』Ⅳ, p. 161.
74) *Ibid.*, p. 11. *PC*, p. 323. cf.『P 著作集』Ⅳ, p. 162.
75) *Ibid.*, p. 12. *PC*, p. 325. cf.『P 著作集』Ⅳ, p. 164.

リックの修道士や修道女に対して、異端や離教に等しいひどい罪をなすりつけたとしたら、その罪ひとつで神の国から追放されるものと知っておかねばなりません。(『第16の手紙』)[76]

ヌエ神父は『第16の手紙への回答』において、「もしも、あなたがたの信仰に関して、もっと好意的な意見を持ってほしいと望むなら、アルノー氏がしているように『決して過ちに陥らなかった』と言って高慢になることのないようにしなさい。あなたが罪を犯す存在だということを認めなさい。もしも、あなたがたが人間の弱さを持ち、過ちを犯すなら、あなたはあなたの過ちを正すための素直さを持ち、もっと純粋な光を受けるのである。あなたがたの誤りを取り消し、あなたがたの間違った意見をさっさと否認し、ソルボンヌへ帰りなさい。あなたの判断を教皇の判断に従わせなさい。そうしないならば、あなたは何をしようと、私は嘲笑抜きで、あなたは決して良きカトリックになれないということができる」[77] と非難している。

---

76) *16ᵉ Lettre*, p. 12. *PC*, p. 325. cf.『P 著作集』IV, p. 164.
77) *Réponses*, p. 506.

第4節　恩寵問題（再び）

（1）異端について

『第17の手紙』と『第18の手紙』の宛名人は、初めて、個人名となる。つまり、アンナ神父である。パスカルはすでに、『ジャンセニストの不誠実』その他の反論文書を書いているアンナ神父をアンチ・ジャンセニストの代表者とみなし、反駁したのであろう。

ニコルは『第17の手紙』に次の副題をつけている。

「ジャンセニウスの意味のあいまいさを取り去って、教会内にはどんな異端も存在しないことが示される。全神学者、何よりもジェズイットが全員一致して言っているように、教皇と万国公会議の権威は、事実問題においてはあやまつこともないではないことが明らかにされる。」[1]

パスカルはアンナ神父、ヌエ神父の反論文書を見て慨嘆して言う。

> あなたがたのご対応ぶりを見ていて、ああこれは私どもの双方ともが一休みするのがいいと思っていらっしゃるんだなと、ひとり合点してしまいました。それで、私もそのつもりになっていました。ところが、あなたがたときたら、その後ほんの僅かな間に、どんどん多量の文書を出してこられるのですから、これではもう平和もおぼつかないなという気がしています。（『第17の手紙』）[2]

ジェズイットは、日に日にずうずうしさをまして、『プロヴァンシアルの手

---

1) *PC*, p. 327. cf.『P 著作集』Ⅳ, p. 202.
2) *17ᵉ Lettre*, p. 1. *PC*, pp. 327-328. cf.『P 著作集』Ⅳ, p. 175.

紙』の著者を異端扱いしているが、「今こそすっぱりとこのずうずうしさを押しつぶしてやる時です。あなたご自身も、最近公刊なさった本の中で、とても我慢のできぬ仕方で同じ振る舞いに出てこられました」とパスカルは反駁にとりかかる。(Cf.『第17の手紙』)³⁾

　ジェズイットの非難に対して、パスカルは十分反駁をしたが、ジェズイットはひたすら、『プロヴァンシアルの手紙』の著者を異端呼ばわりする。パスカルは言う。

　　『第15の手紙』の中でも、私は、たっぷり反論を報いておきました。しかし、今度のあなたの論じ方は、さすがに違っています。あなたは真剣に、ひたすら防戦の構えをとっておられます。ほとんどこの一事にかけるという態度です。こんなふうに言われるのでも分かります。「君の15通の手紙に対してはただ君は異端だと、15回、言っておけば足りる。こうはっきり言われたら、君はまったく立つ瀬がなくなるのだ。」(『第17の手紙』)⁴⁾

　ジェズイットの反論文書の著者たちは、『プロヴァンシアルの手紙』の著者がカルヴァン、カルヴィニストと同じ異端であると繰り返し宣告しているのに対し、パスカルは、異端の告発というものは、おろそかにできることではないので、十分な証拠もなしにそんなことを言い出すのは、非常に無謀であると言わねばならないと述べて、言う。「お尋ねしますが、なにか証拠はおありなのですか。私がシャラントンにいるのを、いつお見かけになったのですか。いつ私がミサに出ず、教区に対する信徒の義務を欠かしたのでしょうか。私が異端者と結託したり、教会から分離するような行動をしたのはいつのことですか。私は、どの公会議の決定にそむく言辞を弄したのですか。教皇のどの法令に違反したのでしょう。答えて下さらねばなりません」と。(Cf.『第17の手紙』)⁵⁾

---

3) *17ᵉ Lettre*, p. 1. *PC*, p. 328. cf.『P 著作集』Ⅳ, pp. 175-176.
4) *Ibid.* cf.『P 著作集』Ⅳ, p. 176.
5) *Ibid. PC*, pp. 328-329. cf.『P 著作集』Ⅳ, p. 176.

第4節　恩寵問題（再び）　213

　ジェズイットの著者は、まず、「これらの手紙を書いた者は、ポール・ロワイヤルに属する人間だ」と推定し、ついで、「ポール・ロワイヤルは、異端宣告を受けている」と言い、そこから「これらの手紙を書いた者は、異端と断定してよい」と結論しているとパスカルは言う。(Cf.『第17の手紙』)[6]「私を告発の対象に巻き込むのが目的で、あなたがたが異端扱いなさっているほかの人々のことには全然触れなくとも済むのです。けれど、私は、自分が発火点になっているのなら、いわば、この自分の立場を利用して、逆に、そこから3つほどの利得を引き出してやらねばと言う気になっています」と述べて、「まずこんなに多くの人たちが中傷の的になっているのですから、その人たちの潔白を明らかにできれば、非常な益になる。」また、もう1つの、「私個人としては大変好都合な益は、こういう告発をする際のあなたがたのずるい策略の数々を、これからもずっと暴いていけることである。」しかし、「私が最大の益だと思うのは、あなたがたが「教会は新たな異端によって分裂している」などと、四方八方で振り撒いている、破廉恥な噂の誤りを、この機会にすべての人に知ってもらえることである。」そして、ジェズイットは、自分たちが勝手に鳴り物入りで大げさに、わめき立て、これこそ信仰上もっとも大切な点だなどと、多数の人をだまして信じ込ませているので、「こういう間違った印象を打ち破り、何が問題なのかをここではっきり説明し、教会には事実上異端なんて存在しないことを示すのが、私には何よりの重要事だと思えるのです」とパスカルは主張する。(Cf.『第17の手紙』)[7]

　ジェズイットのすることは、すべて策略的だとパスカルは指摘し、「なぜ、ジャンセニウスの意味を説明なさらないのかを明らかにしなくてはなりません。あなたがたの意図を暴露し、暴露することによってそれを無用のものにすることだけを目的に、私は書いています」とパスカルは言う。そこで、何も知らずにいる人たちに是非とも伝えておかねばならないのは、この論争を通じてのジェズイットの主要な関心事が、仲間のモリナの「十分な恩寵」をもりたてることであり、それを果たそうとすればどうしても、これと対立す

---

6)　17ᵉ *Lettre*, p. 1. *PC*, p. 329. cf.『P 著作集』Ⅳ, pp. 176-177.
7)　*Ibid.*, p. 3. *PC*, p. 333. cf.『P 著作集』Ⅳ, pp. 180-181.

る「有効な恩寵」をおとしめずには済まないということである。しかし、ジェズイットは今日、「有効な恩寵」がローマにおいても、教会のすべての学者たちにも、公認されていることは知っており、それ自体を打ちたたくことはできないので、ジャンセニウスの説という名のもとに、人に気づかれずにこれを攻撃しているのだとパスカルは言う。(Cf.『第17の手紙』)[8]

　断罪された5命題がジャンセニウスのうちにあるとしてアンナ神父はポール・ロワイヤル修道院の人々を異端と決めつけているのに対し、ポール・ロワイヤル修道院の人々は5命題の異端は認めるが、ジャンセニウスの著作にはそれがないと主張する。パスカルはポール・ロワイヤル修道院の人々を弁護して、問題になっているのはただ、ジャンセニウスの本意は何かを知るだけであり、もし、彼の教えが、これらの命題の、固有の、文字通りの意味と一致していると信じるならば、彼らはその意味を断罪するだろう。彼らがそうすることを拒むのは、ジャンセニウスの教えは命題の意味するところとはまったく違うと確信しているからにほかならないと主張している。もしも、ポール・ロワイヤル修道院の人々がジャンセニウスの本旨を十分によく理解していないとしても、彼らは、カトリック的な意味でしか受け取ろうとしていないのだから、異端とは言えないだろうとパスカルは言う。この点を説明するために、パスカルはひとつの例を挙げる。アレキサンドリアの聖ディオニュシオスの著作をめぐって、聖バジリウスと聖アタナシウスとの間にあった見解の相違である。聖バジリウスは、著作の中にみ父とみ子の同等性に反対するアリウスの解釈が見つかったとし、これに異端の宣告を下した。しかし、聖アタナシウスはこれとは逆に、教会の正しい解釈がそこに見出せるとして、カトリック的だとして支持した。パスカルは次のように言う。

　そこで、神父様、あなたは、この著作をアリウス主義的だとみた聖バジリウスは、聖アタナシウスがこれを弁護したからといって、この聖人を異端者扱いしてもよい権利があったとお思いですか。それに、聖アタナ

---

8) *17ᵉ Lettre*, p. 10. *PC*, pp. 350-351. cf.『P 著作集』IV, pp. 197-198.

シウスが弁護したのはアリウス主義ではなくて、著作の中にあるとみた信仰の真理なのですから、聖バジリウスにしても、そんなことのできる理由は何もないではありませんか。もし、この2人の聖人がこの著作の正しい解釈について意見が一致し、ふたりともこういう異端の存在を認めたとすると、聖アタナシウスがこの著作に同意を表わせば、間違いなく異端となります。しかし、2人は解釈に当たって意見を異にしたのですから、聖アタナシウスは著作を支持しても、著作の意図を十分よく理解していなかったとしても、立派にカトリック的でした。なぜなら、これは事実としての誤りに過ぎず、彼はただこの教えの中にあると思ったカトリック信仰を弁護しただけのことですから。(『第17の手紙』)[9]

パスカルは、聖バジリウスと聖アタナシウスの例を今まさに問題になっているジャンセニウスに適用して述べる。

神父様、あなたがたにも、同じことを言いたいのです。もしあなたがたがジャンセニウスの意味について意見が一致し、例えば、ジャンセニウスに「人は恩寵に逆らうことができない」との主張が見出せるとの点で、彼らとあなたが同意見であったとすれば、ジャンセニウスの誤りを認めない者は異端となるでしょう。しかし、あなたがたがジャンセニウスの意味について論争中であり、彼らが、ジャンセニウスの説くところは「人は恩寵には逆らいえない」ということだと信じているならば、あなたがたは自分たちがありそうに思う意味を認めないからといって、勝手に彼らにどんな異端のマークを張りつけようと、彼らを異端扱いしていい理由はまったくないのです。(『第17の手紙』)[10]

アンナ神父は『第17の手紙への回答』において、ジャンセニウスの恩寵論を批判し、ジャンセニウスとカルヴァンの恩寵論が一致すると言い、最後に

---

9) *17ᵉ Lettre*, p. 5. *PC*, pp. 339-340. cf.『P著作集』Ⅳ, pp. 186-187.
10) *Ibid*., p. 6. *PC*, p. 340.『P著作集』Ⅳ, p. 187.

「結局のところ、ジャンセニストは異端である」[11] と結論している。

（2） 5ヵ条命題について

ニコルは『第18の手紙』に次の副題をつけている。

「アンナ神父の答えそれ自体から、次のことがなお一層抗弁の余地のないほど明らかになったことを示す。教会内にはどんな異端も存在しないこと、ジェズイットがジャンセニウスの意味だとする説なら、誰でもが非と認めること、こうして、5ヵ条命題については、全信徒が同じ意味であること、などである。法問題と事実問題の論争には相違があることを明らかにし、ついで、事実問題においては、どんな人間的権威よりも、自分が目で見たことを頼りにすべきことを示す。」[12]

パスカルはのジェズイットの意図を暴いている。

あなたがたがジャンセニウスの意味をなんの理由も示さずにただ断罪させようと画策なさるのはむろん底意があるからであって、いつかは、この不確かな断罪を有効な恩寵の教えにも及ぼして行き、それこそがジャンセニウスの説くところであるとばらして行くのが狙いだったのだと、分からせてあげました。（『第18の手紙』）[13]

パスカルはアンナ神父の方法を非難している。

あなたがたの非難攻撃がこれほど暴虐をきわめたことはなく、あなたがたの対立者たちの罪の無さがこんなに知れ渡ったこともありません。「有効な恩寵」がここまで技巧を弄しての攻撃対象にされたことはなく、それ

---

11) *Réponses*. p. 515.
12) *PC*, p. 354. cf.『P 著作集』IV, p. 239.
13) *18ᵉ Lettre*, p. 1. *PC*, p. 356. cf.『P 著作集』IV, pp. 212-213.

がこんなに確固不動とされたのを見たこともありません。あなたがたは、最後の努力を振り絞って、論争は信仰問題に関わるものだと信じ込ませようとなさっていますが、全論争が単にひとつの事実問題に過ぎないことが、これほど明らかになったこともありません。ついには、あなたがたは、ありとあらゆる手段を尽くしてこの事実こそは真実なのだと信じさせようとなさるのですが、人々がこんなにまで疑い深くなったことはなかったのです。その理由は簡単です。神父さま、あなたがたは、ある事実を人々に信じさせるのに普通とられる方法、すなわち、感覚に、なるほどその通りと感じさせ、ある本の中にいくつかの言葉が出ているというなら、それがどこにあるのかを示して見せるなどの方法をお用いにならないからです。それどころか、こういう単純なやり方とはとてつもなくかけ離れた方法をおとりになろうとなさるので、当然、どんなにぼんやりした人間でもびっくりせずにいられないのです。(『第18の手紙』) [14]

パスカルは教皇も過つことがあることを指摘する。

神父さま、私とて、キリスト教徒たる者は教皇の座に敬意を払わねばならないことは承知しております。あなたがたの対立者たちにしても、あくまで教皇から離れはしまいとの固い決心のほどは、十分に表わしています。しかし、教皇に対して、子がその父に、肢体がその頭に寄せる従順を込めてなお、次のように言上するとしても、敬意を欠くことにはならないのだと知っていただきたいのです。すなわち、教皇であろうと、事実問題では、騙されることもあっただろうし、聖座につかれてから現教皇が事実問題を吟味させられたことはなく、前教皇インノケンチウス10世もただ、命題が異端かどうかを検討させられただけで、それらがジャンセニウスのものかどうかは審議させられなかったのだと。(『第18の手紙』) [15]

---

14) 18ᵉ Lettre, pp. 6-7. PC, p. 367-368. cf. 『P 著作集』IV, pp. 223-224.
15) Ibid., p. 7. PC, p. 369. cf. 『P 著作集』IV, pp. 226-227.

218　第2章　『プロヴァンシアル』論争の主題と内容

　教皇もあやまつ例を挙げた後、パスカルは、「この点を残りなく分かって頂くために、何より神父さまご自身の著書の中で、実際に異端者どもから騙される目にあった数名の教皇や皇帝の例を挙げておられることを思い出して頂きたいのです」と述べて、アポリナリオスが教皇ダマススを騙し、ケレスチウスがゾジムスを騙したこと、自称アタナシウスという者が皇帝ヘラクリウスを欺いて、カトリック教徒を迫害させたともアンナ神父自身がその著書に書いていること[16] をパスカルは指摘している。(Cf.『第18の手紙』)[17]
　『第18の手紙』の結語に『プロヴァンシアルの手紙』執筆の目的を述べている。

　　あなたがたの欺瞞がすべて暴かれれば、あなたがたの非難にはどんな根拠もなく、あなたがたの相手にはどんな誤りもなく、教会には異端なんて存在しないことが誰の目にも明らかとなるでしょう。神父さま、このような益を手に入れることが私の目的なのです。(『第18の手紙』)[18]

---

16) コニェ COGNET は『苦情に対する返答』la Réponse contre la plainte ... (Réponses, pp. 430-462) の冒頭にあると書いているが、終わり近く (Réponses, p. 456) に出ている。
17) 18ᵉ Lettre, p. 9. PC, p. 373. cf.『P 著作集』IV, p. 230. Cf. Réponses, pp. 455-456.
18) Ibid., p. 12. PC, p. 380. cf.『P 著作集』IV, p. 237.

第3章　イエズス会の反応

第1節 『1656年度フランス管区年次報告書』[1]

　『プロヴァンシアルの手紙』において表わされたジャンセニストとその論敵のジェズイットの姿は、これをまとめれば次のようになるであろう。ジャンセニストは、その教義においても、その道徳的生活においても統一性があるのに対し、ジェズイットは、多様である。ジャンセニストの表現は明晰、また、率直であるが、ジェズイットは、不明瞭で、誇張がある。ジャンセニストは読者を信用して、真実を読者に訴えているが、ジェズイットは読者を信用せず、問題を専門の聖職者にのみとどめようとする。ジャンセニストは伝統的権威、永遠の真理を求めるが、ジェズイットは自ら新しい権威になろうとし、真理は変わりうるものとしている。ジャンセニストは聖書の道徳律法を絶対的な道徳とするが、ジェズイットにとっては、倫理は人間を取り巻く状況によって変わりうるものである。それゆえ、聖書に立ち戻って、キリスト教の立場から判断すれば、ジャンセニストは宗教の根源的な教えに適合しており、ジェズイットは、逆に、適合していない。それゆえ、伝統的なキリスト教、聖書的なキリスト教の観点からいえば、ジャンセニストは正統的であり、ジェズイットは、異端となる。
　実際には、地理的世界の拡大、近代科学の誕生という時代の変動期に、ジャ

---

1) MORIKAWA, Hajime, *Annuæ Litteræ Prouinciæ Franciæ Ad annum Christi 1656*—パスカルの『プロヴァンシアルの手紙に関連して—』「社会学部紀要」，第63号 関西学院大学　1991.
　　— *Annuæ Litteræ Prouinciæ Franciæ Ad annum Christi 1656,* — concernant *Les Lettres Provinciales* de Blaise Pascal — *Etudes de Langue et Littérature Françaises*, N°60, 1992.
　　— *Annuæ Litteræ Prouinciæ Franciæ Ad annum Christi 1656* とパスカルの『プロヴァンシアルの手紙』，『ガリア』XXIX，大阪大学フランス語フランス文学会　1992.
　　— *LES LETTRES PROVINCIALES DE BLAISE PASCAL ET ANNUÆ LITTERÆ PROUINCIÆ FRANCIÆ AD ANNUM CHRISTI 1656*, Kwansei Gakuin Annual Studies, Vol. XLIII, 1994.

ンセニストは永遠の真理、伝統的なキリスト教の信仰を守り、求め続けようとした伝統派であるのに対し、ジェズイットは、新しい時代への適応に努力した近代派であろうが、『プロヴァンシアルの手紙』の論理的な帰結から言えば、上記のように要約できるであろう。ジャンセニストに対する迫害が一層強くなり、ついには、ポール・ロワイヤル修道院の廃止にまでいたるが、『プロヴァンシアルの手紙』が非常に多くの読者を得、共感をもって読まれたことは否定できない。そして、ジェズイットはこの『プロヴァンシアルの手紙』によって、とりわけ、その道徳の教えは大打撃を受けることになる。

この『プロヴァンシアルの手紙』に対して、ジェズイットの評価はどうであろうか。たとえば、同時代のラパン神父の証言とか、少し後年のダニエル神父（『クレアンドルとユードックスの対話』）[2]の評価とか、個人としての証言、評価はあるが、イエズス会の公式の報告は伝えられていなかった。本論文では、我々はフランスからローマのイエズス会本部への公式の年次報告書に基づいて、『プロヴァンシアルの手紙』のジェズイットの評価を調べた。

公式の年次報告文書は、「今日まで、少なくとも、フランスにおいては知られていなかった」（ジャン・メナール教授の評言）が、我々はその文書がイエズス会ローマ古文書館に存在することを発見した。その報告書は次のとおりである。

—— *Annuæ Litteræ Prouinciæ Franciæ Ad annum Christi 1656*, Roma, ARCHIVUM ROMANUM SOCIETATIS IESU, 6 feuilles (12 p).

この *Annuæ Litteræ*『年次報告書』のなかに、『プロヴァンシアルの手紙』に関する記述を発見した。

以下、その報告記事を年次報告書原文（手稿）コピー、ラテン語テキスト（タイプした文書）、および、邦訳の順に提示する。

---

2) Gabriel DANIEL, *Entretiens de Cléandre et d'Eudoxe sur les《Lettres au provincial》*, 1694.

Jansenianorum in Societatem odium

& persecutiones

Janseniani Summi Pontificis afflati fulminibus; atque Hæreseos
conuicti, non ut olim Lutherus, & Calvinus, in Pontificem, & Romanam Ecclesiam
maleuolentiæ, & furoris sui effudere virus, sed in Societatem nostram, cuius
doctrinam de moribus maledicentissimis, & dicacissimis Epistolis traducere conati
sunt. Eas autem tanto numero sparserunt, ut constet intra tresmenses earum ad
centum viginti millia exemplarium e diversis prælis prodiisse, quæ per emissaries
suos, non per vniuersam Galliam modo, sed & in Angliam, Batauiam, Heluetios,
Germaniam; aliasque gentes in Romanam Sedem parum æquas deferenda curarunt.
Eas porro contempsimus quamdiu hæreticorum & impiorum prolixis animis excipi
vidimus: at vbi sensimus iisdem etiam, tentarj bonorum fidem, & patientiam nostram
modestamque taciturnitatem incommodare religioni: Contrariis litteris
didaculorum hominum ita contudimus impetum & audaciam vt omnes
intellexerint, nec Innocentiam nobis nec veram doctrinam defuisse.

イエズス会に対するジャンセニストの憎悪と迫害

　ローマ教皇の雷に打たれた明白な異端であるジャンセニストたちは、かつてのルターやカルヴァンの如くローマ教会の教皇に対して彼らの毒をまき散らす代わりに、イエズス会に歯向かってきた。彼らはイエズス会の道徳を中傷と嘲笑とに満ちた彼らの手紙の中で歪曲した。そして、これらの手紙は、非常に数多くまき散らされた。というのは、彼らは明らかに3ヵ月間に、さまざまな印刷機を用いて約12万部の手紙を発行した。そして、これらの手紙は、フランス全体、イギリス、オランダ、スイス、ドイツ、また、ローマ教皇にほとんど好意を持たない他の国の人々にも広がった。さらにまた、私たちは、異端と不敬虔で動揺する精神の持ち主によって歓迎されているのを見ている限りは、これらの手紙を軽蔑して見過ごしてきた。しかし、これらの手紙によって、善意の人々の信仰が脅かされ、私たちの忍耐と謙虚な沈黙によって宗教が損なわれることが分かるとただちに、私たちが純粋さや真の教理に欠けるものでなかったことをすべての人々が理解するように、[これらの手紙の]激しく、そして、ずうずうしい嘲笑を撃退した。

『年次報告書』の解釈

　「イエズス会の道徳を中傷と嘲笑とに満ちた彼らの手紙の中で歪曲した。」『プロヴァンシアルの手紙』はジェズイットの道徳と共に、恩寵問題も取り上げているが、この『年次報告書』の記述では、道徳に関してのみ言及している。パスカルの、ジェズイットの道徳に対する非難、攻撃に大きな痛手を感じていたのであろう。

　「これらの手紙は、非常に数多くまき散らされた。というのは、彼らは明らかに3ヵ月間に、さまざまな印刷機を用いて約12万部の手紙を発行した。」

　「3ヵ月間に」という期間に、『プロヴァンシアルの手紙』のどの手紙が関係するであろうか。『第13の手紙』が1656年9月30日、『第14の手紙』が10月23日、『第15の手紙』が11月25日、『第16の手紙』が12月4日、『第17の手紙』が1657年1月23日の日付となっているから、この『年次報告書』が12月末日に書かれたとすると、『第14の手紙』から『第16の手紙』までの3通、『第13

の手紙』を含めたとしても、4通の手紙が該当するであろう。この3〜4通の手紙が「約12万部」発行されたと報告されている。サン・ジールによれば『第17の手紙』は1万部印刷されている。[3] この数字と比較すると、3〜4通の手紙が「約12万部」ということは、各手紙それぞれ3〜4万部ということになる。発行部数が非常に多く報告されているのは、実際にそうだったとしても、あるいは、誇張しているとしても興味ある表現である。「約12万部」というのは、驚きと不安の表われでもあるだろう。

「これらの手紙は、フランス全体、イギリス、オランダ、スイス、ドイツ、また、ローマ教皇にほとんど好意を持たない他の国の人々にも広がった。」

パリで読まれ、フランス国内にも送られたというのがこれまでの通説であるが、この『年次報告書』によればヨーロッパ各国に送られていたことになる。

「異端と不敬虔で動揺する精神の持ち主によって歓迎されているのを見ている限りは、これらの手紙を軽蔑して見過ごしてきた。しかし、これらの手紙によって、善意の人々の信仰が脅かされ、私たちの忍耐と謙虚な沈黙によって宗教が損なわれることが分かるとただちに、私たちが純粋さや真の教理に欠けるものでなかったことをすべての人々が理解するように、[これらの手紙]の激しく、そして、ずうずうしい嘲笑を撃退した。」

この記述は、『プロヴァンシアルの手紙』の初期の頃には、ジェズイットの反論文書はほとんど現われなかったが、やがて現われるようになる論争の経過と合致する。

これらの記述の表題は、「イエズス会に対するジャンセニストの憎悪と迫害」である。迫害されているのは、ジャンセニストのはずであるが、この記述では、ジャンセニストがジェズイットを「迫害」していることになる。

この「迫害」と、さきに挙げた「3ヵ月間に、約12万部の手紙を発行」されたこと、「イギリス、オランダ、スイス、ドイツ」その他、ヨーロッパ各国へ送られたと記述していることは、パスカルの『プロヴァンシアルの手紙』

---

3) Cf. *PC*, p. 327.

を痛烈な非難攻撃とジェズイットが受け止めている表われであろう。

第2節 アンナ神父　イエズス会の論争家（1）

　『プロヴァンシアル』論争において、ジェズイット（イエズス会）からは2人の強力な論争家が現われた。すなわち、アンナ神父[1]とヌエ神父[2]であるが、本書では、我々はまず、アンナ神父の論争家としての働きを調べる。

　『プロヴァンシアルの手紙』のうち、『第1の手紙』から『第16手紙』には『ある田舎の友への第1の手紙』とか、『田舎の友への手紙の著者が、ジェズイットの神父たちに宛てて書いた第11の手紙』と言うような表題がついているのに反し、『第17の手紙』と『第18の手紙』には『田舎の友への手紙の著者が、ジェズイットのアンナ神父に宛てて書いた第17の手紙』というように、特に名指して書かれている。このことからも、アンナ神父がポール・ロワイヤル攻撃の代表的存在であったことが窺える。このアンナ神父はアンチ・ジャンセニストとしていかなる働きをしたであろうか。

（1）　アンナ神父がアンチ・ジャンセニストとして顕著な働きをしたのは、『プロヴァンシアル』論争においてだけではなかった。それよりも以前に、ジャンセニウス著『アウグスティヌス』[3]に見出される5つの命題の断罪に重要な役割を果たしている。この事件は、ソルボンヌのコルネ理事[4]が1649年7月1日、月例会議において、当時の大学入学資格者の論文に現われた7つの命題の審査を要求したことに端を発した。コルネの意図は、『アウグスティヌス』の中に見出されるこれら7命題を、異端として断罪することであった。のちに、7つのうち最初の5つの命題が論争の主題になった。「理由が余

1）Le P. François ANNAT (1590-1670)
2）Le P. NOUET (1605-1680) cf. 本書 第2部 第3章 第3節.
3）*Augustinus*, Louvain, 1640.
4）Nicolas CORNET (1592-1663)

り明瞭でない他の2つの命題は除かれていた。」[5] この5命題をめぐって、ジェズイットとジャンセニストは激しい論争を行ない、アンナ神父は5命題を非難し、その断罪に大きな役割を果たした。「彼はフランスにおけるジャンセニスムの主要な敵、また、宮廷におけるアンチ・ジャンセニストの首領とみなすことができる。この戦いにおいて彼は全力を投じ、自由に使えるあらゆる手段、つまり、フランス・イエズス会総会長付助司祭、次に、管区長、そして、とりわけ、ルイ14世付聴聞司祭と良心問題会議議員という重要な地位や、優れた文筆力、神学的知識、宮廷における影響力などを用いた。」[6] ある時は、教皇庁において、ある時は、宮廷において、彼は5命題断罪のために精力的に活躍し、また、このため幾冊かの文書も出版した。[7] そして、ついに1653年、大勅書『現下の状況において』[8]により、5命題はジャンセニウスの所説とされ、これらの命題はそれぞれ断罪されるに至った。

（2）アルノー[9]は5命題に対する弁明の著述をするため、ポール・ロワイヤル・デ・シャンに隠遁(いんとん)した。彼はそこで、ピエール・ニコル[10]というきわめて優秀な若い神学者を助手として使えることを知った。アルノーもニコルも、専門的知識は豊かであったが、彼らがこれから訴えようとしている世論には、余りにも難解すぎた。ちょうどその時、アルノーはポール・ロワイヤル修道院を訪れていたパスカルに出会い、彼に協力を依頼したのであった。それまでは科学的業績で知られ、社交界に出入りしたこともある、そして、回心したばかりの青年であったパスカルは、アルノーやニコルから資料を受けて、それを魅力ある文体で書き綴ることになる。かくして、1656年1月23日、「ソルボンヌで現在論議されている問題について、ある人が、田舎の友に

---

5) Louis COGNET, *Le jansénisme*, (Collection Que sais-je? P.U.F. 1961), p. 53.
6) A. JANSEN, *Un polémiste anti-janséniste. Le Père Fr. Annat., S.J. Son rôle dans la condamnation des cinq propositions d'Augustinus*, (dans *Mélanges d'histoire offerts à Charles MOELLER*, Université de Louvain, 1914) p. 349.
7) *De incoacta libertate* (1652), *Cavilli jansenianorum* (1654) など。
8) Cum occasione (1653)
9) Antoine ARNAULD (1612-1694)
10) Pierre NICOLE (1625-1695)

書き送った、『第1の手紙』」が匿名で世に出た。これは大成功を収め、彼らの地下出版活動はソルボンヌでの論争をサロンへ移していった。

この時、思いがけない出来事がパスカルの闘争心を一層かき立てた。1656年3月24日、彼の姪、マルグリット・ペリエ[11]が主イエス・キリストの冠の棘に触れることによって、重症の涙嚢炎から癒されたのである。ほどなく、教区の権威筋によって正式に認証されたこの聖棘の奇跡は、世の人々に深い感銘を与え、また、ポール・ロワイヤルの人々は神が彼らを支え給う証拠だとして意気が上がった。[12] 同年8月末、カトリック教会のある博士によって書かれた『ジャンセニストの興ざめな事柄、あるいは、聖棘に関してポール・ロワイヤルに起こったと伝えられることに関して必要な忠告』[13]が出版される。フランス国立図書館の総カタログも、ゾンメルヴォーゲル[14]も共に、この著者はアンナ神父であるとし、グイエ教授も「この博士はジェズイットで、おそらくアンナ神父であろう」[15]としている。『ジャンセニストの興ざめな事柄』の著者は、マルグリットの治癒の超自然的性格を疑って問題にしようとはしていない。この点は認めた上で、この著者はポール・ロワイヤルを次のように攻撃する。教会はジャンセニストを断罪した。教会は神の声であるから、教会に反抗するジャンセニストが正当であることを意味する奇跡は起こりうるはずがない。だから、この奇跡は迷ったジャンセニウスの弟子たちを目覚めさせるためのものであろう。憐れみに富み給う父なる神は、ポール・ロワイヤルの人々を反省させるために最後の努力として奇跡を行なわれたのだ。神が不信仰の人々の間に奇跡を行なわれたのはこれが最初ではない。ひどい不信仰、盲目の人々の間でも行なわれたことがある。このように述べて、アンナ神父はいくつかの例を挙げている。特に、マリアの聖衣を所有し、その力によって数多くの奇跡が行なわれたが目覚めなかった「憐れなユダヤ

---

11) Marguerite PÉRIER (1642-1733)
12) Cf. J. MESNARD, *Pascal*, 1967, p. 87.
13) *Rabat-joie des Jansénistes ou Observations nécessaires sur ce qu'on dit être arrivé au Port-Royal au sujet de la Saint Epine* (1656)
14) SOMMERVOGEL, *Bibliothèque de la Compagnie de Jésus ... Bibliographie*, 1890, I, p. 403.
15) Henri GOUHIER, *Blaise Pascal Comentaires* (Paris, J. Vrin, 1966) p. 151.

人」の例を引いている。[16] この著書において、敵側にとって有利と思われる証拠も、逆に攻撃の材料にしようとするジェズイットの神父のジャンセニストに対する執拗な敵愾心を見出すことができる。

（3）『第17の手紙』は直接、アンナ神父に宛てて書かれている。ここでは、パスカルはアンナ神父に真正面から戦いを挑んでいる。「あなたがたのとられた態度から、私はあなたがたがお互いに一休みするのを望んでおられるものとばかり信じていました。ところが、その後、あなたがたはあっという間に、数多くの著作をお出しになったので、まことに平和は、それがジェズイットの沈黙にかかっている場合には、至極あやふやなものだと思われるのであります。このような休戦の決裂が、あなたがたにとって甚だしく利益になるものかどうか、私は関知しません。しかし、私にとっては、この決裂によってあなたがたが全著作の中で盛んに言われている例の異端との非難を破壊する手だての得られるのは、まんざら不愉快でもありません。」[17]『プロヴァンシアルの手紙』に対して、ジェズイットは多くの反論文書を出版している。ヌエ神父が『第11の手紙』以後、その都度、反論を公にし、続いてアンナ神父が登場する。彼は『ジャンセニストの不誠実』を1656年9月に書いている。

この著書において、アンナ神父は何を主張しようとしているかを検討しよう。この文書の冒頭にアンナ神父は次のように記している。「読者への序言。親愛なる読者へ。ポール・ロワイヤルの幹事が復活節以後、全フランスにまき散らした手紙に回答を与えるためには、もしも我々が熱狂や偏見のない正しい人々だけを満足させるのであるならば、長い話をする必要はなかった。...彼らの15通の手紙の後では、我々は『それは異端である』と15回言うだけで十分であった。ジャンセニウスに対するこの評価は、ローマ教会、フランス司教、大学が、ジャンセニストの執拗に保持している教説が異端であると宣言して以来、もはや疑う余地のないものであるから、我々は彼らの努力を軽蔑することができた。彼らは神と教会に捧げなければならない信仰を破った

---

16) *Rabat-joie des Jansénistes*, pp. 9-10.
17) *GE.* Ⅵ, pp. 340-341.

ので、もはや信用されないものになっているから、我々に反対して証人となる資格は認められないし、教会の公正な法廷の決定に服従することを拒否しているので、訴訟の当事者としても、もはや認められないと、我々は言うことができた。」[18] アンナ神父はジャンセニストを激烈な調子で異端であると決めつけて、『プロヴァンシアルの手紙』の世の人々に及ぼす影響力を否定しようとする。「彼らの行なう中傷が、賢明な精神の持ち主に感銘を与えうると誰が懸念するであろうか。」[19]

　アンナ神父のこのような高圧的な非難攻撃に対して、パスカルも真正面から応戦している。「私を異端なりとする無謀を何としても阻止すべきであります。あなたは最近公にされた著作の中で、到底我慢のできないやり方で、私を異端となさっておられます。そして、もしも私がこの種の非難に価するとしてこれに答えなかったら、ついに、私はこのために嫌疑をかけられたでしょう。私はあなたがたのお仲間たちの著作の中にあるそうした侮辱に対しては、彼らが手当たり次第にその中に混入しているかの多くの侮辱に対してと同様、大して問題にしておらず、これに対しては『第15の手紙』で十分お答えしておきました。ところが、今、あなたがたは前とは別の態度をとられ、真剣に自己防御の要所要所を固めておられます。あなたがたがそこに用いておられるのは、次のような論法だけであります。あなたは申されます。『あなたの15通の手紙全体に対する答えとしては、あなたが異端であると15回言えば足りる。そして、こう明言されたら最後、あなたはいかなる信頼にも価しなくなる。』ついに、あなたがたは、私が背教しているか否かを吟味せず、これを確固たる原理と考え、これに基づいて大胆にも議論を進めておられるのであります。ですから、神父様、あなたは本気で私を異端扱いなさっているのですし、私もまた、本気であなたに答えようとしているのであります。」「十分御存じのように、神父様、この非難はきわめて重大で、確固とした根拠なしに行なわれるならば、許し難い軽挙であります。お尋ねしますが、どんな

---

18) Le P. ANNAT, *Bonne Foi*, p. 3. cf. *GE.* Ⅵ, pp. 311-312. アンナ神父のこの著作に関しては，本書 第2部 第1章 第2節「『プロヴァンシアル』論争のテキスト」参照．
19) *Ibid.* cf. *GE.* Ⅵ, p. 312.

証拠をお持ちなのですか。私がシャラントンにいるのを御覧になったのでしょうか。私がいつミサを怠り、キリスト教徒として小教区に対する義務を怠ったでしょうか、私がいつ異端者たちと結託した行ない、あるいは、教会から分離した行ないをしたでしょうか。どの公会議が私を否定したでしょうか。どの教皇令を私が犯したでしょうか。神父様、お答えくださらねばなりません。さもなければ、...私の言うところをよくお聴き下さい」[20] とパスカルは鋭く反駁している。

彼は、まず第1に、『プロヴァンシアルの手紙』の筆者をポール・ロワイヤルの者であるとして、ポール・ロワイヤルは異端に宣告されているから、この手紙の筆者も異端であるとするアンナ神父に反論する。パスカルは「私は断じてポール・ロワイヤルの者でない」[21] と述べて、手紙の筆者である彼が異端である明白な証拠を示すよう要求する。「私の書いたところによって、教皇令を受け入れなかったことを立証して下さい。それもそうたくさんあるわけではありません。16通の手紙を調べさえすればいいのです。あなたにせよ、世の誰にせよ、それらしい証拠が少しでもあったら、見せていただきたい。」[22]「私は神のお陰により、この地上においては、ただ使徒伝来の、ローマの流れをくむカトリック教会に属しているだけで、ここそ私の生きる場所であり、死ぬ場所だからであります。それはまた、教会の至高の首長である教皇と共にあることであり、ここ以外に救済のないことは百も承知であります。こう申し上げたら何とされますか。そして、今度は何を手がかりに私を攻撃なさいますか。」[23]「あなたがたは、いまだかって、かくもあなたがたの攻撃の圏外にある、そして、かくもあなたがたの誤謬と戦うのにふさわしい人物に掛かり合ったことはなかろうと存じます。しかも、彼は自由で、差し障りも、執心も、束縛も、特殊関係も、これといった仕事もなく、あなたがたの格率をよく学び、神が命ぜられると思われる限り、どこまでもこれを追究しようと固く決意しています。人間的斟酌では、この追究を止めたり、弛めた

---

20) *GE.* Ⅵ, pp. 341-342.
21) *Ibid.*, p. 342.
22) *Ibid.*, p. 343.
23) *Ibid.*, pp. 343-344.

りすることはできません。」[24]

　以上のごとく、『プロヴァンシアルの手紙』の筆者が異端であるという指摘に反駁した後、パスカルはアンナ神父に対して、ジャンセニストの擁護に移る。「神父様、私を同じ非難の対象にせんがために、あなたがたが異端扱いをなさっている他の人々については、私は一言も触れないでもいられるのです。けれどもちょうど、良い機会なので、何とかこの機会を利用して、3つばかり有利な事柄を引き出す責任があるものと考えます。例えば、誹謗された多くの人々の潔白を明らかにすることは、その顕著なひとつです。もうひとつの、私の問題に関してまことに好都合なのは、この非難において、たえず、あなたがたの政略のからくりを指摘しうることです。しかし、私の最も重視するのは、これより、あなたがたがいたるところでまき散らしているけしからぬ噂、つまり、『教会は新しい異端によって分裂している』が誤りであることを、世人のすべてに教えうることであります。」[25] パスカルはアンナ神父の非難を巧みに利用して、辛辣に反駁している。この点に関して、コニェが「『第6の手紙』以後に対しては、イエズス会もアンナ神父およびヌエ神父の協力を得て返答を試みた。とりわけ、細部の議論からなるこれらの返答は、はっきり言って、かなり微力である。そして、少なくともそれらは、パスカルに敵対者との対話の草案を可能にさせた」[26] と批評しているのは妥当であると思う。

　『ジャンセニストの不誠実』において、アンナ神父は「精神の弱い人々に満足を与え、ジャンセニストの手紙をいかに評価すべきかを彼らに示すのは、当を得たことだと判断した」[27] と述べ、『プロヴァンシアルの手紙』が作り出している中傷と欺瞞を示そうとして、『第5の手紙』から『第9の手紙』の中でパスカルが利用しているジェズイットの神父、レシウス、サンチェス、レエマンの引用を批判している。[28] アンナ神父は『プロヴァンシアルの手紙』

---

24) *GE.* Ⅵ, p. 345.
25) *Ibid.,* p. 347.
26) Louis COGNET, *op. cit.,* p. 71.
27) Le P. ANNAT, *op. cit.,* p. 6, *GE.* Ⅵ, p. 313.
28) *GE.* Ⅵ, p. 315.

の著者は「レシウスを11回引用すると、彼の教説を11回誤って解釈している。サンチェスを5回引用すると5回意味を曲げて伝えている。レエマンの文は前二者の場合より引用が少ないので、誤りを犯している回数は少ない」[29]と述べて、パスカルの引用の不正確さを指摘している。この点に関して、サント・ブーヴは「アンナ神父は復活節以後出版された『プロヴァンシアルの手紙』の無信仰を明示しようとしたが、良心問題判例学者の眼鏡を通して見れば、おのずと、おそらくかなりはっきり見えてくる不確実さを詳細に列挙したに過ぎなかった」[30]と言っているごとく、また、コニェも『ジャンセニストの不誠実』が平凡で「ヌエ神父の『欺瞞集』に何も新たにつけ加えていない」[31]と評しているごとく、引用の問題点を指摘はしたが、『プロヴァンシアルの手紙』の著者への攻撃力は弱く、かえって、反駁の材料を提供している。

『第17の手紙』が出た後、アンナ神父はほぼ同じ時期に、『異端と呼ばれていることについて、ジャンセニストがなした苦情に対する回答』[32]と『第17の手紙への回答』[33]を出版した。前者においては、『プロヴァンシアルの手紙』の著者の反駁は当を得ていないものであって、ジャンセニストが異端であることには間違いないとしている。「私はついさきがた、ジャンセニスト一派の人々を異端と呼んでいるのは、私の大きな過失であると思い、そして、こうした侮辱をした理由を私に求めているあるジャンセニストからの苦情を受け取った。ジャンセニストと呼ばれる人々は、5命題を断罪した教皇の決定にまったく服従しており、しかも正式に断罪された同じ命題をなお保持しているように彼は語っているから、私は正しい申し開きができるのだということを彼には分からないのである。...それゆえ、ジャンセニストは異端である。そして、この名で彼らを呼ばなければならないか否かは、議論の余地のないところである。」[34]

---

29) Le P. ANNAT, *op. cit.*, p. 7. *GE.* VI, pp. 313.
30) Sainte-BEUVE, *Port-Royal*, dixième édition, (Paris, Hachette, 1848) III, p. 125.
31) Louis COGNET, *Les Provinciales* (Paris, Garnier, 1965) p. XVIII.
32) *Résponse à la plainte que font les Jansénistes de ce qu'on appelles Hérétiques* (1657)
33) *A la XVII. Lettre*, 1657.
34) *Résponse à* la plainte, p. 1. *GE.* VII, p. 5.

『第17の手紙の回答』において、アンナ神父はジャンセニウスの恩寵論がカルヴァンのと同じものであって、それゆえ、異端だと結論づけようと努めている。すなわち、ポール・ロワイヤルの「幹事は有効な恩寵を擁護するには2つの方法があることを知らなければならない。1つは異端で、異端の原則に支えられており、もう1つは正統的で、公会議でたてられた原則によって支持されいる。」[35] カルヴァンは前者であり、カトリックの博士たちは後者である。[36]「それゆえ、ジャンセニウスの教説が、有効な恩寵を擁護して彼がなしている表現によって正しいか否かを知るには、彼が有効な恩寵を擁護する時どのような方法をとっているか、つまり、カルヴァンの方法なのか、それとも、カトリックの博士たちの方法であるかを知らねばならない。」[37] カルヴァンは、意志は恩寵によって動かされ、恩寵に対して抵抗する能力は、我々には残されていないと主張して、有効な恩寵を擁護し、カトリックの博士たちは、有効な恩寵は我々の意志を支配するが、この恩寵に抵抗する能力が我々に残されているというふうに有効な恩寵を理解している。[38] しかるに、「ジャンセニウスの教説は、カトリックの博士たちの方法と反対で、むしろ、カルヴァンのそれに一致しているのは明白である」[39] としている。

アンナ神父にとっては、ジェズイットの教説はローマ・カトリック教会の教説であって、まったく正統であるが、これに反対するジャンセニウスの教説は、カルヴァンの教説に一致した異端であると言って、ジャンセニストを誹謗する。しかし、主題になっている恩寵問題においても、アンナ神父は恩寵論を体系的に述べようとはしていない。ジャンセニストとそれを弁護する『プロヴァンシアルの手紙』の著者を異端の烙印を焼きつけるための手段に

---

35) *A la XVII. Lettre*. p. 21. *GE*. VII, p. 7.
36) *Ibid.*, p. 21. *GE*. VII, p. 7.
37) *Ibid.*, p. 21. *GE*. VII, p. 8.
38) *Ibid.*, pp. 21-22. *GE*. VII, p. 8.
39) *Ibid.*, p.22. *GE*. VII, p. 9. ジェズイットのラパン神父 Le P. René RAPIN (1621-1687) は，アンナ神父の所説を支持して，「『プロヴァンシアルの手紙』の著者は自身が異端でないことを示すことだけを考えている．しかし，そうでないことを示すのに成功しなかった．トレントの公会議で断罪されていた，カルヴァンの有効な恩寵と同じ有効な恩寵を熱心に擁護していたからである」と述べている．*Mémoires sur l'église et la société, la cour, la ville et le jansénisme, 1644-1669*, II, p. 455.

この恩寵問題を用いている。この意味で、アンナ神父は「ジャンセニウスの5命題の断罪」の時と同様、プロヴァンシアル論争においても徹頭徹尾、終始変わることのない、アンチ・ジャンセニストの論争家であった。

第3節 ヌエ神父 イエズス会の論争家（2）

『プロヴァンシアル』論争における、ジェズイットの2人の強力な論争家のうち、さきにアンナ神父を取り上げたが、ここでは、ヌエ神父[1]の論争家としての思想と行動を調べる。

（1）ヌエ神父の登場

『プロヴァンシアルの第11の手紙』以後、この手紙の著者の、ジェズイットへの痛烈な批判に対して、ジェズイット側から強力な反論が次々となされる。これらの反論を担当したのが、ヌエ神父である。この時の状況について、ラパン神父がその『覚書』[2]の中で次のように記している。「これらの中傷にうんざりしたジェズイットは、ついに、ヌエ神父に、ジェズイットは『中傷しか語らない』と不満を述べる『プロヴァンシアルの第11の手紙』に対して反論するように要請した。」[3]

ヌエ神父がジャンセニストと論争したのはこれが最初ではない。1643年に、アントワヌ・アルノーはその著『頻繁なる聖体拝受について』を出版したが、ヌエ神父は彼の8つの説教の中でそれを攻撃している。[4] また、『「頻繁なる聖体拝受について」と題する書物に関する正当なる考察』[5]の中で、ヌエ神父はアルノーを異端として非難している。すなわち、「アルノーの異端

---

1) Le P, Jacques NOUET (1605-1680)
2) Le P, René RAPIN (1621-1680) フランスのジェズイット.
   Mémoires du P. RAPIN, ... sur l'église et la soc, la cour, la ville et le jansénisme, 1644-1669, publiés pour la première fois d'après le manuscrit autographe, par Léon Aubineau ... 1865, 3 vol.
3) *Mémoires* du P. RAPIN, II, p. 402.
4) SAINTE-BEUVE, *Port-Royal*, II, pp. 178-181.
5) *Remarques judicieuses sur le livre intitulé "De la Fréquente Communion"* par Monsieur ARNAULD, Docteur en Théologie ..., 1644.

である第2点は、多くの人々が指摘しているごとく、彼の先祖は自称改革派教会に所属しており、先祖がこの改革派に所属していたこの若い博士がカトリックの思想や実践や教理に反対して著述しているのを大目に見逃すべきではない。」[6] ヌエ神父は、さらに、アルノーの異端である第4点は、アルノーの著わした書物の題名、『頻繁なる聖体拝受について』は誤ってつけられていると非難する。すなわち、「アルノーは愛によって聖体拝受に近づく人々よりも、懸念によって遠ざかる人々を容認しているから、その題名は『頻繁なる聖体拝受に反対して』とつけられるべきであった」[7] と非難している。

ジェズイットの意図は、アルノーのこの書物の中に「一般的な、そして、明らかにされている意図」[8] と「特殊な、そして、隠れた意図」のあることを明らかにすることであった。サント・ブーヴ[9] によれば、ジェズイットたちはアルノーの背後の思想にカルヴィニズムがあることをあばこうとしていたのであった。[10] ジェズイットの期待とは逆に、ドルムソンは『日誌』[11] の中で次のごとく記している。「1643年10月12日、... 私はこの本(『頻繁なる聖体拝受について』)を買って読んだ、そして、そこには良いこと以外、ほかの何物も見出せなかった。」[12] ジェズイットが意図して、アルノーを陥れようと計っていたことが推測される。

さて、1656年、ヌエ神父はジャンセニストと第2回目の論争に入り、『「プロヴァンシアルの手紙」に対する回答』[13] を書き、この『回答』の中で、『プロヴァンシアルの手紙』の著者、パスカルを非難した。まず第1に、パスカルが中傷したこと、つまり、彼はジェズイットの神父たちの書いた文章を変造して、ジェズイットの良心問題判例学を非難したこと、第2に、ポール・

---

6) *Ibid.*, p. 2.
7) *Ibid.*, p. 3.
8) *Ibid.*, p. 113.
9) Saintr-BEUVE (1804-1860)
10) Cf. *Port-Royal*, t. II, p. 180.
11) Olivier d'ORMESSON (1610-1686), *Journal*, 2 vol.
12) *Ibid.*, I, p. 113.
13) *Réponses aux "Lettres Provinciales" publiées par le secrétaire de Port-Royal contre les PP. de la Compagnie de Jésus, sur le sujet de la morale des dits Pères*, 1657.

ロワイヤルの人々は、ローマ教皇庁が断罪したジャンセニウスの教説を再現した、それゆえ、聖職者やソルボンヌの神学者たちが彼らの誤謬を非難したのは正当であり、これらジャンセニストが異端であることは、世評も認めるとおりであると、ヌエ神父は述べている。

（2）瞞着について

パスカルは『第11の手紙』では、「聖なることを嘲笑の種にした」[14]とのジェズイットの非難に反駁し、『第12の手紙』では、施し、聖職売買、破産の問題を、『第13の手紙』と『第14の手紙』では、殺人の問題を、『第15の手紙』では、ジェズイットの誤った非難を、『第16の手紙』では、ポール・ロワイヤルにおける聖体秘蹟の問題を取り上げ、ジェズイットを論駁している。他方、ヌエ神父は、『第11の手紙』から『第16の手紙』の各手紙が出るたびごとに反駁し、彼の著書、『回答』の中で、『プロヴァンシアルの手紙』が瞞着に満ちた作品であることを証明しようと努力した。

ヌエ神父は、『第7の手紙』で『プロヴァンシアルの手紙』の著者が引用して非難しているジェズイットの殺人に関する見解について、4つの瞞着があると指摘する。ジェズイットの神父に対する瞞着を1つ1つ指摘した後、ジャンセニストに向かって次のごとく言う。「何はともあれ、あなたがたが民衆のうちに広めたジェズイットの醜聞を、『悪口を言う者を殺しても構わない』との醜聞を直さなければならない。... それゆえ、私は、悪口を言う者を殺しても構わないと言う人は、神学者の中にも、ジェズイットの中にも、他の人々の中にも、ひとりもいないと確信している。ジェズイットでない有名な著作家で、名誉や生命がひどく不当に攻撃されたとき時、中傷者を殺しても構わないという人がいることは本当である。... しかし、それはほとんどないくらい、まれな場合である。ただし、スアレス[15]、ヴァスケス[16]、レシウス[17]、レギナ

---

14) *GE.* V, p. 307.
15) François SUAREZ (1548-1617)
16) Gabriel VASQUES (155 -1604)
17) Léonard LESSIUS (1554-1623)

ルドゥス[18]、フィリウッチ[19] など、ジェズイットの中の最も学識ある人々は、重大な結果を招くそれらの教説には反対である。」[20] パスカルはヌエ神父の反論に対して、『第13の手紙』で答えているが、それに対して、ヌエ神父は反駁を書いている。彼はパスカルが用いたジェズイットの良心問題判例学者のテキストを詳細に論議しようとするが、これはまさにパスカルが望んでいたところであった。この点に関して、コニェ師はきわめて適切に批評している。「彼〔ヌエ神父〕はそこで、重大な過失を犯した。民衆は、ジェズイットたちを弛緩した道徳の主な代表者であり、擁護者であるとするパスカルの見解を、ジェズイットたちが受け入れたと思っただけでなく、最後までつきつめると放漫主義であることが、容易に立証できる著者たちを擁護することに固執して、彼らは相手〔『手紙』の著者、つまり、パスカル〕にきわめてたやすく勝利を与え、他のすべての点についても、勝利を得させるように思えた。」[21] このような不利な状況の中でも、ヌエ神父は全力を上げてジェズイットの良心問題判例学者の道徳を擁護しようとしたのである。

（3）異端について

ヌエ神父は彼の著書、『回答』において、パスカルの瞞着を示したのち、パスカルは道徳の教説においても、恩寵の教説においても、異端者であると主張する。道徳に関しては、前述のごとく、ヌエ神父はジェズイットの良心問題判例学を擁護し、さらに、カトリックのすべての博士たちの道徳論を擁護しようとする。「私は、彼らの側の正当であることと、また、彼らに対する非難が悪意から出ていることを世の人々に示したいと願っている。善意ある人々の望みや共通の期待を満たすために、この『回答』の中で弁護しようと企てるのは、ジェズイットの道徳だけではない。私が弁護しようとするのは、中傷と誤謬が生み出すもっとも奇妙な虚偽によって、ポール・ロワイヤルか

---

18) REGINALDUS (1545-1623)
19) FLIUTIUS (1566-1622)
20) *GE.* Ⅵ, p. 12.
21) Louis COGNET, *Les Provinciales,* Paris, Garnier,1965, p. L. Ⅱ.

ら生まれてくる異端がけなすすべてのカトリックの博士たちの道徳である。」[22] 当時、ジェズイットの良心問題判例学の道徳は放漫主義であると非難されていたが、ヌエ神父は大胆にも、ジェズイットのこの道徳をカトリックの道徳とみなし、そして、宮廷にも、民衆の中にも少なからず支持者があるポール・ロワイヤルを異端であると主張した。

　恩寵に関しては、ヌエ神父は『プロヴァンシアルの手紙』の著者の教説は、ジャンセニウスの教説と同じものであるという。「恥さらしなこれらの手紙の著者は、その最初の数通の手紙の中で、恩寵の教説に関してジャンセニウスの考えを支持することにより、異端であることを自ら明らかにしている。ジャンセニウスの教説は、教皇によって、また、全教会によってすでに断罪されている。このことから、『プロヴァンシアルの手紙』の著者は、信者の間でいかに信用されていないか、容易に判断され得るであろう。」[23] 恩寵の教説に関しては、ヌエ神父は教皇から支持されていることを非常に誇りにしている。ジェズイットのラパン神父は、パスカルが「ヌエ神父やジェズイットを中傷者として非難したのは誤りである。なぜならば、彼らは、イープルの司教、ジャンセニウスがローマで断罪されたと言っているからである。つまり、これはもはや中傷ではなく、教皇の座、すなわち、イエス・キリストの代理者の口から発せられた神の言葉なのである」[24] と述べて、ヌエ神父を弁護している。

（4）アルノー、デュ・ムーラン、カルヴァン

　ヌエ神父は彼の著書『回答』の中で次のごとく言う。「この『プロヴァンシアルの手紙』の著者が用いている武器は、『ジェズイットの倫理神学』との表題を持つ恥知らずな誹謗文書から引き出された中傷である。この『倫理神学』は、1644年、議会の決議によって、ボルドーで引き裂かれた。この誹謗文書は、教会から破門されたと思って『教皇主義者の倫理神学』[25] を出版したカ

---

22) *GE.* V, pp. 343-344.
23) *Ibid.*, p. 344.
24) *Mémoires du P. RAPIN*, II, p. 408.
25) Jean CALVIN (1509-1564), *Théologie Morale des Papistes.*

ルヴァンを模範にして、シャラントン[26]の牧師、デュ・ムーランが、1632年に著わした著書、『ローマ教会の慣習の目録』[27]から引き出されたものである。」[28] ヌエ神父は、この『プロヴァンシアルの手紙』の著者を、『頻繁なる聖体拝受について』を出版して以来、異端者と断罪されているアルノーと断定し、さらに、ヌエ神父はアルノーをデュ・ムーランやカルヴァンの弟子であるとみなしている。[29]

　ヌエ神父が意図したことは、ポール・ワイヤルの中傷者が、シャラントンの牧師からその非難を借りて、恥ずべきことに、次のような過ちに陥っていることを明らかにすることであった。「1．卑劣なぺてんとおぞましい欺瞞によって引用し、ジェズイットの著者の言葉を変造したこと、2．学校で、もっとも学識ある神学者が教えている蓋然的意見を不当にも非難したこと、3．カトリック教会が不変で正統としている信仰基準を横柄にも攻撃したこと、4．人々に広く教えられている献身の実践を不敬虔にも軽蔑していること、…宗教団体（イエズス会）に対して非常に多くの中傷、侮辱を加え、名誉を傷つけたこと、そして、このジャンセニストの中傷者に取りついている悪口する情念は、異端者カルヴァンが、カトリックの神父たちに反抗させるため彼らに吹き込んだ憎悪の恐ろしい結果でしかありえないこと。」[30]

　ヌエ神父はさらにつけ加えている。「このポール・ロワイヤルの中傷者はジェズイットを非難する時、きわめて忠実にデュ・ムーランに従っているから、『プロヴァンシアルの手紙』の最初の数通では、恩寵に関するデュ・ムーラン牧師の過失を、最後の数通の手紙では、カトリックの道徳に関するデュ・ムーランの瞞着を見出すことができるから、私は『プロヴァンシアルの手紙』

---

26) Charenton、パリ南南西郊外の地名．当時、パリ市内ではカルヴィニストの教会を設立することは認められなかった．ナントの勅令の廃止により、教会堂は破壊され、今日、その遺跡はまったく存在しない．

27) Pierre du MOULIN, *Des Traditions et de la perfection et suffisance de l'Ecriture saincte … avec un catalogue ou dénombrement des traditions romaines*, par Pierre du Moulin, … 1631.

28) *GE.* V, p. 344.

29) *Ibid.*

30) *GE.* V, p. 345.

の著者を扱うのは、ちょうどあのカルヴィニストをあしらったのと同じような態度をとらなければならい」[31] と。

 ジェズイットはポール・ロワイヤリストに対する時、カルヴィニストに対する時と同じ態度をとる。例えば、ベルナール・メニエ神父の場合を調べてみよう。彼はその著、『ポール・ロワイヤルとジュネーヴとのひそやかな共謀』[32] の中で3つの証拠を挙げて、ポール・ロワイヤリストはカルヴィニストと同じ異端者であると考えている。「1．ポール・ロワイヤルの書物の中にある聖餐に関するいくつかの提言は、ジュネーヴのみが受け入れ、ローマは非難するものである。2．『頻繁なる聖体拝受について』において、ポール・ロワイヤルは聖餐の儀式を確立したと自慢しているが、この秘儀に関しては、どの提言も、ローマのみが受け入れ、ジュネーヴが非難しているものはない。3．アルノー氏の『第3の手紙』第2部、第15項で、ポール・ロワイヤルは聖餐に関する主張を正当化し、ジュネーヴに反対しているような振りをするけれども、実際には、ジュネーヴが受け入れていることと、ローマが断罪したその意味で、ジュネーヴがすでに主張していること以外の何物でもない。」[33] ローマ教会は聖体拝受について、「イエス・キリストの体を口から受ける」[34] ことを信じており、他方、カルヴィニストは「信仰によってのみそれを拝受することを認めている。」[35] メニエ神父によれば、カトリックとユグノーは、普通には、聖体の秘蹟に関しては同じ表現を口にしており、そして、ジュネーヴはローマが用いるのとほとんど同じ用語を使って、この尊ぶべき秘蹟を破滅に導くため、異端を宣べ伝えている。[36] それゆえ、カルヴィニストの牧師が聖餐の儀式において、神の実在や化身や聖体の拝受やイエス・キリストを礼拝することを信じると言っても、彼はこういうことを言いなが

---

31) *GE.* V, p. 345.
32) Le P. Bernard MEYNIER (1604-1682), *Le Port-Royal et Genève d'intelligence, contre le Très-Saint Sacrement de l'Autel* ···, 1656.
33) *Ibid.*, 1re page d'Au Lecteur.
34) *Ibid.*, p. 1.
35) *Ibid.*
36) *Ibid.*, p. 2.

ら、この派の書物をまだ読んでいない人々を欺くのである。この牧師をカトリック教徒と思い違いをしたり、この牧師が異端を否認していると考える恐れがあるが、実際は、彼の心も、彼の言葉も、この異端を否認していないのである。

メニエ神父にとっては、アルノーはカルヴィニストと同じ誤謬に陥っている。「アルノー氏が聖餐の儀式に関する彼の誤謬をきわめて上手に隠したのは、ユグノーの本や口にしばしば出てくるその言葉によってである。」[37] メニエ神父はローマ教会の見地から『頻繁なる聖体拝受について』をカルヴィニストの書物であると非難して、ジャンセニストとカルヴィニストは共に異端であることを立証しようと努める。彼は次のごとく言う。「さあ、この著作によって、ポール・ロワイヤルとジュネーヴの人々が聖餐の儀式に反対していることを明らかにしよう。そして、ジャンセニストが拒むことのできない、また、カトリック教徒が疑うことの不可能な、非常に説得的な証拠を与えよう。」[38]

(5) ヌエ神父とカルヴィニストの関係

ヌエ神父が『プロヴァンシアルの手紙』の著者に反駁する時、彼は、このジャンセニストはカルヴィニストと同じ異端に陥っていると言う。それでは、ヌエ神父とカルヴィニストとの関係はいかなるものであったかを我々は調べてみよう。

ヌエ神父は聖体の秘蹟の問題で、シャラントンの牧師、ジャン・クロード[39]と論争した。1665年、ジャン・クロードが『「聖体の秘蹟に関するカトリック教会の信仰の永続性」との表題のついた2つの論文への返答』[40] を出版した時、ヌエ神父は1666年、『聖餐式におけるイエス・キリストの臨在。聖体

---

37) *Ibid.*, p. 3.
38) *Ibid.*, p. 4.
39) Jean CLAUDE 1685年(ナントの勅令廃止)まで、シャラントンの改革派教会の牧師を務める.
40) *Une Réponse aux deux traitez intitulez "La Perpétuité de La Foy de l'Eglise catholique touchant l'Eucharistie".*

の秘蹟に関するカトリック教会の信仰の永続性に反対して書いたクロード牧師への回答として』[41]を著して、反駁した。『学者新聞』[42]は1667年6月、ヌエ神父のこの書物を分析して、賞賛し、公にしたが、ジャン・クロードはこの文書に対して、『1667年6月28日の「新聞」の問題に関して、友人の1人へ田舎人が書いた手紙』[43]を著わして回答とした。クロード牧師のこの回答に対して、『新聞』は1667年12月26日、反駁した。ヌエ神父自身も、1668年、『シャラントンの牧師、クロード氏への手紙』[44]を著わして反駁した。さらに少し経って、クロード牧師は、1669年に、『「聖餐式におけるイエス・キリストの存在、信仰の永続性に反対して書いた、クロード牧師への返答のために」と題して書かれた、ジェズイットのヌエ神父の書物への回答を含む、聖体の秘蹟論』[45]という大部の著作を著した。ヌエ神父は、この書物に関する彼の意見を次のような言葉で表現している。「異端とは、我々がめまいと呼ぶ、体の病気に似ている精神の病気である」[46]と。イエス・キリストの真の教会は、ローマ教会の信仰規準であり、その信仰は不動である。世の中の変化にも影響されないこの信仰は改革を必要としない。異端者は変革を望んで、信仰から離れている。「異端者であると考えねばならぬ人は誰か。教会から離れている人々である。」[47]「それゆえ、昔からの教説を変えることによって、ローマ教会が異端に堕落していたら、この教会はイエス・キリストの真の教会から離れているに違いない。なぜなら、聖書によれば、異端のしるしは教会から出て行くことだからである。」[48]ヌエ神父は、カルヴィニストは教会

---

41) La Présence de Jésus-Christ dans le très-saint Sacrement pour servir de répondre au ministre qui a écrit contre la Perpétuité de La Foy de l'Eglise catholique touchant l'Eucharistie."
42) Journal des savants par ···
43) Lettre d'un provincial à un de ses amis sur le sujet du Journal du 28 juin 1667.
44) Lettre à M. CLAUDE, ministre de Charenton.
45) Traité de l'Eucharistie, contenant une réponse au livre du P. Nouet, suite, intitulé; La Présence de sus-Christ dans le très-saint Sacrement pour servir de répondre au ministre qui a écrit contre la Perpétuité de Foy de l'Eglise catholique touchant l'Eucharistie"
46) Nouet, La Présence de Jésus-Christ dans le Très-Saint Sacrement, ···, Préface.
47) Ibid., Préface.
48) Ibid.

から出て行ったと指摘し、『「聖体の秘蹟に関するカトリック教会の信仰の永続性」との表題のついた2つの論文への返答』の著者であるジャン・クロードが、いかに「誤った推論と仮定の上に支えられているか」を示そうと努めていたのである。

＊　　　＊　　　＊

　ヌエ神父は宗教論争のきわめて激しい時代の中で、一方ではアルノー、パスカルなどポール・ロワイヤリストと、他方では、デュ・ムーラン、ジャン・クロードなどのカルヴィニストと激しい論争を繰り返し、彼は終始変わらず、恩寵と道徳に関するジェズイットの教説を擁護した。彼はその教説を思索によって深めるよりも、論争によって相手を非難、攻撃、反駁することに努力を集中していた。ジャンセニストとカルヴィニストを異端者として非難することに生涯の大部分を費やした、徹底した論争家であったと言えよう。

第4章　パスカルの表現論

第1節　『プロヴァンシアルの手紙』の表現形式
 1．手紙形式
  1）田舎の友人への手紙
  2）ジェズイットの神父への手紙
 2．対話形式
  1）対話
  2）劇
第2節　表現技術
  1）説き伏せる法
  2）気に入る法

第1節 『プロヴァンシアルの手紙』の表現形式

1. 手紙形式

『プロヴァンシアルの手紙』は、1656年1月から1657年3月までの1年余りの期間に、18通の手紙の形で出版されたパンフレットである。大部分の手紙は、1枚の紙の4つ折判8ページで、『第16の手紙』と『第18の手紙』だけは、1枚半の紙の4つ折判12ページで構成されている。表紙はなく、冒頭に、表題と日付が下記のごとく載せられている。

  LETTRE
ESCRITE A VN PROVINCIAL
PAR VN DE SES AMIS
SVR LE SVJET DES DISPVTES
presentes de la Sorbonne.
De Paris ce 23. Ianuier 1656

著者の名前も、差出人の名前もなく、匿名であるが、『第3の手紙』の末尾には、

Vostre tres-humble, & tres-obeïssant serviteur,
    E.A.A.B.P.A.F.D.E.P.
という署名がある。

ジェズイットのラパン神父によれば、『小さな手紙』[1]はまず、サロンで発

---

1) *Les Lettres Provinciales*（『プロヴァンシアルの手紙』）の日本語題名は、状況を考慮して『小さな手紙』『田舎の友に宛てた手紙』『プロヴァンシアルの手紙』を与えている。*Petites Lettres*（『小さな手紙』）は論争初期に用いられた呼び名で、やがて *Les Lettres Provinciales*（『プロヴァンシアルの手紙』）が定着してくる。

表され、次いで、発売されると、すぐに売り切れた。[2]

　主として、パリで、ポール・ロワイヤル修道院に味方する印刷業者がコピーを作成、地方へ、さらに、「イギリス、オランダ、スイス、ドイツ、また、ローマ教皇にほとんど好意を持たない国」[3] に送られた。この『小さな手紙』に関わると、逮捕される危険があった。事実、逮捕され投獄された印刷業者もあった。最も危険なのは、筆者のパスカル自身であったが、官憲は作者を特定することができなかった。パスカルが著者だということが分かったのは、やっと1659年のことである。この『小さな手紙』は何の予告もなく、また、大きな人気があったにもかかわらず、『第18の手紙』で終わっている。パスカルは『第19の手紙』も書き始めていた。執筆をやめたことに関しては彼は何も述べていないが、その理由は容易に推測できる。1657年3月、エックス・アン・プロヴァンスの議会が『第17の手紙』を焼くことを命じている。[4] 1657年3月11日には教皇アレキサンドル7世が禁止の勅令をルイ14世に送っている。[5] 『第19の手紙』執筆時に、外部からの圧迫が激しかったことが窺える。ジャンセニウス擁護が教皇や国王の否定につながることになったのである。パスカルにはこれはできない。しかし、彼は戦いをやめたわけではなかった。彼は次の手段を採ることになる。

　ところで、このようなパンフレットは表現においてどのような特徴を持っていたであろうか。

　簡潔に、素早く、民衆に情報を提供することができた。1656年1月から1657年3月まで、次々と新しいパンフレットが発売されて興味ある情報が提供されたことは上の記述からも理解できるであろう。「簡潔に」とは、どのようであったか。同じくジャンセニウスを擁護するアルノーの『ある大貴族に宛てた、第2の手紙』[6] と比較してみよう。

---

[2] R. P. RAPIN, *Mémoires*, II, pp. 367-369.
[3] Cf. 本書 第2部 第3章 第1節，イエズス会の反応，『1656年度フランス管区年次報告書』
[4] *GE*, VI, pp. 377-378.
[5] *GE*, VII, p. 3.
[6] *Seconde Lettre à un duc et pair*, 1655.

5命題[7]の誤りがジャンセニウスの中にあるかどうかに関連して、パスカルはアルノーの『第2の手紙』を利用している。デュシェーヌによれば、アルノーが279行用いているところをパスカルは112行にまとめ、論旨をさらに展開するために102行用いている。アルノーがある点を主張するのに反論を立ててひとつずつ反駁して結論に導いているのに対し、パスカルは要点をまとめて、問題を明確に示している。そして、それを次の問題へと展開させている。[8]

パスカルが『プロヴァンシアルの手紙』において用いた表現形式は、手紙と対話である。[9] この2つのジャンルでは論理的な構成にとらわれずに、さまざまな問題を自由に取り扱うことができる。『プロヴァンシアルの手紙』の成功の多くは、手紙と対話というこのジャンルを駆使したことに負っていると言えよう。この2つのジャンルによって、パスカルは扱う主題を民衆が理解できる程度にまで平易にし、しかし、真剣さと内容の質を減じてはいない。対話は古代ギリシャにまでその伝統をさかのぼることができるし、手紙は当時、神学、哲学、科学、政治などの高度な主題を扱いうるジャンルにまで成長していた。パスカルはこれらのジャンルを利用して、『第17の手紙』『第18の手紙』に見られるごとく神学問題を深く掘り下げて論じることができたのである。手紙に関しては、パスカルは DETTONVILLE の筆名で、すでにこのジャンルを用いて幾何学論文を執筆している。[10] 手紙と対話は小さなジャンルであり、本来、多人数を対象とするには適していない。しかし、著者と読

---

7) Cf. 本書 pp. 93-96.
8) *Méthode chez PASCAL*, Roger DUCHÊNE, "*D'Arnauld à Blaise PASCAl ou l'art de faire 《plus court》: l'exemple de la dix-septième* Provinciale," p. 253-263.
9)「パスカルの全作品のなかで、相手が実際に存在することを前提としない文章は一つもない....　人間と神が、人間と人間が、それぞれ相対して言語活動の中核に常に存在しているのである。」(Édouard Morot-sir, *La métaphysique de Pascal*, P. U. F., 1973, p. 31. 広田昌義訳『パスカルの形而上学』人文書院, 1981, p. 42.) モロ・シールが指摘しているように、「パスカルは常に他者とのコミュニケーション・対話を実践してきた. 相手が神であるとき、その対話は信仰・回心であり、一方、相手が人間であるとき、その対話は説得である.」(望月ゆか「エートスの観点からみた前半の『プロヴァンシアル』におけるパスカルの説得のレトリック」『仏文研究』XXI, 京都大学フランス語学フランス文学研究会, 1990年, p. 35.)
10) 例えば、*Traité générale de la roulette ou problèmes touchant la roulette proposés publiquement et résolus par A. Dettonville*.

者の姿が浮かび上がり、手紙と対話が継続するにつれ、両者の距離は減じ、議論される内容は親しみのあるものになる。パスカルは『プロヴァンシアルの手紙』において、この2つのジャンルを用いて専門家のみならず、一般民衆にまで読者を広げることに成功し、サロンの教養ある貴婦人たちも熱心に読み、論争の展開を楽しんだのであった。

1)『田舎の友人への手紙』

『プロヴァンシアルの手紙』の形態は、その題名の示すごとく、手紙形式である。前述のように、差出人は、『第3の手紙』の末尾にイニシャルが記されている以外は匿名である。[11] 宛名は『第1の手紙』から『第10の手紙』は、「田舎の友」(フィクション)であり、『第11の手紙』から『第16の手紙』はジェズイットの神父がた、『第17の手紙』と『第18の手紙』はジェズイットのアンナ神父となっている。『プロヴァンシアルの手紙』の目指す受取人は、できるだけ多くの人々であり、神学者、神父など聖職者だけでなく、社交界に出入りする紳士淑女も対象とされている。

ニコルの証言によれば、学者にも一般の人々にも読まれた。『プロヴァンシアルの手紙』はポール・ロワイヤル修道院関係者によって期待されたすべての効果を実現した。[12] パスカルは手紙という親しみある柔軟なメディアで興味ある情報を提供したのである。

シャルル・ペローによれば、「すべてがそこにある。言語の中の純粋さ、思考の高貴さ、推理の堅固さ、からかいの繊細さ、そして、至るところに他では見出せない楽しみがある。」[13]

一般に、ジャンセニストの文体には、優雅さが欠けていた。サント・ブー

---

11) 筆名モンタルトについては,Cf. 本書 p. 131. パスカルが偽名「モンタルト」を用いた意義については,望月ゆか氏の鋭い指摘がある.前掲書,pp. 37-48. すでに神学的知識を十分備えていたにもかかわらず,神学に関して素人である「モンタルト」という仮面をかぶることにより,読者の共感を見事に得ている点を,『第1の手紙』から『第10の手紙』を分析して明解に立証している.

12) *Histoire de Provinciales, Les Provinciales*, 1700, 2 vols., pp. Ⅵ-Ⅶ.

13) *Parallèle des Anciens et des Modernes*, Paris, 1693, 2 vols.

ヴは次のように言う。「アルノーの論争文書には生気がない。あいまいさを恐れるあまり、無駄な繰り返しに陥っており、絶えず定義するように駆られている。力強い知性を動かす積極的な意志は感じられるが、内部からあふれてくるものがない。彼自身の表現は文法の一般的規則、論理の結果以外のなにものでもない。健全な、正しい、優れた意味での表現であるが、非人格的であり、また、内的な反映やニュアンスはない。」[14]

パスカルの『プロヴァンシアルの手紙』はいきいきとしており、問題を投げかけ、喜ばせ、怒らせ、憤慨させる。ヴォルテールは『プロヴァンシアルの手紙』を評して、「散文の中で、天才による第一の書」であると言っている。[15]

(1) 導入部

情報の提供

『プロヴァンシアルの手紙』の冒頭から、パスカルは一挙に読者の関心を、著者がこれから提供しようとする情報に集中させる。すでに引用した文章であるが、ここで省略することはできない。

> 僕たちは、まんまと騙されていたんだよ。やっと昨日になって、僕も迷いから覚めたというわけだ。それまでは、ソルボンヌで論議されるほどの問題なら非常に重要で、信仰上も絶対にゆるがせにできぬものとばかり思っていたんだ。パリ大学神学部のような名門大学であんなにたびたび会議が持たれ、そこでは、めったに例のない異常な出来事が何度も起こったというんだから、これはもう尋常普通ではない重大問題が議せられているに違いないと信じないでいられないじゃないか。ところがだよ、これから話すように、これほどの大騒ぎの結果がどういうことになったかを知ったら、きっと君も驚くだろうよ。僕は、その完全な情報を手に入れたから、ひとつそれをごくかいつまんで、君にも知らせておきたい

---

14) *Port-Royal,* Paris, 1878, 7 vols., vol. II, p. 171.
15) *Le Siècle de Louis XIV,* Paris, Classiques Garnier, 1947, 2 vols, II, Ch. XXXII, p. 115.

と思うのだ。(『第1の手紙』)[16]

どのような情報であろうかと、読者の注意を引きつけるこの名文で始まるが、ここでは、この情報の内容とは直接関係のない記述を用いて、パスカルが読者を、非常にリアルに情報に注目させていることを示したい。

(2) 登場人物の紹介

パスカルは登場人物を紹介している。

> 事の真相を知ろうとして、僕はナヴァール学寮の学者である、ある先生に会いに行ったんだ。この先生は、僕の家の近くに住んでいて、君も知ってのとおり、ジャンセニスト反対派の急先鋒の1人だ。(『第1の手紙』)[17]

また、もう1人の人物を紹介している。

> その後、事件の確信をつかめたと思うととてもいい気になって、ある人のところへ出かけたのだ。その人は、ますますお達者で、ご自分の義理の弟さんのところへ連れて行ってやろうとおっしゃるくらいのお元気さだった。その弟さんというのが、そうざらにはいないぱりぱりのジャンセニストなんだが、なかなか気のいい人物でもあるんだ。(『第1の手紙』)[18]

これらの文章は、『プロヴァンシアルの手紙』の議論とは、直接、関係がないが、紹介されている人物はこれからの情報の提供者であり、あるいは、あるひとつの神学的立場を代表する重要な人物である。これらの人物を紹介されることによって、読者は『プロヴァンシアルの手紙』論争のリアルな状況

---

16) *Ire Lettre, PC.* pp. 3-4. cf. 『P 著作集』I, p. 9.
17) *Ibid. PC,* p. 8. cf. 『P 著作集』Ⅲ, p. 12.
18) *Ibid. PC,* p. 10. cf. 『P 著作集』I, p. 13.

の中に連れて行かれたのであろう。

　　その門のところで、親友の1人にあった。熱心なジャンセニストの男だ。
　僕の友達はどこの党派にもいるんだよ。もっとも彼は、僕が訪ねようとす
　る神父とは別の人に会いに来たんだがね。だが、僕は是非と頼んで、一緒に
　ついてきてもらうことにし、お目当ての新トミストの神父に面会を求めた。
　神父は、僕と久しぶりの対面をとても喜んでくれた。(『第2の手紙』) [19]

　　神父さんはいきなり、僕を抱き締めてたいへんな歓迎ぶりだった。ずっと
　僕を憎からず思っていてくれていたんだ。取りとめのない話しを二、三か
　わした後、さりげなく本論に入っていこうとして、...。(『第5の手紙』) [20]

　　パスカルはしばしば "le bon Père", "mon Père" "mon homme"（「神父さんが」
　「神父さん」「その先生」）と親しみを表わす言葉を用いる。

　　Et à ces mots, le bon Père arriva chargé de livres; ...（「そう言ったところへ、
　神父さんが幾冊もの本をかかえて、...」）(『第4の手紙』) [21]

　　Non, mon Père, lui dis-je, je ne le puis souffrir.（「いや、神父さん、そんな
　にはいけないんです。」）(『第5の手紙』) [22]

　　Mais, ne pouvant m'assurer de sa réponse, je ne le priai de me dire
　confidemment ... Mon homme s'échauffa là-dessus, mais d'un zèle dévot ...
　（「その答えに満足できなかったので、この私にだけこっそり教えてもら
　えませんかと頼み込んだ。それを聞いてその先生はかっかとなったよ。」）

---

19) *2ᵉ Lettre, PC*, p. 25. cf.『P 著作集』III, pp. 32-33.
20) *5ᵉ Lettre, PC*, p. 79. cf.『P 著作集』III, p. 97.
21) *4ᵉ Lettre, PC*, p. 56. cf.『P 著作集』III, p. 69.
22) *5ᵉ Lettre, PC*, p. 81. cf.『P 著作集』III, p. 98.

(『第1の手紙』)[23]

je lui dis au hasard: Je l'entend au sens des Molinistes, A quoi <u>mon homme</u>, sans s'émouvoir: Auxquels des Molinistes, me dit-il, me renvoyez-vous? (「...すると、<u>その先生</u>、少しもさわがず、...」)(『第1の手紙』)[24]

前置きの巧みさ

これから重要問題を語ることをほのめかし、関心をあおり、注意力を集中させる。

僕たちは、まんまと騙されていたんだよ。やっと昨日になって、僕は迷いから覚めたというわけだ。それまでは、ソルボンヌで論議されるほどの問題なら非常に重要で、信仰上も絶対にゆるがせにできぬものとばかり思っていたんだ。パリ大学神学部のような名門大学であんなにたびたび会議が持たれ、そこでは、めったに例のない異常な出来事が何度も起こったというんだから、これはもう尋常ふつうでない重大問題が議せられていると信じないではいられないじゃないか。(『第1の手紙』)[25]

ジェズイットほど大した代物はちょっと他にないよ。僕はなるほど、何人ものドミニコ会士たち、博士たち、その他あらゆる種類の人達に会った。だが、こういう訪問をいくら続けても、僕は少しも教わるところがないのだ。他の連中は、結局、ジェズイットの猿真似をしているに過ぎない。何事でも、源泉に帰ることが一番大切だ。(『第3の手紙』)[26]

(3) 本文

---

[23] *1ʳᵉ Lettre, PC,* p. 11. cf.『P 著作集』Ⅲ, p. 14.
[24] *Ibid. PC,* p. 12. cf.『P 著作集』Ⅲ, p. 16.
[25] *Ibid. PC,* p. 11 cf.『P 著作集』Ⅰ, p. 9.
[26] *3ᵉ Lettre, PC,* p. 53. cf.『P 著作集』Ⅲ, p. 67.

第1節 『プロヴァンシアルの手紙』の表現形式 257

くつろぎ
くつろいだ状況から、本論に入る。

> この前なんか、例の神父さんに会った時の愛想のよさといったら、僕なら君に対してだってとてもあんな態度はとれないよ。僕の姿を見かけるとすぐにそばに寄ってきて、手にした本を見ながら、こう言うんだ。(『第9の手紙』) [27]

重要な情報の提供
冒頭に予備的重要情報の提供をしている。

> 今のところ、彼らの会の政略の話はあとになりそうだ。会の重要方針のひとつをお伝えしたい。すなわち、告解の安易化についてだ。これこそは、彼らの会の神父連中が、ただ1人もはねつけず、誰もかれもをとらえこもうとして発明した、なんともうまい方法なんだからな。先へ進む前に、これを知っておくことが是非とも必要なんだ。だから、例の神父も、この点をぼくに教えておくのが適当だと思ったのだろう。こんな具合だ。(『第10の手紙』) [28]

ジャン・ダルバ[29] の話を持ち出し、変化と面白味を与えて、前回の『第6の手紙』の議論を次に展開している。

---

27) 9ᵉ Lettre, PC, p. 153. cf.『P 著作集』Ⅲ, p. 193.
28) 10ᵉ Lettre, PC, p. 171. cf.『P 著作集』Ⅲ, p. 219.
29) Cf. 6ᵉ Lettre, LC, p. 111. cf.『P 著作集』Ⅲ, pp. 134-135. ジャン・ダルバ Jean d'Alba はサン・ジャック街のクレルモン学院で，イエズス会の神父たちに仕えていたが，給金が不満で，埋め合わせのため，窃盗を働いた．神父たちは彼を屋内窃盗のかどで訴えた．ジャン・ダルバは尋問を受けると，神父たちのところで錫の皿を何枚かとったことを白状したが，しかし，それは窃盗を働いたことにはならないと主張し，証拠として，ボオニー神父の『罪の総集編』とあるイエズス会士の著作を裁判官に提出した．ジャン・ダルバはそのイエズス会士から良心問題判例学を学んだことがあり，ボオニー神父と同じ説を教えられていた．判決は延期され，結局，ジャン・ダルバは釈放されていた．

なにしろ例の人のいい神父さんがまじめに話している最中に、僕がジャン・ダルバの話なんか持ち出して茶化したものだから、神父さんも少々、むきになっていたんだが、もう2度とそんなことはしないと僕が確約したので、やっと機嫌を取り直し、また話し出した。(『第7の手紙』) [30]

連載ものの形態

連載物の形態をとって、読者の興味を次の手紙へとつないでいる。この手法は各手紙に見られる。『第6の手紙』で前の手紙の末尾で言及したことにふれ、この手紙で扱うことに簡潔にふれている。

この前の手紙の終わりでも、ちょっと言っておいたことなんだが、例のジェズイットの神父さんから、僕は、良心問題判例学者たちが、自分たちの意見と、教皇や公会議や聖書の決定との間に食い違いが生じた場合、どういうふうにして折り合いを付けるかを教えてもらう約束ができていたんだ。そんなわけで、2度目に訪ねた時、彼はそれを教えてくれた。その時の様子をこれから君にお伝えしたい。(『第6の手紙』) [31]

(4) 結び

結語を次の展開に結びつける。
恩寵問題から道徳問題への戦術の転換が予告されている。『第10の手紙』まで一連の手紙となる。

「それじゃ、君は、やつらが教え la doctrine よりも素行 la morale においてもっとひどい乱脈ぶりなのを知らないのか。」友だちは、いくつかの奇怪な実例を挙げてくれたんだが、残りはまたの機会に話すということ

---

30) *7ᵉ Lettre, PC*, p. 114. cf.『P著作集』III, p. 143.
31) *6ᵉ Lettre, PC*, p. 95. cf.『P著作集』III, p. 119.

だった。この次には、彼から聞いた話を話題にできたらと思う。(『第4の手紙』) [32]

長くなって、退屈なものとならないために、適当な箇所で切り上げて、次の手紙につないでいる。

会談はここで終わった。だから、この手紙もここで切り上げよう。それに1通の手紙としてはもういいかげん長くなったようだから。君ももう十分と思っているに違いないだろうから。あとは次の手紙にしよう。(『第5の手紙』) [33]

今日はこの辺で切り上げることにしよう。この時の会見でぼくが聞いたすべてをお知らせするには、1度限りの手紙ではとても足りないのだから。(『第6の手紙』) [34]

紙数が足りないので全部を述べていないと注意を喚起し、ジェズイットの道徳に関する弛緩がどんなに大きいかを想像するように導いている。

こんな次第で、僕は、この神父さんの言葉どおりを、君にお伝えしているわけだ。しかし、いつものことながら、言いたいことは山ほどあっても、紙が足りないのだ。全部言おうとすれば何冊もの本を書かねばならないほど、もっと他にも、いろいろと大事なこともないわけではないんだがね。(『第7の手紙』) [35]

次号を予告している。

---

32) *4ᵉ Lettre, PC*, p. 71. cf.『P 著作集』Ⅲ, p. 84.
33) *5ᵉ Lettre, PC*, p. 94. cf.『P 著作集』Ⅲ, p. 110.
34) *6ᵉ Lettre, PC*, p. 113. cf.『P 著作集』Ⅲ, p. 137.
35) *7ᵉ Lettre, PC*, p. 132. cf.『P 著作集』Ⅲ, p. 162.

> 僕たちはそこで別れたというわけだ。だから、今度の話は、彼らの政略についての話しになるだろうよ。(『第9の手紙』) [36]

1つの局面が終わったことを告げている。

> こんなふうな話を少ししたあとで、僕は神父と別れた。ここへはもう2度と来ることがないような気がした。でも、そいつは残念だと思わないでくれ。彼らの定めた規律について、さらに君にお伝えする必要が生じたら、僕だって彼らの本はかなり読んだつもりだし、彼らの倫理観についてなら、あの神父と同じくらい、彼らの政策にかけてはたぶん、あの神父以上の話ができるだろうと思うよ。(『第10の手紙』) [37]

論争の目的、そして、それを最後までやりとげることを予告している。

> あなたがたの正体が何ものかをはっきり分からせることが、何にもまして重要なことだったのです。私がこの手紙で着手したのもそのことでした。最後までやりとげるには、もう少し時間が必要です。いずれ、目にものを見せてあげますよ、神父さま。(『第15の手紙』) [38]

『第18の手紙』で論争文書を終える予定は、この手紙の執筆時にはなかったが、パスカルは、ジェズイットに対して書いたこれまでの論争の手紙の動機、目的を示し、非難攻撃をしている。また、一方、ジェズイットにこれほどまで不当な異端呼ばわりをされながら、何も言わずに黙っているポール・ロワイヤル修道院の人々に対しても不満を表わしている。

---

[36] 9ᵉ *Lettre, PC*, p. 170. cf.『P 著作集』III, p. 212.
[37] 10ᵉ *Lettre, PC*, p. 192. cf.『P 著作集』III, p. 239.
[38] 15ᵉ *Lettre, PC*, p. 296. cf.『P 著作集』III, pp. 128-129.

あなたがたの欺瞞がすべて暴かれれば、あなたがたの非難にはどんな根拠もなく、あなたがたの相手にはどんな誤りもなく、教会には異端なんて存在しないことが誰の目にも明らかになるでしょうから。神父さま、このような益を手に入れることが、私の目的なのです。宗教全体にとっても、それは非常に益になると思われるのですが、あなたがたからこんなにひどい仕打ちを受けながら何も言わずに黙っていられる人達がいるのが、私には理解できません。自分たちはどんな侮辱を受けても動じないというのはとにかく、教会までもが侮辱されているのですから、彼らとしても、何か一言あってもいいのではないかと思うのです。まして、聖職にあるものなら、特に信仰問題について、みすみす中傷にさらされ自分の評判を失なうようなことがあっていいものかと疑問を感じています。それでも、あなたがたに言いたい放題言わせて平気な人達がいるのです。ですから、偶然あなたがたが私にこんな機会でも与えて下さらなかったとしたら、各方面であなたがたがふりまいておられる汚いうわさ話にたてつく者はおそらく誰もいなかったでしょう。(『第18の手紙』) [39]

　パスカルは手紙というジャンルの持っている特質を十分に駆使して、読者の関心を引き寄せ、読者を楽しませ、しかも、重要問題の情報を提供し、問題の核心に入っているのである。

2）ジェズイットの神父への手紙

論理と感情

　『第10の手紙』までの宛名人は「田舎の友」であったが、『第11の手紙』以後は、『第16の手紙』までが、「ジェズイットの神父がた」『第17の手紙』と『第18の手紙』は「ジェズイットのアンナ神父」であり、直接ジェズイットと論戦し、それを公にしている公開質問状である。

---

39) *PC*, p. 380. cf.『P 著作集』IV, p. 237.

これら後半の8通の手紙は前半の10通の手紙と内容と方法ともに関連がある。内容は良心問題判例学と恩寵問題であり、ジェズイットの良心問題判例学者の著作によって、その不道徳性やポール・ロワイヤル修道院断罪の不当性を暴く。前半の手紙に豊かにあったユーモアも幾分かはある。しかしながら、『第11の手紙』から『第18の手紙』は、重要な点で、前半の手紙と異なっている。推理はより力があり、痛烈であり、自己弁護と直接、論敵を攻撃するため、対話は放棄され、風刺が皮肉よりも多くなっている。最後の2通の『手紙』では、恩寵の問題と5ヵ条の命題の断罪にも戻り、中立的な立場の人々の気持ちを害しさえするけれども、いきのよい、パスカルのポール・ロワイヤル修道院弁護はきわめて雄弁である。ジェズイットの良心問題判例学の不道徳性とジャンセニウスやポール・ロワイヤルの人々に対する異端呼ばわりの不当性を広く世間の人々に訴える公開質問状である。

(1) 論理　幾何学的精神の発露

幾何学的精神の厳しい正確さに基づく議論が行なわれる。明確な目的を持った順序があり、各手紙の冒頭には主題、時には、議論の梗概が書かれている。

> たった今、近刊のご著作を見せていただいたところです。ただただ、ぺてん呼ばわりを続けてきて、...そこで、この手紙では、あなたがたからの嘘つき呼ばわりに対して、私の引用は正しかったことを証し立てたいと思います。(『第13の手紙』) [40]

> 続いてあなたがたの中傷を取り上げましょう。まず、あなたがたの『警告』の中に残っているものについて、お答えするとしましょう。(『第16の手紙』) [41]

---

40) *13ᵉ Lettre, PC,* pp. 236-237. cf.『P 著作集』IV, p. 61.
41) *16ᵉ Lettre, PC,* pp. 295. cf.『P 著作集』IV, p. 137.

第1節 『プロヴァンシアルの手紙』の表現形式

あなたがたのご対応ぶりを見ていて、ああこれは私ども双方ともが一休みするのがいいと思っていらっしゃるんだなあと、ひとり合点してしまいました。それで、私もそのつもりになっていました。ところが、あなたがたときたら、その後ほんのわずかな間に、どんどん多量の文書を出してこられるのですから、これではもう平和もおぼつかないという気がしています。なにしろ平和はジェズイットが黙っていてくれることにかかっているんですからね。この休戦の決裂があなたにとってそれほど有利になるかどうかは知りません。ですが、この私にして見れば、あなたがたが著書という著書の中で決まり文句のように、さかんに異端呼ばわりなさるのを打ち砕くのに、これがいい機会にならないでもないと、案外困ってはいないんですよ。(『第17の手紙』) [42]

パスカルはあらゆる攻撃に対して、詳細に吟味し、反撃の議論を組み立てる。それは明確な説明であり、反証であり、反駁である。

あなたがたがぺてんだと言われる第1点は、『施しに関するヴァスケス[43]の意見』です。... 第2点、すなわち、聖物売買の問題については、... しかし、私はこれ以上とやかく言っている暇はありません。破産した者についての、あなたがたの3番目の中傷に対して弁明することを考えなくてはなりませんからね。(『第12の手紙』) [44]

『第18の手紙』では、非常に巧みな議論がなされている。ジェズイットはジャンセニウスとその弟子たちがカルヴィニスト、つまり、異端であることを立証しようとする。この非難に対して、パスカルが反駁をする。彼は、ジャンセニストがカルヴィニスムを嫌悪しており、さらに、恩寵に関するジャン

---

42) *17ᵉ Lettre, PC,* pp. 327-328. cf. 『P 著作集』Ⅳ, p. 175.
43) ガブリエル・ヴァスケス Gabriel VASQUEZ (1661-1604)　スペインのイエズス会士.
44) *12ᵉ Lettre, PC,* pp. 217-231. cf. 『P 著作集』Ⅳ, pp. 37-50.

センニスムの教説はカルヴィニスムと敵対していると主張する。実際には、ジャンセニスムの教説は新トミストの教説と一致しており、ジェズイットは不本意ではあるが、新トミストの教説を認めている。それはジャンセニスムのものと同様なのであるとパスカルは言う。

> ですから、もう彼等を異端だなんて言わないで下さいよ、神父さま、あなたがたの論争の性質に適合した、もっと他の呼び方がよろしいですよ．．．あなたご自身の規定にしたがって判断すると、ジャンセニウスを立派なカトリックと見なさないわけにはいかないという気がするのです。この点を吟味するのに、あなたがお立てになった規定とは次のようなものでした。(『第18の手紙』)[45]

『プロヴァンシアルの手紙』の後半部は、パスカルの幾何学的精神の明晰さを、その議論の組み立てにおいて、その説明において、その例証において、きわめてよく示している。しかし、それは相手に対していつも公正、公平であったということを意味するものではない。『プロヴァンシアルの手紙』のパスカルは『パンセ』でのようには冷静ではない。彼は論争の真っ只中にいるのである。

（２）感情の表現

『プロヴァンシアルの手紙』の後半部では、前半部よりも感情の強い表現が見られる。

> 毎日のように、『聖なる童貞性について』という本のことで私に攻撃をかけてこられるのも、どういうおつもりなのですか。この本は、オラトリオ会の一神父の手になるものだそうですが、私はその本を見たことがないのはもちろん、その著者に会ったこともないのです。(『第17の手紙』)[46]

---

45) 18ᵉ Lettre, PC, p. 364. cf.『P 著作集』Ⅳ, p. 221.
46) 17ᵉ Lettre, PC, p. 332. cf.『P 著作集』Ⅳ, p. 179.

さらに深く追及する材料があることを示唆している。

> しかし、私はこれ以上、とやかく言っている暇がありません。破産した者についての、あなたがたの3番目の中傷について弁明することを考えなくてはなりませんからね。(『第12の手紙』)[47]

> 神父さま、私が、あなたがたの会の著者たちの基準の中から、あなたがたの一番お気にさわりそうなものをことさら選び出してきたのではないことは、よくお分かりでしょう。そうしようと思えばできたのです。(『第11の手紙』)[48]

> こうなれば、もう何をかいわんやです。あなたがたも、もうぐうの音も出ないとお認めでしょう。けれども、こんなことくらいはあなたがたにしてみればごく当たり前のことなのでしょう。いくらでも例はあるのですが、もうひとつだけ例を引いて何とか分かっていただこうと思います。(『第15の手紙』)[49]

相手の主張の根拠を吟味して、鋭く攻撃する。

> あなたがたが自分の言い分をどんなふうに証拠立てられるかを拝見することにしましょう。そのあとで、私が自分の主張をどのように裏づけるかを見ていただくことにしましょう。(『第13の手紙』)[50]

神父の引用のまずさをついて、子供扱いしている。

---

47) *12ᵉ Lettre, PC*, p. 231. cf. 『P 著作集』Ⅳ, p. 50.
48) *11ᵉ Lettre, PC*, p. 205. cf. 『P 著作集』Ⅳ, p. 18.
49) *15ᵉ Lettre, PC*, p. 288. cf. 『P 著作集』Ⅳ, p. 121.
50) *13ᵉ Lettre, PC*, p. 238. cf. 『P 著作集』Ⅳ, p. 63.

そうなると、神父さま、あなたがたがあれやこれやと引用を連ねて、あわよくばともくろんでおられる成果はどうなるのでしょうか。煙のように消えてしまうのでしょうか。あなたがたを断罪しようと思えば、あなたがたが自分の正当化のため別々にしておかれたこれらの規律を、合わせて1つにするだけで足りるのですからね。いったい、私が、あなたがたの著者の中の引用した部分の弁明のために、引用しなかった部分を持ってこられるのは、どういうわけなのですか。その間になんの関係もないではありませんか。(『第13の手紙』) [51]

悪口を吐いて逃げていることを非難する。

もうだいぶ前から、ご著作の中で、私に対して数々の罵り文句を浴びせかけてこられましたが、この点について応戦する準備がやっと整いました。神父さまがたは、私のことを、「不信心者、茶化し好き、無知、軽率な奴、ぺてん師、悪口言い、狡い奴、異端者、変装したカルヴィニスト、新教徒、デュ・ムーラン[52]の弟子、悪魔の群れにつかれた者」など、言いたい放題の名で呼んでくださいました。(『第12の手紙』) [53]

『プロヴァンシアルの手紙』の著者を探索して、失敗しているジェズイットをあざ笑う。

このように申し上げたら、どうなさいますか。今度は、どこをついて攻撃してこられますか。私は口で言うことにも、書いたものにも、あなたから異端告発されそうな手がかりはまったく残していないはずですし、

---

51) *13ᵉ Lettre, PC*, p. 252. cf.『P 著作集』IV, p. 77.
52) ピエール・デュ・ムーラン Pierre du MOULIN (1568-1658) 当時、カルヴィニストの代表的神学者。1599年から1620年、パリ西南郊外、シャラントンの改革派教会牧師を務め、イエズス会士と激しい論争をした。
53) *12ᵉ Lettre, PC*, p. 215. cf.『P 著作集』IV, p. 35.

第 1 節 『プロヴァンシアルの手紙』の表現形式　267

どんな脅しをかけてこられても、暗がりに潜んでいる私には、何もこわいものはないのですからね。あなたは、目に見えない1つの手が打ちかかってくると感じておられるでしょう。その手があなたがたの錯乱ぶりをすべての人の目にさらそうとするのです。(『第17の手紙』)[54]

相手の証拠が問題とするに足りないことを示す。

ですから、同じやるならもっと別なやり方で、私が異端だという証拠をお見せ下さいな。そうでないと、世間の人はみな、あなたを無能だと見てしまいますよ。(『第17の手紙』)[55]

ですから、もし彼ら［ジャンセニスト］に罪があると納得させたいのなら、彼らがジャンセニウスのものだとする意味が異端的であることを示して下さい。その時、彼らは自然に、異端となるのです。しかし、あなたがたにはとてもこんなことはお出来になれないでしょう。あなたがたご自身が白状しておられますように、彼らが彼のものだとする意味が誤りでないのは確かな事実だからです。(『第17の手紙』)[56]

パスカルは議論において、ジェズイットの主張に効力がないことを嘲弄するにとどまらず、その誠実さのなさ、その性格を攻撃して、彼らの議論の信用を落とすことを求めている。彼らの欠陥を立証するために、彼自身の優越を示すのをためらっていない。

神父さま、あなたがたがこれで恐れ入っておられるどころか、愛がかけていると言って私を非難しようとなさるお気持ちにどうしてなられたのかは、存じません。この私は、あなたがたご自身がここまで嘆かわしい

---

54) *17ᵉ Lettre, PC*, p. 330. cf. 『P 著作集』Ⅳ, p. 178.
55) *Ibid. PC*, p. 329. cf. 『P 著作集』Ⅳ, p. 177.
56) *Ibid. PC*, p. 340. cf. 『P 著作集』Ⅳ, p. 187.

暴行を重ねて、次々に愛に背く恐ろしい行ないをしでかしておられることは少しも思い巡らさず、ただただ、誠と慎みをもって語っただけのことでしたのに。(『第11の手紙』) [57]

押さえの利いた皮肉で嘲笑する。

これこそ、立派な折り紙付きの中傷です。すなわち、あなたがたに言わせれば、ほんの小罪に過ぎぬものです。(『第16の手紙』) [58]

こんな言い方をする者をお許しなさらないほうがよろしいですよ。神父さま。あなたがたの告解所に、たくさんな人が集まらなくなりますよ。(『第16の手紙』) [59]

パスカルのジェズイットに対する攻撃は正確であり、そして、彼らの言い逃れを明白にあばいている。しかし彼の言葉は穏やかで、抑制が利いている。

神父さま、この無茶苦茶な、不信仰きわまる言いぐさをどうお思いですか。(『第15の手紙』) [60]

これほどの汚らしいぺてんを弄するとは、ふてぶてしさもきわまったと言えないでしょうか。(『第11の手紙』) [61]

ですから、その人たちにも、神の前でとくと反省をこらしてもらいたいのです。あなたがたの良心問題判例学者たちが、いたるところに広めた道徳が、教会にとってどんなに恥ずかしく、危険なものであるかを。彼

---

57) *11ᵉ Lettre, PC,* p. 212. cf.『P 著作集』Ⅳ, p. 24.
58) *16ᵉ Lettre, PC,* p. 312. cf.『P 著作集』Ⅳ, p. 150.
59) *Ibid. PC,* p. 309. cf.『P 著作集』Ⅳ, p. 147.
60) *15ᵉ Lettre, PC,* p. 289. cf.『P 著作集』Ⅳ, p. 122.
61) *11ᵉ Lettre, PC,* p. 211. cf.『P 著作集』Ⅳ, p. 23.

らがここまで品行のふしだらさを許すにいたった事態が、どんな恥知らずで、途方もないことかを。また、そんな良心問題判例学者を支持するあなたがたのふてぶてしさが、どんなに頑迷で、暴力的であるかを。(『第11の手紙』)[62]

さて、神父さま、この源泉から、あの数々の陰険なぺてんが生じてきたのです。(『第15の手紙』)[63]

あなたがたが、これに対する反論の文書の中で次のようにお答えになっているのを見ますと、笑いだしたくなる反面、恐ろしくなってきます。(『第16の手紙』)[64]

　パスカルは『プロヴァンシアルの手紙』において、手紙と対話というジャンルを十二分に用いて、ジャンセニウスとポール・ロワイヤルの人々を弁護し、また、ジェズイットを攻撃し、それを聖職者だけでなく、多くの人々に訴えることに成功したのであった。

2. 対話形式

　『プロヴァンシアルの手紙』はその題名のとおり、まさに手紙であるが、『第1の手紙』から『第10の手紙』は、また、対話の形態をとっている。ひとり台詞よりも2人の対話のほうが、一般に、いきいきとしたものになりやすいが、この2人の登場人物がそれぞれ異なった思想を代表すると、さらにいきいきとした豊かなものとなるであろう。この対話は読者がその観客であり、また、審判官である論争であって、そのコントラストにより、見解の違いが明確に示されるのである。

62) *11ᵉ Lettre, PC*, p. 202. cf.『P 著作集』Ⅳ, p. 16.
63) *15ᵉ Lettre, PC*, p. 289. cf.『P 著作集』Ⅳ, p. 113.
64) *16ᵉ Lettre, PC*, pp. 303-304. cf.『P 著作集』Ⅳ, p. 142.

1）対話

登場人物

　『プロヴァンシアルの手紙』の対話において、ジェズイットと対話するのは、モンタルト自身である。彼は、神学のことはほとんど分からない典型的なオネットーム（紳士）として姿を現わし、そして現在行なわれているソルボンヌの争いについて大きい好奇心と追究心を持っている。パスカルとの対話者となるジェズイットは、「人の良い神父さん」である。「ジェズイットの中でも誰よりも有能とされている１人」であり、また、クロード・ド・ランジャンド神父[65]がモデルとされている。このジェズイットはパスカルのマスクしか見ていないが、読者はマスクと本当のパスカルを見ている。このほかナヴァール学寮の博士、ジャンセニスト、モリニストが登場する。

　『第１の手紙』から『第３の手紙』では、『第４の手紙』から『第10の手紙』よりも対話がずっと少ない。モンタルトは情報提供者、あるいは、弁護者として姿を現わしている。彼はソルボンヌで審議されている問題を紹介し、そして、問題を明らかにするために訪問を繰り返し、最後に、問題点を要約している。

　『第３の手紙』では、長い序説でモンタルトの視点を示し、対話は短く、最後に、アルノーに対する譴責に根拠がないことを明らかにしている。

> この話を聞いて、僕も目が開かれたよ。これは、これまでなかった種類の異端なんだということが分かった。異端であるのは、アルノーさんの説ではなくて、アルノーさんその人にほかならないのだ。人間としての異端というわけだ。アルノーさんが、言ったり書いたりしたことが異端なのではなく、ただ、彼がアルノーさんという人間だから異端なのだ。これこそが、彼の非難されるべき点なのだ。彼は、どんなにじたばたしても、生きるのをやめない限り、最後まで立派なカトリック教徒にはな

---

[65] Le P. Claude LINGENDE.

れぬというわけだ。(『第3の手紙』)[66]

『第4の手紙』から『第10の手紙』は、ほとんど全部対話によって語られている。

「人のいいジェズイットの神父さん」はジェズイットの神父自身の言葉とモンタルトのコメントによって風刺される。この「神父さん」の人物像は、ジェズイット神学の徹底した擁護者であり、また、ジェズイット神学の熱心な教育者である。

「人のいいジェズイットの神父さん」は非常に寛大であるが、この場合、人の弱味にこびている。ジェズイット神学の徹底した擁護者は、「現実の恩寵」で問い詰められて、

> 私どもの神父たちに話しておきましょう。何とかよい答えを見つけてくれるでしょう(『第4の手紙』)[67]

と言う。

「意志の導き」についてモンタルトから強い反論を受けて言う。

> 「これは気にさわることを申されますな」と、神父は言った。「私は、根拠のないことは何も言いませんよ。どっさり引用できますからね。その数と、権威と、理性とには、あなたも驚いて目を丸くなさるでしょうよ。」(『第7の手紙』)[68]

ジェズイットの良心問題判例学者の著作から次々と引用する。

---

66) 3^e Lettre, PC, p. 51. cf.『P 著作集』III, p. 61.
67) 4^e Lettre, PC, pp. 70-71. cf.『P 著作集』III, p. 84.
68) 7^e Lettre, PC, p. 117. cf.『P 著作集』III, p. 146.

わが会の神父がたによれば、悪口を言われたら殺してよいそうです。レシウス[69]は、先に引用した箇所でこう言っています。そして、多くの神父がた、特にエロー神父[70]の言うところもこれと一字一句まったく違いありません。…どうですか。理路整然たるものじゃありませんか。議論のための議論ではなく、立派な証明になっています。さて、最後にかの偉大なレシウスは、…何か不審な挙動、人を侮る傾向が見えたら殺してもよいとさえ教えています。(『第7の手紙』)[71]

ジェズイット神学の熱心な教育者は、モンタルトに「現実の恩寵」の意味するところを教えて下さいと乞われて、

「喜んで、いたしましょう」と神父さんは言った。「私は、向学心のある人が好きでしてな。まず、定義しましょう。『現実の恩寵』[72]とは、神がご自身の意志を我々に知らしめ、それを実行させようとして与えらる『霊感』のことを言う」(『第4の手紙』)[73]

と説明する。

聖書や教皇や公会議に背く、とモンタルトから指摘されて、

この間に一致があると分かっていただくには、もっと時間がかかりましょうな。あなたがいつまでも、不十分な知識のままでいられるのを放っておくわけにはいきません。もしおよろしければ、明日もう1度お目にかかって、この点についてさらにはっきりしたお話をいたしましょう。(『第5の手紙』)[74]

---

69) Léonard LEY または LESSIUS (1554-1623) イエズス会神学者.
70) N. HÉREAU イエズス会士, クレルモン学院教授.
71) 7ᵉ *Lettre, PC,* p. 125. cf.『P 著作集』Ⅲ, pp. 154-155.
72) Cf. 本書 pp. 146-149.
73) 4ᵉ *Lettre, PC,* p. 54. cf.『P 著作集』Ⅲ, p. 68.
74) 5ᵉ *Lettre, PC,* p. 94. cf.『P 著作集』Ⅲ, p. 110.

このジェズイット神学の熱心な教育者は、「これからもどんどんお話しましょう」と約束している。

　今度は、わが会の神父がたが、救いを容易にし、信仰を楽にするために認めておられる、快適で安楽な生活のお話をしましょう。これまでは、いろんな身分の人たち個々のケースを見てきましたから、今度は全体に通じる事柄を知ってもらおうと思います。そうすれば、あなたはもう何１つ知らないものはないことになります。(『第８の手紙』) [75]

寛大な神父
　寛大な神父に断食を守ることがなかなかできないと打ち明けると、

　「そら、ここですよ。『夕食を食べなければ眠れない者は、断食する義務があるか。全然ない。』さあ、これで御満足でしょうが。」「すっかりというわけじゃありません」と、僕。「僕は、朝は軽く食事をし、夕方に本式の食事をすれば、断食に耐えられるのですがね。」「それじゃあ、次をご覧なさい」と、彼は言った。「神父がたは、すべてに抜かりがありません。『夕方に本式の食事をして、朝は軽い食事にしておけるならば、どうか。』」「なるほど。」「『この場合も断食はしなくてもよい。食事の順序を変更する義務は誰にもないからである。』」「ああ、何とまあ、すばらしい理由なんでしょう」と、僕は叫んだ。「ところで、」と彼は続けて、言った。「お聞きしたいんだが、あなたは、ぶどう酒はかなりいける口ですかな。」「いや、神父さん、そんなにはいけないんです」と僕は答えた。「それをお聞きしたのは」と、彼は、返した。「午前中なら、いつでも、飲みたい時にお飲みになっても、断食を破ることにならないのをお知らせしておきたかったのです。...断食を破らずに、『のぞみの時間に、しかも大

---

75) *8ᵉ Lettre, PC,* p. 151. cf.『P著作集』Ⅲ, p. 188.

量のぶどう酒を飲むことができるか。できる。イポクラス酒でもよい。』イポクラス酒のことは私も思いつきませんでしたな」と、彼はつけ加えたものだ。(『第5の手紙』)[76]

　これらの対話の中で用いられている相手をけなす手段のうち、最も重要なものは、皮肉である。モンタルトはジェズイットに対してはマスクをつけているが、読者には顔を見せている状況の中で、皮肉は滑稽さの効果を生み出す。「皮肉と滑稽さは密接に関連している。このそれぞれは、外観と実態を同時に知って気づくことによる。このそれぞれは知的な判断を要求する。批判の道具であるこのそれぞれは、また、明らかに風刺の道具でもある。皮肉のさまざまな形態を集中的に、また、入念に用いて、風刺作家パスカルはジェズイットをえさにして、読者とともに笑うのである」[77]と述べて、トプリスは皮肉の2つの形態を挙げている。1つは、単純な皮肉であり、もう1つは、ソクラテス的皮肉である。

　単純な皮肉とは、「意図された意味が使用されている言葉によって表現されていることと反対である場合の言語活動の形態である。通常、風刺とか嘲りの形態がとられ、そこでは賞賛の表現が非難や嘲笑を意味するために用いられている。」[78] モンタルトによる風刺的表現は、「ジェズイットの神父さん」には文字通りの表現のまま受け取られているが、読者には正確に翻訳されてその意味内容が伝えられる。ジェズイットの神父が良心問題判例学を長い賞賛の言葉によって組み立てると、モンタルトは皮肉たっぷりのコメントをつけてそれを打ち倒す。たとえば、蓋然的教えの議論がなされている『第6の手紙』では、やがて痛烈に批判されるジェズイットの良心問題判例学者からの引用を「神父さん」が賛辞を込めて説明すると、モンタルトは言う。

　教会にあなたがたのような守り手がおいでになるということは、何と幸

---

76) *5ᵉ Lettre, PC,* pp. 81-82. cf.『P 著作集』Ⅲ, pp. 98-99.
77) Patricia TOPLIS, *The Rhetoric of Pascal,* p. 77.
78) *Ibid.*

いなことでしょう。蓋然性とは、何と便利なものでしょう。(『第6の手紙』) [79]

『第5の手紙』では、蓋然的意見について、モンタルトが言う。

まじめな話、神父さん、あなたがたの教えはとても便利なものですね。なんとまあ、自分の好みのままに、イエスともノーとも答えていいというんですか、この便利さたるやちょっとこたえられませんね。(『第5の手紙』) [80]

「ああ、神父さん」と僕は言った。「これはまた、見事なまでに念入りな指示が与えられているんですね。これならもう、何も恐れることはありません。告解を聴く司祭もあえて、この定めに違反することはしないでしょう。」(『第5の手紙』) [81]

「なかなか、結構な言葉ですね」と僕は言った。「この言葉で気持ちが軽くなる人たちが大勢いることでしょうよ。」(『第5の手紙』) [82]

ソクラテス的皮肉

ソクラテス的皮肉は、モンタルトとジェズイットとの間にとり交わされた微妙な対話の上に興味ある光を投げかけている。アイロニー（eirōneia エイローネイア　皮肉）が由来するギリシャ語は、初期ギリシャのコメディ（喜劇）の発展に密接に結びついている。アリストテレスにとっては、コメディは3つの特徴的な役割を含んでいる。つまり、道化者、皮肉屋（エイローン eirōn）、詐欺師（アラゾーン alazon）である。虚栄と高慢さの顕著なアラゾー

---

79) 6ᵉ Lettre, PC, p. 101. cf. 『P 著作集』Ⅲ, p. 124.
80) 5ᵉ Lettre, PC, p. 88. cf. 『P 著作集』Ⅲ, p. 105.
81) Ibid. PC, p. 91. cf. 『P 著作集』Ⅲ, p. 107.
82) Ibid. PC, p. 89. cf. 『P 著作集』Ⅲ, p. 107.

ンは、元来、エイローンの敵対者であった。コメディはこの両者の衝突から生じる。エイローンは、常に、アラゾーンが彼の単なるユーモアの対象であるから、最後には勝利者となって現われる。彼の敵対者と比較すると、エイローンはいつも愚か者に見えるが、これはアラゾーンの裏をかくために、彼が巧妙にたくらんだ陰謀を隠すための覆いに過ぎない。終始、彼は状況を駆使して、単純なアラゾーンを議論の網に陥れ、そして、遂に、破綻するまでアラゾーンを自己矛盾させる。このように、その起源から、アイロニー（皮肉）は巧妙さと悪巧みを前提としている。古代ギリシャ喜劇では、エイローンは、常に幾分、道化者の特徴やマンネリズムを持っている。彼のただ1つの役割は、喜ばすことである。ソクラテスの『プラトンの対話』は喜劇のエイローンと大いに共通性を持っている。つまり、彼が無知を公言していることや見かけは彼の論敵の見解を認めていることである。しかし、ソクラテスが論敵の見解の矛盾を解明する際に示す独特の鋭敏さは、エイローンの役割の変形したものである。この洗練のお陰で、アイロニーは次第にずる賢さと道化の内容を幾分か失ない、そして、今日、用いられているような意味を獲得したとトプリスは指摘している。[83]

『プロヴァンシアルの手紙』では、モンタルトは対話において、確実に勝利し、随意に彼の獲物を操る、巧みなエイローンの仕事をしており、いつも無力にも罠に陥ることになっているジェズイットは、アラゾーンの役割を持っている。モンタルトは、見かけは無知であるが、実際は、より優れた知識の所有者である。良心問題判例学に、単純に、そして、満足し切っている、「ジェズイットの神父さん」は、モンタルトの嘲りの対象である。彼はモンタルトが慎重に計算して仕掛けた質問に答えて、読者を喜ばすとともに、ジェズイット陣営に打撃を与えている。モンタルトは、時々、彼の方法の秘密を読者に漏らす。蓋然的意見について無知であることを彼が戦術として公言して、ジェズイットの神父に説明するように誘う時、彼は注釈をつけている。

---

83) Cf. TOPLIS, *op. cit.*, pp. 80-81.

第1節 『プロヴァンシアルの手紙』の表現形式

　僕は、神父さんが、うまうまと望んでいたとおりの罠に引っかかったのを見て、大喜びだった。その喜びのさまをわざと見せつけてから、蓋然的意見とは何かを説明してくれませんかと頼んだ。(『第5の手紙』) [84]

　モンタルトは定義することを頼んで、罠を仕掛ける。

　神父さん、その「現実の恩寵」という言葉に、僕は引っかかるのです。どうも余り聞き慣れない言葉ですからね。そんな言葉を持ち出さずに、同じ内容のことを説明していただけないでしょうか。そうしたら、大変有り難いんですけれど。(『第4の手紙』) [85]

　エイローンは彼の持っているあらゆる巧妙さを駆使して、アラゾーンに喋らす。『プロヴァンシアルの手紙』ではジェズイットの神父が議論のきっかけを提供し、モンタルトが彼を質問攻めにする。ジェズイットの神父はジェズイットの良心問題判例学を詳細に、また、熱心に提供する。『第7の手紙』では、ジェズイットの良心問題判例学がスキャンダルの度合いが増してくる順序で、引用される。「意志の導き」の教えが紹介され、定義されたあとで、モンタルトは餌を仕掛ける。

　あなたがたは、人間に対しては、物事の品のよくない実質面を許容し、神に対しては意志の霊的な働きを振り向けて、うまく釣り合いをとり、人間の掟と神の掟とを調和しようとしておられます。ですが、神父さん、本当を言いますと、まだちょっとあなたがたの請け合って下さったことが信じられないのです。あなたがたの会の本を書いた人達も、同じように言っているのかしらと思っているのです。(『第7の手紙』) [86]

---

84) *5ᵉ Lettre, PC*, p. 85. cf. 『P 著作集』Ⅲ, p. 102.
85) *4ᵉ Lettre, PC*, p. 55. cf. 『P 著作集』Ⅲ, p. 68.
86) *7ᵉ Lettre, PC*, p. 117. cf. 『P 著作集』Ⅲ, p. 146.

ジェズイットの神父は餌に食いつき、ジェズイットの良心問題判例学の権威者の言葉を熱心に次々と示す。モンタルトはその議論をチェックして要約し、その意味を明らかにする。

> 神父さん。もうこれで、あなたがたの言われる「意志の導き」の原理は十分よく分かりました。ですが、それが及ぼす結果も知り尽くしたいのです。この方法によれば、どんな場合に殺人が許されるかもすっかり知りたいのです。誤解があってはいけませんから、あなたがお挙げになった例をおさらいしておきましょう。こういう場合、あいまいにしておくのは、危険ですからね。人を殺してもよいが、時宜を得ており、正しい蓋然的意見に基づく場合に限る。(『第7の手紙』)[87]

モンタルトは議論を発展させる。

> 平手打ちを受けたら、剣を抜いて仕返しをしても、復讐することにはならないのだともおっしゃいました。しかし、神父さん、どの程度まで許されるとはお聞きしませんでした。(『第7の手紙』)[88]

> 神父さん、名誉についてはなかなか抜かりなく手配がしてあるのが分かりますが、財産についてはどんな手も打てないのですか。財産が名誉ほど重要でないのは承知していますが、それはどうでもいいことです。財産を守るためにも、意志をうまく導けば、人を殺してもよいことになりそうに思うんですがね。(『第7の手紙』)[89]

「そのとおりですよ」と認める神父を問い詰め、「ジェズイットはジャンセニストを殺すことができるか」という問題まで、ジャズイットが検討してい

---

87) 7ᵉ *Lettre, PC,* p. 123. cf.『P 著作集』III, p. 152.
88) *Ibid.* cf.『P 著作集』III, p. 153.
89) *Ibid.* cf.『P 著作集』III, p. 157.

ることをモンタルトは示している。

> 「これはまあ、神父さん」と、僕は叫んだ。「なんとも驚くべき神学談議ですね。ラミイ神父の説によれば、ジャンセニストはもう死んだも同然ですね。」「そら、罠にかかりましたな」と、神父は言った。「彼は、同じ原則から逆の結論を引き出しているのですよ。」「それはまた、どうしてですか。神父さん。」「というのは」と、彼は言った。「彼らは、私どもの名声を傷つけてはいないからです。」(『第7の手紙』)[90]

エイローンは彼の餌食の無駄な抵抗を冷めた目で、満足して観察している。

> 神父もこれには困ったらしく見えた。そこで、この難題を解決するよりも、避けて通ろうと考えたのだ。つまり、僕に対して、彼らのもうひとつの別な規則を持ち出してきたのだが、それはただ、混乱を増し加えただけのことで、ボオニー神父の決定をなんら正当化するものではなかった。(『第10の手紙』)[91]

2）劇

『プロヴァンシアルの手紙』では、大きなテーマを持った対話が劇を構成するまで高められている場合がある。次にその例を2つ挙げる。

(1)「近接能力追跡劇」

『第1の手紙』は、傑作『プロヴァンシアルの手紙』の中の傑作である。この手紙は劇の形式をとって、「ソルボンヌで現在論議されている問題」を観客に知らせる。真相究明のため、「僕」は、次々と関係者を訪問し、やがて、意

---

90) 7ᵉ *Lettre, PC,* p. 130. cf.『P 著作集』Ⅲ, pp. 160-161.
91) 10ᵉ *Lettre, PC,* p. 173. cf.『P 著作集』Ⅲ, p. 222.

味不明の「近接能力」という言葉が鍵になっていることを知る。劇作家モンタルトは「近接能力」の意味を追究する。この劇はいわば、「近接能力」追跡劇である。まず第1に、ことの真相を知るため、まず、「ナヴァール学寮のスコラ学者」を訪ねる。つまり、アンチ・ジャンセニストの意見を聴く。

> ことの真相を知ろうとして、僕はナヴァール学寮のスコラ学者のある先生に会いに行ったんだ。その先生は、僕の家の近所に住んでいて、君も知ってのとおり、ジャンセニスト反対派の急先鋒のひとりだ。(『第1の手紙』)[92]

「ナヴァール学寮のスコラ学者のある先生」から、説明を得てから、次いで、「ジャンセニストのある先生」を訪問する。

> その後、事件の核心がつかめたと思うととてもいい気になって、ある人のところに出かけたのだ。その人はますますお達者で、ご自分の義理の弟さんのところへ連れて行ってやろうとおっしゃるくらいのお元気さだった。その弟さんというのが、そうざらにないパリパリのジャンセニストなんだが、なかなか気のいい人物でもあるんだ。(『第1の手紙』)[93]

> 再び、「ナヴァール学寮のスコラ学者」の先生のところへ僕も、すっかり安心し、初めの先生のところへ戻って、さも嬉しそうに、ソルボンヌにも間もなく、平和が訪れますよ、間違いありませんと、告げたわけさ。つまり、ジャンセニストたちも、義人が掟を果たす能力を持つという点では同じ意見だし、この点は請け合ってもいいし、場合によっては血の署名をさせてもいいと言ったんだ。(『第1の手紙』)[94]

---

92) *1ʳᵉ Lettre, PC*, p. 8. cf.『P 著作集』III, p. 12.
93) *Ibid.*, p. 10. cf.『P 著作集』III, p. 13.
94) *Ibid.*, p. 11. cf.『P 著作集』III, p. 14.

「ナヴァール学寮のスコラ学者」の先生から「近接能力」という「今まで聞いたこともない言葉を聴き、もう1度、「ジャンセニストのある人」を訪ねる。

> 僕には、ちょっとやそっとで理解できそうにない言葉なんだからね。そして、忘れないうちにと思って、急いでさっきのジャンセニストの知人にまた会いに行き、挨拶を交わすなりすぐ、こう切り出したんだ。(『第1の手紙』)[95]

「ジャンセニストの知人」から、自分で確かめるよう勧められる。

> ご自分で直接あの人達からお聞きになったほうが確かでしょう。私から紹介しましょう。ル・モワーヌさんとニコライ神父とに別々にお会いになってみるだけでいい。(『第1の手紙』)[96]

まず、モリニスムに同調する「ル・モワーヌさんの1人のお弟子さん」を訪れる。

> 「ジャンセニストの知人」があげた名前のなかに、やはり僕の知っている人が何人かいた。そこで、僕は、この忠言を得たのをしおに、いいかげんにこの問題から足を洗おうと決心し、先生の家を出ると、まず、ル・モワーヌさんの1人のお弟子さんのところへ行った。(『第1の手紙』)[97]

そこで、「義人たちは、神に助けを祈り求めるのに必要なすべてのものを持っていて、祈りのために新しい恩寵を全然必要としない」という意見であることを知る。

次に、新トミストの「ドミニコ会士」を訪れる。

---

95) *1ʳᵉ Lettre, PC,* p. 12. cf.『P 著作集』Ⅲ, p. 15.
96) *PC,* pp. 13-14. cf.『P 著作集』Ⅲ, p. 17.
97) *1ʳᵉ Lettre, PC,* p. 14. cf.『P 著作集』Ⅲ, p. 17.

時間を無駄にしないようにと、僕は、ドミニコ会士たちのところへ急ぎ、かねて承知の新トミストとされている人たちに問いかけた。(『第1の手紙』)[98]

　新トミストとジェズイットは、主張が異なるにもかかわらず、「近接能力」という意味不明瞭な言葉を用いることによって一致していることを知る。モンタルトは叫ぶ。

　何ですって、神父さまがた。それは、言葉の上のごまかしじゃあありませんか。言っている意味は反対でも、共通の言葉さえ使っていれば同意見だなんておっしゃるのは。(『第1の手紙』)[99]

　そこへ、「ル・モワーヌのお弟子さん」が登場する。

　神父さんたちは、黙ってしまって、ウンともスンとも言わないのさ。そこへ、また、うまい具合に、先のル・モワーヌさんのお弟子さんというのがやって来た。この偶然には僕も驚いたものだが、あとになって、連中は頻繁に会っていて、ずっとなれあい関係だったことが分かった。(『第1の手紙』)[100]

　モンタルトは、「ドミニコ会士」と「ル・モワーヌのお弟子さん」の意見の相違点を突き、説明を求めると、「ドミニコ会士」の1人が、説明しようとする。「ル・モワーヌのお弟子さん」はただちに、それを押し止めて言う。

　あなたがたは例のごたごた[101]を蒸し返そうとなさるんですか。私ども

---

98) *1ʳᵉ Lettre, PC,* p. 16. cf.『P 著作集』Ⅲ, p. 18.
99) *Ibid.,* p. 17. cf.『P 著作集』Ⅲ, pp. 19-20.
100) *Ibid.* cf.『P 著作集』Ⅲ, p. 20.
101) Cf. 本書 p. 89. アウグスティヌス派とイエズス会の論争.

第1節 『プロヴァンシアルの手紙』の表現形式　283

は、その「近接能力」という語の説明はしないこと、それがどういう意味かは明らかにせずに、双方ともがこの語を使うことで一致していたんではないんですか。(『第1の手紙』) [102]

最後に、モンタルトが断定する。

神父さまがたに申し上げます。本当を言えば、こういうことはすべて、まったくのごまかしじゃあないかと思わずにいられないのです。ですから、会議で何をお決めになり、譴責という手段をお出しになっても、ついに平和は実現しないでしょう。予言してよろしいですよ。…ソルボンヌの権威にとっても、神学の権威にとってもふさわしいこととは言えませんねえ。(『第1の手紙』) [103]

この「近接能力追跡劇」は、舞台は次のようになり、『プロヴァンシアルの手紙』の読者にとっては非常に身近かなものであったであろうと思われる。

舞台　カルチエ・ラタン
第1景　ナヴァール学寮
第2景　カルチエ・ラタンの中「急いでさっきのジャンセニストの先生のところへ」
第3景　ナヴァール学寮[104]
第4景　ジャンセニストのところ
第5景　ジャコバンの僧院[105]
作者・演出　パスカル

---

102) *1re Lettre, PC,* p. 18. cf.『P 著作集』III, p. 21.
103) *Ibid.* cf.『P 著作集』III, p. 21.
104) 元 Ecole Polytechnique, 現在 Ministère de la Recherche et de la Technologie, Collège Internationale de Philosophie 所在地, Rue Descartes.
105) 現在の rue Saint-Jacques.

彼は、舞台脇から、つまり、カルチエ・ラタンのすぐ近く[106]から見ている。

（２）《盗賊に襲われた重傷の旅人》

『第２の手紙』には、「よきサマリア人」からヒントを得たと思われるたとえ話を劇化したものがある。

> このてんでばらばらな意見を抱え込んだ教会の姿を、ひとつ想像して御覧なさい。…そして、神から、憐れみを授かり、その力に支えられて、無事に我が家へ戻ることができたのです。（『第２の手紙』）[107]

このたとえ話は、１幕６景の劇形式で表現されている。

第１景　「１人の旅人」が盗賊に襲われ、めった打ちにされて傷を負い、半殺しのまま放り出される。近くの町から３人の医師が呼ばれる。

第２景　「第１の医師」　傷口を調べて、致命傷だと診断し、消えゆく命を呼び戻すのは、ただ神だけがよくなさることだと、宣告する。

第３景　「第２の医師」は病人を喜ばせようとして、まだ家に帰りつけるだけの十分な力が残っていると言い、自分の見立てと反対な第１の医師の悪口を言い、その評判を落としてやろうとたくらむ。病人はどうしていいか分からず困ってしまう。

第４景　「第３の医師」は傷口をじっくりと調べ、初めに診た２人の意見を聞くと、「第２の医師」を抱き締め、これとぐるになり、２人で組んで「第１の医師」に反対し、とうとう恥知らずにも、「第１の医師」を追い払ってしまった。

第５景　病人は「第３の医師」の不信な態度と、あいまいな言葉づかいに不満をもらす。形の上だけで一致しているに過ぎず、内心は反対であるのに「第２の医師」とぐるになって、事実上一致している「第１の医師」を追っ

---

106) rue des Franc-Bourgeois, faubourg Saint-Michel, 現在 45, rue Monsieur-le-Prince.
107) 2ᵉ Lettre, PC, pp. 29-31. cf.『P 著作集』Ⅲ, pp. 37-39.

払ったことを責める。

　第6景　病人は、この2人を追い返し、「第1の医師」を呼び戻して、この医師にすべてをまかせる。彼の勧めに従って、自分は何の力もない身であると告白して、神に助けを乞い求める。そして、神から、憐れみを授かり、その力に支えられて、無事に我が家へ戻る。

　「第3の医師」(ドミニコ会士、新トミスト)は、「十分な恩寵」に関して、意味内容が異なるにもかかわらず、言葉の意味をゆがめて解釈して、「第2の医師」(イエズス会士)と組んで多数派になろうとし、「第1の医師」(ジャンセニスト)を追放する。しかし、やがて、「病人」は、「第2の医師」と「第3の医師」の診断に疑いを抱き、「第1の医師」を呼び返し、その診断と勧めに従う。

　こうした劇形式が『プロヴァンシアルの手紙』において採り入れられ、しかも、「近接能力追跡劇」のように、『第1の手紙』を傑作中の傑作にしているのは、パスカルのレトリックを考察するさい、極めて興味のある点である。『プロヴァンシアルの手紙』で用いられた、手紙や対話の表現形式は『パンセ』に用いられていることは、明白なことであるが、劇形式はどうであろうかという問題は考察に価することではないか思われる。[108]

---

108) この問題は本稿では研究対象としていないが、『プロヴァンシアルの手紙』と『パンセ』の関係を考える点で注目したい．レルメ J, Lhermet は『パンセ』における歴史・神学劇 le drame historico-théologique を指摘した (*PASCAL et la Bible* 『パスカルと聖書』, 1931, pp. 416-417. 拙論「パスカルの『パンセ』の神学思想」関西学院大学『社会学部紀要』第21号，1970) が，また，田辺保教授が，「『パンセ』を劇として読む」において，『パンセ』の内的構造を劇という枠組みで考察する問題提起をしておられることに注目したい．

第2節 表現技術

説得術　L'art de persuader

　パスカルのレトリックに関しては、アルノーやニコルが賞賛したけれども、レトリック研究の専門家の間では、あまり取り上げられていない。古典時代のレトリックに関する優れた著作でさえ、パスカルの名前すら記述していないとドミニック・デコットが指摘している。[1] パスカルが強力な体系的理論を持っていたことは、マルク・フュマロリ、フィリップ・セリエ、ミシェル・ル・ゲルンの指摘している[2] ところであり、1985年に、ドミニック・デコットが学位論文『パスカルにおける論証』によりパスカルの作品における論証 argumentation について詳述している。[3] ブレーズの姉、ジルベルトは弟の作品執筆の方法に注目して、「述べたいことをすばらしく容易に表現する天性の雄弁を与えられていた弟が、力強く語るのに持っていた賜物を支えるために、人がまだ備えていない規則を作りました」[4] と書いている。

　パスカルの受けたレトリック教育についてはほとんど知られていない。文法規則によって、父エティエンヌがブレーズに雄弁のレトリックを実行することを教えたことは十分推測できる。フュマロリが示しているように、パスカルが得たレトリックの特徴は多分、家族からきているのであろう。デコッ

---

[1] DESCOTES, Dominiques, *L'Argumentation chez PASCAL*, p. 25.
[2] FUMAROLI, Marc, "Pascal et la Tradition rhétorique gallicane," in *Méthode chez PASCAL*, pp. 359-370.
　SELLIER, Philippe, <Rhétorique et Apologie: "Dieu parle bien de Dieu">, in *Méthode chez PASCAL*, pp, 373-381.
　Le GUERN, Michel, *L'image dans l'Oeuvre de PASCAL*. 1969, 284 p.
[3] DESCOTES, Dominiques, *L'Argumentation chez PASCAL*, 1985年に Université de Paris-Sorbonne に提出した博士論文.
[4] *OCM*, I, p. 583, [37]

トは次のように言う。パスカルがレトリックに関して取り組んだ大きな目標は、同時に表現技術であり、思考方法であり、また、行動方法でもあるような理想的なレトリックである。つまり、議論の方法に限定する学校教育の弁証法のような形式的議論ではなく、実践においても有効な雄弁の手段であり、また、心に触れ、説得し、心を動かすことのできる雄弁の手段でもある。[5] パスカルが『プロヴァンシアルの手紙』で用いた戦略は、「説得術について」De l'Art de persuader という『幾何学の精神について』De l'Esprit géométrique の第2部[6]に示されている原理からとられている。

パスカルは「私たちが説きつけようとする事柄」にはさまざまのものがあると言う。

> その中のあるものは、共通の原理と、承認済みの真理から、当然の帰結として引き出されてくる。そういうものなら、人に説きつけることも間違いなくできる。それと承認済みの原理との関係を示せば、どうしてもなるほどと思わずにはおかせないつながりが生じる。魂がすでに受入ずみの真理と関わらせたら、これを受け入れぬというのは不可能である。なかには私たちを満足させる対象と密接に結びついているものもある。これらもまた、受け入れられるのは確実である。なぜなら、自分が何にもまして愛しているものの方へと連れていってくれるものであるらしいという感じを魂に持たせることができたら、魂は、喜んでそちらの方に向かって行くに決まっているのではないだろうか。しかし、承認済みの真理にも、心の願いにも、どちらにも関係があるものだと、その影響力はこの上なく確かであり、自然の中にこれ以上確かなものは見出せないほどである。反対に、私たちが信頼も寄せられず、楽しさをも感じられないものは、煩わしくて、いかがわしくまったく無縁なものにすぎない。[7]

---

5) DESCOTES, *op. cit.*, pp. 15-16.
6) *OCL*, pp. 355-359. cf. 本書 pp. 79-83.
7) *De l'Esprit géométrique, OCL*, p. 355. cf.『P著作集』I, pp. 221-222.

説得したいことを人の同意する原理に結びつける術は、パスカルによって「説き伏せる法」l'art de convaincre と呼ばれ、説得したいことを人を魅する対象に結びつける術は「気に入る法」l'art d'agréer と呼ばれている。この２つの法全体が、説得術 l'art de persuader であり、「説き伏せる法」は精神 l'esprit に、そして、「気に入る法」は意志 la volonté に向けられる。

1)「説き伏せる法」 l'art de convaincre

パスカルは「私が説得の術と呼ぶ術は、もともと、完全に組織立った証明を行なう術にほかならない」と述べ、それは３つの主要部分から成り立っているという。すなわち、「はっきりした定義によって、用いようとする用語を定義すること、問題としている事柄の証明のために、明白な原理または公理を提示すること、論証にあたっては、常に心の中で定義されたものに対して、定義それ自体を置き換えて見ること、この３つである。」「説き伏せる法」は『プロヴァンシアルの手紙』において、どのように展開されるであろうか。パスカルが「説得術について」の中で挙げている次の３項目によって検討しよう。

(1) 定義　Les définitions

理解し難い用語のすべてを、あらかじめはっきりと定義しておかない限り、証明しようとする問題を提示したり、その論証を試みたりしても、なんの益もない。[8]

モンタルトは一般信徒にも分かるように、あいまいな神学用語を定義することを要求している。『第４の手紙』では、「現実の恩寵」について「神父さん」に「この点について教えていただければたいへん有難いのですが、と頼んだ。自分はこの言葉の意味するところすら知らないので、その説明をして

---

8) *De l'Art géométrique, OCL*, p. 356. cf.『P 著作集』I, p. 224.

下さいとも言った。」(『第4の手紙』)[9]

　モンタルトは、モリニストと新トミストがお互いに思想的立場が異なるにもかかわらず、すでに述べた如く、「近接能力」(『第1の手紙』)という意味のない言葉を用いることによって一致しているのを暴いている。モンタルトは叫ぶ。

　　それは言葉の上のごまかしじゃあありませんか。言っている意味は反対でも、共通の言葉さえ使っていれば同意見だなんておっしゃるのは。(『第1の手紙』)[10]

　ネオ・トミストを追及して「近接能力」の意味の説明を求めると、神父のひとりが、自分の理解するところを話そうとするが、「ル・モワーヌさんのお弟子さん」がそれを押し止めている。

　　あなたはまた、例のごたごたを蒸し返そうとなさるんですか。私どもは、その「近接」という語の説明はしないこと、それがどういう意味かは明らかにせずに、双方ともがその語を使うことで一致していたんではないんですか。(『第1の手紙』)[11]

　上記のことに関して、フェレイロルは、「それゆえ、ジャンセニスムとジェズイットの違いは、言語の違いでもある」と指摘する。[12] パスカルと『ポール・ロワイヤルの論理学』の著者たちが、あいまいな語を追い出すのに反し、良心問題判例学者たちはそれ自体意味しない他の意味に、意味させることによって、あいまい用語の使用を許しており、それを「あいまい論法」として教えにまで持ち上げている。

---

　9) *4ᵉ Lettre, PC,* p. 54. cf.『P 著作集』Ⅲ, p. 67.
　10) *1ʳᵉ Lettre, PC,* p. 17. cf.『P 著作集』Ⅲ, pp. 19-20.
　11) *Ibid. PC,* p. 18. cf.『P 著作集』Ⅲ, p. 21.
　12) FERREYROLLES, Gérard, *Blaise Pascal, Les Provinciales,* p. 54.

私どもの「あいまい論法の教え」が立派に役立つのです。この教えによれば、「意味のあいまいな言葉を用いて、自分が本心で思っているのとは違った意味を、その言葉にこもらせてもよい」のです。(『第9の手紙』)[13]

（2）原理と公理　Les principes et axiomes

『説得術』において、パスカルは証明が「完全に明白で単純な原理に基づかなければならない」[14] と言う。『プロヴァンシアルの手紙』において、論証に必要な第1の原理とはキリスト教の原理である。また、「精神の原理は、自然な、誰にもよく知られたもの」であって、これが第2の原理である。パスカルは、『第14の手紙』において、多くの殺人を許しているジェズイットの良心問題判例学者の見解に関して次のように述べている。

（このことは）あなたがたがどんなに神の律法を忘れはて、自然の光を曇らせておられるかを示すものでしょう。あたがたは今一度、宗教と常識の一番単純な原則へ連れ戻しておもらいになる必要があるのではないでしょうか。例えば、次のような考え方ほど自然なものはないのではないでしょうか。「どんな個人も他人の命を奪う権利はない。私たちはこのことを、ひとりでに学び知っているのだ。」これは、聖クリュソストモスの言葉です。「だから、神は、殺すなかれとの誡めを設けられた時に、殺人は悪だからであるという付言はなさらなかった。なぜならば」と、この教父は言われるのです。「この律法には、人がこの真理をあらかじめ自然から学びとっている、との想定があるからである。」(『第14の手紙』)[15]

（3）論証　Les démonstrations

---

13) *9ᵉ Lettre, PC,* p. 164. cf.『P 著作集』Ⅲ, p. 204.
14) *De l'Art géométrique, PC,* p. 357.
15) *14ᵉ Lettre, PC,* pp. 255-256. cf.『P 著作集』Ⅲ, pp. 85-86.

『説得術』においてパスカルは、「論証のために必要な規則はすべての命題を証明し、その証明にあたって、それ自体この上なく明白な公理、または、すでに証明済み、承認済みの命題だけしか用いない」[16]と述べている。モンタルトの論敵は、この点においてもまったく反対で、問題点の多い命題を説明なしで用いている。例えば、アルノーの異端宣告の場合がそうである。

アルノーが異端であるとの譴責文が出る。アルノーの方でも次々と弁明書を発表した。「自分の命題と、自分が典拠とした教父たちの引用文とを数段にわたって並べて見せ、そんなに見る目のない人々にもこの間の一致がはっきりうかがえるようにした。」アルノーは「論証のために必要な規則」に則した弁明書を書いているが、彼を異端宣告した側は全く逆に、根拠を示していない。例えば、ある箇所では、聖アウグスティヌスを引いて、聖人がこう言っているのを明らかにしている。「イエス・キリストは、聖ペトロその人がひとりの義人であったことを示しつつも、その堕落を通して、高慢を避けるようにということを我々に教えられた。」また、同じ教父の次のような言葉も引用している。「神は、恩寵がなければ人間は何をすることもできぬことを示すため、聖ペトロを恩寵のない状態に捨てておかれた。」さらに、聖クリュソストモスからも、次の言葉を挙げている。「聖ペトロの堕落が生じたのは、彼がイエス・キリストに対して冷ややかであったからではなく、恩寵が彼に欠けていたからである。その堕落は、彼の怠慢のためではなく、神に見捨てられたために起こったのである。これは、神なしに人間は何をすることもできないことを、全教会に告げるためであった。」このあとに、彼は、非難の的とされた自分の命題を掲げた。それは次のようなものだ。「教父たちは、聖ペトロその人が、ひとりの義人であったことを示したが、その彼には、何ごとかを行なうのになくてはならぬ恩寵が欠けていた。」

　さて、ここで、アルノーさんの表現が教父たちのそれと比べて、謬説と真理、異端と真の信仰が違うほどに違うと見ていいのかを検討して見よ

---

16) *Ibid.* p. 357.

うとしたところで、無駄に終わるだろう。いったい、どこに違いがあるのだろうか。

「教父たちは、聖ペトロその人が、ひとりの義人であったということを示した」という、彼の言葉だろうか。しかし、聖アウグスティヌスも、ぴったりと同じ言葉でそう言ったのだ。それなら、「彼には恩寵が欠けていた」と言った点だろうか。だが、聖アウグスティヌス自身も、「聖ペトロは義人であった」と言いながらも、「彼は、その時、恩寵を持たなかった」と言い切っているのだ。それなら、「恩寵は、人が何ごとかを行なうのになくてはならぬ」ものだと言った点だろうか。しかし、このことは、聖アウグスティヌスも同じ箇所でそう言っているし、さらに、これに先立って聖クリュソストモス自身も、語ったところではないのか。そこに違いがあるとしたら、聖クリュソストモスの方がもっと語調がきついというくらいのものだ。すなわち、彼は、こう述べたのだ。「聖ペトロの堕落は、彼の冷ややかさ、怠慢によって生じたものではなく、恩寵が欠け、神から捨てられたため生じたのである。」

モリニストの先生がたには、僕たちにも分かるようにやさしく説いて下さるお気持ちがなかったのか、それとも、何か他に隠れた理由があったのか、結局のところ、先生方は「この命題は、傲慢無礼、不敬虔、冒瀆的、破門に価し、異端的である」との宣告を発せられただけにとどまったのだ。(『第3の手紙』)[17]

2）気に入る法　L'Art d'agréer

意志の原理は、「ある種の自然な願望であって、どんな人にも共通している。例えば、幸福になりたいという願望であって、これは誰もが持たずにおれない。さらにまた、人みな幸福になろうとして追い求める多くの個々の対象もこれに属する。それらには私たちの気を引く力があり、実際は有害でも、意志を

---

17) *3ᵉ Lettre, PC,* pp. 41-43. cf.『P 著作集』III, pp. 53-55.

動かすという点では、真の幸福を作り出すものかと思うほどに強力である。」[18]
「気に入る法」は、「説き伏せる法」とは比較にならぬほどに難しく、微妙をきわめ、また有用であって、すばらしいものである。したがって、私がそれを扱わないのは、自分にはその能力がないからである。また、自分はとてもそんなことをするのに適した人間ではないと思うからである[19]とパスカルは言う。

> 少なくとも、その能力を持つ人があるとしたら、私の知っている何人かの人たちだけであって、他の人は、このことについて、それほど明るい、満ち溢れる光りは持っていないと思う。(『幾何学的精神について』)[20]

パスカルはメレを念頭において語っているのであろう。『説得術』執筆時には「気に入る法」は扱っていない。しかし、姉ジルベルトの証言に注目しよう。弟ブレーズ・パスカルは「話して聞かせる相手が誰であろうと苦労なく、やすやすと話を分からせることができるようにものを喋る術」が雄弁であり、「話し相手の精神や心と、自分の用いる思想や表現がしかるべき適当な状態に配置されるか否かにかかっており、どんな言い表わし方をするかによってのみ、全体としてうまく調和が取れるようになること」を理解し、また、「何か思想を述べる場合には、いったん聞く人の側に身を置いて見るのでした。」そして、「自分の対面する人の気持ちになってこんなふうに考えて見るのでした」と述べている。パスカルが述べている「気に入る法」が初めて用いられ、見事に開花したのは、『プロヴァンシアルの手紙』においてであった。パスカルは「説き伏せる法」には規則を与えているが、「気に入る法」には与えていない。説き伏せるのは、証明によるが、気に入るのは、楽しさを与えることによるのであり、「楽しさの原理」が無数にあるように、その規則は無数である。この世にはさまざまな人々がおり、そのひとりひとりも変化する。[21]

---

18) *PC,* p. 355. cf. 『P著作集』I, p. 221.
19) *PC,* p. 356. cf. 『P著作集』I, p. 223.
20) *Ibid.*
21) Cf. *ibid.* cf. 『P著作集』I, pp. 223-224.

それでも、すべての人間に共通するある本性的な欲求がある。そして、人間の本性的な欲求とは、次の３つの邪欲である。「すべてのこの世に属するものは肉の邪欲、あるいは、眼の邪欲、または、生命の高慢である。感覚の欲望、知識の欲望、支配の欲望 Libido sentiendi, libido sciendi, libido dominanndi.」（L.545）フェレイロルは、この角度から『プロヴァンシアルの手紙』のレトリックの問題は次のように表現できるであろうと言う。著者が弁護するキリスト教の立場に、読者が気に入るように導くために、このキリスト教自体が戦っている相手である勢力—邪欲—に訴えることは、著者にとって可能であろうか。[22]

（１）楽しみの追求

パスカルは『第１の手紙』からすでに、読者を楽しみに誘っている。その末尾に、「こういう話を君が面白がっているようなら、これからも事件の経過をいちいち詳しくお知らせするようにしよう」と言っている。（『第１の手紙』）[23]

　　君も満足していることと確信している。（『第５の手紙』）[24]

ジェズイットの良心問題判例学者は、次々と楽しみを提供している。「断食」の場合を見よう。モンタルトが「断食を守ることがなかなかできない」と言うと、免れる理由がないかと探してくれたが、いずれも当てはまらなかった。最後に一計を案じてくれて、「夕食を食べないと眠れないのじゃあないか」と尋ねてきた。

「そうなんです、神父さん」と、僕は答えた。「だもんで、僕はたいて

---

22) FERREYROLLES, Gérard, op. cit., p. 60.
23) 1ʳᵉ Lettre, PC, p. 20. cf.『P 著作集』Ⅲ, p. 23.
24) 5ᵉ Lettre, PC, p. 94. cf.『P 著作集』Ⅲ, p. 110.

い、昼は軽く済ませておいて、夕方に本式の食事をしなきゃならないのです。」「そりゃ結構だ」と、彼は返してきた。「これで、罪を犯さずに、あなたの悩みを軽くしてあげる方法が見つかったわけだ。さあ、もう断食なんかなさる必要はありません。なにも私の言葉をうのみにせよと言うのじゃないのです。図書館へ来てくださいな。」(『第5の手紙』) [25]

　神父はエスコバルの著書を持ってくる。序文にはイエズス会の倫理学者を『黙示録』の長老にたとえるようなふざけたことを書いている。

　「エスコバルって何者ですか、神父さん」と僕は聞いた。「これはまた、どうだ、エスコバルが何者かご存じないとは。わが会に属し、わが会の24神父の倫理神学を編集した人ですぞ。この本のことは、彼みずから、序文の中で7つの封印で封じられた、『黙示録』の中の書物にたとえていますよ。〈イエスは、この書物をこのように封印し、24人の長老を表わす24人のジェズイットの前で、4つの生き物、すなわち、スアレス、ヴァスケス、モリナ、バレンシアに渡される〉とも、言っています。」(『第5の手紙』) [26]

　「夕食を食べなければ眠れない者は、断食をする義務があるか。全然ない」「夕食に本式の食事をして、朝は軽い食事にしておけるならばどうか」「この場合も断食しなくてよい。食事の順序を変更する義務は誰にもないからである」と神父が読みあげるのを聞いて、モンタルトは「ああ、なんとまあ、すばらしい理由なんでしょう」と叫んでいる。神父は続けて言う。

　「ところで、お聞きしたいんだが、あなたは、ぶどう酒はかなりいける口ですかな。」「いや、神父さん、そんなにいけないんです」と、僕は答えた。「それをお聞きしたのは」と、彼は、返した。「午前中なら、いつ

---

25) *5ᵉ Lettre, PC*, p. 80. cf. 『P 著作集』III, p. 97.
26) *Ibid.*, pp. 80-81. cf. 『P 著作集』III, pp. 97-98.

でも、飲みたい時にお飲みになっても、断食を破ることにならないのをお知らせしておきたかったのです。いつでも一杯やって、元気をつけられるんです。断食を破らずに、『望みの時間に、しかも大量のぶどう酒を飲むことができるか。できる。イポクラス酒でもよい。』イポクラス酒のことまでは私も思いつきませんでしたな」と、彼はつけ加えたものだ。「早速、ノートに書き込んでおかなくちゃ。」(『第5の手紙』) [27]

「ああ、これはまた、愉快ですなあ。」これはモンタルトの感想である。「読み出すとやめられませんよ。私なんか、夜も昼もこればかり読んでいて、何も他のことはしないくらいです。」これは「神父さん」の感想である。

『第11の手紙』は、ジェズイットの道徳の問題点を暴いていくことを明言して、次のように言う。

こんなふうな調子でもっと書いて、できるだけあなたがたが退屈なさらないようにしてあげるつもりですからね。あなたがたの基準には、なんともしれない面白い点があって、それが世間の人々をいつでも喜ばせるんですよ。ともかく、あなたがたのほうが私を巻き込んでこんな言い訳をさせるようにしたことを、覚えておいてください。さあ、どちらの方がうまく自己弁護しおおせますかな。(『第11の手紙』) [28]

神学問題という一般には近づきにくい話題を扱いながら、楽しみを見事に追求することに成功し、『プロヴァンシアルの手紙』は女性や社交界の人々にも競って読まれ、次の手紙の発行が待たれたのである。

(2) 楽しみの原理

---

27) 5ᵉ *Lettre, PC*, pp. 81-82. cf.『P 著作集』Ⅲ, pp. 98-99.
28) 11ᵉ *Lettre, PC*, p. 217. cf.『P 著作集』Ⅲ, p. 193.

気に入る法をいかなる文学的ジャンルによって用いるかは、『プロヴァンシアルの手紙』の成否に関わる重要な問題であった。パスカルは手紙というジャンルを用いて、無味乾燥なスコラ的議論や良心問題判例学者の論文を材料にして、快い、楽しめる教えの機会としたのである。
　気に入る法を用いて書かれた『プロヴァンシアルの手紙』の表現の特徴は、活気 vivacité と多様性 diversité である。

1. 活気　vivacité

　『プロヴァンシアルの手紙』で扱われている問題は、現代の関心からは非常に遠いものに思われるが、その表現の方法は今日も傑作であろう。登場する人物はそれぞれ思想的立場を代表しており、モンタルトが訪問して質問すると、その立場の主張が明らかになってくる。[29]
　論文のような論理的規則に基づいた議論ではなく、対話によって活気ある議論が行なわれる。形式ばらずに、ずばり核心に入って行く。

> この前なんか、例の神父さんに会った時の愛想のよさといったら、僕なら君に対してだってとてもあんな態度はとれないよ。僕の姿を見かけるとすぐにそばに寄ってきて、手にした本を見ながら、こう言うんだ。(『第9の手紙』) [30]

　議論は急速に展開する。証拠を見せて欲しいというモンタルトの求めに直ちに応じて、「おやすいご用」と彼は早速言った。「証拠も証拠、それも、とびきりの証拠をお見せしましょう。まあ、まかせておいてください。」(『第4の手紙』) [31]

　感嘆、質問、いきいきした短い言葉が満ち溢れているが、手紙の末尾は急

---

29) Cf. 本書 pp. 131-134.
30) *9ᵉ Lettre, PC*, p. 153. cf.『P 著作集』Ⅲ, p. 193.
31) *4ᵉ Lettre, PC*, p. 56. cf.『P 著作集』Ⅲ, p. 69.

激に終わり、次回につなぐ。

　　今日はこの辺で切り上げることにしよう。この時の会見で僕が聞いたすべてをお知らせするには、一度限りの手紙ではとても足りないのだから。（『第6の手紙』）[32]

　パスカルは読者を退屈させないということを鉄則としている。モンタルトは「一口に言って現在、両派の間で論争の的になっている点は何かを教えてくれないか」と頼んでいる。（『第2の手紙』）[33]
　司祭の場合を話していた神父は「しかしまあ、司祭たちのことは、その程度でもう十分でしょう。少し言い過ぎたくらいです」と言っている。（『第6の手紙』）[34]
　また、修道士の場合の蓋然性の適用を説明して、「だがまあ、簡単にしておきましょう」と言っている。（『第6の手紙』）[35]
　他の大部分の手紙は8ページであるが、『第16の手紙』は12ページになっている。モンタルトはこの手紙の終わりに、「私の手紙がこんなに間なしに出されることも、こんなに長くなってしまったことも例のないことです。私にわずかの時間しかなかったことが、このどちらの原因でもありました。この手紙がいつもより長くなってしまったのはもっと短く書き直す余裕がなかったからにほかなりません」（『第16の手紙』）[36] と述べている。

2．多様性　diversité

　手紙の持っているエッセーとの共通の性格、すなわち、多様性をパスカルは大いに利用している。この多様性により「気に入ること」が確実になって

---

32)　*6ᵉ Lettre, PC*, p. 113. cf.『P 著作集』Ⅲ, p137.
33)　*2ᵉ Lettre, PC*, p. 108. cf.『P 著作集』Ⅲ, p. 29.
34)　*6ᵉ Lettre, PC*, p. 80. cf.『P 著作集』Ⅲ, p. 131.
35)　*Ibid.*, p. 109. cf.『P 著作集』Ⅲ, p. 132.
36)　*16ᵉ Lettre, PC*, pp. 325-326. cf.『P 著作集』Ⅲ, p. 165.

くる。なぜなら、『説得術』で質問として提出されていた「彼は何を愛するか」に答えることになるからである。「我々は多様性を愛する。」(L. 270)

この多様性は『プロヴァンシアルの手紙』のいたるところに散りばめられている。

活気 vivacité の連続は読者に緊張を強いるが、この緊張は沈黙によって、緩和されている。「神父さんたちは黙ってしまってウンともスンとも言わないのさ。」(『第1の手紙』)[37]

「神父さん」は自説を固持することができなくなって、しばらく考え込んでいるふうであった。(『第4の手紙』)[38]

多様性は対話する人物にも見られる。「ル・モワーヌさん」は「区別しなければならない」distingo を連発し、(『第1の手紙』)[39] ナヴァール学寮のスコラ学者某先生」は「すごい勢いで」モンタルトを「はねつけ」、(『第1の手紙』)[40] パリパリのジャンセニストは「なかなか気のいい人物である。」(『第1の手紙』)[41] 対話と叙述が交互に行なわれることもある。(例えば、「旅の途上で盗賊に遭い、重傷を負った旅人」のたとえ話)(『第2の手紙』)[42]

小さな、面白い出来事を用意しておいて適当なところで持ち出す。
「ジャン・ダルバの話」(『第6の手紙』)[43]
「セロ神父の話」(『第8の手紙』)[44]
「コンピエーニュの平手打ち」(『第13の手紙』)[45]

---

[37] 1re Lettre, PC, p. 17. cf.『P 著作集』III, p. 20.
[38] 4e Lettre, PC, p. 67. cf.『P 著作集』III, p. 80.
[39] 1re Lettre, PC, p. 17. cf.『P 著作集』III, p. 20.
[40] Ibid., p. 8. cf.『P 著作集』III, p. 12.
[41] Ibid., p. 10. cf.『P 著作集』III, p. 13.
[42] 2e Lettre, PC, p. 10. cf.『P 著作集』III, pp. 37-39.
[43] 6e Lettre, PC, pp. 110-112. cf.『P 著作集』III, pp. 134-135. 本書 p.257, 脚注 29) 参照。
[44] 8e Lettre, PC, p. 150. cf.『P 著作集』III, pp. 186-187.
[45] 13e Lettre, PC, pp. 241-242. cf.『P 著作集』III, pp. 66-67.

「ピュイ氏」（『第15の手紙』）[46]

　初めの10通は嘲笑が、後半の8通は雄弁が基本的な調子となっているが、それぞれの手紙の間にも違いがあるごとく、多様性が実行されている。

　笑い、楽しみが真理の立場とともに、『プロヴァンシアルの手紙』の基礎をなしている。「笑うことはもともと真理にかなっているのだ。真理は快活なものだ。敵をからかうこともそうだ。真理の勝利は確かだからだ。」（『第11の手紙』）[47]

　キリスト教作家の義務は、真理のために作品の中に楽しみを入れなければならない。「多様性を求める我々の好奇心を満足させる」ことをためらわない聖書の神のレトリックをパスカルは真似るのであろう。しかし、笑い、楽しみのレトリックを真理に価しないものに用いる危険がある。パスカルはこのことに十分注意していた。『パンセ』にその規則がある。「雄弁。快いものと本当のものがなければならないが、この快いもの自体は、真理から得られなければならない。」（B. 25, L. 958.）

　パスカルは『プロヴァンシアルの手紙』における「楽しみのレトリック」を見事に駆使しているが、しかし、キリスト教の真理を教えることをなんら犠牲にしていない。真理を教えることと楽しみを与えることの両方の義務を果たしている。ジェズイットは逆にこの両方を欠いている。「説得術」において、パスカルは「承認済みの真理にも、心の願いにも、どちらにも関係があるものだと、その影響力はこの上なく確かであり、自然の中にこれ以上確かなものは見出せないほどである」[48] と述べているが、この『プロヴァンシアルの手紙』において、「説き伏せる法」と「気に入る法」を結びつけるのに成功を収め、多くの読者を魅了したのであろう。逆に、ジェズイットに対しては説得どころではなく、激昂させたのである。『プロヴァンシアル』論争はパスカルの設定した舞台の上で展開されている。

46）15ᵉ Lettre, PC, pp. 282-284. cf.『P 著作集』III, pp. 115-116.
47）11ᵉ Lettre, PC, p. 199. cf.『P 著作集』III, p. 12.
48）OCL, p. 355.

第5章 パスカルにおける恩寵論—展開と傾向—

　恩寵と自由意志の問題は、教父たち、公会議において初代教会から論じられてきたキリスト教神学の大問題であり、これとパスカルとの関係は、ジャン・ラポルト、ジャン・メナール、フィリップ・セリエ、ジャン・ミールらによる研究[1]によって解明されてきたが、本書では、『プロヴァンシアルの手紙』論争においてこの問題に関するパスカルの思想がどのように展開、発展したかを明らかにし、次いで、彼の思想の傾向について論じていきたい。まず、恩寵論の展開を『プロヴァンシアルの手紙』『第1の手紙』〜『第3の手紙』と『第17の手紙』『第18の手紙』において論じ、次いで、『恩寵文書』[2]において考察する。『プロヴァンシアルの手紙』だけでなく、『恩寵文書』をも論じる対象にしているのは、この文書が『プロヴァンシアルの手紙』執筆の少し前から書かれ、パスカルの著作の中で、この問題を最もよく論じているからである。

---

1) LAPORTE, Jean, *La doctrine de la grâce chez Arnauld*, 1922; *La doctrine de Port-Royal*, 1923, 4 vol. MESNARD, Jean, *Pascal*, 1951; *Pascal et Roannez*, 1965. SELLIER, Philippe, *PASCAL et Saint AUGUSTIN*, 1970. MIEL, Jan, *Pascal and Theology*, 1969.
2) *OCM, Ecrits sur la grâce*, 『MP 全集』Ⅱ, pp. 66-295. 解題・訳・解説＝望月ゆか.『P 著作集』Ⅴ, pp. 137-300. pp. 319-327. 訳・訳注・解説＝田辺保.『パスカル全集』Ⅱ, pp. 497-628. 訳・訳註＝岳野慶作・安井源治，解説＝岳野慶作.

第1節 恩寵論の展開

1)『プロヴァンシアルの手紙』
　『第1の手紙』〜『第3の手紙』、『第17の手紙』『第18の手紙』

（1）『第1の手紙』

　『第1の手紙』は事実問題と法問題を取り上げている。事実問題というのは、アルノーの言葉、つまり、「自分はジャンセニストのくだんの著書を詳しく読んだ。しかし、そこには故教皇が異端として宣言された命題は見当たらなかった。とはいえ、自分は場所の如何を問わず、これらの命題を非難するがゆえ、ジャンセニウスのうちにあれば、やはり非難するものである」[3]という言葉が不遜な態度かという点にある。法問題というのは、「すべて義人は常に律法を守る能力を有する」という点に関して、ジェズイットはドミニカンと組んで、アルノーを非難している。ドミニカンは彼らのトマス的教義がモリニスムよりもジャンセニスムに近いにもかかわらず、アルノーに敵して、ジェズイットに味方した。ジェズイットとドミニカンは、「常に律法をまもる能力」を「近接能力」という言葉で呼び、一旦、この「近接能力」が認められると、モリニストにとっては、行為は人間の自由意志次第となるが、逆に、ドミニカンにとっては、さらに神からの恩寵が必要となる。実際には、ドミニカンの主張はアルノーの主張と同様である。ジェズイットとドミニカンは両者の根本的な不一致を「近接能力」という語で覆い隠し、政略的に一致しているに過ぎないとパスカルは指摘している。

---

3) *PC*, p. 4. cf.『P 著作集』Ⅲ, p.10.

（2）『第2の手紙』

　『第2の手紙』では「十分な恩寵」に関しても、ジェズイットとドミニカンが意見を全く異にしているにもかかわらず、世俗的利益から結びついていることを明らかにしている。モリニスト[4]によれば、「十分な恩寵」は万人に等しく与えられている恩寵であって、自由意志のままになる。すなわち、この恩寵は人々の望むところにより有効にも無効にもなる。この場合、その上、神のいかなる助力も必要でなく、また、神は有効に振舞われて何ら欠けるところがない。…それ故、彼らはそれを「十分な恩寵」と呼ぶのである。事を行なうのにこの恩寵だけで十分だからである。しかし、ジャコバン[5]によれば、「人々は〈十分な恩寵〉だけで行動することは決してない。人々が行動するためには、実際に彼らの意志を促して行動させる〈有効な恩寵〉が神から与えられていなければならない。そして、これは誰にでも与えられているわけではない。」このようにジャコバンはジャンセニストと全く同様、「十分な恩寵」を否定している。ジャコバン派は「なんの意味もない言葉を使う点ではジェズイットと同じでも、実は意見は反対で、むしろ内容はジャンセニストと同じことになる」[6]と『第2の手紙』の著者、モンタルトは指摘している。

（3）『第3の手紙』

　『第3の手紙』では、アルノーを異端とするジェズイット側からの譴責には、その根拠が示されていないこと、そして、根拠がなくとも、譴責は少なくとも数ヵ月間、民衆に対してジャンセニストは異端だという印象を与えるのに有効である点に、ジェズイットの狙いがあることをパスカルは暴いている。

---

4) moliniste. スペインのイエズス会士、MOLINA, Luis (1535-1601) の「神の恩寵と人間の自由意志」に関する教説、モリニスム molinisme を信奉する人々。
5) パリにおけるトミストの別名。ローマでは、ジェズイットの敵であったが、フランスでは宮廷から異端視されるのを恐れてジェズイットと結んだ。
6) *PC*, p. 28. cf.『P著作集』III, p. 36.

（4）『第17の手紙』『第18の手紙』

『第17の手紙』はジェズイットを代表する論争家、アンナ神父に宛てており、ポール・ロワイヤルの人々とパスカルを異端とするこの神父に対して、「有効な恩寵」、5命題、事実問題、法問題に関し弁明している。また、『第18の手紙』では、アウグスティヌス、トマス、モリナ、カルヴァンの教説を参照しつつ、ジェズイットとジャンセニストの恩寵論を吟味している。

『プロヴァンシアル』では上記5通の手紙が恩寵問題を扱っているが、最初の3通に較べ、後の2通は神学的に内容が充実している。特に、『第18の手紙』は他の代表的恩寵論と比較しているので、ジャンセニストとジェズイットの恩寵論がかなり明瞭に表われている。従って、ここでは、この『第18の手紙』を取り上げ、パスカルがカルヴァン、モリナ、アウグスティヌスの説を比較しつつ、恩寵論をいかに展開しているかを考察したいと思う。

この『第18の手紙』はアンナ神父に宛てて書かれている。アンナ神父は相手のうちに誤謬を見つけだそうと努め、異端のレッテルを貼った。彼はジャンセニウスの意味が有罪であることを否定したかどで、ポール・ロワイヤルの人々を非難している。その際、彼はジャンセニウスの意味が何であるかを説明していない。当時、激しく議論されていたジャンセニウスの意味が何であるかに関して、ポール・ロワイヤルに味方する人々は、そこに認められるものはアウグスティヌスとトマスだけであると言い、それに対してジェズイットは異端的意味であると主張するが、その異端的意味が何であるかについては言及していない。「この論争に一言もふれず、説明なしにただジャンセニウスの意味を一般に有罪とするのでは、論争の肝心な点を何ら決定しえないということです」[7]とパスカルは指摘している。そして、ジェズイットが何故、この論争を明確にするのを避けているのか、という点を追及することによって、パスカルはジェズイットの隠れた意図を暴こうとする。

「私はあなたがたが説明もせずにこの意味に有罪を宣告させようとされる

---

7) *PC,* pp. 355-356. cf.『P 著作集』IV, p. 212.

のには、隠れた理由を持っているからであって、あなたがたの意図はやがてこの曖昧な宣告を〈有効な恩寵〉の教えに転じ、これこそジャンセニウスのものにほかならぬことを示すことにあったのだということを明らかにしたのです。」[8] すなわち、パスカルは『第17の手紙』の中で次のように述べている。もしジャンセニウスがこれら5命題において意味するところが、「有効な恩寵」の意味するところと異なるならば、誰も彼らを擁護しはしない。しかし、彼の意味するところがほかならぬ「有効な恩寵」の意味であるならば、彼には何の誤謬もないと。パスカルのこの指摘に対して、アンナ神父は否定せず、次のような区別を設けた。

「ジャンセニウスを弁護するには、彼の主張しているのは〈有効な恩寵〉に過ぎぬと言うだけでは不十分である。何となれば、〈有効な恩寵〉は2つの仕方で主張されるからである。1つはカルヴァンに従って、恩寵により動かされる意志は恩寵に抗し得ぬと述べる異端的方法であり、他はトミストやソルボンヌの博士たちに従って、公会議により打ち立てられた原則に基づき、〈有効な恩寵〉自身、意志を支配し、人々をして常に恩寵に抗し得るごとくすると述べる正統的方法である」(『第18の手紙』)[9] と。パスカルは『第18の手紙』においてこの区別に同意し、そして、アンナ神父の次の言葉を利用して反駁している。

「もしもジャンセニウスがトミストたちに従って〈有効な恩寵〉を擁護したのであったら、彼はカトリックであろう。しかし、彼はトミストたちに反し、カルヴァンに従って恩寵に抗する能力を否定するが故に、異端である。」[10] すなわち、アンナ神父がジャンセニウスの意味と言っているのはカルヴァンの意味にほかならないことにパスカルは注目している。ジャンセニウスの意味がカルヴァンの意味なら、ポール・ロワイヤルの人々も共に、ジャンセニウスの意味を非難したであろうと彼は言い、しかし、この問題に関しては、ジェズイットは無知であって、アンナ神父は熱情の余り、ジャンセニウスの

---

8) *PC*, p. 355. cf.『P 著作集』Ⅳ, pp. 212-213.
9) *PC*, p. 356. cf.『P 著作集』Ⅳ, p. 213.
10) *PC*, p. 357. cf.『P 著作集』Ⅳ, p. 214.

教説を知りもせずに、攻撃したと指摘し、その論拠を挙げている。すなわち、ジャンセニストたちは「ただ、人は実際、触発的もしくは無効と呼ばれる力の弱い恩寵に抗し、その鼓吹する善を実現しない旨主張するばかりでなく、さらに彼らは断固としてカルヴァンに反対して、意志が有効にして決定的な恩寵に対してすら抗する能力を有することを主張し、また、同じく断固としてモリナに反対して意志に対する恩寵の力を擁護し、これらの真理を2つながら熱望しているのであります」(『第18の手紙』)[11]とパスカルは述べている。

さらに、「彼らは、人間が本性上、常に罪を犯し恩寵に抗する能力を有すること、そして、堕落後、邪欲の悪い根源を持つに至り、これがためその能力は無限に増大するに至ったこと、しかし、それにもかかわらず、神はその憐れみにより人間の心を動かそうとされる時には、神は人をして神自ら欲するところを、欲する仕方で、しかも神の謬つことなき行ないによりいささかも人間本来の自由を損なうことなく、行なわしめ給うことを知り過ぎるほど知っております」(『第18の手紙』)[12]と述べている。そして、アウグスティヌスの教説を採用して、「神は、必然性を課することなく、人間の自由意志を支配し、また、自由意志は、ゆえに恩寵に抗し得るものの、必ずしもこれを欲せず、神がその有効な霊感の快味によって引きつけようとされる場合には、自由にかつ謬つことなく神のみもとに赴くのであります」(『第18の手紙』)[13]と述べている。

これこそ、アウグスティヌスとトマスの神聖な原則であり、これによれば、「カルヴァンの意見とは反対に、『我々が恩寵に抗し得る』というのは真理であります。」(『第18の手紙』)[14] しかし、また一方、「教皇クレメンス8世が恩寵問題審議会に宛てた文書の中で言われている次の事実も真理であります。『聖アウグスティヌスによれば、神は我々において我々の意志を形成し、彼の至高なる権能が天が下の他のあらゆる被造物に対してと同様、人間の意志

---

11) *PC*, p. 358. cf. 『P 著作集』IV, p. 215.
12) *PC*, p. 359. cf. 『P 著作集』IV, pp. 215-216.
13) *Ibid*. cf. 『P 著作集』IV, pp. 216-217.
14) *PC*, p. 360. cf. 『P 著作集』IV, p. 217.

に対して持つ支配力によって、我々の心を現実に左右し給う』」[15] と主張している。このように、パスカルは両極端の2つの誤謬を退けている。この観点から、彼は「ルターの背教――『我々が己の救済にあたって、いかなる意味においても協力せぬことは、無生物に等しい』――も撃破される」とし、また、「我々をして己の救済に協力せしめる者は、恩寵自身の力であることを認めまいとする、モリニストの背教も撃破される」(『第18の手紙』)[16] としている。ジャンセニストの主張する、恩寵に抗する能力と恩寵の効力の絶対性は、アウグスティヌス、トマス、彼らに従う教父たち、幾多の会議の教説であるから、ジャンセニストがカルヴァンの誤謬から免れていることは明らかであり、今後、アンナ神父は彼らを異端呼ばわりすべきでないと、パスカルは断言しているのである。

2)『恩寵文書』

パスカルが恩寵と自由意志の問題を専ら扱っている『恩寵文書』[17] は、『プロヴァンシアルの手紙』を書いた少し前、「1655年秋から1656年初春」に執筆したと推定されている。[18] この文書は『プロヴァンシアルの手紙』よりも体系的に論述されているので、パスカルの恩寵論を知る上で、重要な鍵となるであろう。この文書の中で恩寵に関して当時、問題とされていた点を次のように挙げている。

神が人間たちの意志を御自身に従わせて、ある人々を救い、ある人々に罰を与えようという絶対的な意志をお持ちになったのか。そして、このみ旨に基づいて、選ばれた人の意志を善に、また、永遠の罰を受けるこ

---

15) *Ibid.*
16) *Ibid.*
17) 望月ゆか訳『恩寵文書』『メナール版 パスカル全集』(略号『MP全集』) II, 所収, 解題, 翻訳, 注, 解説, 参照. メナール教授の研究に基づいたきわめて優れた労作であり, また, 氏自身による訳注が非常に有用である.
18) Cf. *OCM*, III, pp. 543-592.『MP全集』II, pp. 66-67.

とになる人々の意志を悪に傾けることによって、前者の意志を彼らを救おうとする神の絶対的な意志に、また、後者の意志を彼らを滅ぼそうとする神の絶対的な意志に一致させようとなさったのか。あるいは、神の恩寵をどう用いるかを人間の自由意志に委ねられたうえで、それぞれの人々が恩寵をどのように用いようと欲するかを予知なさったのか。そして、それぞれの意志に応じて、神が一方を救い、一方を断罪しようとする自らの意志を固められたのか」(『論考Ⅱ』17) [19] と。そして、3つの大きな派、すなわち、カルヴァン派、モリナ派、アウグスティヌス派の恩寵論を次のごとく示している。

(1) カルヴァン派

まず第1に、パスカルはカルヴァン派の恩寵論を次のように述べている。

> 神が人間を創造するにあたって、絶対的意志により、何らの功罪も予知せずに、ある人々に罰を与えるために、ある人々を救うために、それぞれの人間を創造されたということ。(『論考Ⅱ』19) [20]

もしも人間が神の掟に従うならば、それらの人間を救おうという「条件つき意志」を持っておらず、創造の当初から、救われる人間と救われない人間を区別していた。しかし、神は罪のない者を正義によって罰することができないので、「神がこの絶対的意志を行使するためにアダムに罪を犯させ、彼を堕落するがままになさったばかりでなく、自らその原因となられたということ。」(『論考Ⅱ』19) [21] つまり、アダムは神の命令によって必然的に罪を犯した。彼は自由意志を失ない、もはや善への傾向を持たず、永遠の死に価す

---

[19] *OCM*, Ⅲ, p. 785. *Écrit sur la Grâce, Traité* [2] 17. cf.『MP 全集』Ⅱ, p. 194. *OCL*, p. 312.『P 著作集』V, p. 141.
[20] *Ibid.*, *Traité* [2] 19. cf.『MP 全集』Ⅱ, p. 195. *OCL*, p. 312. cf.『P 著作集』V, p. 141.
[21] *Ibid.*

る者となった。
アダムの原因はそのすべての子孫に伝わった。

> それは、悪しき種子は悪しき実を結ぶといった遺伝的な伝わり方ではなく、神の決定によって伝わったのだということ。その決定によって、すべての人間は、生まれながらにしてその最初の父祖の罪の科を負う罪人であり、自由意志を持たず、有効な恩寵をもってしても善に傾くことがなく、永遠の死を受けるに値する者であるということ。(『論考Ⅲ』27)[22]

このようにアダムに罪を犯させた後、神は、「罪の予知以前の未だ無罪の状態の群れの中から選ばれた人々に救いをお恵みになるために、イエス・キリストが人となられたということ。」(『論考Ⅲ』28)[23]

> この恩寵は、一旦受けたら決して失なわれることがなく、また、さながら石や鋸などの無生物のごとく、意志を善と向かわせる（意志がおのずから善に向かうようにし向けるのではなく、否応なしに善へと向かわせる）ということ。意志には、恩寵と共に働き、これに協力する能力はいささかもない。——なぜなら、自由意志はすでに失なわれ、完全に死んでしまっているから——ということ。(『論考Ⅲ』29)[24]

> 恩寵が単独で働くということ。そして、その人間が死ぬまで、恩寵が残って、善き業をなし続けるにせよ、それは自由意志が自ら選びとって善き業に向かい、善き業を行なっているのではないということ。それどころか、恩寵が自由意志のうちに働いてこれらの善き業をなしている間も、当人自身は永遠の死に値しているということ。功績をもつのはイエス・

---

22) *OCM*, Ⅲ, p. 798. *Écrit sur la Grâce, Traité* [3] 27. cf. 『MP 全集』Ⅱ, p. 208. *OCL*, p. 319. cf. 『P 著作集』Ⅴ, pp. 173-174.
23) *Ibid., Traité* [3] 28. cf. 『MP 全集』Ⅱ, p. 208. *OCL*, p. 319. 『P 著作集』Ⅴ, p. 174.
24) *Ibid., Traité* [3] 29. cf. 『MP 全集』Ⅱ, p. 209. *OCL*, p. 319. cf. 『P 著作集』Ⅴ, p. 174.

キリストのみであり、他のいかなる義人といえども、功績のあるのはイエス・キリストだけであって、義人といえどもいかなる功績も持たず、イエス・キリストの功績が義人たちに着せられ、適用され、かくして、彼らが救われるに過ぎないということ。(『論考Ⅲ』30) [25]

ひとたび、この恩寵が与えられた人々は、必ず救われる。ただし、それは、この人々の善き業によるのではなく、イエス・キリストの功績によるのである。

他方、この恩寵が与えられていない人々には、確実に罰が与えられるが、それは、神の栄光のために彼らを罪へ傾けようという神の命令ないしは決定によって、彼らが犯す罪の故であるということ。(『論考Ⅲ』31) [26]

カルヴァンにあっては、人間が善き業をなすのも、悪をなすのも、「神の命令」によるのであり、永遠の救いを得るのも、永遠の死の罰を受けるのも、人間が未だ罪を犯さない以前からの「神の決定」によるのであり、人間の自由意志の介入する余地は全くないと、パスカルは理解している。

(2) モリナ派

次に、パスカルはモリナ派の恩寵論を次のように表現している。『論考Ⅱ』では、カルヴァン派、モリナ派、アウグスティヌス派と分類されているのに対し、『論考Ⅲ』では、カルヴァン派、ペラギウス派の残党、アウグスティヌスと分類されて、それぞれの恩寵論が示されているが、『論考Ⅲ』の「ペラギウス派の残党」とは、『論考Ⅱ』の「モリナ派」を指していると思われる。なぜなら、「ペラギウス派の残党」では、『論考Ⅱ』の「モリナ派」の恩寵論に全く依拠しつつ、やや詳細に論じているだけだからである。モリナ派の恩寵論に関しては、人間を堕罪以前と以後に分けて述べている。堕罪以前、つまり、

---

25) *Ibid.*, Ⅲ, pp. 798-799. *Traité* [3] 30. cf.『MP全集』Ⅱ, p. 209.
26) *Ibid.*, Ⅲ, p. 798. *Traité* [3] 31. cf.『MP全集』Ⅱ, p. 209.

神が人間を創造した時、

> 神が人間を正しい者として創造し、これに十分な恩寵をお与えになったということ。この恩寵によって、人間が欲しさえすれば、義のうちにあり続けることもあり続けないこともできたということ。神が人間を創造するに当たって、人間たちがこの恩寵を正しく用いる限り、彼らすべてを救おうという、条件つきの意志を持っておられたということ。この恩寵をどう用いるかはアダムの自由意志に委ねられていたが、アダムが罪を犯し、また、彼において一切の人間の自然本性が罪を犯したのだということ。(『論考Ⅲ』18) [27]

堕罪以後の人間に対する神の態度に関しては、次のように言う。すなわち、

> もしも神が（腐敗した群にある）すべての人間を、守ることをお望みにならず、自らを救う十分な助力を彼らすべてにお与えにならなかったとしたら、神は不正だということになるだろうということ。神が人間を（救われる人々と罰を与えられる人々の）の2つに選別なさったのも、そのように選別されるような何らかの機会を人間たちの側で与えたのでなければ、神が思慮を欠いていたということになるだろうということ。人間に神の恩寵を用いて掟を完全に行なわせることを、神が絶対的な意志をもってお望みになるのであれば、彼らの自由意志を損なわずにはおかないであろうということ。(『論考Ⅲ』19) [28]

これらの論拠からペラギウスの残党は次のように主張する。

---

27) *OCM*, Ⅲ, p. 796. *Écrit sur la Grâce, Traité* [3] 18. cf.『MP 全集』Ⅱ, p. 206. *OCL*, p. 318. cf.『P 著作集』V, p. 171.
28) *Ibid.*, pp. 796-797. *Écrit sur la Grâce, Traité* [3] 19.『MP 全集』Ⅱ, p. 206. *OCL*. p. 318. cf.『P 著作集』V, pp. 171-172.

神は、創造の時と同様に、(腐敗した群れにある) すべての人間を救おうという、一般的で公平で条件つきの意志をお持ちになったが、その条件とは、人間たちが戒めを完全に行なおうと欲することだということ。しかし、人間がその罪ゆえに新たな恩寵を必要としたので、イエス・キリストが人となられ、ひとりの例外もなくすべての人間を贖われ、彼らの生涯を通じて絶え間なく「十分な恩寵」を恵まれたが、それは、神を信じ、我に助けを与えたまえと神に祈るためにのみ「十分な恩寵」であるということ。(『論考Ⅲ』20)[29]

この「十分な恩寵」を善用する者は、神の憐れみを受けることによって、善き業を行ない、救われるのであるが、この恩寵を活用しない者は罰のうちに留まるのである。

このように、人間が救われるか、罰を与えられるかは、信じて祈るようにとすべての人間に与えられたこの「十分な恩寵」を、人間が自分の意志で空しくするか有効にするかにかかっている。(『論考Ⅲ』23)[30]

カルヴァン派の説では、救いも滅びも神の意志にかかっているのに反し、ペラギウス派の残党であるモリナ派の説では、神から一切の絶対意志を排除し、救いも滅びもすべて人間の自由意志にかかることになる。

(3) アウグスティヌス

最後に、パスカルはアウグスティヌスの恩寵論を、次のごとく堕罪以前と以後に二分して説明する。

神が罰を与えようという絶対的な意志をもって創造されたはずがない。

---

[29] *OCM*, Ⅲ, p. 797. *Écrit sur la Grâce, Traité* [3] 20. 『MP 全集』Ⅱ, pp. 206-207.
[30] *Ibid., Traité* [3] 23. 『MP 全集』Ⅱ, p. 207.

神はまた、彼らを救おうという絶対的な意志をもって人間たちを創造されたわけでもない。神は、神の誡めに従うすべての者を一般的に救おうという条件的な意志をもって、人間たちを創造されたのである。(『論考Ⅲ』3) [31]

神のみ手から出たままの、汚れない人間は強く、健やかで正しかったが、それでも神の恩寵なしに神の誡めを守ることはできなかった。神はアダム、その他の汚れない人々に対して、誡めを課すのが正義であるためには、それらを完全に行なうのに必要な恩寵を彼らにお与えなっておく必要があった。(『論考Ⅲ』4) [32]

すなわち、神はアダムに「十分な恩寵」、言い換えれば、神の命令を果たし、正義に留まるために他に何一つ必要としないような恩寵を与えた。この恩寵によって、アダムは堅忍することも、あるいは堅忍しないことも、意のままにできたのである。したがって、人間の自由意志は十分な恩寵を支配するものとして、意のままに、この恩寵を空しくすることも、有効にすることもできたのである。神はアダムの自由意志がこの恩寵を善用することも、悪用することもできるようにしたのであった。パスカルによれば、堕罪以前の状況に関しては、アウグスティヌスの説は、人間が掟を守るならば、救ってやろうという条件つきの意志を主張しているので、モリナに一致しているが、カルヴァンは堕罪以前に神は絶対の意志をもって、救われる者と罰せられる者を区別したと主張しているので、カルヴァンの説とは一致しない。

アダムの堕罪以後、原罪はアダムから彼の子孫に伝わり、「彼らは、すべて悪しき種子から出る実と同様、はじめから腐敗していた。そこで、アダムから出たすべての人間は、生まれながらに邪念のうちにあり、アダムが犯したのと同じ罪を犯す可能性をもち、永遠の死に価する者となったのである。」

---

31) *Ibid.,* p. 792. *Écrit sur la Grâce, Traité* [3] 3. cf.『MP 全集』Ⅱ, p. 201.
32) *Ibid.,* pp. 792-793. *Écrit sur la Grâce, Traité* [3] 4. cf.『MP 全集』Ⅱ, pp. 201-202. *OCL,* p. 317. cf.『P 著作集』Ⅴ, p. 166.

(『論考Ⅲ』9）[33]
　彼らの自由意志は堕罪以前のアダムの自由意志と同様、「善にも悪にも傾くことのできるままである。」(『論考Ⅲ』10)[34] ただ次の点は異なる。すなわち、アダムのこの自由意志が「悪に対していかなる快感も覚えず、善を知っているだけで、おのずと善へ向かえたのに、今では自由意志は情欲のゆえに、悪のうちにこよなく甘美な喜びを覚え、悪が自分の善〔幸福〕であるかのように自ら確実に悪に向かい、また、悪にこそ至福が感じられるのだというかのように、自ら進んで全く自由に喜び勇んで悪を選ぶということである。」(『論考Ⅲ』10)[35]

　　すべての人間は等しく、神の怒りと永遠の死とを受けるに価するこの腐敗した群れに属しているので、神は憐れみを与えずに、正義をもって永遠の罰を与えて打ち棄てることもできた。にもかかわらず、神はみ心によって、この等しく腐敗した、咎しか見当たらぬ集団から、若干数の人間を選び、選別された。(『論考Ⅲ』11)[36]

　つまり、神は取り消されることのできない絶対の意志により、自身の選んだ者を純粋に無償な厚意をもって救おうと望み、その他の者たちを彼らの悪しき欲望のうちに打ち棄てておいた。

　　神は、ご自身の選んだ人々を救うために、イエス・キリストをお遣わしになった。これはご自身の正義を果たすためであり、また御自身の憐れみによって、贖いの恩寵、癒しの恩寵であるところのイエス・キリストの恩寵をお恵みになるためであった。聖霊によって心に広がるこの恩寵とはまさしく、神の律法のうちにおぼえる甘美さと喜びにほかならない。

---

33) *Ibid.*, p. 794. *Écrit sur la Grâce, Traité* [3] 9. cf.『MP 全集』Ⅱ, p. 203. *OCL*, p. 317. cf.『P 著作集』Ⅴ, p. 168.
34) *Ibid.*, p. 794. *Traité* [3] 10. cf.『MP 全集』Ⅱ, p. 203.
35) *Ibid.*, p. 794. *Écrit sur la Grâce, Traité* [3] 10. cf.『MP 全集』Ⅱ, p. 203.
36) *Ibid.*, *Écrit sur la Grâce, Traité* [3] 11. cf.『MP 全集』Ⅱ, pp. 203-204.

この恩寵は、肉の情欲に匹敵するだけでなく、はるかにこれに勝るものである。それゆえ、意志がこの恩寵に満たされると、邪欲によって悪に喜びを抱いていた時よりもはるかに強い喜びを善に対して抱くようになる。こうして、自由意志は、聖霊が吹き込む甘美さと悦びに、罪の魅力以上に惹かれ、自ら確実に神の律法を選ぶ。(『論考Ⅲ』13) [37]

　従って、この恩寵を神から与えられた人々は、最後までこの善き選択をあやまりなく維持することができる。神の律法のうちにより多くの満足を感じるがゆえに、これを破らず、かえって最後まで、自分自身の意志によってこれを全うすることを選ぶ。そこで、彼らは、邪念を征服したこの恩寵の助けにより、また、進んで、かつ自由に選んだこと、および、彼らの自由意志の働きにより、永遠の栄光を得るのである。他方、この恩恵を与えられなかったすべての人々、あるいは最後までこれを与えられない人々は、邪欲によって非常に魅惑され、これに快感を覚えるので、罪を犯さないことよりも、罪を犯すほうを間違いなく好む。アダムの堕罪以後の問題となると、アウグスティヌスの説はモリナ派の説と全く異る。モリナ派においては、「十分な恩寵」を善用する者は、神の憐れみを受け、善き業を行ない、救いに至るのであるが、「十分な恩寵」を善用するか否かは人間の自由意志の決定に基づいている。これに対して、アウグスティヌスの説においては、キリストを通して与えられる恩寵が、人間の意志に満ちる時、邪欲が悪に対して感じさせる以上の喜びを感じるようになり、自由意志は聖霊が引き起こす甘美さと喜びに、罪の魅力以上に惹かれ、進んで律法を誤りなく選ぶようになる。このように、恩寵が自由意志を導き、自由意志がおのずから善の方へ赴くようになるのである。カルヴァン派の場合のように、恩寵が無生物を運ぶように一方的に自由意志を引っ張ってゆくのでもないとパスカルは言う。

　『プロヴァンシアル』において、パスカルは随所に、ジャンセニストたちが

---

37) OCM, Ⅲ, p. 795. *Écrit sur la Grâce*, Traité [3] 13. cf.『MP全集』Ⅱ, pp. 204-205. OCL, p. 318. cf.『P著作集』Ⅴ, p. 169.

カルヴァンのような異端でないことを弁明し、他方モリニスムを厳しく非難している。

> 彼らは断固としてカルヴァンに反対して、意志が有効にして決定的な恩寵に対してすら抗する能力を有することを主張し、また、同じく断固としてモリナに反対して、意志に対する恩寵の力を擁護し、これらの真理を2つながら熱望している。(『第18の手紙』)[38]

また、『恩寵文書』においても、カルヴァン派とモリナ派の説を誤謬として非難し、このそれぞれの派に対するパスカルの態度を明瞭に示している。すなわち、

> 教会にとって、その最も聖なる真理を打ち倒そうとする相対立する謬説によって、引き裂かれている我が姿を見るのは、実に、辛く、悲しいことだ。しかし、教会はあなたがたモリニストに対しても、あなたがたカルヴァン派に対しても、非難を投げかけて当然であるにもかかわらず、次のことを認める。すなわち、誤りゆえに迷いながらも、なお教会内に留まる者から蒙る損害のほうが、教会から分離し、対抗し、新たな祭壇を設け、母なる教会の呼び戻す声にももはや心動かされず、教会が彼らを断罪する決定を下してももはやこれを尊重しようともしない者たちから蒙る損害よりはまだましだということである。(『論考Ⅱ』39)[39]

つまり、モリナ派については、彼らの謬説は教会を悲しませるが、彼らは教会に服従しているのが、まだしも慰めである。ところが、カルヴァン派は謬説を唱える上に、さらに加えて、教会に反逆すると両派を非難しているが、カルヴァン派に対してより厳しい態度をとっている。また、カルヴァン派とモリナ派の「教会にとって慰めは、あなたがた両派の相対立する謬説がかえっ

---

38) *PC*, pp. 358-359. cf.『P 著作集』Ⅳ, p. 215.
39) *OCM*, Ⅲ, p. 790. *Écrit sur la Grâce, Traité* [2] 39. cf.『MP 全集』Ⅱ, p. 199.

て教会の真理を確立しているということだ」(『論考Ⅱ』42)[40] と述べているが、カルヴァン派の自由意志に対する恩寵の優位性、モリナ派の、堕罪以前の状態では「恩寵を善用するか、悪用するかは、人間の自由意志に委ねられていた」という点に一片の真理を見出している。

　ジェズイットはジャンセニストやパスカルがカルヴァン派と同様の異端であると激しく非難するのに対して、パスカルはその非難は当たらないと強く反駁しているが、恩寵論に関しては、実際には、カルヴァンの教説とパスカルの思想の間には、かなり親近性が見られる。優れたカルヴァン研究家のフランソワ・ヴァンデルも、アウグスティヌスと同質であるとカルヴァンが感じていたことを指摘しているが、以上見てきた如く、パスカルもアウグスティヌスに同質感をもっている。パスカルがカルヴァンとその後継者たちを断固として退けたのは、パスカルがローマ教会を認めるのに対して、カルヴァンらがローマ教会に真っ向から反対したからであろう。これらの問題に関しては、アウグスティヌスとカルヴァン、及び、アウグスティヌスとパスカルの関係を別稿において論じなければならない。ともあれ、「聖アウグスティヌスの弟子たちは、聖書、教父、教皇、公会議、つまり、教会の変わることのない伝承にのっとって、すべての人間に真理を知らすべく、神に涙し、人間に心を砕く」(『論考Ⅱ』38)[41] と述べて、パスカルはアウグスティヌスとその弟子たちの説に全く同意している。堕罪以前、「神はアダムの自由意志がこの恩寵を善用することも悪用することもできるようにした。」堕罪以後、キリストの恩寵が「人間の意志に満ちると、邪悪が悪に対して感じさせる以上の愉楽を、善に対して感じるようになる。かくして、自由意志は聖霊の引き起こす甘美さと悦びに、罪の魅力以上に惹かれ、進んで神の律法をあやまりなく選ぶようになる。」堕罪以後、カルヴァンやモリナの場合の如く、恩寵、あるいは、自由意志が他を無視して一方的に働くというのではなく、パスカルの場合はアウグスティヌスの如く、恩寵と自由意志が内的に触れ合い、恩寵が意志を満たすことによって、内的に触発された自由意志が進んで善を選ぶよ

---

40) *OCM*, Ⅲ, p. 791. *Écrit sur la Grâce, Traité* [2] 42. cf.『MP全集』Ⅱ, p. 200.
41) *Ibid.*, p. 790. *Écrit sur la Grâce, Traité* [2] 38. cf.『MP全集』Ⅱ, p. 199.

うになるというのである。このように、宗教思想の根幹をなす恩寵論がアウグスティヌスと同質であることをパスカルは明確に表明している。

第5章 パスカルにおける恩寵論——展開と傾向——

第2節　恩寵論の源泉　―アウグスティヌスとパスカル―

　恩寵論の最も基本的な問題である恩寵と自由意志において、アウグスティヌスがパスカルに与えている影響を見ていきたい。パスカルにとっては、ジャンセニウスにとってと同様、アウグスティヌスの恩寵は、とりわけ、「喜び」délectation という特徴を持っている。パスカルはこの概念を支えるアウグスティヌスの多くの言葉を翻訳している。[1]

> 聖アウグスティヌス『罪の報いとゆるしについて』17章1、2節
> 私たちはみな、時には、善き業を企て、実行し、完遂することが時にはできるが、時には、できないこともある。そうすることによる喜びを時には感じるが、時には感じない。これは、そうできるのも、このような喜びを感じるのも、自分の力によるのではなく神の賜物によることを私たちが知るためであり、また、このようにして傲慢から癒され、「主は喜びをお与えになり、私たちの地は実りをもたらします」と言われているのがいかに正しいかを知るためである。この1節において、聖アウグスティヌスが、何らかの善き業を果たす力が私たちの内にあると確言しているのが、明らかではないでしょうか。なぜなら、彼は善き業を果たすことによって得られる喜びが常に私たちの内にあるわけではない、それは私たちに高ぶらないことを教えるためであると述べていますが、この言葉は、もし私たちがその善き業を果たす近接的能力を有するなら、本当ではなくなってしまうからです。(『手紙Ⅲ』)[2]

---

1) SELLIER, Philippe, *op. cit.*, pp. 329-333.
2) *OCM*, Ⅲ, p. 673. *Écrit sur la Grâce, Lettre* [3] 22. cf. 『MP 全集』Ⅱ, pp. 93-94. *OCL*, p. 328. cf. 『P 著作集』Ⅴ, p. 210.

この恩寵が聖霊によって心の中に広げられると、神の律法に何よりも引かれ、これを喜ぶ思いだけに満たされる。この恩寵が邪欲に対抗できるだけでなく、はるかにこれに勝ったものであって、「意志を満たされると、情欲によって悪に喜びを抱いていた時よりも、はるかに強い喜びを善に対して抱くようになる。こうして、自由意志は、聖霊が吹き込む甘美さと快楽とに罪の魅力以上に惹かれ、自ら確実に神の律法を選ぶ」(『論考Ⅲ』)[3] とパスカルは言う。

このように、アウグスティヌスの恩寵論の特徴である「喜び」délectation にパスカルはまったく忠実である。パスカルは、アウグスティヌスの『ガラテヤ書解説』により、次のように書いている。

> この偉大な聖人によりますと、神は、天上の心地よさを与えて人の心を変えさせ、心に満ち溢れるこの心地よさが、肉の歓楽をも乗り越えさせ、やがて人間は、一方に自分の死と虚無とを感じながら、他方では、神の偉大と永遠とを見出し、朽ちぬ幸いから自分を引き離す罪の快楽に嫌悪を覚え、神のうちに最大の喜びがあるのを知って引きつけられ、自分の方から、まったく自由で、自発的で、愛に促されて動き、間違いなく神のもとへと向かって行くようになるというのです。(『第18の手紙』)[4]

神からこの恩寵を与えられる人々は、自分たちの方から、自由意志を用いて被造物よりも神の方を間違いなく愛する方向へと向かって行く。自由意志は、実際に、神を愛する方向へと向かうのだから、この恩寵の助けを借りて、自分の方から神の方へ向かって行くと言える。あるいはまた、恩寵が与えられる時、そのたびごとに自由意志は神の方へと間違いなく導かれるのだから、この恩寵が自由意志を導いているのだとも言えるとパスカルは言う。[5]

パスカルは「人間のよき意志」と「神の賜物」の関係の概要を、アウグス

---

3) *OCM*, Ⅲ, p. 795. *Écrit sur la Grâce, Traité* [3] 13. cf.『MP 全集』Ⅱ, p. 204. *OCL*, p. 318. cf.『P 著作集』V, p. 169.
4) *18ᵉ Lettre*, *OCL*, p. 159. cf.『P 著作集』V, p. 216.
5) *OCM*, Ⅲ, p. 795. *Écrit sur la Grâce, Traité*, [3] 14. cf.『MP 全集』Ⅱ, p. 205. *OCL*, p. 318. cf.『P 著作集』V, pp. 169-170.

ティヌスに則して、次のごとく示している。

「人間は、決して神に先立つことはない」とか、「人間はよき意志が、神の賜物よりもはるかに先に立つ」（聖アウグスティヌス『エンキリディオン』32章）などを引用した後に、パスカルは「後の方の文章が取り出されてきた場所で、聖アウグスティヌス自身が、明快すぎるくらいに明快に、その解明を与えてくれているからです。」（『手紙Ⅳ』）[6]

「人間の善き意志は多くの神の賜物に先行するが、そのすべてに先行するわけではない。善き意志そのものが先行することのない賜物、善き意志はそのような賜物のひとつである。事実、そのどちらのことも聖書に記されており、『神の憐れみは私に先立つでしょう』とも、『その憐れみは私を追う』ともある。神は、欲しない者には先立ってその人を欲するようにさせ、欲する者には後に続いてその人が空しく欲しないようになさるのである。」（『手紙Ⅳ』）[7]

このように種々さまざまな表現が出てくる真の原因は、我々の善行にはすべて、2つの源泉があるからであり、そのひとつは、我々の意志、もうひとつは、神の意志であると、パスカルは指摘し、アウグスティヌスを引用している。

「神は私たちを待たずして、私たちをお救いになることはない」し、「私たちは、欲しさえすれば、神の律法を守るであろう」し、「救いに価するのも値しないのも、私たちの意志の在り方次第である」からです。ですから、ある聖人がなぜ救われるのかと問われたならば、その人が救いを欲したからだと言ってよいし神がその人の救いをお望みになったからだと言ってもよいのです。というのは、もしその人と神とのどちらか一方が欲しなければ、救いは成就しなかったでしょうから。けれども、〔人間の意志と神の意志という〕この2つの原因が協力して救いという結果を生んでいるにしても、その協力の仕方にはたいへんな違いがあります。

---

6) *OCM*, Ⅲ, p. 677. *Écrit sur la Grâce, Lettre* [4] 1. cf.『MP 全集』Ⅱ, p 97.
7) *Ibid.*, pp. 677-678. *Écrit sur la Grâce, Lettre* [4] 2. cf.『MP 全集』Ⅱ, p 97. *OCL*, p. 328. 『P 著作集』V, p. 191.

というのは、人間の意志が神の意志の原因ではないのに対し、神の意志は人間の意志の原因であり、源であり、始源であって、人間のうちにこの意志を生じせしめるからです。したがって、行為を人間の意志と神の意志のいずれにも帰することができるという点で、これら2つの原因が行為を生むにあたって対等に協力しているように見えますが、しかしそこには、実はたいへんな違いがあります。つまり、人間の意志を除外して神の恩寵のみに行為を帰することはできても、神の意志を除外して人間の意志にのみ行為を帰することは決してできません。(『手紙Ⅳ』)[8]

その行ないが我々の意志からきていると言われる時、人間の意志は2次的な原因とみなされているので、1次的原因とみなされているのではない。しかし、第1原因を求める時には、ただこれを神の意志だけに帰して、人間の意志は除外されるとパスカルは言う。[9]

聖パウロは「私は彼らの誰よりもよく働いた」と言った後、「それは私ではない」と、すなわち、「私が働いたのではなくて、私とともにいます主の恩寵が働いたのである」とつけ加えている。彼が自分の働きを自分の意志に帰したり、また自分の意志に帰すまいとしているのが見られるが、それは、その働きの2次的な原因を求めるか、第1の原因を求めるかによって違ってくるからである。しかし、あくまで、自分ひとりに帰すことはない。これに反して、恩寵だけに帰すことはしている。厳密に言うなら、恩寵だけに帰していると言ってもよい。そこで彼は、『生きているのは、私ではない。私のうちにおられるキリストである。』すなわち、「私は生きている」と言いながら、「私は生きていない」とつけ加えている。つまり、生命が自分のものであるということも、自分のものでない

---

8) *OCM*, Ⅲ, p. 678. *Écrit sur la Grâce, Lettre* [4] 3. cf.『MP全集』Ⅱ, pp 97-98, *OCL*, p. 323.『P著作集』V, pp. 191-192.

9) Cf. *Ibid.*, *Écrit sur la Grâce, Lettre* [4] 4. cf.『MP全集』Ⅱ, p 98. *OCL*, p. 323. cf.『P著作集』V, p. 192.

第 2 節　恩寵論の源泉―アウグスティヌスとパスカル―　327

ということもどちらも真実なのであるが、それは、1次的原因を指し示そうとするか、2次的原因を指し示そうとするかによって、違ってくる。しかし、厳密に言うなら、彼はこの生命をイエス・キリストに帰すことはあっても自分だけに帰すことは決してない。(『手紙Ⅳ』) [10]

さて、このことが、こういう表面上の諸矛盾が起こってくるもとなのです。み言葉は肉となられて、神と人間とを、力と弱さとをひとつに結ばれたわけですが、それが原因で、恩寵の業のうちにもこういう諸矛盾が起こってきたのです。(『手紙Ⅳ』) [11]

「ですから、今後は、聖アウグスティヌスの中にも、聖書にあるのと同じ表面上の諸矛盾が見出されても、お驚きになることはありません」とパスカルは述べている。[12]

ジャンセニウスやジャンセニストたちは、人間は実際に、刺激を与えるだけで、効果をもたらさぬといわれるこうした弱い恩寵に逆らうこともあって、ここから善への促しを受けても実行はしないものだと言うだけでなく、彼らはまた、カルヴァンに反対して、「意志が有効で不動の恩寵に逆らう力を持つことをしっかりと唱えて譲らない」し、また、モリナに反対して「意志に及ぼす恩寵の力をも固く守り抜こうとしている。」この2つの真理のどちらにも強く心を寄せていればこそだと、パスカルは言う。(Cf.『第18の手紙』) [13]

ジャンセニストは、人間にはその本性上、常に罪を犯し、恩寵に逆らう可能性があること、堕落の後には、欲望の悪い根が宿って、その可能性が限りなく増大したこと、しかしながら、神がみ心により、憐れみをもって、人間の心を動かそうとなさる時には、神は、望みどおりのことを、望みの仕方で、行なわれるということを、知りすぎるくらい知っている。しかも神は、その

---
10) Cf. *OCM*, Ⅲ, pp. 678-679. *Écrit sur la Grâce, Lettre* [4] 4. cf.『MP 全集』Ⅱ, p 98.
11) Cf. *Ibid*., p. 679. *Écrit sur la Grâce, Lettre* [4] 5. cf.『MP 全集』Ⅱ, p 98.
12) Cf. *Ibid*., *Écrit sur la Grâce, Lettre* [4] 6.『MP 全集』Ⅱ, pp. 98-99. cf. *OCL*, pp. 323-324.『P 著作集』Ⅴ, pp. 192-193.
13) Cf. *OCL*, pp. 358-359.『P 著作集』Ⅳ, p. 215.

誤ることがない働きによって生まれながらにそなわる人間の自由を何ら損なわれることはなく、ひそかな、驚嘆すべき方法でこの変化を行なわれる。その方法がどんなものかは、聖アウグスティヌスがとても見事に説明した。有効な恩寵に敵対する者たちは、自由意志に対する恩寵の至上の力と、恩寵に逆らいうる自由意志の力との間に、さまざまな矛盾対立があるものと、勝手に想像しているが、こうした方法によれば、それらはすべて消え去る。この問題については、歴代の教皇も教会も聖アウグスティヌスを規範とするように勧めてきた。この偉大な聖人によると、神は、天上の心地よさを与えて人の心を変えさせ、心に満ち溢れるこの心地よさが、肉の歓楽をも乗り越えさせ、やがて人間は、一方に自分の死と虚無とを感じながら、他方では、神の偉大と永遠とを見出し、朽ちぬ幸いから自分を引き離す罪の快楽に嫌悪をおぼえ、神のうちに最大の喜びがあるのを知って惹きつけられ、自分の方から、まったく自由で、自発的で、愛に促されて動き、間違いなく神のもとへと向かって行くようになると言う。そうなれば、神から離れるのは、人間にとって苦しみ、苛責とも感じられることであろう。それは、必ずしも神から遠ざかることができないからではない。望むならば、実際に遠ざかることもできる。しかし、意志は自分にとって一番好ましい方にしか、決して赴かないし、今この時、すべての幸いを内に含むこのまたとない唯一の幸いほどに、何も好ましいものはないので、どうして、神から遠ざかりたいなどと思うだろうか。「私たちが、自分をもっとも喜ばすものによって行動することは決まっているのだから」と聖アウグスティヌスも言っている。「このように、神は、人間の自由意志を思いのままに動かされるのですが、あくまで無理強いなさることはなく、また自由意志も、いつでも恩寵に逆らうことができるのに、必ずしも常にそうすることは望まず、神がその霊感を効果的に働かせて心地よく引き寄せられる時には、間違いなく、そして自由に、神の方へと向かって行くのです。」(『第18の手紙』)[14]

---

14) *OCL*, pp. 359-360. cf.『P著作集』Ⅳ, pp. 216-217.

これこそが、聖アウグスティヌスと聖トマスとの神聖な原則であって、これによるなら、まさに、カルヴァンの意見とは反対に「恩寵に逆らいうる」し、しかしまた、教皇クレメンス8世が恩寵問題審議聖省あての文書中で言われたように、「聖アウグスティヌスによれば、神は、私たちの意志の動きを私たちのうちに引き起こされ、ご自身がその至上に権威によって天の下の他のすべての被造物に対してと同じく人間の意志に対しても及ぼされる支配力によって、私たちの心を効果的にお導きになる」ことも真実なのだとパスカルは言う。

　自分で行動する時にも、この原則に従っているからこそ、「私たちは、カルヴァンの誤りに反して、まさしく、私たち自身の功績と言いうるものを持てるのですし、しかもやはり、神は、私たちの行動の第1原因であり、聖パウロも言ったように『み旨にかなうことを私たちのうちに行なって下さる』ので、トリエント公会議も告げるように、『私たちの功績は神の賜物である』のです。」

　この点からして、同じ公会議が断罪したルターの不信仰の言葉、すなわち、「我々は、無生物と同然のものとして、自分の救いにはまったくあずかることがない」は、打ち破られる。また、この点からして、自分の救いの業において、恩寵と協力できるようにするのが恩寵それ自体の力であることを認めまいとするモリナ派の不信仰も打ち砕かれる。モリナはこのように言って、聖パウロが打ち立てられた「私たちのうちに意志を引き起こさせ、行動へと至らせるのは神である」という信仰の原則を無にしている。最後に、この方法によって、ひどく対立していると見える聖書中の次のような章節もすべて一致することになる。「あなたがたは神に立ち返れ」、「主よ、我らをあなたに帰らせて下さい」、「あなたがたのすべての不義を捨て去りなさい」、「神は、ご自分の民の不義を取り去られる」、「悔い改めにふさわしい業を果たせ」、「主よ、あなたは、我々のうちに、我々のすべてを成し遂げられた」、「新しい心と新しい霊とを自分でつくれ」、「私は、新しい霊をあなたがたに与え、新しい心をあなたがたのうちに作る」などである。

　私たちの善い業が、あるいは神のものであるとし、あるいは私たち自身のものであるとしている、一見して矛盾したこれらの表現を一致させる唯一の

方法は、聖アウグスティヌスも言われたように、「私たちの行動は、それを生み出すのが自由意志であるから、私たち自身のものであり、また、自由意志がそれらを生み出すようにするのは恩寵であるから、神のものである」と認めることである。「彼らが願わないかもしれないことを、願うようにさせられるのは、神である。」(Cf.『第18の手紙』) [15]

以上のごとく、『第18の手紙』において、パスカルは神の恩寵と人間の自由意志の基本的な関係を示しているが、さらに、次のごとく、1）神の全能と人間の抵抗、2）恩寵の働き——「間違いなく」、3）恩寵、功績、祈りの項目にまとめてパスカルの所説を検討する。

1）神の全能と人間の抵抗

パスカルの神は人間の主権者であり、人間の意志に働きかけ、人間とともに働く。[16] パスカルは、アウグスティヌス『恩寵と自由意志について』17章を引用している。

> 一体、神の方からお始めになって、私たちが望むように働きかけられるのである。神ご自身が、望む者たちに力を合わせ、ご自身のみ業を完成しようとなさるのである。そこで、使徒も「あなたがたのうちによい業を始められた方が、キリスト・イエスの日までにそれらを完成してくださるに違いない、と確信している」と言ったのである。だから、神が、私たちを待たずに、私たちが望むようになるために、働きを始められるのである。そして、私たちが、望んで実行し始めるなら、神は私たちとともに働かれる。(『手紙Ⅲ』) [17]

---

15) Cf. *OCL*, pp. 359-361. cf. 『P著作集』Ⅳ, pp. 215-218.
16) SELLIER, Philippe, *op. cit.*, 340.
17) *OCM*, Ⅲ, p. 666. *Écrit sur la Grâce, Lettre* [3] 6. cf. 『MP全集』Ⅱ, pp. 87-88. *OCL*, p. 326. 『P著作集』Ⅳ, pp. 203.

しかし、パスカルは上に引用したアウグスティヌスの説明にとどまらない。彼は、カルヴァンに反対して、「人間の意志が有効な恩寵に逆らいうる能力を持つこと」を支持している。これは何を意味するのであろうか。アウグスティヌスの弟子であるパスカルは、もちろん、創造された人間の意志が全能の神に勝ることがあろうとはまったく考えていない。彼はただ、カルヴァンとの相違点を強調しているのである。つまり、自由意志は死んではいない。生来、選択の能力を持っていると述べて、カルヴァンとの違いを示そうとしているのである。しかし、彼の目には、その能力は、堕落後、非常に弱くなっており、ただ、神の恩寵のみが、善に向かう自発性を回復するのである。パスカルは「種々さまざまの能力を考察するいろいろな仕方」を区別しているが、次に、このような仕方によって、人間の能力を考察している。

「神の道を完全に歩ませるには、必要分よりは少ない」とはいえ、恩寵の助けを得ている人については、もしどんな助けも得ていないなら持っているはずのない能力を持っているということができる。なぜなら、自分に必要なものを一部だけでも持つことは、全然持たないよりも、完全に持つことに近いからである。それに、この不完全な助けも、罪の誘惑が大きく、助けの必要が痛感される時にはひどく弱々しいものに思われるにせよ、誘惑が小さくなれば、相応に力強いものとなり、実際に誘惑を乗り越えさせてくれるはずである。もし全然助けがなかったならば、それだけのことも起こらないであろう。(『叙論II』)[18]

さて、このように、能力が種々さまざまならば、それらを考察する仕方にもいろいろある。これらの能力はいずれも正真正銘のものであるが、その中でただひとつだけが、まったき、十分な、完全な能力と呼ばれ、行動するにあたって他に何一つ必要としないものである。したがって、

---

18) *OCM*, III, p. 735. *Écrit sur la Grâce, Discours* [2] 64. cf.『MP全集』II, pp. 150-151.『P著作集』V, pp. 279-280.

ある種の助けを欠いていて、それがないため、ついにある種の行動ができないであろうと目される人々に関して、この意味で、彼らはその行動のための能力を持たぬといっても間違いではない。(『叙論II』) [19]

　だから、闇の中にいる人は、それなしには行動のできない、十分で、最終的な能力という観点から見ると、見る能力がないと言えることは確かである。(『叙論II』) [20]

　このように、ある人が、どんなに義人であっても、十分に強力な恩寵に助けられなかったならば、すなわち、公会議の用語を使うなら、「神の特別な助け」によって助けられなかったならば、堪え忍ぶ能力は持たないことは、同じ公会議の言うところでも真である。(『叙論II』) [21]

　『第2の手紙』では、目のイメージの代わりに、「盗賊に襲われて瀕死の重傷を負った旅人」のたとえ話を展開している。そして、パスカルは残っている「力」の語の意味を混同している2人の医師を嘲笑している。瀕死のこの旅人に「家に帰りつける」と言う。その理由を尋ねると、「あなたはまだ、両方の足が健全だからです」と答えている。一方、正しい医者は、「傷口を調べて、致命傷だと診断し、消えゆく命を呼び戻すには、ただ神だけがよくなさることだ」と宣言している。ここで重要な点は、「瀕死の重症であるが、(カルヴァンに反して) 死んではいないと言う点である」[22] というセリエ教授の指摘は、パスカルの恩寵論の1つの特色を確かに指摘している。
　自由意志の能力は、パスカルが争う相手によって、つまり、モリニストに対しては、取るに足らぬものと言い、カルヴィニストに対しては、現実にあるものと表現されるのである。

---

19) *OCM*, III, pp. 735-736. *Écrit sur la Grâce, Discours* [2] 65. cf.『MP全集』II, p. 151.
20) *Ibid.*, p. 736. *Écrit sur la Grâce, Discours* [2] 66. cf.『MP全集』II, p. 151.
21) *Ibid. Écrit sur la Grâce, Discours* [2] 67. cf.『MP全集』II, p. 151.
22) SELLIER, Philippe, *op. cit.*, 343.

第2節 恩寵論の源泉—アウグスティヌスとパスカル— 333

それならば、神父さま、彼［ジャンセニウス］が、人は恩寵に逆らう力があると主張しているかどうかをお調べ下さい。いくつもの論考の中で、特に、第3巻8書20章において、彼はこんなふうに述べているのですけれどね。「公会議に従うと、人は常に恩寵に逆らう力を持つ。自由意志は、常に働くことも、働かないこともでき、望むことも、望まないことも、同意することも、同意しないことも、善事をなすことも、悪事をなすこともできる。この世にあって人間は、常にこの2つの自由を持っており、あなたがたはこれを、相反性とも、矛盾とも呼んでいる。」同様に、彼は、あなたご自身が指摘しておられるような、カルヴァンの誤りには反対していないかどうかも、調べてください。彼は、21章全体を通じて、このように教えているのです。「教会はこの異端者を断罪した。この異端者は、有効な恩寵が自由意志に対して、長い間教会で信じられてきたような具合には働かないのだと、つまり、自由意志にはそのあと、同意するかしないかの能力があるとは言えないのだと、主張したのである。これに対して、聖アウグスティヌスと公会議とによれば、人は常に、望むならば同意しないでいられる力を持つのである。」...そして、ついには、4章では次のように断言しているのですが、これはトミストと同じ意見ではないかという事を考えていただきたいものです。「トミストたちが、恩寵の効力をこれに逆らいうる力と調和させようとして書き著わしたものはすべて、自分の言いたいところと一致するから、この点についての自分の考えを知るには彼らの本を読んでもらうだけでよい。彼らの言った事は、私の言った事と取ってほしい。」(『第18の手紙』) [23]

以上のように、パスカルは、アウグスティヌス、トマス、ジャンセニウスが同じ立場であることを強調している。

---

23) *18e Lettre*, OCL, pp. 363-366. cf.『P 著作集』IV, pp. 221-222.

2）恩寵の働き—「間違いなく」—

　神から恩寵を与えられる人は神の方へと、与えられない者は悪の方へと「間違いなく infailliblement」向かって行く。

> 神からみ心によって、この恩寵を与えられる人々は、自分たちの方から、自由意志を用いて、被造物よりも神の方を間違いなく愛する方向へと向かって行く。...あるいはまた、恩寵が与えられる時、そのたびごとに自由意志はこちらの方へと間違いなく導かれるのだから、この恩寵が自由意志を導いているのだとも言える。そして、み心によって神から、この恩寵を終わりまで与え続けられる人々は、そのまま間違いなくずっと神の方を愛し続けることができる。こうして、神の律法の方にもっと大きい満足をおぼえるため、律法を破るよりも、律法を守り続けることを好み、自分自身の意志で死に至るまでそのようにし続けて、ついには栄光に入れられる資格を得る。それは、欲情を乗り越えさせてくれる恩寵の助けがあったからであり、また、自分自身が選び取り、自分の自由意志が、おのずと自発的に自由にそちらの方へとおもむいたためでもある。（『論考Ⅲ』）[24]

> ところが、この恩寵を与えられない者たち、あるいは終わりまでずっと与えられないままでいる者たちは、相変わらず自分たちの欲情に心地よく揺さぶられ、たぶらかせ続けるので、罪を犯すまいとしても、間違いなく罪を犯す方へと傾く。それというのも、罪を犯すほうにもっと大きい満足をおぼえずに済まないからである。こうして、彼らは、罪のうちに死に、永遠の死を与えられるに価する者となる。自分たち自身の自由な意志で、悪を選びとったのだからである。（『論考Ⅲ』）[25]

---

24) *OCM*, Ⅲ, pp. 795-796. *Écrit sur la Grâce, Traité* [2] 14, 15. cf.『MP 全集』Ⅱ, p. 205.
25) *Ibid.*, p. 796. *Écrit sur la Grâce, Traité* [2] 16. cf.『MP 全集』Ⅱ, p. 205. *OCL*, p. 318. 『P 著作集』Ⅴ, pp. 169-170.

それゆえ、パスカルにとっては、「間違いないこと infaillibilité」と「自由 liberté」とは、互いに排除しない。アウグスティヌスのよき弟子であるパスカルは、善、あるいは、悪への傾向が自発的に行なわれる自分の意志の領域と、あれこれの選択を自由意志に行なわせる強制の領域を区別している。「人間は必然的に、逃れようもなく、罪を犯さずにはいられない者である。」と言うルターを非難している。強制 contrainte(コントラント)だけが、パスカルの拒否する唯一の用語ではない。そのあいまいさのゆえに必然 nécessité(ネセシテ)もパスカルは避けている。彼は、第1原理への意志の服従、自然的秩序における幸福の願望、永遠の秩序における至福への同意を指すためにのみ、必然という語を意識的に用いている。[26] これらの場合、自由意志は、そのために創造されたのではあるが、幸福、あるいは、至福に赴く力を持っていない。事実、すべての人は、神を模索し、限られた幸福を通して、至福を限りなく求めている。それゆえ、人間には、未知の超越神に必然的に向けられている本性的な愛がある。キリスト教徒の幸福全体は、神を見出したことから来る。そして、この弱い愛を熱い、自発的な愛 charité(シャリテ)に変える。「彼らの意志の、完全な自由と乗り越え難い傾きでもって、必ず愛さねばならない方を完全に、そして、自由に愛する人々は、なんと幸いなことでしょう。」[27]

しかしながら、「必然 nécessité という語は、間違いないこと infaillibilité と呼ぶ方がふさわしいものを強調するために、かなりしばしば用いられてきた。特に、アウグスティヌスの場合がそうである」[28] とセリエ教授は指摘している。しかし、宗教改革が起こり、そして、死んだ、石のような自由意志という理論を作り上げるため、これらの用語、表現をよりどころとした。それゆ

---

26) Cf. SELLIER, Philippe, *op. cit.*, p. 345. ルターに対する非難に関しては，cf. *OCM*, Ⅲ, p. 753. ils sont nécessités à pécher, et dans une impuissance invincible de ne pas pécher. 「人間は必然的に罪を犯すようにできていて，罪を犯さないでいることに関しては，打ち勝ちがたい無力さのうちにある．」(*OCM*, Ⅲ, p. 753. 『MP 全集』Ⅱ, p. 168.)
27) 『病の善用を神に求める祈り』*Prière pour demander à Dieu le bon usage des maladies*, *OCL*, p. 363.
28) SELLIER, Philippe, *op, cit.*, p. 345.

え、以後、議論の種になるこれらの表現は正確な定義なしには用いることができない。パスカルはこのように、宗教改革の思想を意識しつつ、この区別を設ける努力をしているのであるが、このことは逆に、自由意志と恩寵、あるいは、人間の堕落とその救いに関して、パスカルの思想が、宗教改革の思想にいかに類似するものであるかを予感させるものである。

> ところが今は、欲情のため、悪にこよなく引かれ、悪を楽しむ気持ちが強くなって、悪が自分の幸いであるかのように、どうしようもなく悪へ向かい、悪こそは最高の幸福を感じ取れる対象であるかのように、好きこのんで、まったく自由に、喜び勇んで、悪を選び取っているありさまである。(『論考Ⅲ』) [29]

> すべての人間が等しく、このように永遠の死と神の怒りを受けるに価する、腐りきった群れに属しているのだから、神が義をもってすべての者を、憐れみもなく滅びへと渡されたのは当然であった。しかしながら、神はみ心によって、等しく腐りきったこの群れ、ただ悪行しか見られぬこの群れから、若干数の人々、性別、年齢、身分、性格、国籍、時代などもさまざまな、要するにありとあらゆる種類の人々を、選び出し、引き離す事になさった。(『論考Ⅲ』) [30]

と述べて、神の選びの教理にパスカルは同意している。

3）恩寵、功績、祈り

聖書には、救いは、時には、すべて神によると言う表現があり、また、時には、人間に、彼の祈りに、彼の功績に帰しているような表現が見出される。

---

[29] *OCM*, Ⅲ, p. 794. *Écrit sur la Grâce, Traité* [3] 10. cf.『MP 全集』Ⅱ, p. 203. *OCL*, p. 318.『P 著作集』V, p. 168.
[30] *Ibid.*, *Écrit sur la Grâce, Traité* [3] 11. cf.『MP 全集』Ⅱ, pp. 203-204.

恩寵の神学におけるこの重要な問題にパスカルは取り組んでいる。

> キリスト者のありようをじっくりと見つめてみましょう。聖アウグスティヌスによれば、それは聖なる望みとしか言いようのないものだそうですが、私たちは、神が人間に先立たれることがあるかと思えば、人間が神に先立つことがあることも分かります。神は、特に求めもしなくても与えてくださることもあり、求めるものだけをお与えになることもあります。神は人間の協力がなくても働かれることがあり、人間が神と協力することもあります。神の方からまず、離れて行かれることがあり、人間の方から、先に離れることもあります。神は、人間を待たずに、人間を救うことはできませんが、それは何も、意志をもって努力する人間によるのではなく、ただ、憐れみをたれてくださる神によることなのです。(『手紙Ⅱ』40)[31]

半ペラギウス派はアウグスティヌスの教説に反対して、人間の主導性を表現している聖書のすべての章句を用いることができると信じた。しかし、実際には、神の全能を表現するはるかに多くの聖書の言葉を説明できなくなった。アウグスティヌスにとっては、救い全体は神がある人々を正しいご計画によって、代償なしに行なわれるものであるが、人間にとっては知ることのできないものである。救いは、ただ神による。栄光は無償で与えられる。栄光は、自分から望んで、そのために奔走する人から来るのではなく、ただ、憐れみをたれる神から来る。(私たちが救われるのは) 行ないによるのではなく、召しによる。神は、そのみ心のままに、意志を働かせ、行動される。律法は、必ずしも、いつも可能なものではない。恩寵は、すべての人に与えられてはいない。すべての人間が、救われるとは限らない。自分たちがそれを望まないからではなく、神がお望みにならないからである。私たちが神にあって行なう業はすべて、

---

31) *OCM*, Ⅲ, p. 659. *Lettre* [2] 40,『MP全集』Ⅱ, p. 83. *OCL*, p. 323. cf.『P著作集』Ⅴ, p. 189.

神ご自身が私たちにあって行なわれるのである。(『手紙Ⅱ』44)[32]

しかしながら、恩寵による救いは、最終的には神の意志によると言いながらも、アウグスティヌスは人間的な原因の介入の可能性を認めている。つまり、神の恩寵が第1にあり、人間が神の召しに答えるというのである。パスカルは、この問題に関しては、アウグスティヌスの忠実な弟子であるトマス・アクイナスの説明に同意して、次のように述べている。

聖トマスが、無償の救霊予定について語った際、——この点については、あなたがたにもご異存がないようですが、——これを全体として見ることも、個々の結果において見ることもできるから、2通りの相反したやり方で語ることができると言った時も、やはり同じことを言ったのではないでしょうか。結果においてみるならば、いくつかの原因を挙げることができます。第1のものは第2のものの効果原因であり、第2のものは、第1のものの目的原因です。しかし、これらを全体としてひっくるめて見る時には、神の意志のほかにどんな原因もありません。すなわち、聖トマスの説明にもあるように、恩寵は栄光を得させるために与えられ、栄光は、恩寵によってこれを得るに価する者とされたから与えられるのです。しかし、栄光と恩寵の賜物とを一緒にして見れば、神の意志のほかにはどんな原因もありません。(『手紙Ⅱ』39)[33]

パスカルは、アウグスティヌスによって、人間の功績の大きな源泉は祈りであり、さらに、聖人の生活全体は、祈りに帰着し、そして、信仰と同じく「祈り自体が神の賜物の中に含まれている」と理解している。

聖アウグスティヌスにおいては、次のことは不変の原則です。すなわち、

---

[32] *Ibid.,* p. 660. *Lettre* [2] 44,『MP全集』Ⅱ, p. 84. *OCL,* p. 323. cf.『P著作集』Ⅴ, p. 190.
[33] *Ibid.,* p. 658. *Lettre* [2] 39,『MP全集』Ⅱ, p. 83. *OCL,* pp. 322-323. cf.『P著作集』Ⅴ, pp. 188-189.

すぐれた行ないが、神の賜物であるばかりか、——今では、このことを疑うような人は、誰もいません、——祈りも、また信仰も、——この2つは、人が神につながる上に、なくてはならぬ最小のものであり、これがなくなれば、確実に神を離れ去るようになるものなのですが、——やはり、恩寵の賜物、恩寵の結ぶ実、その所産であって、恩寵がはっきりと働きかけて下さらない限りは、何人のうちにも見出されることはないというのです。もし私たちに、このことが見えてきますならば、もうそれだけで十分、祈りをなさしめる恩寵によらなければ、人は決して祈ることはできないことを明らかにするものではないでしょうか。(『手紙Ⅱ』9) [34]

神の賜物であり、また、人間の功績であるこの祈りに関するパスカルの思索は、アウグスティヌスを忠実に引用、参照して、『恩寵文書』において示されている。「聖アウグスティヌスはじめ教父たちすべてが、祈りは常に、有効な恩寵の結ばせる実であるとはっきり断言している以上、この全員一致の断言から必然的に、祈りを持たぬ人は、祈るための近接能力を持たないのだという結論が出てきます。そこで、祈らない人々はみな、祈るための近接能力を持たないのだということを明らかにしたいのなら、祈る人々はみな、有効な恩寵によって祈るのだということを示せば足ります。そして、まさにこのことを、私たちは、聖アウグスティヌスの全体のうちに見てとるのであって、恩寵についての彼の著作は全部、ほとんど1冊の例外もなく、このために書かれたものなのです。」(『手紙Ⅵ』9, 10) [35]

---

34) *Ibid.*, p. 695. *Lettre* [6] 9, 『MP全集』Ⅱ, pp. 112-113. *OCL*, p. 329. cf. 『P著作集』Ⅴ, p. 215.
35) *Ibid.*, p. 696. *Lettre* [6] 9-10. 『MP全集』Ⅱ, p. 113. *OCL*, p. 330. cf. 『P著作集』Ⅴ, p. 216.

第5章 パスカルにおける恩寵論―展開と傾向―

第3節　恩寵論の源泉 ―アウグスティヌスとカルヴァン―

1）2つの相反する教説

　パスカルは『恩寵文書』において、モリナやモリニストの説、カルヴァンやカルヴィニストの説を相反する2つの説として捉えている。
　モリニストたちにとっては、

> 神は、等しく彼らのすべてを救おうとの意志を持っておられる。他と分け隔てせず、全体に及ぶが、しかし条件づきで救おうとの意志を。救われるためには、彼らは、ただそれを望みさえすればよい。神がイエス・キリストの奇跡によってすべての人に与えておられる十分な恩寵を活かして、救いを望むか、望まないかを、自分たちの自由意志に決めさせさえすればよい。だから、救われる者があり、救われない者があるということは、神の絶対的な意志によることではなく、ただ、人間の意志によることである。（『論考Ⅰ』1）[1]

　パスカルはモリニストの誤りは、「救われる者があり、救われない者があるということは、神の絶対的な意志によることではなく、ただ、人間の意志によることである」という、まさにこの点にあると指摘している。
　カルヴィニストたちにとっては、

> 神は、アダムにおいて人間を創造なさった時、その一部を救い、他を地獄に落とそうとの絶対的な意志を持っておられたが、それは何らかの功

---

[1] *OCM*, Ⅲ, p. 766. *Écrit sur la Grâce, Traité* [1] 1. cf.『MP全集』Ⅱ, p. 180.『P著作集』Ⅴ, p. 148.

績のあるなしを予知される以前に決められていることであった。そのため、神は、アダムに罪を犯すようにしむけ、そして、アダムにおいてすべての人間に罪を犯すようにしむけられた。それは、すべての者が罪人となることによって、創造の時に、神があらかじめ地獄に落とすと決めておかれた者たちを、実際に地獄に落とすことで神の義が現われるためであった。また、神は、創造の時にあらかじめ救うことに決めておかれた者たちだけの贖いのため、イエス・キリストを遣わされた。(『論考Ｉ』3)[2]

このような説は、まったく誤りに満ちているとパスカルは批判する。

パスカルは、神の恩寵と人間の自由意志の問題に関して広く行なわれているのは3つの説であるとして、まず、カルヴィニストの説は「何とも恐ろしく、被造物に対して残忍な神の姿を見せつけ、耐えられぬばかりの激しさで、精神を打ちのめす」と述べ、これに反して、モリニストの説は「何とも柔弱で、一般人の感覚にもぴったりきて、この上なく快適で、魅力的である」と言い、教会の見解は「その中間を占め、カルヴァンの説ほど残忍でもなく、モリナの説ほど柔弱でもない。しかし、真理の問題は、うわべによって判別してはならないのであるから、この3つの説を根本的に検討してみなければならない」としている。[3]

そして、カルヴィニストとモリニストの2説の「中間を占める」のは「教会の見解」であり、これはまた、恩寵に関するアウグスティヌスの説でもある。

まず第1に言いたいことは、今日、聖アウグスティヌスの教えを支持される、学識豊かな、高名な方々が多数おられるという点である。この方々は、神が、ご自身の教会に対して格別な賜物として、特にこの時代にお

---

2) *OCM*, Ⅲ, p. 766. *Écrit sur la Grâce, Traité* [1] 3. cf.『MP 全集』Ⅱ, pp. 180-181. *OCL*, p. 314.『P 著作集』Ⅴ, pp. 148-149.
3) Cf. *ibid.*, pp. 766-767. *Écrit sur la Grâce, Traité* [1] 4.『MP 全集』Ⅱ, p. 181. *OCL*, p. 314.『P 著作集』Ⅴ, pp. 148-149.

与えになった方々である。」(『論考Ⅰ』21)[4]

モリニスト、カルヴィニストのそれぞれの教説に対する、このパスカルの捉え方は的確なものであるかどうかという問題が起こる。相手の特色を捉えて批判、非難する論争では、特色が過度に強調され過ぎることはしばしば起こる。『プロヴァンシアル』論争においては、ジェズイットが、アルノー、ニコルなどジャンセニストや『プロヴァンシアルの手紙』の著者を、カルヴァン、カルヴィニストと同じ異端であると非難しているので、その非難に反駁するために、カルヴァン、カルヴィニストとの違いを過度に主張することも起こるであろう。

『恩寵の教理』の著者、ジャン・ラポルトは次のように指摘している。

ポール・ロワイヤルの神学者たちの教説が、プロテスタントやモリニストの教説と異なるとの主張は、しばしば議論の対象になってきた。ドシャン神父、あるいは、マールブランシュ、または、フェヌロンのような神学者だけでなく、サント・ブーヴのようなポール・ロワイヤルの歴史家によってさえも議論されてきた。やや広く受け入れられている意見によれば、ポール・ロワイヤルの教理は、アルノーの論敵が非難するようなカルヴィニスムの「再現」ではないにしても、少なくとも、セミ・カルヴィニスムである。ジャンセニウスやアルノーやポール・ロワイヤルの神学者がルター派やカルヴィニストとの違いを示そうとする時、あまり正確な仕方ではない。一部の語句にこだわって、異端的な意味を誇張している。ルターやカルヴァンの意味を実際に調べてみると、ジャンセニウスやその弟子たちの意味と何ら変わらない。カルヴィニスムやモリニスムのイメージを多少とも歴史的に忠実に描くことは、ポール・ロワイヤルの神学者、アルノーにとっては2次的なことであった。彼が関心を持ったのは、ルターやカルヴァンが何を考えたかではなく、彼自身がこの問題で考えなくてはならないことを明確にすることであった。カルヴィニスムやモリニスムという語は、1つの定まった教理的内容を持つ、

---

[4] *OCM*, Ⅲ, p. 770. *Écrit sur la Grâce, Traité* [1] 21. cf.『MP全集』Ⅱ, p. 184. *OCL*, p. 315.『P著作集』V, p. 153.

立場を示すものとして理解していたのであろうと。[5]

　パスカルの理解も、当然アルノーやニコルのこうした考え方の影響を受けている。彼が言う「2つの誤り」も実際の、カルヴァンやルターの説、カルヴィニスムやモリニスムと乖離があるであろう。本書では、我々はジェズィットの指摘している、『プロヴァンシアルの手紙』の著者とカルヴァンの一致、または、同類という点に限定して検討していきたい。

2）カルヴァンの『キリスト教綱要』におけるアウグスティヌス

　ニーゼルの『カルヴァンの神学』[6]とともに第2次大戦後のカルヴァン研究の出発点と評せられる『カルヴァン　彼の宗教思想の源泉と展開』の著者、フランソワ・ヴァンデルは、「カルヴァン神学の多くのニュアンスや、さらに全般的に、彼の宗教的精神の根源を探らなければならないのは、聖書、ことに、預言の書とパウロ書簡を熱心に読書している点である。彼が聖書を研究し、解釈したのは、自由な立場にある学者としてではなく、アウグスティヌスやルターの読者として、また、教義学的立場を確保しようとする神学者としてであったという視点を見失なってはならない」[7]と指摘し、さらに次のように述べている。「〔カルヴァンは初期においてクリュソストモスを好んだが〕しかし、アウグスティヌスのカルヴァンへの影響ははるかに重要であり、また、ユニークなものであった。カルヴァンは絶えずアウグスティヌスを読書し、真にアウグスティヌスと同質と感じている。カルヴァンはアウグスティヌスをたえず引用し、アウグスティヌスの表現を自分のものとし、論争において最も貴重な味方のひとりと見なしている」[8]と述べている。カルヴァンはアウグスティヌスが聖書解釈で用いている寓意的解釈を遺憾に思っても、しかしながら、聖書の忠実な解釈者と見なしている。教理的な面では、カルヴァンはアウグスティヌスから得られるものをすべて得ている。カルヴァン

---

[5] LAPORTE, Jean, *La Doctrine de la Grâce*, p. 25, n. 199.
[6] NIESEL, Wilhelm, *Die Theologie Calvins*, München, 1957.
[7] Cf. WENDEL, François, *Calvin, source et évolution de sa pensée religieuse*, p. 89.
[8] Cf. *ibid.* p. 90.

は自由意志と聖礼典の教理においてアウグスティヌスから着想を得、恩寵と予定論の章では、アウグスティヌスの議論全体を自分のものとして採り入れている。『予定論』では次のごとく書いているほどである。「アウグスティヌスは私たちとあらゆる点でよく一致しているので、もしもこの問題で私が『信仰告白』を書かねばならないならば、彼の著書から引き出した証言を組み立てるだけで十分であろう。」[9] これほどの深い一致は、神学的問題を考える共通の方法によってしか説明され得ないとヴァンデルは指摘している。

以下、古代教会、および、アウグスティヌスに対するカルヴァンの評価を概観したのち、我々はカルヴァンにおけるアウグスティヌスの著作の引用を調べる。

(1) カルヴァンにおける古代教会の権威

福音主義の教義は、原始キリスト教と断絶していない。逆に、福音主義は原始キリスト教への回帰である。この表現の仕方は、宗教改革陣営にとって2つの利点を持っていた。1つは、キリスト教の教義的遺産に持ち込んだ教皇庁の逸脱を受け入れることを拒否する正当な権利を、宗教改革は一挙に確保したことであり、他の1つは、聖書の自由な吟味、解釈による分裂を終結させる信仰告白の意味と価値を、宗教改革者自身に与えたことである。[10] この2つの利点が得られたにもかかわらず、カルヴァンは古代教会には相対的権威しか与えていない。彼にとっては、聖書が啓示の唯一の源泉であり、書かれたみ言葉に付加したり、削除したりすることはすべて、全く人間的発明であって、真の信仰者にとっては価値がないと主張した。公会議に関しては、5世紀までの公会議は「聖書的」と認められ、従って、カルヴァンの考慮に価した。以後の公会議は、彼の意見によれば、福音の純粋性からかけ離れているので、あらゆる権威を欠いている。教父と公会議は、聖書に忠実な限りにおいて権威がある。これはカルヴァンがアウグスティヌスを比類なき権威と認める動機そのものである。[11]

---

9) CALVIN, Jean, *Opera omnia quae supersunt*, 8, 266.
10) Cf. SMITS, Luchesius, *Saint Augustin dans l'oeuvre de Jean Calvin*, p. 254.
11) *Ibid.*, pp. 258-259.

(2) カルヴァンにおけるアウグスティヌスの権威

古代教父たちのうちにアウグスティヌスに匹敵する権威を持つ者はいないとカルヴァンは言う。アウグスティヌスは時たま、聖書の「福音的」解釈をなおざりにしているが、そういう場合は例外的であって、また、2次的な教義に関してである。カルヴァンは基本的なすべての問題に関して、アウグスティヌスに一致を感じている。カルヴァンのアウグスティヌスに対する高い評価は、結局のところ、アウグスティヌスの著作が表わしている「福音的」性格である。カルヴァンは古代の博士たちの思想を長々と研究することは余計であると判断した。なぜならば、アウグスティヌスだけで十分だからである。それゆえ、カルヴァンは古代の思想をさらに知ることを望む読者に対して、アウグスティヌスの権威を参照して示した。カルヴァンにとっては、アウグスティヌスの権威のみがいかなる論争を解決するにも十分であり、アウグスティヌスの著作を援用することは古代教父の正統的教えを確信を持って知らせることを意味していた。[12]

3)『キリスト教綱要』におけるアウグスティヌス

カルヴァンの宗教思想を集大成したものは、言うまでもなく『キリスト教綱要』である。1536年に初版本が小型の1冊本、516ページで出版され、以後、版を改めるごとに、増補をし、第5版、最終版は4書で構成される大著となったが、初版から最終版に至るまで、圧倒的に引用されているのは、聖書を別にすると、アウグスティヌスである。渡辺信夫編『キリスト教綱要』「引用文解題」によれば、「アウグスティヌスの著作からの引用は、『綱要』において最も頻繁である。カルヴァンの用いた版は1506年バーゼル（第2版1515年パリ）刊のアメルバッハ編の9冊本か、1528－29年エラスムスによってバーゼルから出された10冊本である」[13]とあり、77冊のアウグスティヌスからの引用著書が挙げられている。

---

12) *Ibid.*, p. 250.
13)『キリスト教綱要』別巻 p. 90.

第3節　恩寵論の源泉―アウグスティヌスとカルヴァン―

ヴァンデルは『キリスト教綱要』の最終版（1559年版）において、アウグスティヌスからの引用を341数えている。[14] カルヴァンの著作におけるアウグスティヌスについて最も詳細な優れた調査研究をなしたスミッツは、初版本においてすでに、引用、参照合計134を数え、第2版（1539年版）において、345を数えている。そして、最終版、第5版まで、その数が増して行くことを指摘している。[15] 数において圧倒的であるだけでなく、前述の如く、カルヴァンは中心的な教理において、アウグスティヌスを援用して、『キリスト教綱要』を著述し、ジュネーブの宗教改革事業を推進し、フランスの改革派教会を指導する最高の神学体系を構築したのである。

『キリスト教綱要』には、以下のような引用がアウグスティヌスの著作からなされている。

自由意志に関しては、（「第2編　第2章」）「人間は、今や、自由意志を奪われ、悲惨な奴隷の位置に、おかれている」の「8．アウグスティヌスの説教」から、意志が「罪については奴隷的である」という1節をカルヴァンは引用している。

　　アウグスティヌスはこの意志を「奴隷的」と呼ぶことをためらわない。（『ユス駁論』第2巻）彼は、別のところでは「意志」が「自由」であるのを否定する者らに対して怒っている。けれども、その特別な理由を述べて言う。「それは、だれかが意志の［自由な］決定を否認することによって、罪の言い逃れをしようとすることがないためだけのものである」と。（『ヨハネ伝説教』第53）しかも、他のところで、彼ははっきりと告白して、「人間の意志は御霊なしでは、束縛者また征服者たる情欲に隷属するがゆえに、自由ではない」と言っている。（アタナシウスへの「書簡」第144）同じく、「意志が陥ったところのその悪徳に打ち負かされた時、我々の意志は自由を喪失し始めた。」（『人間の義の完全について』）

---

14) WENDEL, *op. cit.*, p. 238.
15) SMITS, Luchesius, cf. *op. cit.*, chapitre II, Article I.

(『綱要』II, 2, 8.) [16]

「27. 意志がそれ自体では善を欲することができないのを聖書と教父によって論じる。」

アウグスティヌスの言葉を重んじよう。「神は一切の事柄において、あなたに先行したもう。あなたは、いつか、彼のみ怒りに先行してみよ。どのようにしてか、あなたはこのような一切のものを神から受けており、およそ善きものはみな神から来、およそ悪なるものはみなあなたからのものであると告白することによって」と。そのしばらくあとで、また、こう言われいる。「我々のものとしては、罪のほか何もない」と。(『使徒の言葉についての説教』第10)(『綱要』II, 2, 27.) [17]

「第3章 人間の腐敗した本性からは、罪せらるべきもののほか、何一つとして生じない」「10. 意志が自由に選択する余地はない」から、次のような引用がある。

「すべて私の父から聞いたものは、私に来る」とのキリストのみ言葉(ヨハネ6：45)は、神の恩寵がそれ自身として業を完成する力を持つ、ということを教えたもうものとしか受け取れない。これはアウグスティヌスが主張するとおりである。(『聖徒の予定について』の書)(『綱要』II, 3, 10.) [18]

アウグスティヌスは、［善を］意志することの幾分かの部分を自分自身のものとして主張する人たちを当然あざ笑い、同じように、恩寵の選びの証としての特殊な賜物が無差別に万人に与えられると考える者らを非難

---

16) *INS.* II, 2, 8.
17) *Ibid.*, 2, 27.
18) *Ibid.*, 3, 10.

している。(いわく)「本性はすべての人に共通である。しかし恩寵はそうでない」と。(『綱要』II, 3, 10.)[19]

「11. 耐え忍ぶことも恩寵である」では、カルヴァンは意志には自己固有のものが残されていないことに注目している。

> アウグスティヌスは別のところで「神の多くの賜物は、人間の善き意志に先立つ、そして人間の善き意志そのものも、神の賜物のうちにある」と言っているが、これは同じことを言おうとしたものである。従って、「意志」には自己固有のものだと主張すべき何ものも残されないことになる。(『綱要』II, 3, 11.)[20]

「12. 恩寵なくしては、善き業の片鱗をも行なうことはできない」を引用して、カルヴァンは「神の憐れみ」が人間の意志を導くことを指摘する。

> 「神の憐れみが私に伴い来る」(詩篇23：6)と書かれているのであるから、神の憐れみは意志しない者を出迎えて意志させ、意志する者に伴って、その意志するところがむなしくならないようにするのである。(『綱要』II, 3, 12.)[21]

「13. アウグスティヌスの証言」では、恩寵に従う意志は恩寵が創造したものであることにカルヴァンは注目している。

> アウグスティヌスの語る言葉を聞こう。これは、我々の時代のペラギウス派、つまり、ソルボンヌの詭弁家たちが、古代のすべての教師たちも私たちに反対していると——彼らの流儀にのっとって——非難を浴びせ

---

19) *INS.* II, 3, 10.
20) *Ibid.*, 3, 11.
21) *Ibid.*, 3, 12.

る余地を持たないためである。この点について、彼らはその父ペラギウスに実によく見習っている。このペラギウスのために、昔、アウグスティヌスは闘技場に引き出されたのである。さて、この問題については「ヴァレンティヌスに与える書。譴責と恩寵について」という書物の中に、詳細に述べられている。私は、それをここに簡単に、しかし彼の言葉のままに引用しよう。彼はこう言っている。「もしアダムが［それを用いることを］意志したならば、耐え忍んで善を行なう恩寵は彼に与えられたのだ。我々にはこれが与えられ、それによって我々は意志し、また意志によって情欲を克服するのである。」[22]

アウグスティヌスはさらに詳しく立ち入って論じ、我々の心が、どのようにして、神の働きかけたもう時、それに必然的に従うのかを説いて言う。

「まことに、主は人々を彼らの意志によって［強制でなしに］引き寄せたもうが、その意志自体が神によって造られたものである」と．．．恩寵が主からさし出されるのは、ただ、おのおのが自分の自由な「選択」によって、あるいは受け入れ、あるいは退けることができるようなふうではない。むしろ、この恩寵そのものが、心のうちに「選択」と「意志」とを作り、そこから、これに続いてくる善き業は、みな、この実りであり、結果だというふうにである。また、恩寵に従う意志は恩寵が創造したものにほかならないのである。すなわち、この教師は、他のところでこう言っているのである。「我々のうちにおける、いっさいの善き業で、恩寵によらぬものはない。」（アウグスティヌス「書簡」第105）（『綱要』II, 3, 13.）[23]

「14. アウグスティヌスは意志をまったく恩寵に依存させている」では、カルヴァンはアウグスティヌスの言葉を解釈して、「人間は心のうちに何の動

---

22) *INS.* II, 3, 13.
23) *Ibid.*

機もないままに、いわば外からの衝撃によって持ち運ばれるかのように、引き行かれるのではない。...心の底から従うように、内的に感動させられるのである」と述べている。

　　彼は別の箇所で「意志は恩寵によって取り去られるのでなく、悪から善に変えられる。そして善にされた上で、助けを受ける」と言っている。これはただ次の意味を持つだけである。すなわち、人間は心のうちに何の動機もないままに、いわば外からの衝撃によって持ち運ばれるかのように、引き行かれるのではない。そうではなく、心の底から従うように、内的に感動させられるのである。恩寵が特別に、また価なしの賜物として、選ばれた者らに与えられることについて、彼は、次のようにボニファキウスにあてて書いている。「我々は神の恩寵がすべての人々に与えられるのでないことを知っている。そして、これを与えられる人は、行ないの功績に応じて与えられるのでもなく、価なしの恵みとして与えられるのである。そして、これを与えられない者は、神の義なる裁きによって与えられないのだということも、我々は知っている。」（アウグスティヌス「書簡」第106）（『綱要』Ⅱ，3，14.）[24]

　　そのところで、彼［アウグスティヌス］は第1にこう教える。「人間の意志は、自由によって恩寵を獲得するのではなく、恩寵によって自由を獲得するのである。」［第2に］「意志はこの恩寵によって［善に適合させられ］これを喜びをもって愛し、それを堅持し続けるようにされる。」［第3に］「意志は［悪に立ち向かうために］抜くことのできない強さで強化される。」［第4に］「意志は恩寵によって支配される限り決して倒れず、恩寵から見放されたならばたちまち衰える。」［同じく］「主の価なしの憐れみによって、意志は善へと回心させられ、回心させられることによって、ここに立ち続ける。」［同じく］「人間の意志は善に向けて導かれ、これに

---

24) *INS.* Ⅱ, 3, 14.

導かれたのちはここにとどまり、ただ神の意志にのみよりすがって、何ひとつ己の功績により頼まないのである」と。このように、人間に残っている「自由意志」(そう呼んでみたいならば)なるものは、彼が他のところで書いているように、恩寵によってでなければ、神に向くこともできず、神のうちにとどまることもできないようなものに過ぎない。意志のなしうるあらゆることは、みな、恩寵のみによってなしうるのである。(アウグスティヌス『書簡』第46)(『綱要』Ⅱ, 3, 14.)[25]

以上、カルヴァンは強く共感し、賛意を表わしながらアウグスティヌスから引用して論じている。表現が似ているだけにとどまらず、聖書に根本的な根拠を持つだけでなく、福音的聖書解釈という共通の方法論を両者は持っている。「人間は心のうちに何の動機もないままに、いわば外からの衝撃によって持ち運ばれるかのように、引き行かれるのではない。そうではなく、心の底から従うように、内的に感動させられるのである」と述べるアウグスティヌスにカルヴァンは全く同意している。パスカルが非難するごとく、「石か鋸のごとく、機械的に引っ張っていかれる」のでは、決してない。

カルヴァンの忠実な後継者たち、カルヴィニスト、改革派教会の神学者たちは、救いはただ神の恩寵のみによると主張するが、人間の側のいきいきとした信仰の働きにも注目し、「聖徒の堅忍」つまり、「父なる神の有効召命と聖霊の内住によってキリストに結合された聖徒は、最後まで堅忍する」[26]ことを主張している。パスカルが非難し、異端視する「機械的に救いに、あるいは、遺棄に引っ張っていかれる」のではない。[27]

ヴァンデルやスミッツが精密な研究によって指摘しているごとく、また、『キリスト教綱要』における上記の引用でも推測できるように、アウグスティヌスは、カルヴァンに重要な影響を与えた。とりわけ、人間の本性の堕落、

---

25) *INS.* Ⅱ, 3, 14.
26) John MURRAY, *Redemption Accomplished and Applied,* The Banners of Truth Trust, 1961, p. 154. ジョン・マーレー著『キリスト教救済の論理』松田一男訳, 小峯書店, 1972年, p. 142.

人間の自由意志と神の恩寵、予定論、教会と聖礼典に関しては、カルヴァンはアウグスティヌスの忠実な弟子であると言えるであろう。自由意志に関しては、パスカルもカルヴァンも共に、アウグスティヌスという、大きな、同じ源泉を持っており、両者とも、聖書に次いで、アウグスティヌスを最も重要視していたと言えるであろう。

---

27)「神の恵みによる選民の保持の業が聖徒の信仰の堅忍なしにあたかも自動的に存在するかのように考える過った理解に対して注意する必要がある．神の恵みによる聖徒の保持を堅く信じ，恵みの手段を勤勉に用い，忍耐のうちに信仰に堅く立ち続けることが求められる．大切なことは，〈選びの確かさ〉の問題と〈信仰のヴァイタリティ〉すなわち，〈信仰の働きとしての生き生きとした信仰の喜び〉の問題とを区別すること．もちろん両者は密接に関係している．」(牧田吉和著『慰めと希望の教理としての改革派予定論』日本基督改革派教会憲法委員会, 1996年, p. 126)

結　論

　『プロヴァンシアルの手紙』は実に多くの読者を得た。これはジャンセニスト側の証言だけでなく、ジェズイット側の証言でも明らかであり、さらには、イエズス会の、「年次報告書」も認めているところである。神学問題を実に軽妙な筆致で書き表わし、多くの人々の心を捉えたのであった。パスカルは、『プロヴァンシアルの手紙』執筆以前から、独自のレトリックを用い、すでに優れた文章を書いていたが、それは、自然学者としての論文であり、また、書簡であり、『説得の術について』の用語を用いるならば、主として、「説き伏せる法」を用いたものであった。この『プロヴァンシアルの手紙』で初めて用いた「気に入る法」は、「説き伏せる法」とともに、読者の共感を得て大成功をおさめた。この手紙は、パスカルの表現技術の観点から言えば、「気に入る法」の実験場になったのである。これだけにとどまらず、後に、『パンセ』に表われる聖書のレトリックの萌芽も見られる。すでに名文家であったパスカルは、『プロヴァンシアルの手紙』を通じて、表現技術において、きわめて大きな発展、進歩を遂げたのである。

　神学的知識に関して言えば、決定的回心の後、1655年初めから研究を深め、恩寵と自由意志に関しては、『プロヴァンシアルの手紙』執筆時には、すでに豊かな神学的知識を持っていたのであろうが、『小さな手紙』の執筆にあたっては、アルノー、ニコルの緊密な協力があった。本書で調べたごとく、論争の進展とともに、パスカルの神学的知識は、質においても、量においても、極めて顕著に向上し、増大したと言えるであろう。神の恩寵と人間の自由意志やキリスト教道徳についての深い洞察と豊かな論述は、最初の3通と最後の2通との差は歴然としている。

　キリスト教神学の拠りどころは、パスカルにとって、聖書についで、アウグスティヌスである。パスカルの恩寵と自由意志に関する思想は、アウグス

ティヌスに忠実によっていることを我々は見た。このパスカルが、カルヴァンを「残酷で、恐ろしい」思想の持ち主であり、異端だと言う。果たしてそうであろうかというのが、本稿で、提出したひとつの問題である。我々がその引用を調べたごとく、カルヴァンもまた、アウグスティヌスの忠実な弟子であり、神の恩寵に関する神学は、アウグスティヌスを忠実に引用して構築されている。我々も指摘したごとく、パスカルとカルヴァンとの間には、微妙な点での差異はあるが、カルヴァンは決して、「残酷で、恐ろしい」思想を持っているのでもなく、異端でももちろんない。それどころか、神の恩寵、あるいは、人間の本性の堕落とイエス・キリストによる救いの思想に関しては、この両者には共通するものが明らかに見られるのである。

メナール教授は、『パンセ』が西洋の財宝であり、そこには、西欧文明が結晶化されているのを指摘された後、「無視できないほど明日の文化が築かれている極東の国におけるこの作品の生命力は、西洋のこの財宝が世界の財宝になったことを意味している」[1] と述べられている。我が国でパスカルの『パンセ』の影響を受けて生まれた最初の作品は、明治17年に出版され、当時の青年の心を熱くしたといわれる『真理一斑』[2] である。著者、植村正久は、明治時代のプロテスタント教会の指導者、しかもカルヴァンの流れをくむ長老派教会の牧師である。このことは、パスカルの人間の本性の堕落と救いの思想が単にカトリックにとどまらないで、その枠を越え、宗教の本質に根ざした普遍性のあるものであることを示唆するものではないだろうか。

プロヴァンシアル論争のこの期間は、パスカルがその思想においても、その表現技術においても、急速に、広く、深く発展して行き、やがて、キリスト教弁証論である、『パンセ』に見られるような普遍性のある、深い思想へと発展してゆく過程なのである。パスカルは、この論争を通して、「ポール・ロワイヤルの書記」から、神と人間の根本問題を、心を熱くする説得の術でもって、語りかけるキリスト教思想家に成長したのであろう。

---

1) *Sengari,* Kwansei-Gakuin, 1990, p. 23.
2) 『植村正久とその時代』V, 1966, cf. H. Morikawa, Pascal et les penseurs japonais, *Kwansei Gakuin University Annual Studies,* Vol. XX, 1971.

補 遺

# 補遺 1

カルヴィニストとジェズイットとの論争
―『プロヴァンシアルの手紙』に対するヌエ神父の反駁文書に関連して―

ジェズイットの非難

『プロヴァンシアル』論争を通じて、アンナ神父、ヌエ神父、ピロ神父らジェズイットの神父たちは、ジャンセニスムはカルヴィニスムと同様、異端であると非難し続けてきた。ジェズイットは、相手を非難するために、譴責用語としてこの「異端」という言葉を用いているが、ジャンセニウスやアルノーの教えがカルヴァンやカルヴィニスムに類似している点があるということは、教理的内容において、必ずしも間違っているとは言えない。[1] また、ジェズイットのこの非難には、16世紀末から17世紀にかけての、カルヴィニストとジェズイットとの論争という歴史的な経緯を指摘できる。ここでは、我々は後者の問題を調べる。

1. カルヴィニストとジェズイットとの論争

パスカルの『プロヴァンシアルの手紙』に対する数多くの反論文書の中に、ジャンセニストがジェズイットの神父たちに示した非難・中傷と、デュ・ムーラン牧師[2]が1632年、ジュネーヴで印刷されたその著書『「伝承」』[3] において

---

[1] Cf. 本書 第2部 第5章「パスカルにおける恩寵論」
[2] Pierre du MOULIN (1568-1658)
[3] *Des Traditions et de la perfection et suffisance de l'Ecriture Sainte … avec un catalogue ou dénombrement des traditions romaines, par Pierre du Moulin, …* Sedan, 1631.

ローマ教会に示した非難・中傷の一致について』[4]という題の1文書がある。著者、ヌエ神父[5]はこの文書において、1632年、ジュネーヴで出版されたデュ・ムーランの『伝承、および、聖書の完全さと十分さ、また、ローマ教会の伝承の目録と列挙』の非難や中傷と、パスカルの『プロヴァンシアルの手紙』やアルノーの『キリスト教道徳全般に反抗している彼らの書物から正確に引用した、ジェズイットの道徳神学』[6]の非難や中傷とが、一致していることを指摘している。ジェズイットのヌエ神父がこのような一致を指摘する着想を得た背景にはいかなることがあったのであろうか。この背景として2つのことが推測できる。第1の背景は17世紀の初め、カルヴィニストたち、特に、ピエール・デュ・ムーランとジェズイットの神父たちとの間で幾度か交わされた激しい論争で、これは近い背景である。第2の背景は、カルヴァンとパスカルの宗教思想はともに、その源泉をアウグスティヌスに持っている点である。[7]これは遠い背景である。ここではまず、我々は第1の背景について述べる。

2. ピエール・デュ・ムーラン

17世紀初め、ジェズイットの神父たちとの論争においてカルヴィニストの代表者はピエール・デュ・ムーランである。ピエール・デュ・ムーランはパリにおいて牧師として約20年間（1599-1629年）活躍した。[8] デュ・ムーラ

---

4) Sur la conformité des Reproches et des Calomnies que les Jansénistes publient contre les Pères de la Compagnie de Jésus: avec celles que le Ministre du Moulin a publiées devant eux contre l'Eglise Romaine, dans son livre des Traditions, imprimé Genève en l'Année 1632. Réponses aux "Lettres Provinciales" publiées par le secrétaire de Port-Royal contre les PP. de la Compagnie de Jésus, ···, Paris, 1657. pp. 67-86.
5) Le Père Jacques NOUET (1605-1680), cf. 本書 pp. 237-246.
6) Antoine Arnauld, Théologie Morale des Jésuites extraite fidèlement de leurs livres, contre la morale chrétienne en général, 1643.
7) カルヴァンとアウグスティヌスに関しては, Luchesius Smits, Saint Augustin dans l'œuvre de Jean Calvin, Assen, 1957 (Ⅰ), 1958 (Ⅱ). François Wendel, Calvin, sources et évolution de sa pensée religieuse, 1950, P.U.F., 拙論,「ヴァンデルのカルヴァン研究」（『カルヴァンの信仰と思想』1981年, すぐ書房). パスカルとアウグスティヌスに関しては, Philippe SELLIER, PASCAL et Saint AUGUSTIN, Paris, 1970. 参照.
8) Lucien RIMBAULT, Pierre du MOULIN 1568-1658, Un pasteur classique à l'âge classique, Etude de théologie pastorale sur des documents inédits, Paris, 1966. pp. 29-30.

ンがパリに来た時は、プロテスタントが新しい段階を迎えている時であった。アンリ2世治世以後、プロテスタント抑圧政策が強化されていたが、アンリ4世[9]の登場により、プロテスタントの礼拝を制限付きではあるが、認可する「ナント勅令」が1598年4月13日、王によって署名され、1599年はその批准の最中であった。当時、パリ市内にはプロテスタントの教会は無く、フォンテーヌブロー近くのオグリニーにあった。1606年になってようやく、シャラントンに教会ができた。[10] しかし、実際には、「王妹の教会」Eglise chez Madame と呼ばれていた礼拝が1584年にルーヴル宮殿で、ついで、ソワソンの館で行なわれていた。Madame というのはアンリ4世の妹で、彼女はカトリーヌ・ド・ブルボンと呼ばれ、1598年結婚して、ド・バァル公爵夫人となっている。デュ・ムーランはパリ到着の翌日、ルーヴル宮殿において、ド・バァル公爵夫人の前で説教している。[11]

デュ・ムーランの書いた多数の著作の中で、論争文書は重要な位置を占めている。彼はさまざまな困難な状況の中で、種々の問題に関する省察や努力をなし、「『信仰の盾』[12] あるいは、『教皇主義の新奇さ』[13] によって論争の兵器庫を完成するに至る」[14] のである。

3. ゴンティエ神父とコトン神父の登場

これに対して、ジェズイット側から、ゴンティエ神父とコトン神父という2人の重要な論争家が現われる。ゴンティエ神父は、1604年の四旬節の説教

---

9) Henri Ⅳ (1553-1610) の治世は、1589年から1610年.
10) Charenton, パリ市南西郊外. 1685年、シャラントン教会堂は破壊され、以後、プロテスタントがパリで再び教会堂において礼拝が許可されるのは、ナポレオン1世によってである. 1811年2月23日、元オラトワール Oratoire 会の会堂で礼拝を行なうことが許された.
11) Lucien RIMBAULT, op. cit., p. 29.
12) Pierre du MOULIN, Bouclier de la foi, ou Défense de la confession de foi des églises réformées du royaume de France, contre les objections du Sr Johan Arnoux ···, Charenton, 1618.
13) Pierre du MOULIN, Nouveauté du papisme, opposée l'anitiquité du vrai christianisme contre le livre de M. le cardinal Du PERRON intitulé ···, Sedan, 1627.
14) Lucien RIMBAULT, op. cit., p. 33.

をパリで行ない、1609年、王の臨席しているところで何度も説教している。彼は説教壇上で激しい言葉を用い、ユグノーを「害虫」、また、「悪党」と呼び、カトリック教徒は彼らの間にプロテスタントがいるのを耐え忍ぶべきではないとまで言っている。コトン神父は王の聴聞司祭であり、また、王の妹の前で説教をしていた。[15)]

ゴンティエ神父とデュ・ムーランの間では、教義に関する討論が行なわれているが、デュ・ムーランは『1609年4月11日、土曜日、サリニャック男爵夫人の臨席の場で行なわれたデュ・ムーランとゴンティエの討論の正確な記録。この討論の題目に関して国王宛てに書かれたゴンティエ氏の手紙に対するデュ・ムーランの回答付き』[16)]を書いている。

ゴンティエ神父は『現代の誤謬とそれが巧妙に用いている方法に関する発表』[17)]を著わし、その「序言」において、「私は2度デュ・ムーラン氏に会い、彼の主張が聖書にではなく、空気に根拠を持っていることを示した」と述べ、次の6つの講話を書いている。「第1講話。神は信仰の判断を、聖書が述べているように、その司祭や教師たちによって治められている教会に委ねられている。」「第2講話。カルヴァンや牧師たちは、ローマ教会の教義が聖体に関して、聖書の明確な言葉に基づいていることを告白している。彼らは彼ら個人の精神から汲み取るものを、自らのための根拠としている。」「第3講話。犠牲の血を流すことについて。」「第4講話。イエス・キリストが聖体において血を流されたことをデュ・ムーラン氏が語る時、彼が聖書を放棄していることを明白に示していること。」「第5講話。宗教改革者たちは、聖書について語り、また、それを意のままに解釈しているけれども、問題の件に関しては、彼らの聖書にイエス・キリストの意図を求めてはいけないと告白していること。」「第6講話。我々の敵は、イエス・キリストの意図をカトリッ

---

15) Cf. *ibid.*, pp. 41-42.
16) Pierre du MOULIN, *Véritable narré de la conférence entre les sieurs Du MOULIN, et GONTIER: secondé par Madame la Baronne de Salignac, le samedi onzième d'avril, 1609, avec la réponse du sieur du MOULIN aux lettres du sieur Gontier écrites au Roi sur le sujet de celle conférence*, 1609.
17) Le P. GONTIER, *Déclaration de l'erreur de notre temps, et du moyen qu'il a tenu pour s'insinuer*, ..., Paris, 1610.

クの聖書とミサに求めなければならないと確信していること。」

コトン神父はすでに1600年に『デュ・ムーラン氏に対する54項目の質問』[18]を著わしているが、1607年にデュ・ムーランはコトン神父によって提出された32項目の質問を取り上げ、そのそれぞれに回答し、さらに、逆に、64項目の質問を投げ返す書物[19]を書いている。

4.『アンチ・コトン』

1610年にアンリ4世が暗殺される。同年8月、コトン神父は『宣言の手紙』[20]という文書を出版し、ジェズイットに課せられている、国王暗殺の嫌疑を晴らそうとする。同時に、弑逆者を弁護する書物をプロテスタントの出版社が出したと主張する。カルヴィニスト側にとって反論が必要となる。P.D.C. という署名で『アンチ・コトン』[21]が早くも11月に出版された。P.D.C. という略称は、デュ・ムーランの息子が後日、ピエール・デュ・ムーランであることを明らかにするが、フランス改革派教会の歴史に精通しているジャック・パニエは慎重に調べたのち、デュ・ムーランの著作とするのを躊躇し、[22]ある者はピエール・デュ・コワニエとし、他の者はセザール・ド・プレクスであるとした。もっとも明敏な論争相手は、P.D.C. を Pasteur de Charenton（シャラントンの牧師）と解き、もっとも悪意を持つ者は Punaise de Calvin（カルヴァンの南京虫）、あるいは、Pie de chenille（毛虫の饒舌家）

---

18) Le P. Pierre COTON, *Cinquante et quatre demandes du R. P. COTON, ··· aux sieurs Du MOULIN, MONTIGNI, DURAND, GIGORD, SOULAS, et autres ministres de la Religion prétendue réformée, envoyées au dit Sr Du MOULIN par deux gentilhommes de la Cour, avec une lettre d'iceux, ···*, Paris, 1600.

19) Pierre du MOULIN, *Trente-deux Demandes proposées par le Père COTON avec les solutions ajoutées au bout de chaque demande, Item soixante-quatre Demandes proposées en contre- change*, La Rochelle, 1607.

20) Le P. Pierre COTON, *Lettre déclaration de la doctrine des Pères Jésuites conformes aux décrets du concile de Constance, ···*, Paris, 1610.

21) Pierre du MOULIN, *Anti-Coton, ou réfutation de la lettre déclaratoire du Père COTON. Livre où est prouvé que les Jésuites sont coupables et auteurs du parricide exécrable commis en la personne du Roi très-chrétien Henri IV, ···*, 1610.

22) Jacques PANNIER, *Histoire de l'Eglise Réformée de Paris sous Louis XIII*, Strasbourg, 1911, p. 63 ss.

等々と読んだ。[23] この文書は、出版当時、大評判となっただけでなく、1736年再版され、ジャンセニスム精神を表わす論集に入れられている。[24]『アンチ・コトン』において、著者は、『宣言の手紙』の作者、コトンは、王室の近くにいるのにふさわしくない者だと非難し、外国、つまり、スペイン、あるいはローマの代弁者となっているジェズイットを非難し、国家、大学、その他宗教団体にジェズイットが与えている害悪を明らかにしようとしている。

5. アルヌー神父との論争

1615年、デュ・ムーランは英国旅行に出かけるが、帰国後、論争は再び活発になる。1617年、ゴンティエ神父は『デュ・ムーラン氏に対してなされた兄弟愛のある矯正』[25]を出版する。コトン神父は、しばらくの間、登場しないが、王の聴聞司祭であるアルヌー神父が論争の第一線に登場する。アルヌー神父は説教壇から、また、文書によって、まず第1に、カルヴァンを攻撃する。彼は神を「罪の創作者」としているとして、カルヴァンを非難している。これに対して、デュ・ムーランは『神の正しい聖定について――カルヴァンが神を罪の創作者としていることを証明しようと目論むジェズイットのアルヌー氏の文書を吟味する論考』[26]という論文によって反駁している。そして、アルヌー神父が誤って、または、意図的に逆の意味にカルヴァンを引用したと非難している。アルヌー神父はカルヴァンの権威を誤って解釈していた。なぜなら、カルヴァンは教皇のように「誤りを犯さない者」ではないからであると述べている。つまり、「我々の宗教は聖書に含まれている神の言葉にのみ基づいている。その聖書は明瞭で、また、解釈の必要がなく、我々の救いのために十分である」と。

デュ・ムーランはまた、『アルヌー氏の非難に抗してフランス改革派教会の

---

23) Cf. Lucien RIMBAULT, *op. cit.*, p. 55.
24) Cf. *ibid.*
25) Le P. GONTIER, *Correction fraternelle adressée pour la réfutation d'un libelle diffamatoire*, ···, 1617.
26) Pierre du MOULIN, *De la juste providence de Dieu, traité auquel est examiné un écrit du sieur Arnoux, jésuite, par lequel il prétend prouver que CALVIN fait Dieu auteur de péché*, La Rochelle, 1617.

信仰告白弁護』[27] を出版した。この『信仰告白弁護』には「王への手紙」が付され、これが『信仰告白弁護』本文よりも問題となり、騒がれた。「パリ改革派」教会の4人の牧師の署名入りであるこの手紙は、改革派教会に対する抑圧という当時の困難な状況の中では極めて大胆なものであったであろう。いわば、「公開状」とも言うべきこの『信仰告白弁護』は許可を受けることなく出版された。大胆ではあっても、しかしながら、不遜なものではなかった。王の前で身の証を立てることを許されないで、公に中傷されている忠実な臣下の嘆きであったが、この手紙の1節に王を不快にさせる箇所があった。「王の権威を汚し、損ない、それを幽閉している外国の簒奪者たちに抗して、陛下の王権尊厳を守っているのに、私たちは憎まれ、また、虐待されているのです。」王権を擁護するということは、王が実際には完全な主権を持っていないということを主張することになるので、侮辱と取られたのである。

　この「公開状」により議論が沸騰する。聖職者会議の議員たち、教皇大使、国家の権力者たちが介入する。アルヌー神父は再び、新たな論争を挑み、『彼ら自身の聖書により、その無効が確実である牧師たちの信仰告白、および、シャラントンの4人の牧師により署名され、出版された計画的文書に対する反駁』[28] という題の書物を出版し、再び、攻撃に回り、また、ジェズイットのヴェロン神父[29] が救援に馳せ参じ、リシュリューは急遽、自らの司教区で

---

27) Pierre du MOULIN, *Défense de la Confession des Eglises réformées de France, contre les accusations du Sieur ARNOULD Jésuite, déduites en un Sermon fait en la présence du Roy Fontainebleau*, ···, Charenton, 1617.

28) Le P. Jean ARNOUX, *La Confession de foy de Messieurs les ministres convaincüe de nullité par leurs propres Bibles, avec la réplique à l'escrit concerté, signé et publié par les quatre ministres de Charenton*, ..., Paris, 1617.

29) Le P. François VERON はカルヴィニストと論争し、多数の論争文書を書いている。デュ・ムーランに対する文書の中から例としてあげる。
Briève réplique du dernier livre de Du MOULIN intitulé: 《Réponse à 4 demandes faites par un gentilhomme de Poitou》···, Paris, 1623. *Briève réponse des saints Pères des quatre premiers siècles par la seule Bible au 《Bouclier de la foi》 du sieur Du Moulin, ministre de Charenton, qui démontre la nullité de la cofession de foi de la religion prétendue réformée, dédiée et présentée au sieur Du MOULIN*, Paris, 1620. *La Corneille de Charenton despouillée des plumes des oiseaux de Genève et Sedan au Sr MESTREZAT et ses collègues ministres* ··· *et du 《Bouclier》 de Du MOULIN*, Paris, 1624.

『シャラントンの4人の牧師によって王に宛てた手紙に対して、カトリック教会を弁護する主要な点』[30]という書物を出版した。同時に、多数の狭小な風刺作家が文書を発行した。その中に、ガラス神父の著書『牧師たち、なかでもシャラントンの牧師、デュ・ムーランにより改革されたラブレー』[31]がある。シャラントンの牧師たちはすべて攻撃の的となったが、なかでもデュ・ムーランが第1であった。これらの攻撃に対して、小さい『信仰告白弁護』では間に合わないので、1618年、デュ・ムーランは『信仰の盾、すなわち、アルヌー氏の攻撃に対して、フランス改革派教会信仰告白を弁護すること』という題で書物を出版した。この『信仰の盾』は当時、改革派教徒たちにとっては、彼らの信仰告白を擁護する重要な砦となったのであろう。デュ・ムーランは1620年には、パリを去るが、パリ滞在の約20年間、ジェズイットの神父たちと上記のような激しい論争を行なってきた。1627年には、『伝承』を著わし、ローマ教会を強く批判している。『ジャンセニストがジェズイットの神父たちに示した非難・中傷と、デュ・ムーラン牧師が1632年、ジュネーヴで印刷されたその著書「伝承」においてローマ教会に示した非難・中傷の一致について』を書いたヌエ神父は、カルヴィニストとジェズイットのこのような一連の論争を根拠に、デュ・ムーランの書いた『伝承、および、聖書の完全さと十分さ、また、ローマ教会の伝承の目録と列挙』と、パスカルの『プロヴァンシアルの手紙』やアルノーの『ジェズイットの道徳神学』との間にある類似性や同一性を指摘するに至ったのであろう。

---

30) Cardinal de Armand-Jean du Plessis RICHELIEU (1585-1642), *Les Principaux points de la foi de l'Eglise catholique défendue contre écrit adressé au Roi par les quatre ministres de Charenton,* Poitier, 1617.

31) Le P. François GARASSE, *Le RABELAIS réformé par les ministres et nommément par Pierre Du MOULIN,* … Brusselle, 1619.

補遺 2

パリに生きたパスカル[1]

皆さんが文化と歴史の集積したこの都の街路を歩まれる時、至るところで過去の偉大な人々の足跡を見出されることでしょう。彼らの活躍に思いを馳せる時、私たちは精神の緊張を感じざるを得ないでしょう。そうした人物のひとりに、「考える葦」や「クレオパトラの鼻」などの言葉で有名な、17世紀の自然科学者であり、社交人であり、また、キリスト者であったフランスの偉大な思想家、ブレーズ・パスカルがおります。今日は、このパスカルがパリのどこに住み、どのような活躍をしたかをお話し致したいと思います。

ブレーズ・パスカルは1623年、クレルモン・フェランで、父エティエンヌと母アントワネットの長男として生まれた。ブレーズには2人の姉と1人の妹がいたが、1番上の姉は生まれて間もなく死亡し、2番目はジルベルトで、のちに信憑性(しんぴょうせい)の高い『パスカルの生涯』[2]というすぐれた伝記を書いている。妹ジャックリーヌは詩才に富んだ才女で、兄ブレーズに精神的に大きな影響を与えた。ブレーズ3歳の時、母アントワネット・ベゴンが死亡した。父エティエンヌは当時の習慣に反して再婚せず、遺された3人の子供の教育に専念することを決心し、高等法院長という官職を売り、財産を処分して子供の教育に好都合なパリに移り住んだ。パスカル家の人々が1631年パリに来て最初に住んだのは、マレーの貴族居住地区から遠くない、サン・タントワーヌのリュ・デ・ジュイフ[3]（1）（ユダヤ人街）であったが、同じ年の1632年1月1日に、

---

1) 1980年10月2日，於パリ日航ホテル朝の会（在パリ夫人の会）で行なった**講演**．
2) Cf. 本書 p. 16. 脚注 3)
3) Rue des Juifs, 契約書によれば，1631年12月7日から住み始める．

368　補遺

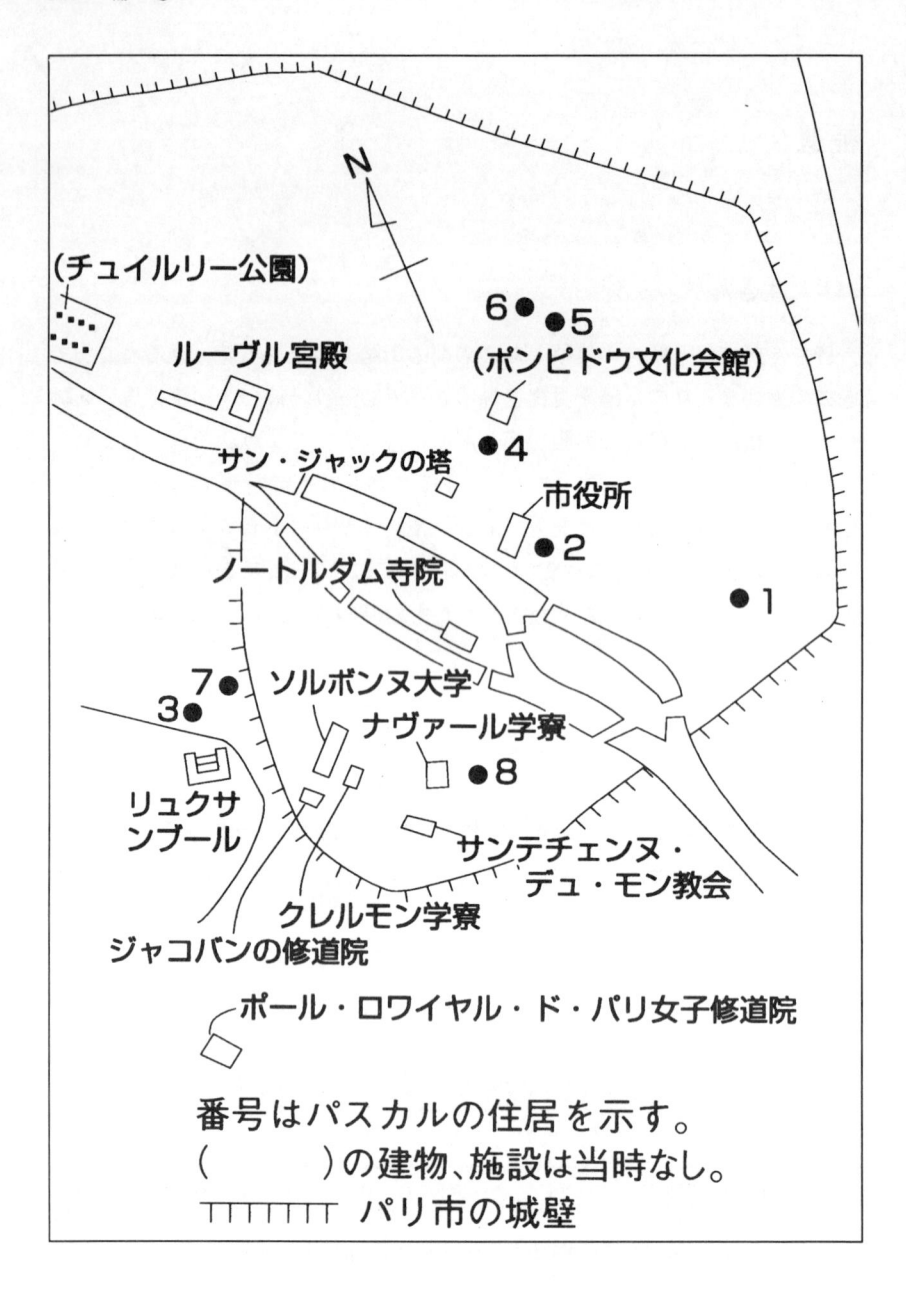

(チュイルリー公園)
ルーヴル宮殿
6● ●5
(ポンピドウ文化会館)
●4
サン・ジャックの塔
市役所
●2
ノートルダム寺院
●1
7●　ソルボンヌ大学
3●
ナヴァール学寮
●8
リュクサンブール
サンテチェンヌ・デュ・モン教会
クレルモン学寮
ジャコバンの修道院
ポール・ロワイヤル・ド・パリ女子修道院

番号はパスカルの住居を示す。
(　　　)の建物、施設は当時なし。
￣|￣|￣|￣|￣|￣　パリ市の城壁

ド・ラ・ティスランドリ通り[4]（2）（今日、ボードワイエ広場〔3区〕と呼ばれ、市役所の東にあたる）に転居し、1634年4月16日までそこにいた。次いで、ヌーヴ・サン・ランベール通り[5]（3）に移る。リュクサンブール公園の近くで、コンデ公の邸の前である。（今日のコンデ通り20番地）1635年6月24日にはブリーズミッシュ通り[6]（4）（ジョルジュ・ポンピドウ文化会館の南〔4区〕）に移り、1648年まで、ルアンやオーヴェルニュに行ったりしているが、その間、パリでの住所となっている。1648年10月1日から1651年12月25日にかけてはド・トゥレーヌ通り[7]（5）（今日のサントンジュ通り13番地、地下鉄「アール・エ・メティエ駅」の少し南）に住んでいる。1651年から1654年10月1日にかけては少し西で、サン・ニコラ・デ・シャン教会の教区であるボブール通り44番地[8]（6）に住んだ。1654年10月1日から1662年6月29日にはフラン・ブルジョワ通り[9]（7）（今日のムッシュー・ル・プランス通り54番地）に住んだ。これはパスカルにとって最も重要な出来事のあった住居であり、また、その家屋は現存している。1662年6月29日から死去の日、8月19日まではフォブール・サン・マルセルにある姉ジルベルト・ペリエ宅（今日、カルディナル・ルモワーヌ通り67番地[10]〔5区〕）（8）で過ごした。

　以上の住所の他、関係のあるところとしては、真空実験をしたサン・ジャックの塔（4区）、妹ジャックリーヌと共にアントワーヌ・サングラン師の説教に耳を傾けたパリのポール・ロワイヤル女子修道院（今日、ポール・ロワイヤル大通り119番地、現在は産婦人科病院）、ラシーヌと隣合ってパスカルの墓があるサン・テチェンヌ・デュ・モン教会（サント・ジュヌヴィエーヴ広場）などがある。ヌーヴ・サン・ランベール通りに住んでいた頃、父エティエンヌはサンクト夫人のサロンに繁く通っていた。サンクト夫人は美貌と社

---

4) Rue de la Tixeranderie.
5) Rue Neuve Saint Lambert.
6) Rue Brisemiche.
7) Rue de Touraine (13, rue de Saintonge)
8) 44, rue Beaubourg.
9) Rue des Francs-Bourgeois Saint-Michel (54, rue Monsieur Le Prince)
10) Faubourg Saint Marcel, (67, rue du Cardinal Lemoine)

交界での浮名で有名だったと言われる。エティエンヌは3人の子供をこの浮気な夫人の2人の娘と遊ばせ、彼もこの夫人を取り巻くリベルタンたちと交わりを持っていた。この頃のパスカル家は後年のキリスト教信仰への熱心からははるかにかけ離れていた。エティエンヌは当時、大きな関心を持たれていた科学を愛好し、この領域で高い評価を得ており、メルセンヌ神父の組織したアカデミーの最初のメンバーに数えられていた。メルセンヌはパリの、また、地方や外国の優れた学者と文通し、交わりを持っていたが、その中にはデカルト、フェルマ、デザルグ、ブゥルドロ、カルカヴィ、ロベルヴァルなどがいる。エティエンヌはこのアカデミーに繁く通っただけでなく、息子ブレーズも連れて行った。

　ここで父エティエンヌがブレーズに対してとった教育方針について、姉ジルベルトの証言を参照しよう。「この教育で父がさだめた根本原則は、どんな場合でもこの子に実力以上の勉強はさせないということでありました。そんな理由から、父はこの子が12歳になるまでは、ラテン語の教育を始めようとはしませんでした。そのほうがたやすく行くからです。しかしそれまでの間も、父はこの子を無為のままに捨ててはおかず、この子に理解できると見てとったあらゆることについて語ったのでした。方々の国の言葉とはどんなものであるかを一般的に教え、これらの国語が、ある幾つかの規則のもとに、どうして文法という形に要約されたか、規則とはいっても、そこにはいろいろの例外が入念に注意されていること、このようにして、すべての国語を、国と国の間で通じあうようにする手だてが見つけられたいわれを、父は教えたのでした。このような一般的概念が弟の思考をはっきりさせ、文法の規則というものが存在する理由を理解させたため、いよいよ文法を学ぶことになると、弟は何故それを学ぶのかをすでに知っており、一番力を入れるべき事柄に、間違いなく力を入れたのでした。こうした知識につづき、父はまたほかの知識を弟に授けました。火薬のような自然界の異常な現象や、よく考えれば人を驚かすにたるようなその他の事柄についてしばしば語りました。」[11] やっと12歳に

---

11) Cf. 本書第1部第1章第2節.

なった時、ブレーズはすでに自然学に対する関心を示している。ある日、食卓についた時、ナイフが皿に当たった音に注目した。その時の様子をジルベルトは次の如く述べている。「食卓で誰かが陶器の皿をうっかりナイフで叩くと、大きな音がした時、皿に手をやるとすぐ音がとまったことに弟は注目し、同時にその原因を知ろうとしました。そしてこの実験から、音響について他にも多くの実験を重ねることになり、いろいろなことを発見したので、11歳の時、それをもとにして1つの論文を書きあげましたが、この論文は推理が実に確かだと人々に認められました。」

　パスカル家のなかで、豊かな才能に恵まれていたのは、ブレーズだけではない。妹のジャックリーヌは詩才に恵まれていた。ジルベルトは次のように証言している。「また、私の妹は、並みはずれた才能をもち、幼いころから、世の娘たちにはめったに得られぬほどの評判を得ていました」と。1635年から1636年にイスパニヤ皇帝に対する戦争のため王国の財政が逼迫し、パリ市債の利子支払停止の処置がとられた。この処置に対して、父エティエンヌは他の利子生活者と共に抗議運動を行なった。枢機卿リシュリューは直ちにこの抗議運動を弾圧し、主謀者を投獄したので、エティエンヌはパリを逃れ、オーヴェルニュに身を隠した。親しいエギュイヨン公爵夫人の計らいで、ジャックリーヌがリシュリューの前で自作の詩を朗読する機会が与えられ、この時、ジャックリーヌは枢機卿に大へん気に入られ、彼女の願いにより父の罪を赦して貰えた。こののち、父エティエンヌはリシュリューによって、ノルマンディ州の副総監に任命されている。ブレーズは父の業務を助けるために、計算を容易にする機械の製作を思いつき、計算機を発明する。この計算機の1つはアール・エ・メティエ技術博物館にある。

　ブレーズはかねてから病弱であったが、ルアンで病気が重くなり、療養のためパリに戻った。医者からあらゆる精神活動を止めるよう勧められるが、ブレーズはこの勧めを聞き入れないで、自然学の研究に没頭する。『真空に関する新実験』を刊行したり、ノエル神父と真空問題をめぐって論争したりしている。真空実験に関しては、義兄ペリエに依頼して、ピュイ・ド・ドームで行なっているが、彼自身もパリのサン・ジャック・ド・ラ・ブウシェリー

教会の塔で実験している。この教会は今はないが、塔だけは当時の姿を留めている。(シャトレー広場すぐ近くのサン・ジャック小公園) このような自然学への熱心な研究活動は、以前、1646年、ルアンで体験した最初の回心以来の、宗教への関心をそらすことはなかった。1648年には、ブレーズはポール・ロワイヤル (・デ・シャン) 修道院を訪ね、聴聞司祭アントワーヌ・ド・ルブール師と知り合いになった。やがて、フロンドの乱[12]が起こり、エティエンヌとその子供たちは難を避けて、クレルモンに移り、1649年5月から1650年11月を過ごしている。乱もおさまり、1650年、パリに帰ってくるが、エティエンヌは1651年9月24日逝去した。この少し前からブレーズは妹ジャックリーヌと共に再び、ポール・ロワイヤル修道院を訪ね、メール・アンジェリックやメール・アニェスの教えを受けている。妹ジャックリーヌはすでに修道女となることを決心していたが、これには父エティエンヌが断固反対していた。父が死ぬと、翌1652年1月4日、朝8時ジャックリーヌは家人には告げず、家を出て修道院入りする。ブレーズは愛する妹ジャックリーヌの修道院入りには反対であったが、遂に認める。妹がいなくなった淋しさから、ブレーズは気晴らしを自然学の研究や社交界に求めることになる。この時期は「社交生活の時期」と呼ばれ、ロアンネス公爵、メレ、ミトンなど社交界の洗練された紳士たちや、また、美しい貴婦人たちと交わりを持つ。こうした社交生活には学問研究とは異なった新しい世界がブレーズには開けてきた。『パンセ』に次のような断章がある。「私は抽象的な学問の研究に長い間たずさわってきた。そういう研究から得られる交わりがあまりにも少ないのに、つくづく嫌になった。人間の研究をはじめた時、こういう抽象的な学問は人間に向いていないこと、それを知らない人たちよりも、それを深く究めている私の方が自分の条件について迷っている所が多いのに気がついた。」[13]

妹ジャックリーヌは姉ジルベルトに1654年12月8日、次のような手紙を書いている。「兄上様はもう1年以上も前から俗世間がひどくいやになられ、そこにいる人たちがほとんど我慢できないほどいとわしく思われるようになり

---

12) La Fronde (1648-1652) 宰相マザランに対する反乱。高等法院の反乱と貴族の反乱。
13) L. 756, Br. 144.

ました。」華やかな社交界の交わりの底が見え、彼は魂の内面的な救いを求めるようになっていたのであろう。「社交生活の時期」はド・トゥレーヌ通りからボブール通りに居を移していたが、妹ジャックリーヌの入っているポール・ロワイヤル（・ド・パリ）修道院の近くに居を求めて1654年8月17日、フォブール・サン・ミッシェル（現在、ムッシュー・ル・プランス通り54番地）に移る。この住所はパスカルの住所の中で最も重要なものである。このアパルトマンは今も残っている。この住居は決定的回心となる「第2の回心」を体験したところだし、またジャンセニストに組してジェズイット（イエズス会士）と行なった『プロヴァンシアル』論争の手紙を書いたのも、ここを中心としているし、また、『パンセ』と呼ばれている未完の主著であるキリスト教の弁証論の原稿も殆んどここで書いている。

まず第1に、宗教体験であるが、これは『メモリアル』[14]と呼ばれている文書が日時まで明瞭に記している。

「恩寵の年1654年。11月23日、月曜日、．．．夜10時半頃より零時半頃まで。

火

アブラハムの神、イサクの神、ヤコブの神。哲学者および科学者の神ならず。確実、確実、感情、歓喜、平和。イエス・キリストの神。．．．」この夜、ブレーズの心ははげしく熱し、ついに神体験をしたのであろう。その神は哲学者や学者たちが頭の中で推論した観念的な神ではなく、聖書において啓示され、イエス・キリストの姿をとって現われた生ける真の神であった。宗教体験を記したこの文書は生前は誰にも知られていなかったが、パスカルが死んだ時、彼の胴着のふくらんでいる部分があったので、召使いが何だろうかと糸をほどいてみると、中から羊皮紙に書かれたこの文書が出てきた。つねに彼の心臓に触れるところに縫い込まれていたということは、この文書が彼の生涯にとって如何に重大な意味を持っていたかを証していると言えよう。

この「決定的回心」から1年余りたって、パスカルはジェズイットによって迫害されていたジャンセニストを弁護して、『プロヴァンシアルの手紙』18

---

14) Cf. 本書 第1部 第2章.

通を書き、ジェズイットの恩寵と道徳に関する教説を痛烈に攻撃した。ジェズイットもこれに反駁したので、いわゆる「プロヴァンシアル論争」が1656年から1657年にかけて展開された。この両者の相違は真理に対する考え方によく表われている。すなわち、ジャンセニストにとっては、真理は十分、かつ完全でまた、純粋でなければならない。真理に触れるのは少数者である。それ故、ジャンセニストはポール・ロワイヤルの修道院に入って、聖書を読み、祈りをし、きびしい修道生活をする。それに反して、ジェズイットにとっては真理は多くの人々に理解されなければならない。そのためには、真理が希薄になることも止むを得ない。彼らは真理を広めるために宮廷には聴聞司祭を送り、また、日本にシャヴィエル（ザビエル）がやって来たように、海外へは多くの宣教師を派遣し、さらに、青少年の教育のために多くの学校を建てた。宣教、教育に熱心であったが、世間と妥協し、真理に不純なものが混ざり、その道徳は弛緩していた。パスカルはこの点を鋭く非難している。『プロヴァンシアルの手紙』は当時の重要な問題を扱ったジャーナリスト的文書として最高の傑作と言えるが、表現技術も非常にすぐれている。パスカル研究の第一人者ジャン・メナール教授はその著『パスカル』において、特に『第1の手紙』は構成と文章が明快であり、また、機智に富んでいることを指摘しておられる。機智に関しては次のように述べておられる。さまざまな思想を抽象的に羅列するだけでは印象的でないので、それぞれの思想を主張者のひとりによって代表させ、時にはみんな声をそろえて叫ばせている。この点で『第1の手紙』に見られる以上の見事な演出はないであろうと。ソルボンヌで学者たちが連日、会議を開いてポール・ロワイヤルの神学者、アルノーに関して大議論していることに疑念を感じた「私」、つまり、『手紙』の筆者は、ナヴァール学寮の某博士のもとから、ジャンセニストのもとに駆けつけ、また引き返し、さらに、ル・モワーヌ氏の弟子であるモリニストに会い、つぎに、ニコライ神父の弟子をドミニコ会の修道院に訪ね、それぞれ意見を求める。「1人を訪ねるごとに、議論が跳ね上がる。筆者のこの旺盛な知識欲と情熱は読者にも伝わる。論証はドラマティックになる。巧妙な演出は、軽妙さと細部描写の繊細さによって補完され、さらに効果をあげている」

とメナール教授が述べておられる如く、それぞれの思想の主張者と会って対話するごとに、アルノーをおとし入れるためにアンチ・ジャンセニストたちが陰謀をたくらみ、正反対の考えをもっている者でも一緒になっていることが、すぐれたコメディの如く実にいきいきと描き出されている。メナール教授はこの『第1の手紙』の舞台がカルチエ・ラタンであることを指摘されたことがある。なるほどナヴァール学寮は、数年前まで理工科学校(エコール・ポリテクニック)の所在地だったところ、つまり、サン・テチェンヌ・デュモン教会の後方にあったし、「忘れないうちにと思って、急いでさっきのジャンセニストの先生にまた会いに行き」とパスカルが書いているから、そこから遠く離れていないところ、多分、カルチエ・ラタンの中に、このジャンセニストはいることになる。また、ル・モワーヌ氏はソルボンヌの博士だし、ジェズイットによって建てられたクレルモン学寮は、サン・ジャック通りをへだててソルボンヌの東側にあったから、ル・モワーヌ氏の弟子のモリニストは、このあたりにいることになるし、ドミニカンのニコライ神父の弟子は、現在のスーフロ通りあたりにあったジャコバンの修道院にいることになる。筆者の「私」は、用心のためしばしば自宅を離れたようだが、サン・ミッシェル御門外のフラン・ブルジョワ通り（現在のムッシュー・ル・プランス通り）に住んでいたから、カルチエ・ラタンに隣接したところにいる。こう見てくると、『第1の手紙』はそれぞれの思想をひとりの代表者との対話によって明らかにしているフィクションであるが、手紙の形式に対話の形式を加え、さらに演劇の要素を入れることにより、この『第1の手紙』はカルチエ・ラタンを舞台として展開されるコメディとなり、当時の人々には現実感をもって迎えられたに違いない。[15] ボローニヤと共に大学の発祥地であるカルチエ・ラタンでは、多くの偉大な人々が活躍し、重要なさまざまの出来事が起こったことは周知のことだが、パリに在住される皆様は、その特権を利用して、時間をかけて探訪されるならば、きっと知的な喜びが得られるのではないかと思う。

さらに、『パンセ』の原稿を書いたのもこの住居においてである。1658年

---

15) Cf. 本書 pp. 131-138.

5月頃、ポール・ロワイヤル（・デ・シャン）修道院で、パスカルは目下、構想中の『キリスト教弁証論』について、数名の隠士たちを相手に話をした。非常に力強く、説得的な内容であったことを隠士から聞き、ロアンネス公爵の友人であるフィヨー・ド・ラ・シューズが『パスカル氏の「パンセ」についての講話』を書いた。これによると、パスカルの大著は2つの部分から成っており、第1部は、不信仰者を信仰に導こうとするものであり、第2部はキリスト教の真実であることの証明である。この案は『パンセ』の断章とも一致する。「第1部、神なき人間の悲惨。第2部、神ある人間の幸福。あるいは、第1部、人間の本性の堕落していること、本性そのものによって。第2部、救済者の存在すること、聖書によって。」[16] パスカルは第1部で人間のあわれな現実の状態を描写しているが、彼は抽象的、観念的に人間論を展開するのではなく、具体的な表現を用いて、読者に迫ってくる。このような具体的表現を通して、当時のパリの風俗をかいま見ることもできる。「法官の赤い法服、白てんの毛皮、裁判を行なう法廷など、おごそかな仕掛けが必要だった。医者には長衣や雌らば、博士たちには角帽とだぶだぶの学服というような堂々たる体裁が世間を欺くためには必要だった」[17] という断章から、法官や医者や博士たちの服装がうかがえる。「医者には雌らば」とあるのは、医者は当時パリでは雌らばに乗って往診に出掛けていたのであろう。医者は概して年とった人が多いので、背の高い馬は危険である。そこで、背の低い、おとなしい雌らばに乗っていたということが推測される。

『プロヴァンシアルの手紙』執筆時には、『恩寵文書』という、パスカルの思想の傾向を知るのに重要な神学論文を書き、その後、続いて『パリの司祭たちの弁駁書』や『病いの善用を神に願う祈り』など神学的、宗教的な文書を書いているが、また一方では、ロアンネス公爵と共に乗合馬車を企画し、1662年3月、サン・タントワース門とリュクサンブールを結ぶ線の営業を開始した。パリの最初の乗合バスであった。

それから、まもなく、6月29日、パスカルの病いはますます重くなり、彼

---

16) L. 29, Br. 60.
17) L. 81, Br. 82.

はペリエ夫人（姉ジルベルト）の宅に移される。そして、8月19日「願わくは、神が私をお見棄てになりませんように」という最後の言葉を残して息を引きとった。39歳であった。パスカルの墓碑銘はラシーヌのそれと共に、サント・ジュヌヴィエーヴの丘にたつサン・テチェンヌ・デュ・モン教会に並んでいる。

資　料

1．*Annuæ Litteræ Prouinciæ Franciæ Ad annum Christi 1656*

2．上記、手稿をタイプしたテキスト。

　手稿本の第2ページ（本書 p. 382）に、本書、第2部 第3章 第1節（pp. 221-226）で示した『プロヴァンシアルの手紙』に関する報告記事がある。

　上記、手稿を解読し、テキストを作成する作業は、パリ・ソルボンヌ大学のジャン・メナール教授の指導を受けて行なった。また、同大学のフィリップ・セリエ教授からも貴重な教示を受けた。

FRANCIA

34

Annuæ Litteræ Prouinciæ Franciæ ad annum Christi 1656

Prouincia hoc numerauit hoc anno personas, Sexcentas nonaginta Sex, annumeratis etiam nouitiis. Sacerdotes trecentos Septuaginta octo, Scholasticos centum triginta & vnum Coadiutores centum nonaginta Septem. Admissi nouitij Scholastici Sexdecim, Coadiutores Sex. Defecerunt ab ordine, quatuor. Coadiutores temporales. Mortui Sunt duodecim. Multæ Missiones per Prouinciam hoc anno obitæ. Hæretici ad fidem Catholicam Solemni ritu reuocati, decem & amplius. In Congregationibus B. Virginis, exhibita passim rara charitatis in pauperes & Christianæ humilitatis obsequia.

Hæc communia, nunc ad particularia descendamus

Cor Regis in Templo Domus Professæ Parisiensis Conditum

Decimo Sexto kalendas Decembris, Cor Ludouici XIII. Francorum Regis, ab eodem moriente legatum nobis, atque concreditum a Regina, in Mausoleo conclusum est, quod Marito Suo, eadem Regina & pientissima Coniux, magnis Sumptibus excitauit. Proximè Sequenti Dominico die, venit illa in templum nostrum, multis prælatis atque palatinis Stipata id visura primum. Cantata Sunt a Regiis Musicis Vespera, & habita est ab oratore nostro Concio digna hac celebritate. Eminent ex pariete quasi in äere pensiles Angeli duo, humana Statura maiores: Vnâ manu in Strophiolo argenteo filis aureis distincto, Cor flammeum Sustinent; altera manu regiam coronam eidem imponunt Cordi, quod in coelum videntur attollere; Cæterum tanto artificio librati, vt non adhærere muro, Sed ex eo euolare videantur. Sexaginta millibus librarum Turonicarum Stetit opus; in quod præter æs Suecicum, Argenti trecenta pondo, Auri Vncia decem adhibitæ Sunt, per Sculptores, & fabros totius orbis peritissimos. Fornix autem Capellæ, qua Mausoleum capit tota circumuestita est nigro marmore vel Iaspide, quibus insertæ ex candidissimo marmore Imagines, parum extantes, Simul Regis optimi virtutes, & Regina in maritum amorem produnt & exhibent.

Jansenianorum in Societatem odium & persecutiones

Janseniany Summi Pontificis afflati fulminibus, atque Hæreseos convicti, non vt olim Lutherus, & Caluinus in Pontificem, & Romanam Ecclesiam, maleuolentia, & furoris sui effudere virus, sed in Societatem nostram eiusque doctrinam de moribus maledicentissimis, & decacissimis Epistolis, traducere conati sunt. Eas autem tanto numero sparserunt, vt constet in diuersis missæs earum ad centum viginti millia exemplarium è diuersis prælis produxisse, quæ per emissarios suos, non per vniuersam Galliam modò, sed & in Angliam, Batauiam, Heluetios, Germaniam, aliasque gentes in Romanam fidem parum æquas deferenda curarunt. Eas porro contempsimus, quamdiu hæreticorum & impiorum prolicis anim̄is excipi vidimus: at vbi sensim us iisdem etiam tentari bonorum fidem, & patientiam nostram, modestamque taciturnitatem incommodare religioni: Contra eius litteris fidaculorum hominum ita contudimus impetum, & audaciam, vt omnes intellexerint, nec Innocentiam nobis nec veram doctrinam defuisse.

Huic affinis est tempestas excitata in Societatem nostram per quosdam Parochos Rothomagenses, de quibus ita referunt Patres nostri, qui in ea Vrbe manent.

Vnus è Primariis Rothomagi Parochis, pessime iam dudum in Societatem animatus, architectus est tempestatis huius. Is in Synodali cœtu doctrinam Societatis pluribus conuicits infuscare, diriéque omnibus deuouere ausus est, atre delata ad Illustrissimum & Reuerendissimum Archiepiscopum Rothomagensem Totius Normanniæ Primatem, non vocatus modò & redargutus temerarii consilii fuit, sed etiam iussus tum in concionibus, tum in familiari congressu profiteri se palam & operte nec doctrinam, nec personas Societatis culpa vlla imminuere voluisse. Non paruit tamen, vt pote qui aliquot elapsis hebdomadis, nactus occasionem in vetereto peropportunam, è dio, ex Euangelio de doctrina Pharisæorum, grauius in Societatem, eiusque doctrinam moralem inuectus est, contra quam Illustrissimus Archiepiscopus, etiam intentata Suspensione prohibuisset. Hic & tum Pater Rector Collegii Rothomagensis contumax facinus vbi ad Illustrissimum Archiepiscopum detulisset, voluit is supplicem sibi libellum à Patre Rectore offerri, quo duo peterentur, primo vt iniurios æ & falsas, quæ in vulgus gallico Idiomate disseminabantur Iansenistarum Litteras censura sua feriret: Secundo vt nominati Parochi petulantiam coerceret, quavis necessitas iuridicè respondendi imponeretur. Censuram Litterarum Illustrissimus Archiepiscopus ad Conuentum Episcoporum qui Parisiis celebrabatur, remittendam esse censuit;

In Parochum vero animaduertere noluit prius, quam de culpa quæstio fuisset
instituta; quare ad Officialem suum causa cognitionem transtulit. Parochus
sibi soli diffidens, quo se tutius muniret, auxilium imploravit Capituli Rothomagens.
cuius est ærarius Quæstor, ideoque id sibi tribuens priuilegij, ut ab eo posset
solo redargui; Sed re diligentius expensâ Capitulum opem ferre non tentavit.
Itaque confugit ad cæteros Vrbis Parochos, quorum plerique, sapientioribus tamen
& maioris nominis exceptis, cæco impetu perditissimâ causâ sese implicarunt,
quo futili & commentitio successu, superbiens insolentius extulit animos.
Fecitque ut foederati Parochi Rothomagenses scripserint & ad Parisienses Parochos,
& ad alios cæterarum Dioeceseon Franciæ ut eadem coniuncti omnes conspiratione
doctrinæ [...] Societatis Censuram apud Episcopos Parisiis congregatos
facilius urgerent. verum inter Parochos non pauci foedus irriserunt, & complures
Episcopi pro singulari suâ æquitate constanter obstitere. Adde quod Excellentissimus
Princeps Longauillæus Totius Normanniæ Gubernator Parochum tanti mali
authorem & architectum ad se vocauerit & acriter reprehenderit adhibitâ
prohibitione, ne hæc lues grassaretur: idem vetuit Supremi Senatus Normanniæ
Insulatus Præses: non desiit tamen Virus effundere, susceptumque concilium
vehementius premere, donec a congregatis Episcopis ut pareat, repulsam
tulisset ab iis explosus, & obiurgatus. Interea lis apud Officialem agitur a foederatis
Parochis, qui licet rei scient, nihilominus Patrem Rectorem accusant, quod in suo
suplici libello supradictum Parochum iniuriis affecisset, eâ nimirum mente
vt inuidiam a se & accusationis dedecus amolirentur: Sed odium quo aduersus
Societatem incendebatur Parochus plura ex calamo extorsit quam ex ore
eoque venit malitiæ ut quæ causa sua officerent, ea ipse clam deleuerit ut
Patrem Rectorem falsitatis conuinceret, nisi caute & prudenter technas illas
anteuertisset, & iuridicis remediis sese muniisset. Lis tandem amicorum
interuentu pacate composita cum magna modestia nostra approbatione
Ciuitatem Vniuersam exhilarauit.
Aureliæ quoque aliquid turbatum est, occasione vnius e Nostris qui in templo
nostro Concioni inhabens, ad populum octauo Septembris cum multa pie docteque
de Natali Deiparæ dixisset, sub finem Iansenianorum dogma perstrinxit.
Vnde apud paucos aliquos grauiter offendit qui huius doctrinæ lue infecti erant, iique
Illustrissimum loci Antistitem aduersus eum concitauerunt. Sed hæc procella
post aliquod tempus deferbuit prudenti consilio Primarij Iudicis qui seditiosam
ui ferebatur eius concionem, auditis testibus minime reperit & Patrem latâ

sententia absoluit: Serenissimus etiam Princeps & Dux Aurelianensis,
huic componendo negotio plurimum iuuit; cum suo erga Societatem impulsus
studio, tum acceptis a Reginæ litteris, atque ita controuersia omnis sedata est.
Porro sic afflictæ Societati contigit idem quod plantis atque arboribus eueniet,
vt amputatæ repullulent & in fruges abundantiores exuberent, siue Missiones
attendas, siue Scholastica exercitia, siue conciones habitas ad plebes, siue etiam
temporalia incrementa. Quæ omnia in melius profecerunt vt sequentes
narrationes explicabunt.

Missiones

Euocati a Rege ad Missionem Castrensem Nostri ⟨...⟩ viris,
operam nauarunt, cum magna Societatis gloria & eorum ⟨...⟩ quos in officio continuerunt
viuos, & fato functos, vt pie credimus, asseruerunt coelo.

Flexiæ quoque per Patres tertiæ probationis qui inibi versantur Serio adlaboratum
in Missionibus, quatuor potissimum Sacras in expeditiones incubuere, ex quibus
post admissos ac expianda peccata circiter viginti mille homines, quanta sperari ad
propagationem diuini cultus maxima poterat, vtilitas coalitit.

Biturigibus. Tres e Nostris circa festum Pentecostes, per sacros Iubilæi dies missi sunt
ad Castrum Rodolphi, non ignobile agri Bituricensis oppidum, vbi ingentes in Domini
vinea fructus fecere; Spatio trium hebdomadarum, hominum millia plus quinque
Sacra Confessione purgata ad ad coeleste Conuiuium ad missa sunt; hoc præ cæteris ad
memoriam insigne quod præcipui illius oppidi ciues capitali inter se odio dissidentes,
sic nostrorum incredibili studio, charitate & industria conciliati sint, vt ad mutuos
amplexus conuolarint & ad pristina amicitiæ officia redierint.

Per Ebroicensem Dioecesim missi e Collegio Rothomagensi Patres Magnos
operæ suæ fructus collegerunt. in conciliandis inter se dissidentibus. in male partorum
restitutionibus, in pacatis familiis, rebus priuatis ac publicis ad optimum statum
reuocatis.

Ambiani quoque Missio instituta sub anni finem, Sacerdotes omnino duo perdiu
exiguti strenue Missionem adierunt, tanta conuolantium etiam aliis e pagis hominum,
ac puerorum frequentia, vt turba Sacras ædes eriæ tanta multitudinis capaces, implentes,
mira priuatis in tectis esset incolarum Solitudo; inter cætera hoc mirabiliter, æque
ac miserabiliter contigit, vt rusticus quidam Seruus ab hero rapius, ad vitæ
emendationem, atque in primis peccatorum expiationem, incitatus, cum piis
admonitionibus pertinacius reclamasset, infelici casu biduo post extinctus sit:

nam cum duo simul terram fossione præcinderent, hic terræ diffluentis minâ oppressus est, alter qui se se Deo conciliaret, divinâ ope fœlicius euadente.
In Collegio Venetensi Missiones quatuor per varias parœcias obitæ, magno accolarum fructu. Incredibile dictu est quám multa in una diœcesis urbe discidia, odiaque sublata, quot reconciliationes, restitutionesque, tempore præsertim Jubilæi facta, cum duo è Nostris cum aliquot Sacerdotibus Sæcularibus vineam in ea Domini excolerent.
In Coriusopitensi Missiones obitæ in quibus Nostri vulgo fructus uberes diuturnosque capiunt, tam in Rusticorum pagis, quam ad vicina late littora.
His affinia sunt quæ per Domos passim ad Dei gloriam & animarum salutem pie gesta referuntur.

Exerc. — In Domo Probationis Parisiensi Exercitiis Spiritualibus exculti sunt Sæculares
23.   numero cuiginti tres.

Conu. 1. — Ibidem Nono Iulij Francisca Stanhoba, Puella Nobilis anglicana in templo nostro hæresim eiurauit & solemni ritu Ecclesiæ Catholicæ reconciliata est, præsente & fauente Serenissimâ Reginâ Angliæ & in vero eius comitatu amplissimo. Præfuit actioni Sacerdos Concionator è Societate nostra, qui ab eleganti præfatione exorsus, postea eius fidei Professionem excepit & publicâ demum absolutione donatam dimisit.

Conf.   Molinenses quiddam mirabile sic produnt. Cum Pater Minister in clauso
Ang.   cubiculo negotij quiddam ageret, audit pulsantem aliquem ad ostium, sed accurrens cum neminem vidisset, perrexit ad fabros lignarios qui operis tectum imponebant; vix præsto aderat Pater, cum casu mirabili architectus è loco superiori in terram decidens, ceruicem ad lapidem impegit & fregit, morienti Pater absolutionem impertiit, cum sufficienti signo pœnitentiæ animi, unde sic interpretatus Pater ille Angelum eius custodem extitisse, qui pro foribus strepitum edidisset ad succurrendum eo in casu periclitanti animæ huic, de salute æternâ.

Miff. — Nec omittenda est Aurelianensis Missio, quam procurarunt duo e Nostris non sine magno animarum bono. Quatuor ferme hominum millia sua deposuere peccata. Adiunxit se iis Archidiaconus eiusque diœcesis qui præter operam suam sumptus ad victum necessarios, iis liberaliter suppeditauit.

In Collegio Turonensi res bene gestæ sic referuntur. Per Aduentum & Quadragesimam dies Conciones habitæ à duobus è nostris in æde primariâ fructu non minore quam plausu atque concursu, ab aliis item omnibus quibus per alia munia non licuit diuersis in locis conciones atque catecheses, quæ res pietatem hac in urbe non parum promouet.

Res Litterariæ

Parisiis vix unquam Collegium Nostrum tanto Scholasticorum floruit aut numero aut nobilitate. Certe tanta est in Conuictu frequentia, etiam primariæ in Gallia dignitatis facile principum; ut non pauci ex ædium angustia non potuerint admitti in Conuictum.

In Collegio Blesensi, pergit in dies Serenissimus Princeps Dux Aurelianensium pro suo in Societatem uetere ac constanti Studio, de hocce Collegio bene mereri; cuius sui in nos singularis amoris illustre posuit testimonium, concessis in impensas noui templi ædificandi quadraginta librarum gallicarum millibus.

Turonis Illustrissimi Archipræsulis amor in Societatem ac Studium non modo constitit idem Semper, Sed augeri etiam videtur in dies, cui Sane debet hac urbe Societas quod quiete muneribus fungatur Suis, eumque contra maleuolorum insidias calumnias defensorem acerrimum experiatur.

In Collegio Augensi Suum etiam Litteræ tulere fructum. Illustrissimus enim Archiepiscopus Rothomagensis, in Augensis urbis lustratione Latino Dramate exceptus a Rhetoribus, Suam ut in nos beneuolentiam testaretur, postridie minorum ordinum candidatos in templo nostro publice consecrauit. Nec minore postea cum sui in nos amoris sensu ac commendatione Collegij Illustrissima Princeps Guysiani Ducis Soror, cum in urbem uenisset, gallico carmine ab auditoribus nostris Salutata est.

Ædificia & res temporales.

Collegium Parisiense geminis ædificiis amplificatum est: alterum quia luminibus Sacelli nostri obstruebat, ab Collegij Bellouaci Sociis emptum ac commodiores in usus refectum. Alterum ad hortuli nostri finem exstructum, Sumptibus Nobilissimi domini Fouquet, Regij in Supremo Parisi trum Senatu Procuratoris Generalis, & Summi ærarij Præfecti, qui Superiori anno Bibliothecam fundauerat. Continet hoc ædificium in infimo ordine ambulationem unde per arcus prospectus est in hortum: in medio aulam recreationi nostrorum destinatam: in Summo Bibliothecam.

In Collegio Flexiensi perfecta demum area, iamque maturis ad habitationem ædibus clausa tantum in decus excreuit, ut ad illud inuisendum hospites undequaque noui concurrant.

In Molinensi captum est ædificium, in quo Scholæ treς cum Præfecti aulâ, & Sacristia ad futurum templum destinata: in Secundâ contignatione cubicula aliquot, in Suprema Bibliotheca continent: & ad fastigium usque perductum, partim sumptibus Collegij, partim liberalitate ciuium quorundam primariorum, nec non Illustrissimi Præsidio de Mesme, qui olim in hoc Collegio Litteris operam nauauit. Qui quidem Singulj millenj Francos ad Scholarum constructionem dedērunt. Antiqua quoque Domus pene mediā sui parte collabens murorum ac trabium exitio, restaurata.

Alia quoque Domus hospitalis, S^ti Julianj, ex qua Collegium percipit æreos reditus, a fundamentis in integrum restituta est.

In Collegio Hodiniensj pauper licet, resarciuntur in dies Sarta tecta, domus que magnam partem in ruinam incumbens, quantum fieri potest instauratur.

Ex area aliena, quod ante duos circiter annos ad tria pene librarum Turonensium millia excreuerat, media prope pars, quà curis, quà Eleemosynis, hodie dissoluta est. Ægre tamen hic muitur propter assiduas bellorum clades, quibus inculta in dies prædia redduntur quamplurima.

Collegij Compendiensis hoc anno capta est possessio, præsente Serenissimā Reginā e Matre & Reuerendissimo Episcopo Suessionensj atque adeo in partem lætitiæ post biduum Subsecuto Christianissimo Rege Ludouico decimoquarto. Totius Fundationis Seriem continent Litteræ Seorsim missæ, quas hic retexere necesse non est.

Supersunt Elogia defunctorum
qui duodecim omnino
numeratj sunt.

Pater Nicolaus Jaudonet, Picto, Coadiutor Spiritualis, obiit Deppa in Residentia Societatis cuius ipse Superior erat, Sexto Januarij, ætatis anno quinquagesimo septimo, Societatis trigesimo octauo, cuius maximam partem exegit in obeundo Ministrj officio, per diuersa Collegia Societatis, Rectoretiam in domo Probationis Rothomagensis, Tertianorum Patrum, cor strenuus in audiendis Confessionibus, obuisitandis agris, habendis concionculis In cæteris partibus nauj operarij: Mortem præsensiose videtur, huic obeundæ se Fortiter accinxit & Sacramentis Ecclesiæ munitus constanter excepit.

Antonius Caron, Ambianus, Scholasticus ap probatus, obiit Veneti, vndecimo Januarij, ætatis anno vigesimo tertio, Societatis tertio, Miræ integritatis quj anno non plus uno in Collegio Venetensj commoratus, in litteris multum profecit, in pietate magis, & quartanā febrj correptus, quæ in continuam degenerauit, optato tandem fine vitam, integerrimam absoluit.

8.

Joannes Mallet, Agennensis, Coadiutor temporalis, obiit in Collegio Parisiensi, vigesimo sexto Januarij, ætatis anno quinquagesimo primo, Societatis trigesimo. Faber erat lignarius & in eâ arte bene peritus, moribus quietus, instituti sui studiosus cultor & ad omne opus paratus, licet in deueχâ ætate esset infirmus atque inualidus. In supremo morbo quo febri & peripneumoniâ laborauit, constantiam & æquitatem animi præbuit singularem. Susceptisque Sacramentis Ecclesiæ quæ postulauit ardenter, susceptis aliquot ante obitum diebus, Sancto fine tandem expirauit.

Jacobus le Breton, Rhedonensis, Coadiutor temporalis, obiit Briocj inter Armoricos duodecimo Martij, ætatis anno sexagesimo quinto, Societatis quadragesimo primo. Nullum habet ibj Societas domicilium, sed additus erat sociis vnj e Nostris concionatori, per quadragesimæ ferias in ibj verbum ch ei facienti. Cum ex tussi laboraret, febri correptus interiit, perceptis Ecclesiæ Sacramentis, tanto sensu pietatis, eo odore bonæ famæ totam vrbem impleuerit, quæ certatim ad eius exequias effusa est. Canonici templi primarij corpus eius in suo templo sepulturæ mandauerunt eique solemnibus exequiis parentauerunt, comitantibus viris primariis tam clericis quam laicis. Deo nimirum rependente humili seruo, in terrâ, quod eius virtutes merebantur præter eam coronam quam ej multo vberiorem in Cælis destinauit, erat enim, vt eius Rector testatur, Vitâ Innocens, deuotus, obediens, verecundus & ad omne bonum paratus.

Franciscus Pignot, Insulensis, Scholasticus approbatus, obiit Parisiis sexto Martij, ætatis anno trigesimo octauo, Societatis vndecimo, docuit humaniores litteras annis pluribus, etiam cum laude, & Theologiæ nauabat operam, & in eâ proficiebat excellenti præditus ingenio si valetudo respondisset, nam affecto morbis corpusculo fuit, toto ferme decursu vitæ, & ante obitum annis duobus, præcordiorum palpitatione laborauit, quam postea quartana febris ac deinde continua consequuta est, cum pectoris oppressione. Mortem habebat in votis, ad quam bona & Religiosa vita inuitabat, & ad eam deo iuuante peruenit omnibus Ecclesiæ Sacramentis rite perceptis.

Ludouicus de Beaureins, Atrebatensis, Scholasticus approbatus, obiit Parisiis in Collegio, primo Aprilis, ætatis anno trigesimo septimo, Societatis nono, pius & ingenuus Adolescens, feruens spiritu, modestus, regularum obseruator & omnibus summopere charus, docuit humaniores litteras in Collegio Ambianensj

Studuit etiā in Philosophia in Collegio Flexiensi, et nunc tertium annum in iisdem studiis ponebat Parisiis, cum morbo correptus malignæ febris cum inflammatione pulmonum decimo die, Sacramentis rite procuratus, in Jubilæo Alexandri Septimi Summi Pontificis obito, munitus, placide quievit in Domino.

Pater Antonius Rodaneg, Ambianensis, Coadiutor Spiritualis, obiit Parisiis in Collegio, decimo Septimo Augusti, ætatis anno trigesimo octavo, eo ipso die quo Societatem ingressus erat ante annos octodecim, Præfecti Conuictorum munere functus, vno ferme anno. Sed cum eximiæ pietatis ac prudentiæ laude. Docuerat Literas humaniores, et Rhetoricam annis pluribus, pro dignitate, postea Ministri munus exercuit. Nostris Summe charus, tandem in Conuictorum gubernatione morbum contraxit, quo Sanguinem ex pectore fudit, et post menses aliquot lenta tabe exstinctus est, desiderio Sui relicto non modico, propter singularem prudentiam, et integritatem, atque vnionem cum Deo, vnde frequens erat in genibus, coram Sanctissimo Sacramento modestia tali, erat ad pietatem intuentes incenderet. Obiit plenis sensibus, dulcia Colloquia sæpius ad Deum fundens omnibus Sacramentis rite procuratus.

Pater Jacobus du Val, Pontodemarensis, Coadiutor Spiritualis, formatus, obiit Cadomi quinto Septembris, ætatis anno Sexagesimo quinto, Societatis quadragesimo quarto, continuis Infirmitatibus exercitus per totum Rellĩgiosæ vitæ curriculum, Sed tamen animum non despondit et generosa patientiā longum hoc Martyrium Superauit. Crebro Super mensam legens in refectorio, vt pro Infirmis aliis, ipse infirmus hoc munus Suppleret. Mitis et pius erat in conuersatione, erga res Spirituales bene affectus, de quibus creber ei Sermo erat, cum magnā mentis teneritudine. Postremo in morbo Sacramenta Ecclesiæ deuote postulauit et recepit. Jisque munitus integris animi Sensibus expirauit.

Jacobus Berton, Lotaringus, Coadiutor temporalis, obiit Flexiæ trigesimo primo octobris, ætatis anno quinquagesimo quinto, Societatis Trigesimo, Faber ferrarius industrius, et vigilans, Emptoris officio Flexiæ functus annis quindecim cum approbatione. Paupertatis memor et charitatis et vigilantiæ, in desolando impiger erat Si quid temporis ab officio liberum haberet horologiis cudendis impenderet mirantibus cunctis tantam in afflicto corpore constantiam; exhibuit etiam patientiæ Specimen in Supremo vitæ Spatio, quo grauiter ægrotauit tribus enim ante obitum annis ægrum anhelitum traxit, ex oppresso pectore et tandem ex hydropisi, et febriculā consumptus est.

Philbertus Gueneau, Nivernensis, Scholasticus approbatus, obiit Parisiis in Collegio, Secundo Novembris, ætatis anno vigesimo tertio, Societatis quinto, pius, modestus, compositus, & eam morum honestate, in communi congressu, ortu eum omnes suspicerent. Docuit Grammaticam Aureliæ annis duobus Sed tertiam grammatices Scholam Parisiis erat mensem unum aggressus, letali morbo qua per octiduum decubuit fortiter superato, & Sacramentis devote susceptis, interiit, magno apud Nostros sui relicto desiderio.

Pater Leonardus Garreau, Lemovix, quattuor Votorum Professus, obiit Secundo Septembris, interemptus ab Iroquæis, in nova Francia, dum pergeret ad Hurones. Annos natus erat quinquaginta, ex quibus in Societate triginti, in missione Canadensi Sexdecim posuit, mira sunt quæ referunt earum regionum Patres nostri de zelo eius, in animabus Infidelium Deo lucrandis, & laboribus indefessis, de amore crucis & evangelicæ paupertatis, de pietate erga Christum dominum & de cæteris eius virtutibus, quas ipsi fusius exequuntur, hoc unum de gloriosio eius obitu silere non debeo. Cum ab Iroquæis per proditionem contra pacta cum Francis inita bellum intentatum esset, Navicula qua aliquot e Nostris vehebant cum huronibus pluribus selopetis et catapultis impetita sunt. Unde contigit vt glande plumbea traiceretur hic Pater in spina dorsi, qua plaga ingenti cruluerata atque confracta est, biduo tamen superuixit interemptoribus suis beneprecans & necem ignoscens suam, & spoliatus vestibus omnibus ipsoque indusio ac relicto unico femorali, reportatus est in vrnam habitationem Societatis quæ in monte Regali sita est, cum acerbissimis doloribus in corpore sed ineffabili gaudio in mente, quod Christo Domino similis esset in morte nudus & expoliatus & ab omni solatio destitutus. Tandem a Patre Claudio Piiart loci Superiore solicite habitus & Sacramentis Ecclesiæ procuratus, beatum Spiritum transmisit in Coelum. Relictis exuuiis corporis sui in ea Insula Syluestri.

Thomas Ruault, Ebroicensis, Coadiutor temporalis, obiit Parisiis in Domo Professa, decimo octauo Decembris, ætatis anno Trigesimo quinto, Societatis octauo, lugubri casu, labentis in caput tigni ex Superiori tecto, quod incendium conceperat, in æde Domus nostræ vicina, cui extinguendo dum adlaborat, cum alijs Patribus & fratribus, huic ingenti damno succubuit, accepto graui vulnere in cerebro, quo non statim extinctus est, sed post tres hebdomadas decubituus, datis signis eximiæ patientiæ, & susceptis deuote omnibus Sacramentis Ecclesiæ, beato fine quieuit. Eminebant in eo virtutes multa, Charitas in pauperes, quorum necessitatibus studiose subueniebat. Vnde is post obitum eius, acerbe planxerunt. Pietas erga Deum singularis, qua sæpe turbis subducebat ut Libros pios legeret, & in sui Custodiam incumberet. Exacta regularum omnium custodia, Sed earum maxime quæ ad officium Trinitoris domestici Spectabant, ovnde fiebat vt Superioribus æque ac inferioribus mire charus & acceptus esset.

6

(p.1) [1]

Annuæ Litteræ Prouinciæ Franciæ

Ad annum Christi

1656

Provincia hæc numerauit hoc anno personas, Sexcentas [Socii 696] [2] nonaginta Sex, annumeratis etiam nouitiis. Sacerdotes trecentos Septuaginta octo, Scholasticos centum triginta & vnum Coadiutores centum nonaginta Septem. Admissi nouitij Scholastici Sexdecim, Coadiutores Sex Defecerunt ab ordine, quatuor Coadiutores temporales. Mortui Sunt duodecim. Multæ Missiones per Prouinciam hoc anno obitæ. Hareticj ad fidem Catholicam Solemnj itu reuocatj, decem & amplius. In Congregationibus B. Virginis, exhibita passim rara charitatis in pauperes & Christianæ humilitatis obsequia.

Hæc communia, nunc ad particularia descendamus

Cor Regis in Templo Domus Professæ

Parisiensis Conditum

Decimo sexto kalendas Decembris, Cor Ludouicj Xiii Francorum Regis, ab eodem moriente legatum nobis, atque concreditum a Reginâ in Mausoleo conclusum est, quod Marito Suo, eadem Regina & pientissima Coniux, magnis Sumpsibus excitauit. Proxime Sequentj Dominico die, venit illa in templum nostrum, multis prælatis atque palatinis Stipata id visura primum. Cantatæ sunt a Regiis Musicis Vesperæ, & habita est ab oratore nostro Concio digna hac celebritate. Emicant ex pariete quasj in aëre pensiles

---

1) 手稿本のページを示す.
2) marginal 欄外の書き込み.

Angelj duo, humanâ Staturâ maiores: Vnâ manu in Strophiolo argenteo liliis
aureis distincto, Cor flammeum Sustinent; alterâ manu regiam coronam
eidem imponunt Cordj, quod in cœlum videntur attollere; Cæterum tanto
artificio libratj, vt non adhærere muro, Sed ex co euolare videantur. Sexaginta
millibus librarum Turonicarum Stetit opus; in quod præter æs Suecicum
Argenti trecenta pondo, Auri Vnciæ decem adhibitæ Sunt per Sculptores,
& Fabros totius orbis, peritissimos. Fornix autem Capellæ, quæ Mausoleum
capit tota circumuestita est nigro marmore vel Jaspide, quibus insertæ
ex candidissimo marmore Imagines, parum exstantes, Simul & Regis
optimj virtutes, & Reginæ in maritum amorem produnt & exhibent.

(p.2)

Jansenianorum in Societatem odium
& persecutiones

Janseniani Summi Pontificis afflati fulminibus; atque Hæreseos
conuicti, non ut olim Lutherus, & Calvinus, in Pontificem, & Romanam Ecclesiam
maleuolentiae, & furoris sui effudere virus, sed in Societatem nostram, cuius
doctrinam de moribus maledicentissimis, & dicacissimis Epistolis
traducere conati
sunt. Eas autem tanto numero sparserunt, ut constet intra tres

menses earum ad

centum viginti millia exemplarium e diversis prælis prodiisse, quæ per emissarios

suos, non per vniuersam Galliam modo, sed & in Angliam, Batauiam, Heluetios,

Germaniam; aliasque gentes in Romanam Sedem parum æquas deferenda curarunt.

Eas porro contempsimus quamdiu hæreticorum & impiorum prolixis animis excipi

vidimus: at vbi sensimus iisdem etiam, tentarj bonorum fidem, & patientiam nostram

modestamque taciturnitatem incommodare religioni: Contrariis litteris

didaculorum hominum ita contudimus impetum & audaciam vt omnes intellexerint, nec Innocentiam nobis nec veram doctrinam defuisse.

Huic affinis est tempestas excitata in Societatem nostram per quosdam

Parochos Rothomagenses, de quibus ita referunt Patres nostri qui in ea

vrbe manent.

Unus e Primariis Rothomagj Parochis, pessime iamdudum in Societatem animatus, architectus est tempestatis huius. Is in Synadalj coetu doctrinam

Societatis pluribus conuiciis infuscare, dirisque omnibus deuouere ausus est,

at re delata ad Illustrissimum & Reuerendissimum Archiepiscopum Rothomagensem Totius Normanniæ Primatem, non vocatus modo & redargutus

temerarii consilii fuit, sed etiam iussus tum in concionibus, tum in familiari congressu profiteri se palam & operte nec doctrinam, nec personas Societatis

culpa ulla imminuere voluisse. Non paruit tamen utpote qui aliquot elapsis

hebdomadis, nactus occasionem inueterato peropportunam odio, ex Euangelio de

doctrina Pharisæorum, grauius in Societatem, eiusque doctrinam moralem

inuectus est, contra quam Illustrissimus Archiepiscopus, etiam intentatâ Suspensione

prohibuisset. Hic & tum Pater Rector Collegii Rothomagensis contumax facinus

vbi ad Illustrissimum Archiepiscopum detulisset, voluit is supplicem sibi libellum

a Patre Rectore offerri, quo duo peterentur, primo vt iniuriosas & falsas, quæa in

vulgus gallico Idiomate disseminabantur, Jansenistarum Litteras censurâ suâ

feriret: Secundo vt nominatj Parochi petulantiam coerceret; quâ viâ necessitas iuridice

respondendj imponeretur. Censuram Litterarum Illustrissimus Archiepiscopus

ad Conuentum Episcoporum, qui Parisiis celebrabatur, remittendam esse censuit;

(p.3)

In Parochum vero animaduertere noluit prius, quam de culpa quaestio fuisset

instituta; quare ad Officialem suum causae cognitonem transtulit. At Parochus sibi soli diffidens, quo se tutius muniret, auxilium implorauit Capituli Rothomagensis,

cuius est aerarius Quaestor, ideoque id sibi tribuens priuilegii, vt ab eo posset

solo redargui: Sed re diligentius expensa Capitulum opem ferre non tentauit.

Itaque confugit ad caeteros Urbis Parochos, quorum plerique, Sapientioribus tamen

& maioris nominis exceptis, coeco impetu perditissimâ causâ sese implicarunt,

quo futili & commentitio successu, superbiens insolentius extulit animos,

fecitque vt foederati Parochi Rothomagenses scripserint & ad Parisienses Parochos

& ad alios cæterarum Diocceseon Franciæ. Vt eadem coniuncti omnes conspiratione

doctrinæ moralis Societatis Censuram apud Episcopos Parisiis congregatos

facilius vrgerent. Verum inter Parochos non pauci foedus irriserunt, & complures

Episcopi pro singulari suâ æquitate constanter obstitere. Adde quod Excellentissimus

Princeps Longauillæus Totius Normanniae Gubernator, Parochum tanti malj

authorem & architectum ad se vocauerit & acriter reprehenderit adhibitâ

prohibitione ne haec lues grassaretur: idem vetuit Supremi Senatus Normanniæ

Infulatus Praeses: non desiit tamen virus effundere, susceptumque concilium

vehementius premere, donec a congregatis Episcopis vt par erat, repulsam
tulissset ab iis explosus, & obiurgatus. Interea lis apud Officialem agitura foederatis
Parochis, qui licet rei sient, nihilominus Patrem Rectorem accusant, quod in suo
suplici libello supradictum Parochum iniuriis affecisset, ea nimirum mente
vt inuidiam a se & accusationis dedecus amolirentur: Sed odium quo aduersus
Societatem incendebatur Parochus plura ex calamo extorsit quam ex ore
eoque venit malitiæ vt quæ causæ suæ officerent, ea ipse clam deleuerit ut
Patrem Rectorem falsitatis conuinceret, nisi caute & prudenter technas illas
anteuertisset, & iuridicis remediis sese muniisset. Lis tandem amicorum
interuentu pacate composita cum magna modestiae nostrae approbatione Civitatem Vniversam exhilarauit.
Aureliæ quoque aliquid turbatum est, occasione vnius e Nostris qui in templo
nostro Concionem habens, ad populum octauo Septembris cum multa pie docteque
de Natali Deiparæ dixisset, sub finem Jansenianorum dogma perstringit.
Vnde apud paucos aliquos grauiter offendit qui huius doctrinae lue infecti erant, iique,
Illustrissimum loci Antistitem aduersus eum concitauerunt. Sed hæc procella
post aliquod tempus deferbuit prudenti consilio Primarii Iudicis

qui Seditiosam

vti ferebatur eius concionem, auditis testibus minime reperit & Patrem latâ

(p.4)

Sententia absoluit: Serenissimus etiam Princeps & Dux Aurelianensis, huic componendo negotio plurimum iuuit; tum suo erga Societatem impulsus

studio, tum acceptis a Reginâ litteris, atque ita controuersia omnis sedata est.

Porro sic affectae Societatis contigit idem quod plantis atque arboribus vsu venit,

vt amputatae repullulent & in fruges abundantiores exuberent, siue Missiones

attendas, sive Scholastica exercitia, siue conciones habitas ad plebes, siue etiam

temporalia incrementa. Quae omnia in melius profecerunt vt sequentes narrationes explicabunt.

(p.4, 1.10)

Missiones

Evocati a Rege ad Missionem Castrensem Nostrj v( )³⁾ ribus viris operam nauarunt, cum magnâ Societatis gloriâ & eorum ( )⁴⁾ quos in officio continuerunt
viuos, & fato functos, vt pie credimus, asseruerunt cœlo.
Flexiæ quoque per Patres tertiæ probationis quj inibi versantur Serio adlaboratum
in Missionibus, quatuor potissimum Sacras in expeditiones incubuere, ex quibus
post admissos ad expianda peccata circiter vigintj mille homines, quanta Sperari ad
propagationem diuinj cultus maxima poterat, vtilitas exstitit.
Biturigibus Tres e Nostris circa festum Pentecostes, per sacros Jubilæj dies missi sunt
ad Castrum Rodophj, non ignobile agri Bituricensis oppidum vbi ingentes in Dominj
vineâ fructus fecere; Spatio trium hebdomadarum, hominum millia plus quinque
Sacra Confessione purgata ad ad coeleste Conuiuium admissa Sunt; hoc præ coeteris ad
memoriam insigne quod praecipuj illius oppidi ciues capitalj inter se odio dissidentes,
sic nostrorum incredibilj studio, charitate & industriâ conciliatj sint, vt ad mutuos
amplexus conuolarint & ad pristinæ amicitiæ officia redierint.
Per Ebroicencem Dioccesim missj e Collegio Rothomagensi Patres. Magnos
operæ suæ fructus collegerunt in concilandis inter se

---

3) 1 語, 判読できない.
4) 同上.

dissidentibus, in malepartorum restitutionibus, in pacatis familiis, rebus priuatis ac publicis ad optimum statum reuocatis.

Ambiani quoque Missio instituta sub annj finem, Sacerdotes omnino duo per dies vigintj strenue Missionem adierunt, tantâ conuolantium etiam aliis e pagis hominum, ac puerorum frequentiâ, vt turba Sacras ædes vix tantæ multitudinis capaces implente, mira priuatis in tectis esset incolarum Solitudo; inter cætera hoc mirabiliter, æque, ac miserabiliter contigit, vt rusticus quidam Seruus ab hero sæpius, ad vitæ emendationem, atque in primis peccatorum expiationem incitatus, cum piis admonitionibus pertinacius reclamasset, infoelici casu biduo post exstinctus sit:

(p.5)

nam cum duo simul terram fossione proscinderent, hic terrræ diffluentis minâs oppressus est, altero quj se se Deo conciliarat, diuinâ ope foelicius euadente.

In Collegio venetensj Missiones quatuor per varias paroccias obitæ, magno accolarum fructu. Incredibile dictu est quam multa in vna dioceseos vrbe dissidia, odioque Sublata, quot reconciliationes, restitutionesue, tempore præsertim Jubilaej factæ, cum duo e Nostris cum aliquot Sacerdotibus Sæcularibus vineam in ea Dominj excolerent.

In Corisopitensj Missiones obitæ in quibus Nostrj vulgo fructus vberes diuturnosque,

capiunt, tam in Rusticorum pagis, quam ad vicina late littora.

His affinia sunt quæ per Domos passim ad Dej gloriam & animarum salutem

pie gesta referuntur.

In Domo Probationis Parisiensj Exercitiis Spiritualibus excultj sunt Sæculares numero vigintj tres.

Ibidem Nono Julij Francisca Stanhoba, Puella Nobilis anglicana in templo

nostro hæresim eiurauit & Solemnj ritu Ecclesiæ Catholicæ reconciliata est,

præsente & fauente Serenissimâ Reginâ Angliæ & viuuerso eius comitatu amplissimo,

Præfuit actionj Sacerdos Concionator e Societate nostrâ quj ab Elegantj prafationi exorsus

postea ejus fidej Professionem excepit & publicâ demum absolutione donatam dimisit

Molinenses quiddam mirabile sic produnt, Cum Pater Minister in clauso cubiculo negotij quid ageret audiit pulsantem aliquem ad ostium, Sed accurrens cum

neminem vidisset perrexit ad fabros lignarios qui operis tectum imponebant;

vix præsto aderat Pater, cum casu mirabilj architectus eloco Superiorj in terram

decidens, ceruicem ad lapidem, impegit & fregit, morientj Pater absolutionem

impertiit, cum sufficientj signo poenitentis animj, vnde Sic interpretatus Pater ille,

Angelum eius custodem extitisse qui pro foribus strepitum edidisset ad Succurrendum eo in casu periclitantj, animæ huic, de Salute æternâ.

Nec omittenda est Aurelianensis Missio, quam procurarunt duo e Nostris non sine magno animarum bono. Quatuor ferme hominum millia Sua deposuere,

peccata. Adiunxit Se iis Archidiaconus eius diocesis qui præter operam Suam Sumptus ad victum necessarios, iis liberaliter Suppeditauit.

In Collegio Turonensj res bene gestæ sic referuntur. Per Aduentus & Quadragesimæ,

dies Conciones habitæ a duobus e nostris in æde primariâ, fructu non minore quam,

plausu atque concursu, ab aliis item omnibus quibus per alia munia non licuit

diuersis in locis conciones atque catecheses, quæ res pietatem hac in vrbe non parum

promouet.

(p.6)   Res litterariæ

Parisiis vix vnquam Collegium Nostrum tanto Scholasticorum floruit aut

numero aut nobilitate. Certe tanta est in Conuictu frequentia etiam primariæ

in Galliâ dignitatis facile principum; vt non paucj ex ædium angustiâ non potuerint

admittj in Conuictum.

In Collegio Blesensj, pergit in dies Serenissimus Princeps Dux Aurelianensium

pro suo in Societatem vetere ac constantj Studio, de hocce Collegio bene mererj; cuius
sui in nos Singularis amoris illustre posuit testimonium, concessis in impensas nouj
templj ædificandi quadraginta librarum gallicarum millibus.
Turonis Illustrissimj Archipræsulis amor in Societatem ac Studium non modo
constitit idem Semper, Sed augerj etiam videtur in dies, cui Sane debet hac vrbe
Societas quod quiete muneribus fungatur Suis, cumque contra maleuolorum
calumnias defensorem acerrimum experiatur.
In Collegio Augensj Suum etiam Litteræ tulere fructum. Illustrissimus enim
Archiepiscopus Rothomagensis, in Augensis vrbis lustratione Latino Dramate
exceptus a Rhetoribus, Suam vt in nos beneuolentiam testaretur, postridie
minorum ordinum candidatos in templo nostro publice consecrauit. Nec minore
postea cum Sui in nos amoris Sensu accommodatione Collegii Illustrissima
Princeps Guysiani Ducis Soror, cum in vrbem venisset, gallico carmine ab
auditoribus nostris Salutata est.

Aedificia et res temporales

Collegium Parisiense geminis aedificiis amplificatum est; alterum quia
luminibus Sacelli nostri obstruebat, ab Collegij Chollectæj Sociis

emptum ac
commodiores in vsus refectum. Alterum ad hortulj nostri finem exstructum,
Sumptibus Nobilissmj dominj Fouquet, Regij in Supremo Parisiorum Senatu
Procuratoris Generalis, & Summj ærarij Præfecti, qui Superiori anno Bibliothecam
fundauerat. Continet hoc ædificium in infimo ordine ambulationem; vnde per
arcus prospectus est in hortum; in medio aulam recreationj nostorum destinatam: in Summo Bibliothecam.
In Collegio Flexiensi perfecta demum area, iamque maturis ad habitationem
ædibus clausa tantum in decus excreuit, vt ad illud in uisendum hospites vndequaque
noui concurrant.
In Molinensi captum est ædificium, in quo Scholæ tres cum Præfectj aulâ
& sacristia ad futurum templum destinatâ in Secundâ consignatione
cubicula aliquot, in Suprema Bibliotheca continent: & ad fastigium usque

(p.7)
perductum, partim Sumptibus Collegij, partim liberalitate ciuium quorumdam
primariorum, nec non Illustrissimj Præsedis de Mesme, qui olim in hoc
Collegio Litteris operam nauauit, Qui quidem Singuli millieros Francos ad
Scholarum constructionem dederunt: Antiqua quoque Domus pene mediâ

Sui parte collabens murorum ac trabium vitia, restaurata.

Alia quoque Domus hospotalis S^{ti} Julianj, ex qua Collegium percipit vberes

reditus, a fundamentis in integrum restituta est.

In Collegio Hesdiniensj paupere licet, resarciuntur in dies

Sarta tecta, domusque magnam

partem in ruinam incumbens, quantum fierj potest instauratur.

Ex aere alieno, quod ante duos circiter annos ad tria pene librarum Turonensium

millia excreuerat, media prope pars, quâ curis, quâ Eleemosynis, hodie dissoluta est.

Aegre tamen hic viuitur propter assiduas bellorum clades quibus inculta in dies

prædia reddantur quam plurima.

Collegij Compendiensis hoc anno capta est passessio, præsente Serenissimâ

Regina Matre & Reuerendissimo Episcopo Suessionensi atque adeo in partem

lætitia post biduum Subsecuto Christianissimo Rege Ludouico decimoquarto.

Totius fundationis Seriem continent Litteræ Seorsim missæ quas hic retexere

necesse non est.

Supersunt Elogia defunctorum

qui duodecim omnino

numerati Sunt

Pater Nicolaus Jaudonnet, Picto, Coadiutor Spiritualis,

obiit Deppæ in Residentiâ Societatis cuius ipse Superior erat,

Sexto Januarij

atatis anno quinquagesimo Septimo, Societetis trigesimo octauo, cuius maximam

partem exegit in obeundo Ministri officio per diuersa Collegia Societatis, Rector etiam

in domo Probationis Rothomagensis, Tertianorum Patrum, vir Strenuus in audiendis

Confessionibus, visitandis agris, habendis conciunculis & cæteris partibus nauj operarij:

Mortem prasensisse videtur, huic obeundæ se fortiter accinxit & Sacramentis Ecclesiæ

munitus constanter excepit.

Antonius Caron, Ambianus, Scholasticus approbatus, obiit Venetj, vndecimo Januarij, ætatis anno vigesimo tertio, Societatis tertio, Miræ integritatis

qui anno non plus vno in Collegio Venetensi commoratus, in Litteris multum

profecit, in pietate magis, & quartanâ febri correptus, quae in continuam degenerauit,

optato tandem fine vitam, integerrimam absoluit.

(p.8)

Joannes Mallet, Agennensis, Coadiutor temporalis, obiit in Collegio Parisiensi, vigesimo Sexto Januarij, Atatis anno quinquagesimo primo, Societatis

trigesimo Faber erat lignarius et in ea arte bene peritus, moribus quietus, institutj

Sui Studiosus cultor & ad omne opus paratus, licet in deuexâ ætate esset infirmus atque

inualidus. In Supremo morbo quo febri & peripneumoniâ laborauit, constantiam & æquitatem animj præbuit Singularem, Susceptisque Sacramentis Ecclesiæ quæ postulauit ardenter, [Susceptis][5] aliquot ante obitum diebus, Sancto fine tandem expirauit.

Jacobus le Breton, Rhedonensis, Coadiutor temporalis, obiit Briocj inter Armoricos duodecimo Martij, ætatis anno Sexagesimo quinto, Societatis quadragesimo primo. Nullum habet ibj Societas domicilium, Sed additus erat Socius vni e Nostris concionatorj, per quadragesimæ ferias inibj verbum Dei facienti. Cum ex tussi laboraret, febri correptus interiit, perceptis Ecclesiæ Sacramentis tanto Sensu pietatis, vt odore bonæ famæ totam vrbem impleuerit, quæ certatim ad eius exequias effusa est. Canonicj templi primarij corpus eius in Suo templo Sepulturæ mandauerunt eique Solemnibus exequiis parentauerunt, comitantibus viris Primariis tam Clercis quam Laicis, Deo nimirum rependente humilj Seruo, in terrâ, quod eius virtutes merebantur præter eam coronam quam ej multo vberiorem in Cœlis destinauit, erat enim, vt eius Rector testatur, Vitâ Innocens, deuotus, obediens, verecundus & ad omne bonum paratus.

Franciscus Pignot, Issoldunensis. Scholasticus approbatus, obiit Parisiis

---

5）削除されている.

Sexto Martij, atatis anno vigesimo octauo, Societatis vndecimo, docuithumaniores.

Litteras annis pluribus, etiam cum laude & Theologiæ nauabat operam, & in eâ

proficiebat excellentj præditus ingenio. Si valetudo respondisset, nam affecto morbis

corpusculo fuit, toto ferme decursu vitæ, & ante obitum annis duobus, præcordiorum

palpitatione laborauit, quam postea quartana febris ac deinde continua consequuta est,

cum pectoris oppressione. Mortem habebat in votis, ad quam bona & Relligiosa vita

inuitabat, & ad eam deo iuuante peruenit, omnibus Ecclesiæ Sacramentis rite

perceptis.

Ludouicus de Beaureins, Atrebatensis, Scholasticus approbatus,

obiit Parisiis in Collegio, primo Aprilis, ætatis anno vigesimo Septimo, Societatis nono,

pius & ingenuus Adolescens, feruens Spiritu, modestus, regularum obseruator

& omnibus Summopere charus, docuit humaniores Litteras in Collegio Ambianensj

(p.9)

Studuit etiam Philosophiæ in Collegio Flexiensj & nunc tertium annum in iisdem

Studiis ponebat Parisiis, cum morbo correptus malignæ febris cum inflammatione

pulmonum decimo die Sacramentis rite procuratus & Jubilaeo Alexandri Septimj

Summj Pontificis obito, munitus, placide quieuit in Domino.
Pater Antonius Hodancq Ambianesis, Coadiutor Spiritualis, obiit Parisiis in Collegio, decimo Septimo Augustj aetatis anno trigesimo octauo eo ipso die
quo Societatem ingressus erat ante annos octodecim, Præfectj Conuictorum munere
functus, vno ferme anno Sed cum eximia pietatis ac prudentiæ laude Docuerat
Litteras humaniores & Rhetoricam annis pluribus, pro dignitate, postea Ministrj munus exercuit, Nostris Summe charus tandem in Conuictorum gubernatione morbum contraxit, quo Sanguinem ex pectore fudit, & post menses
aliquot lenta tabe exstinctus est, desiderio Sui relicto non modico, propter
Singularem prudentiam, & integritatem, atque vnionem cum Deo, vnde frequens
erat in genibus, coram Sanctissimo Sacramento modestiâ talj, vt ad pietatem
intuentes incenderet. Obiit plenis Sensibus, dulcia Colloquia Sæpius ad Deum
fundens omnibus Sacramentis rite procuratus.
Pater Jacobus du Val, Pontodomarensis, Coadiutor Spiritualis, formatus, obiit Cadomj quinto Septembris, ætatis anno Sexagesimo quinto, Societatis
quadragesimo quarto, continuis Infirmitatibus exercitus per totum Relligiosæ
vitæ curriculum, Sed tamen animum, non despondit & generosâ patientiâ
longum hoc Martyrium Superauit. Crebro Super mensam legens in refectorio,

vt pro Infirmis aliis, ipse infirmus hoc munus Suppleret. Mitis & pius erat

in conuersatione, erga res Spirituales bene affectus, de quibus creber ej Sermo erat,

cum magnâ mentis teneritudine. Postremo in morbo Sacramenta Ecclesiæ deuolte postulauit & recepit. Iisque munitus integris animj Sensibus expirauit.

Jacobus Berton, Lotaringus, Coadiutor temporalis, obiit Flexiae vigesimo primo octobris, ætatis anno quinquagesimo quinto, Societatis Trigesimo;

Faber ferrarius industrius, & vigilans, Emptoris officio Flexiæ functus annis

quindecim cum approbatione. Paupertatis memor & charitatis & vjgilantiæ,

in labolando impiger vt Si quid temporis ab officio liberum haberet horologiis cudendis

impenderet mirantibus cunctis tantam in affecto corpore constantiam; exhibuit

etiam patientiæ Specimen in Supremo vitae Spatio, quo grauiter aegrotauit tribus

enim ante obitum annis ægrum anhelitum traxit, ex oppresso pectore & tandem

exhydropisj & febriculâ consumptus est.

(p.10)

Philbertus Gueneau Niuernensis, Scholasticus approbatus,

obiit Parisiis in Collegio, Secundo Nouembris, ætatis anno vjgesimo tertio,

Societatis quinto, pius, modestus, compositus, & ea morum honestate; in communj congressu vt eum omnes Suspicerent. Docuit Grammaticam Aureliae annis,

duobus Sed tertiam grammatices Scholam Parisiis vix mensem vnum aggressus,

letalj morbo quo per octiduum decubuit fortiter Superato, & Sacramentis deuote

Susceptis, interiit, magno apud Nostros Suj relicto desiderio.

Pater Leonardus Garreau, Lemouix, quattuor Votorum Professus,

obiit Secundo Septembris, interemptus ab Iroquæis, in noua Franciâ dum pergeret

ad Hurones. Annos natus erat quinquaginta, ex quibus in Societate vigintj,

in missione Canadensi Sexdecim posuit, mira Sunt quae referunt earum regionum

Patres nostrj de Zelo eius, in animabus Infidelium Deo lucrandis, & laboribus indefessis

de amore crucis & euangelicæ paupertatis, de pietate erga Christum dominum & de

cæteris eius virtutibus, quas ipsi fusius exequentur, hoc vnum de glorioso ejus obitu

Silere non debeo. Cum ab Iroquæis per proditionem contra pacta cum Francis inita

bellum intentatum esset. Nauiculæ quæ aliquot e Nostris vehebant cum huronibus

pluribus Sclopetis et catapultis impetitae Sunt. Vnde contigit vt glande plumbeâ

traiiceretur hic Pater in Spina dorsj, quæ plagâ ingentj vulnerata atque confracta est,

biduo tamen Superuixit interemptoribus suis beneprecans & necem ignoscens

Suam, & Spoliatus vestibus omnibus ipsoque indusio ac relicto vnico femoralj,

reportatus est in vnam habitationem Societatis quæ in monte Regalj Sita est, cum

acerbissimis doloribus in corpore Sed ineffabilj gaudio in mente,

quod Christo

Domino Similis esset in morte nudus & expoliatus & ab omnij Solatio destitutus.

Tandem a Patre Claudio Pitart locj Superiore Solicite habitus & Sacramentis

Ecclesiæ procuratus, beatum Spiritum transmisit in Coelum Relictis exuuiis

corporis Suj in eâ Insula Syluestrj.

Thomas Ruault, Ebroicensis, Coadiutor temporalis, obiit Parisiis in Domo Professa, decimo octauo Decembris, ætatis anno Trigesimo quinto, Societatis

octauo, lugubri casu, labentis in caput tignj ex Superiori tecto, quod incendium

conceperat, in æde Domui nostrae vicinâ, cui extinguendo dum adlaborat, vna cum

aliis Patribus & fratribus, huic ingentj damno Succubuit; accepto grauj vulnere

in cerebro, quo non statim extinctus est, sed post tres hebdomadas decubitus, datis

Signis eximiæ patientiæ, & Susceptis deuote omnibus Sacramentis Ecclesiæ,

(p.11)

beato fine quieuit. Eminebant in eo virtutes multæ, Charitas in pauperes, quorum necessitatibus Studiose Subueniebat. Vnde & post obitum eius, acerbe planxerunt.

Pietas erga Deum Singularis qua se a turbis Subducebant vt Libros pios legeret,

& in Sui Custodiam incumberet. Exacta regularum omnium custodia, Sed earum

maxime quæ ad officium Janitoris domesticj Spectabant, vnde fiebat vt Superioribus

æque ac inferioribus mire charus & acceptus esset.

Annæ Litteræ
Provinciæ Franciæ
Anni Dominj
1656

主要参考文献

Ⅰ. 手稿本

Annuæ Litteræ Prouinciæ Franciæ Ad annum Christi 1656, Roma, ARCHIVUM ROMANUM SOCIETATIS IESU, 6 feuilles (12 p.)

Ⅱ. テキスト
1) パスカル

PASCAL (Blaise), *LETTRE A VN PROVINCIAL,* Edition princeps, 1656-1657.
― *Les Provinciales,* Cologne, 1657 (398-111 p.)
― *Les Provinciales,* Cologne, 1657 (396-108 p.)
― *Litteræ provinciales... a Wilhelmo Wendrockio... e gallica in latinam linguam translatæ,* Cologne, Schouten, 1658, XL-646 p. in-8°.
― *Les Provinciales,* 1666.
― *Les Provinciales, ou Lettres écrites par Louis de Montalte à un provincial de ses amis et aux RR. PP. jésuites avec les notes de Guillaume Wendrock* [P. Nicole] (traduites en français par Mlle de Joncoux), 1699, 3 vol., in-12.
― *Les Provinciales,* Paris, éd. Maynard, 1851, 2 vol., in-8°.
― *Les Provinciales,* éd. Ernest Havet, Paris, 1885, 2 vol., in-8°.
― *Les Provinciales,* Paris, éd. Auguste Molinier, 1891, 2 vol., in-8°.
― *Œuvres complètes,* Paris, Hachette, (Grands Ecrivains), éd. Brunschvicg, 1904-1914, 14 vol. in-8°).（略記号 *GE.* ローマ数字は巻数を表す）
― *Les Provinciales,* Paris, éd. Tourneur, 1944.
― *Les Provinciales,* Ed. Steinmann, Paris, 1962.
― *Les Provinciales,* Paris, Garnier, éd. de L. Cognet, 1965, (503-122p.)（略記号 *PC.*）

— *Œuvres complètes,* Paris, Seuil, éd, Lafuma, coll.《Intégrale》1963, in-8°, 677 p.（略記号 *OCL.*）

— Original des *Pensées de Pascal,* フランス国立図書館所蔵　レオン・ブランシュヴィック編　パスカル『パンセ』草稿ファクシミレ版　和文解説　広田昌義

— *Œuvres complètes de Blaise Pascal,* textes établis par J. Mesnard, 《Bibliothèque Européenne》, Desclée, de Brouwer, tome 1, 1964, tome 2, 1970, tome 3, 1991, tome 4, 1992.（略記号 *OCM.*）

—『パスカル全集』全3巻, 人文書院, 1959.

—『パスカル著作集』(略記号『P著作集』)全7巻, 教文館, 1980-1984.

—『メナール版　パスカル全集』(略記号『MP全集』)白水社, 第1巻, 1993, 第2巻, 1994.

—『パスカル　田舎の友への手紙：プロヴァンシアル』森有正訳, 白水社, 1949.

2）ジェズイット

ANNAT (Le P. François), *La Bonne Foi des Jansénistes,* Paris, 1656. In-4°.

— *A la XVII LETTRE,* BM. [A. 17120[61p]

— *Response à la plainte que font les Jansénistes de ce qu'on les appelle hérétiques,* BN. [D. 3773.

NOUET (Le P. Jacques)

— *Response à l'onzième lettre des Jansénistes,* 1657.

— *Response à la douzième lettre des Jansénistes,* 1657.

— *Response à la treizième lettre des Jansénistes,* 1657.

— *Response à la quatorzième lettre des Jansénistes,* 1657.

— *Response à la quinzième lettre des Jansénistes,* 1657.

— *Continuation des impostures que les Jansénistes publient dans leurs lettres contre les jésuites,* 1659.

NOUET, ANNAT, DE LINGENDES et BRISACIER, *Réponses aux "Lettres*

Provinciales", Liège, 1657.

PIROT (Le P.), *Apologie pour les casuistes*, Paris, 1657.

RAPIN (Le P. René), *Mémoires du P. René Rapin*, 3 vol. Paris, 1865.

DANIEL (Le P. Gabriel), *Entretiens de Cléandre et d'Eudoxe*, 1694.

3）アウグスティヌス，カルヴァン

Œuvres complètes de saint Augustin, traduites en français et annotées par MM. Péronne..., Paris, 1860-1878, 34 t. en 33 vol., in-8°.

Œuvres de saint Augustin, Bibliothèque Augustinienne publiée sous la direction des Etudes Augustiniennes, Desclée, De Brouwer, 1936 〜, in-16.

CALVIN (Jean), *Ioannis Calvini opera quae supersunt omnia*, éd. Guillaume Baum, Edouard Cunitz et Edouard Reuss, 1864-1900, 59 t. (= Corpus Reformatorum, vol. 29-87)

— *Ioannis Calvini opera selecta*, éditées par Peter Barth et Wilhelm Niesel, 5 vol. Munich, 1926-1952.

— *Institution de la Religion chrétienne*, t. I-IV, Genève, Labor et Fides, 1955.（略記号 *INS.*）

カルヴァン『キリスト教綱要』全4巻，渡辺信夫訳，新教出版社，1962-1965.

Ⅲ．文献・研究書

1）17世紀

ANNAT (Le P. François)

— *De Incoacta Libertate;* Romæ, 1652.

— *Cavilli Jansenianorum*, Parisiis, 1654.

— *Rabat-joye des Jansénistes*, Paris, 1656.

ARNAULD (Antoine, dit le Grand), *Œuvres de messire Antoine Arnauld*, Paris; Lauzanne, 1775-1783, 43 t. en 38 vol., in-4°.

ARNOUX (Le P. Jean), *La Confession de foi de Messieurs les ministres...*, Paris, 1617.

BAUNY (Le P. Etienne), *Somme des Péchés,* 1640.

BRISACIER (Le P. Jean de), *Le Jansénistes confondu* ..., Paris, 1561.

CAUSSIN (Nicolas), *Apologie des religieux de la Compagnie de Jésus,* Paris, 1644.

CLAUDE (Jean), *Une Réponse aux deux traitez*..., 1665.

— *Lettre d'un provincial à un de ses amis*..., 1667.

— *Traité de l'Eucharistie*..., 1667.

COTON (Le P. Pierre), *Cinquante-quatre demandes du R. P. Coton,* Paris, 1600.

— Lettre déclaration de la *doctrine,*..., Paris, 1610.

ESCOBAR y MENDOZA, *Liber theologiae moralis viginti et quatuor Societatis Jesu doctribus reseratus,*..., Lugduni, 1646.

GARASSE (Le P. François). *Le Rabelais réfromé*..., Brusselle, 1619.

GONTIER (Le P.) *Correction fraternelle adressée pour*..., 1617.

HERMANT (Godefroi), *Mémoires de Godefroi Hermant, sur l'histoire ecclésiastique du XVIIe siècle* (1630-1663), 6 vol., Paris, 1905-1910.

JANSENIUS (Cornelius), *Augustinus,* Louvain, 1640.

LE MOYNE (Le P. Pierre), *Manifeste apologétique pour la doctrine du religieux de la Compagnie de Jésus,*..., Paris, 1544.

MEYNIER (Le P. Bernard), *Le Port-Royal et Genève*..., 1656.

MOLINA (Le P. Luis), *Concordia liberi arbitrii cum gratiae donis,*..., apud A. Riberium, 1588-1589.

MOULIN (Pierre du), *Bouclier de la foi,* Charenton, 1618.

— *Des Traditions et de la perfection*..., Sedan, 1631.

— *Nouveauté du papisme,* Sedan, 1627.

— *Véritable narré de la conférence,* 1609.

— *Trente-deux demandes,* La Rochelle, 1607.

— *Anti-Coton, ou réfutation de la lettre déclaration,* 1610.

— *De la juste providence de Dieu,* La Rochelle, 1617.

— *Défense de la Confession,* Charenton, 1617.

NOUET (Le P. Jacques), *Response à quelques demandes, dont l'éclaircissement est*

nécessaire au temps présent, 1655.
― *Response à un écrit intitulé de l'illusion théologique,* Paris, 1657.
― *La Présence de Jésus-Christ,* 1666.
― *Lettre à M. Claude,* 1668.
ORMESSEN (Olivier d'), *Journal,* 2 vol.1860-1861.
RICHELIEU (Armand Jean du Plessis), *Les principaux points de foi de l'Eglise catholique,* Poitier, 1619.
SAINT-GILLES d'ASSON (Baudry de), *Journal* in *Etudes pascalienne,* No. 9, 1936.
SIRMON (Le P. Antoine), *Défense de la vertu,* 1641.
SOMMERVOGEL, *Bibliothèque de la compagnie de Jésus,* 1890.
VERON (Le P. François), *Briefve réplique du dernier livre de Du Moulin,* Paris, 1623.

2) 19・20世紀
BAUDIN (abbé Emile), *Etudes historiques et critiques sur la philosophie de Pascal.* 4 vol. 1946-1947.
BAYET (Albert), *Les Provinciales de Pascal,* Paris,1946.
BOUTROUX (Emile), *Pascal,* Paris, 1939.
BREMOND (Henri), *Histoire littéraire du sentiment religieux en France...,* t. IV, 1920.
BRUNSCHVICG (Léon), *Pascal,* Paris, 1953.
BUSSON (Henri), *La religion des classiques* (1660-1685), Paris, PUF, 1948.
― *La pensée religieuse française de Charron à Pascal,* Paris, J. Vrin, 1933.
CHAPLOT (Gaston Reginald), "Pascal, Arnauld et Port-Royal" <Entretiens des Amis de Pascal>, 1929.
CHEVALIER (Jacques), *Pascal,* Paris, 1941.
COGNET (l'abbé Louis), *Le Jansénisme,* Paris, 1961.
― "Le jugement de Port-Royal sur Pascal", in *Blaise Pascal, L'homme et L'œuvre,* Paris, 1956.

— "Pascal et Port-Royal". in *Pascal, textes du tricentenaire*, Paris, 1962.

DAVIDSON et DUBE, *A CONCORDANCE TO PASCAL'S LES PROVINCIALES*, 2 vol., New-York & London, 1980.

DEMOREST (Jean-Jacques), *Dans Pascal, essai en partant de son style*, Paris, 1953.

DESCOTES (Dominiques), *L'Argumentation chez Pascal*, PUF, 1993.

DU BOS (Charle)《Le langage de Pascal》, La Revue hébdomadaire, 14 juillet 1923.

DUCHÊNE (Roger), *L'Imposture littéraire dans les Provinciales de Pascal*, Aix-en-Provence, 1985.

— D'Arnauld à Pascal ou l'art de faire 《plus court》 in *Méthode chez Pascal*, 1979.

FERREYROLLES (Gérard), *Blaise Pascal, Les Provinciales*, Paris, 1984.

FUMAROLI (Marc), "Pascal et la tradition rhétorique gallicane, in *Méthdes chez Pascal*, 1979.

— *L'âge de l'éloquence, Rhétorique et 《res literaia》*, Genève, 1980.

GORCE (Mathieu-maxime), "Introduction aux Provinciales de Pascal: Nicolaï et les jansénistes ou la grâce actuelle suffisante", *Revue Thomiste*, 1932.

GOUHIER (Henri), *Blaise Pascal Commentaires*, Paris, Vrin, 1966.

— "La Tragédie des Provinciales" (*La Table Ronde*, 1962).

JANSSEN (A.) "un polémiste anti-janséniste. Le Père Fr. Annat in *Mélanges d'histoire offerts à Charles Mœller*, Université de Louvain, 1914.

JOVY (Ernst), *Etudes pascaliennes*. 1932.

KOYANAGI (Kimiyo), 小柳公代『パスカル　直観から断定まで』名古屋大学出版会, 1992.

KRABBENHOFT (Kenneth), "Pascal contre Caramuel", *XVIIe siècle*, 1981.

LANSON, (G.), "Les Provinciales et la théologie morale des Jésuites", *R.H.L.F.*, 1900.

LAPORTE (Jean), *La doctrine de la grâce chez Arnauld*, 1922.

— *La doctrine de Port-Royal*, Paris, 1923. 4 vol.

LE GUERN (Michel), *L'image dans l'œuvre de Pascal*, Paris, 1969.

LEFEVBE (Henri), *Pascal*, Nagel, 2 vol. 1949 et 1954.

MAKITA (Yoshikazu), 牧田吉和『慰めと希望の教理としての改革派予定論』日本基督改革派教会憲法委員会, 1996.

MAURIAC (François), *Blaise Pascal et sa soeur Jacqueline*. 安井源治・林桂子共訳, モーリアック『パスカルとその妹』理想社, 1963.

MURRAY (John), *Redemption Accomplished and applied*, The Banners of Truth Trust, 1961. 松田一男訳, ジョン・マーレー『キリスト教救済の論理』小峯書店, 1972.

MAYNARD (abbé M.-U), *Pascal, sa vie et son caractère,...* Paris, 1850.

MESNARD (Jean), *Pascal et les Roannez*, Paris, 2 vol. 1965.

― *Pascal*, Paris, 5 éd. 1967.

― "Pascal et le problème morale, *L'Information Littéraire*, 1966.

― L'invention chez Pascal, *Pascal présent*, 1962.

MIEL (Jan), *Pascal and Theology*, Baltimore and London, 1969.

MILLET (Olivier), *Calvin et la dynamique de la parole, Etude de rhétorique réformée*, Champion, 1992.

― *Calvin et la culture de son temps*, 1997.（林伸一郎・森川甫共訳『カルヴァンとその時代の文化』関西学院大学『社会学部紀要』No. 82, 1999.）

MORIKAWA (Hajime), 森川甫『フランス・プロテスタント　苦難と栄光の歩み―ユグノー戦争, ナント勅令, 荒野の教会―』日本基督改革派教会西部中会, 1999.

―「近世フランス女性の教養へのアプローチ」宮谷宣史編『性の意味　キリスト教の視点から』新教出版社, 1999.

MOROT-SIR, *La Métaphysique de Pascal*, Paris, 1973.

― 広田昌義訳, モロ・シール『パスカルの形而上学』人文書院, 1981.

ORCIBAL (Jean), *Les origines du jansénisme*, Paris, 1947.

PANNIER (Jacques), *Histoire de l'Eglise réformée de Paris sous Louis XIII*, Strasbourg, 1922.

REX (Walter E,), *Pascal's Provincial Letters*, London-Sydney, 1977.

RIMBAULT (Lucien), *Pierre du MOULIN, 1568-1658, Un pasteur classique l'âge classique*, Paris, 1966.

RUSSIER (Jeanne), *La foi selon Pascal*, 2 vol. Paris, 1949.

SAINTE-BEUVE (Charles-Augustin), *Port-Royal*, Paris, 1878, 7 vol.

SELLIER (Philippe), *Pascal et saint Augustin*, Paris, 1970.

— "Vers l'invention d'une rhétorique: *les Provinciales.*"

— La rhétorique de Sain-Cyran, I, Chroinique Port-Royal, N°s 26-28, 1977-1979.

SHIOKAWA (Tetsuya), 塩川徹也『虹と秘蹟』岩波書店, 1993.

SMITS (Luchesius), *Saint Augustin dans l'œuvre de Jean Calvin*, Assen, 1957 (I), 1958 (II).

SOUILLE (Joseph), "Les idées de Pascal sur la morale", Paris, 1923. (Archives de la philosophie, I, 3).

STAUFFER (Richard), *"Creator et Rector Mundi":. Dieu, la création et la providence dans l'œuvre homilétique de Calvin*, Lille, 1978.

STEINMANN (Jean), *Blaise Pascal. Les Provinciales*, Paris, 1962.

— *Pascal*, Paris, Cerf, 1954.

STROWSKI (Fortunat), *Pascal et son temps*, Paris, 3 vol., 1918.

SUEMATSU (Hisashi), 末松寿『パンセにおける声』九州大学出版会, 1990.

TILLICH (Paul), *Vorlesungen über die Geschichte des Christlichen Denkens*, Stuttgart, 1971.（大木英夫・清水正訳『キリスト教思想史』「Ⅰ. 古代から宗教改革まで」

TOPLISS (Patricia), *The Rhetoric of Pascal*, Leicester University Press, 1966.

VASCO (Nathalie), *La Notion de grâce chez Pascal*, Lille, thèse, 1986.

WARFIELD (Benjamin Brackinridge), *Calvin and Augustin*, The Presbyterian and Reformed Publishing Company, 1956.

WENDEL (François), *Calvin, sources et évolution de sa pensée religieuse*, Paris, 1950.

あとがき

　フランス文学、哲学のなかで、ブレーズ・パスカルは私にとっては、いわば初恋の人であった。大学2年生の時、Classique Larousse の *Les Pensées* を友人と毎週輪読し、卒業論文は〈Pascal — son idée de la foi dans le discours du pari —〉（パスカル―賭けの議論における信仰思想）、修士論文は〈Étude sur l'Histoire du Salut dans les *Pensées* de Pascal〉（パスカルの『パンセ』における救済史の研究）の題目で執筆した。大阪大学の和田誠三郎先生は新設第1年目の仏文学専攻博士課程において、ラフュマ版『パンセ』をテキストに私ただ1人を相手に演習して下さった。当時、先生は博士論文を執筆中であられたので、その苦闘が演習のなかでひしひしと感じられた。関西学院大学社会学部に就職後、兵庫県海外留学生、フランス政府給費留学生として、1965年から1967年にかけて2年間、初めてフランスに留学した。L'histoire des *Provinciales* et la pensée théologique de Blaise Pascal, de Port-Royal et des Jésuites（『プロヴァンシアルの手紙』の歴史とブレーズ・パスカル、ポール・ロワイヤル、および、ジェズイットの神学思想）の題目でパリ大学博士学位論文提出候補者となるため口頭試問を受け、リストに入れられた。試験官は哲学史のジャン・ギットン教授（アカデミー・フランセーズ会員、1998年没）であった。論文指導は哲学史家のアンリ・グイエ教授（アカデミー・フランセーズ会員、1995年没）の指導を受けることになった。高等研究院ではジャン・オルシバル教授のジャンセニスム研究の講義に出席したが、厳密なテキスト・クリティクにただ感心し、謦咳（けいがい）に接するのみであった。カルヴァン研究のリシャール・ストフェール教授の講義には強い刺激を受けた。フランス国立図書館、マザリーヌ図書館、フランス・プロテスタンティスム図書館では文献研究を続けた。

　1967年秋、日本で論文を執筆することを期して帰国したが、その年の12月

に学費値上げ反対の学生運動が始まり、翌1968年から1970年まで大学紛争の火が激しく燃え上がった。学院、大学、学部の指導者が疲労などのため、次々と倒れるなかで、学部執行部の一員に任命され、紛争解決、カリキュラム改革に専念することになり、博士論文執筆どころではなくなった。1970年、実証的なパスカル研究で画期的な成果を発表されていたジャン・メナール教授が来日され、大阪日仏文化センターでパスカルの講演をされた。久しぶりにアカデミックな雰囲気を味わった思いであった。（関西学院千刈セミナーハウス発行 *SENGARI*, 1990 掲載の写真参照）

　大学紛争が漸く収まってきた頃、フランス大使館より博士論文を完成するためにフランスに招聘するとの通知を受け、1973年秋から再び、フランスに渡った。グイエ先生は退官されていたが、メナール教授が指導を引き受けて下さることになった。題目は Les Jésuites devant les *Provinciales* de Blaise Pascal（ブレーズ・パスカルの『プロヴァンシアルの手紙』を前にしたジェズイット）に変更した。今回の留学で論文を完成したいと思い、力を集中したが、1975年、留学期間の再度の延長願いを学部長に提出したところ、まず、恩師の山中良知教授から「フランス政府の決定よりも、学部教授会の決定が優先する。」という手紙をいただき、次いで、「4月より学生主任に任ずる」という返事を学部長から受け、帰国を余儀なくされた。4月初め、帰国して帰学すると、鉄パイプをもった全共闘のデモ隊の挨拶を受けるという第2次大学紛争の真只中であった。学部の学生主任、次いで、教務主任の職務を担当し、さらに、学院の企画・広報担当、院長の補佐をしているうちに博士論文ははるか遠いものになっていった。

　久山康理事長・院長（当時）は大学紛争後の疲弊した学院財政を再建した後、建学の精神を明確化し、時代を切り拓く3つの新学部を創設する構想を掲げた。その一翼を担う職員を単なる事務職員ではなく、教育行政の専門家と位置付け、その育成を図った。そのためのプログラムの1つが、世界の代表的な大学を訪問し、研修を受けるという企画であった。1年間、毎週研究会を持って準備し、研修旅行後には報告書の提出が求められた。その世話役には、長期留学をした教員が当たった。このような職務に加わり、論文執筆は

ますます遠くなっていった。それまで文献研究、資料の調査はかなり行なっていたが、博士論文執筆には私は致命的な欠陥を認識していた。それは、フランスの大学で博士論文に求められている発見の欠如であった。しかし、第2回の世界大学訪問研修旅行の際、まことに幸いなことに、書物を通して敬愛していたジョゼフ・ピタウ先生（当時、ローマ教皇補佐）にヴァチカンでお目にかかれるという幸運を得た。

　1974年、メナール先生は教授の指導の下に博士学位請求論文を執筆中の10名ほどの候補者を対象に、ユルム街のエコール・ノルマール・シュペリュール（高等師範学校）で、『プロヴァンシアルの手紙』について演習をしてくださった。その時、イエズス会を批判するこの『手紙』に対する、フランスのイエズス会からローマのイエズス会本部への報告書の存在の有無を尋ねたところ、そのような報告書は存在しないという返事であったと述べられた。私はイエズス会本部のこの返事には疑問を感じた。そして、それを調べてみたいという思いを持ち続けていた。ピタウ先生におずおずと「古文書館には入れていただけないでしょうか」とお伺いした。先生は即座に「できますよ。紹介しましょう」といとも簡単に引き受けて下さった。大喜びの私は、翌年の夏、ローマに滞在し、イエズス会古文書館を訪ねた。応対して下さった館長のラマル博士は初めはそのような報告書は存在しないと言われたが、記号で示されている資料を取り出して頂き、調べているうちに、1656年の *Annuæ Litteræ Prouinciæ Franciæ* 『フランス管区年次報告書』のなかに、Calvino, Luthero, Janseniorum などの文字が目に飛び込んできた。「あった」という感激。コピー、マイクロフィルムを頼むが、これは断られた。けれども、夏のローマに約1週間滞在して、古文書館 Archivum に通い、手稿本を筆写するのは大変快い作業であった。早速、メナール教授に報告すると、非常に喜ばれ、早く解読するように、また、指導することを約束して下さった。暫くすると、断られたコピーが送られてきた。続いて、何とマイクロフィルムも送って下さった。

　1988年、日本で、また、アジアで初めてポール・ロワイヤル学会が東京大学で開催され、関西では関西学院の上ヶ原キャンパスと千刈セミナーハウス

で欧米のパスカル学者50名も参加して関連集会が開催された。その時、大阪大学の赤木教授が学位論文を大阪大学に提出してはどうかと勧めて下さった。1989年3月31日、久山理事長・院長は北摂キャンパス予定地10万坪を兵庫県から購入取得する契約に調印して退陣した。10余年進めてきた3つの新学部設立構想の夢はついに水泡に帰した。失望落胆ではあったが、心気一転、パリ大学へ提出予定の学位請求論文を大阪大学に提出することを決心した。赤木教授は定年退官が迫っている時にもかかわらず論文審査を引き受けて下さった。

　畏友、フィリップ・セリエ（パリ・ソルボンヌ大学教授）、親しき友オリヴィエ・ミエ（バーゼル大学教授）は様々な質問に答えて下さった。想えば、山中良知先生（社会学部教授、1976年没）はつねに論文の完成を叱咤激励して下さった。実存主義の立場からパスカルの『パンセ』を愛読された久山康先生は、私のパスカル研究を評価されなかったように思うが、それでも、先生の主宰された『兄弟』誌に20回余り連載させて下さり、また「西谷啓治賞」を授けて下さった。山中先生亡きあと、武藤一雄先生はつねに温容に励まして下さった。先生に論文を捧げようとしていたが、間に合わなかった。1965年最初の留学前に、パスカル研究の計画について指導して下さったのは、パスカルの物理学についてパリ大学博士の学位を取得して帰国されたばかりの赤木昭三教授（当時、助手）であった。田辺保教授には卒業論文の審査を主任教授の畠中敏郎先生と共にして頂き、以後、親しい指導を受けた。支倉崇晴（東京大学名誉教授）、広田昌義（京都大学院教授）、塩川徹也（東京大学院教授）、末松寿（九州大学院教授）らの諸学兄からパスカル研究のアカデミックな多くの刺激、貴重な教えを受けた。春名純人、村川満教授からは学問研究を始めたときから絶えず、学問と信仰の友として多くの親しき教えを受けた。私のパスカルの研究がフランス、ヨーロッパの、日本の第一流の学者、研究者に導かれ、教えられて来たことに驚きを覚え、ただ感謝の他ない。膨大な教えを生かし得ず、出来上がった私の研究成果はまことに貧弱であると告白せざるを得ない。

　関西学院大学より本書の出版のため助成金を頂いた。関西学院大学社会学

部教授会は、海外渡航が難しかった時代から、幾度となく留学し、海外出張することをきわめて寛大に許可を与えて下さった。長らくの親しい同僚、細田千登史教授は、度々の在外研究を認めて、協力して下さった。また、関西学院大学文学部の松山康國、常俊宗三郎、嶺秀樹教授は大学院哲学研究科において哲学文献研究、哲学史特殊講義などを担当させて下さり、パスカルを講義する機会を与えて下さった。関西学院大学に30有余年勤務したなかで、最も知的緊張を覚え、最も愉快な講議の時間を持つことができた。学位論文を書物の形にできたのは、講議の準備と大学院院生諸兄姉との対話に負うところが大きい。厚く感謝申し上げたい。

関西学院大学出版会理事長、山本栄一経済学部教授は小生のパスカル論を聴いて下さり、出版会から刊行することを勧めて下さった。出版会の岡見精夫氏はこの学術出版のため小生の細かい要求に応えて下さった。戸坂美果さん、大変丁寧に原稿を見て入力して下さった北村典子さんにも感謝を捧げたい。長年、私の講議を聴いて下さっている大槻汎子さんと渡辺真理さんが校正と索引作成に協力して下さった。妻、美穂子も校正に力を注いでくれた。厚く感謝したい。

2000年弥生3月

版画について

本書に掲載している版画は、ポール・ロワイヤル図書館、フランス国立図書館、フランス・プロテスタンティスム図書館所蔵のものである。とりわけ、ポール・ロワイヤル図書館は、多くの版画を提供して下さった。ヴァレリ・ギティエンヌ・ミュルジェール館長 Mme Valéry GUITTIENNE-MURGER、ファビアン・ヴァンデルナルコ館員 M. Fabien VANDERNARCQ に厚く感謝申し上げる。

索　引

事項索引

ア

『アウグスティヌス』.. 13, 89, 91, 95, 97, 132, 227, 418
アウグスティヌスの恩寵論................................315-321, 336-339, 346-353
あいまい論法の教え...177, 290-291
アルノーに対する譴責.....................81, 131, 141-143, 145, 148, 270, 292, 306
『アンチ・コトン』...363-364

イ

イエス・キリストの生涯...67-75
イエズス会...1-2, 12-13, 81, 83, 107, 110, 116, 141, 151, 154, 157-159, 168, 170, 174, 183, 219-246, 250, 257, 272, 282, 296, 355, 425
イエズス会古文書館...2, 222, 415, 425
異教思想...7-10
意志の導き...164, 167-176, 271, 277, 278
異端...1-2, 65, 81, 94-98, 104, 106, 114, 124, 135, 137-138, 141-145, 152-153, 156, 174, 188-189, 194, 204, 207, 209-218, 221, 224-225, 227, 230-235, 237-246, 260-264, 266, 267, 270, 292-293, 305-308, 310, 319-320, 333, 343, 352, 356, 359
異端扱い...212-213, 215, 231, 233
祈り.....................................29, 37, 46-47, 51, 53, 136, 188, 281, 330, 336-339, 374, 376

エ

エピキュリアン...9-10

オ

恩寵...1-2, 8, 11, 35, 37, 39, 63, 87, 89, 91, 93-94, 97-99, 105, 118, 124, 129, 131-149, 211-218, 224, 235-236, 240-242, 246, 258, 262-263, 281, 292-293, 303-353, 359, 374
恩寵と自由意志...1-2, 11, 13, 89, 98-99, 138-139, 303, 305-306, 309-318, 320, 323-324, 328, 330-335, 341-342, 345, 347, 352, 353, 355
『恩寵文書』...11, 303, 310-321, 339, 341, 376

カ

改革派教会...10, 92, 238, 244, 347, 352-353, 363-366, 421
回心...34-39, 50, 57-58, 64-65, 69, 228, 251, 351, 372-373
蓋然性の教え，蓋然的教え...151-167, 163, 168, 197, 274
蓋然的意見...101, 152-153, 157-158, 162-163, 165, 170, 242, 275-278

科学思潮..7
活気..75, 298-300
カトリック...8, 11-12, 59, 92, 135,
137, 142, 145, 209-210, 214-215, 218, 229, 232, 235, 238, 240-246, 264, 270, 308, 356, 362-363, 366
カルヴァン派（カルヴィニスト）...12, 95, 97, 104, 135, 141, 147, 156,
166, 171, 174, 189, 212, 242-243, 244-246, 263, 266, 311-313, 315, 318-320, 332, 341-343, 352, 359-366
カルチエ・ラタン..90, 133, 283-284, 375
感情表現..264-269

キ

幾何学..7, 16, 77-79, 251
幾何学的精神..26, 77-83, 262-264, 288, 294
義人..94, 98, 134-137, 141-145, 280-281, 292-293, 305, 313, 332
「気に入る法」..80-83, 247, 289, 293-301, 355
貴婦人..97, 252, 372
教皇..2, 12, 89, 95-96, 111, 117, 132, 138, 142, 159-162, 193, 210-212,
217-218, 224-225, 228, 232-234, 239, 241, 250, 258, 272, 305, 309, 320, 328-329, 345, 361, 364-365, 425
教父
.....1, 66, 81, 138, 143-144, 151-152, 158, 166, 187-188, 198, 291-293, 303, 310, 320, 339, 345-346, 348
教養ある人..26-27, 97, 183, 252
虚偽..185-189, 192, 203, 240
『キリスト教綱要』..344-353, 417
近接能力..98-99, 133-138, 140, 279-285, 290, 305, 323, 339

ク

偶像崇拝..153
クレルモン学寮..90, 257, 272, 368, 375

ケ

計算機..7, 16-18, 24-25, 371
劇..247, 275-276, 279-285, 375
決定的回心..1, 21, 31-53, 55-83, 355, 373
原罪..316
現実の恩寵..81, 98, 100, 146-149, 271-272, 277, 289
原理と公理..9, 28, 69, 72-73, 79-81, 83, 168, 231, 278, 288-289, 291-301, 335

コ

幸福..59, 62, 82, 156, 177, 293-294, 317, 335-336, 376
告解..96, 103, 158, 180-183, 257, 268, 275

432 索引

古代教会の権威..345
5 命題...93-97, 105, 153, 214, 216-218, 227-228, 234-236, 251, 262, 307-308

サ

殺人...81, 104, 159-160, 169, 171-172, 188, 192-202, 239, 278, 291

シ

死...13, 21, 23-24, 33-34, 36, 43-45, 67, 69, 73-74, 91, 169-170, 173, 178, 187, 201, 311-313, 316-317, 324, 328, 332, 334, 336
ジェズイット(イエズス会士)..1, 81, 83, 87, 89, 91-96, 98-107, 109-112, 119, 121-123, 125, 131, 138-141, 145-149, 151-168, 170-174, 176-177, 180-183, 185, 187-199, 201-209, 211-214, 216, 221-222, 224-230, 233, 235, 237-243, 245-247, 249, 252, 256, 258-264, 266-278, 282, 285, 290-291, 295-297, 301, 305-308, 320, 343-344, 355, 359-361, 363-366, 373-375, 416, 423-424
ジェズイットの反論文書...1, 107-127, 141, 145, 185, 211-212, 225, 230, 359
『ジェズイットの倫理神学』
................................96, 97, 132, 142, 211, 216, 217, 305, 307, 91-93, 102, 290, 291, 295, 296, 297, 301, 305, 306, 307, 308, 320, 343, 344, 355, 359, 360, 361, 363, 364, 365, 366, 373, 374, 375, 423, 424
事実問題...96-98, 132, 142, 211, 216-217, 305, 307
シナ...153
社交界...1, 24-28, 35-39, 97, 228, 252, 297, 369-370, 372-373
ジャコバンの修道院...90, 283, 368, 375
シャラントン..11, 92, 212, 232, 242, 244-245, 266, 361, 363, 365-366
『ジャンセニストの不誠実』..108, 116, 123-126, 174, 211, 230, 233-234
ジャン・ダルバの話..159, 186, 257-258, 300
宗教体験..1, 33, 41, 51, 57, 373
十字架..43, 49-50, 52, 69, 73, 153
自由思想家→リベルタン
十分な恩寵...99, 138-141, 154, 213, 285, 306, 315-316, 318
情報提供..132, 174, 183, 253-254, 257-258, 270
女性...176, 297, 421
神学................................... 2, 74-75, 81, 89, 105, 137, 142, 152, 157-159, 173, 180, 228, 251, 253-254, 256, 270-273, 279, 283, 289, 297, 303, 307, 337, 344-345, 347, 355-356, 360, 366, 376, 423
神学者...79, 81, 104-105, 109, 114, 131, 133, 135, 140, 149, 152, 158, 188, 197, 211, 228, 239, 242, 252, 272, 343-344, 352, 374
真空..18-19, 20-21, 371
真空実験...7, 16, 18-21, 369, 371
紳士道(オネトゥテ)..26, 82
心内留保の教え...101, 176, 178
真理..8, 13, 16, 58, 61-65, 75, 77-80, 83, 144, 181, 186-187, 199, 208-209, 215, 221-222, 288, 291-292, 301, 309, 319-320, 327, 342, 374

事項索引　433

ス

数学者 18, 27, 58
救い 23, 37, 39,
47, 49-51, 66-67, 148, 156, 182, 273, 310-313, 315, 318, 325, 329, 336-338, 341, 352, 356, 364, 373
救い主 8, 73-74
ストイシスム（ストア哲学） 8-10

セ

聖餐論 11, 13
聖書 1, 13, 41-42, 45-46, 50-51, 57, 66, 68, 70-74, 138, 152, 178, 187, 207, 221,
245, 258, 272, 301, 320, 325, 327, 329, 336-337, 344-346, 348, 352-353, 355, 360, 362-366, 373-374, 376
聖職録 101, 159, 163-164, 170, 191, 204
聖人 65, 187, 208, 214-215, 292, 324-325, 328, 338
聖物売買 104, 163-164, 189-192, 263
聖母 176-179
聖霊 317, 318, 320, 324, 352
聖礼典 345, 353
説得術 1, 26, 78-83, 287-301
繊細さ 252, 374
繊細の心 26
全能の神 330-333, 337

ソ

相反する教説 341-344
ソルボンヌ 90-93, 97-100, 110, 117, 131, 133-135,
137, 142, 148, 202, 210, 227-229, 239, 253, 256, 270, 279-280, 283, 308, 349, 368, 374-375, 379, 426

タ

対話 8, 9, 57-66, 70, 75, 146, 222, 233, 247, 251-252, 269-285, 298, 300, 375
楽しみ 53, 89, 252, 295-301
食物 65-66
たましい、魂 33, 37, 39, 41-42, 50, 52-53, 66, 69, 73, 78-80, 148, 156, 288, 373
多様性 101, 298-301
断食 37, 154-155, 159, 273, 295-297

チ

中傷 104, 109, 112, 120, 122-123, 125, 141, 155, 159, 172-173, 188,
191-192, 198, 202-210, 213, 224, 231, 233, 237, 239, 240-242, 261-263, 265, 268, 359-360, 365, 366

嘲弄..104, 185-189, 267

ツ

罪...8, 92, 94, 96, 100, 133, 146-149,152-153, 155-157, 164, 167-170, 173, 175, 177-178, 180-181, 186, 194, 196-197, 199, 202-204, 210, 216, 257, 267, 268, 296, 309, 311-316, 318, 320, 323-324, 327-328, 331, 334-335, 342, 347-348, 364
罪人...147, 199, 206, 312, 342

テ

手紙形式..247, 249-269
哲学..2, 8, 58, 64, 66, 75, 79, 251, 423, 427
哲学者... 8, 33, 41, 44, 57, 59, 61, 63-66, 373

ト

登場人物..254-256, 269-273
道徳...2, 8-9, 13, 59, 62, 65, 92-93, 98, 101-103, 129, 148, 151-183, 185-210, 221-222, 224, 240-242, 246, 258-259, 262, 268, 297, 355, 360, 366, 374
「説き伏せる法」...80-83, 247, 289-293, 294, 301, 355
トミスト..133, 139-140, 255, 264, 281-282, 285, 290, 306, 308, 333
ドミニカン（ドミニコ会士）...................89, 91, 98, 136-137, 139-140, 256, 281-282, 285, 305-306, 375

ナ

ナヴァール学寮... 90, 133-135, 254, 270, 280-281, 283, 300, 368, 374-375
ナント勅令...10-11, 242, 244, 361, 421

ニ

肉体..37, 178, 179
人間.. 1-2, 8-9, 11, 13, 17, 23-24, 26-28, 41, 43, 45, 59-60, 62-63, 69, 73, 82, 94, 99-100, 139, 143-145, 152, 154, 167-168, 182, 188-191, 198-199, 201, 203, 206, 210, 270, 277, 292, 294-295, 305, 309-318, 320, 324-333, 335-339, 341-342, 345, 347-353, 355-356, 372, 376
人間観..341-353, 356, 376

ハ

パリ.. 11, 12, 15, 16, 17, 20, 21, 25, 26, 51, 92, 95, 98, 102, 111, 117, 124, 125, 154, 225, 242, 250, 266, 306, 346, 360, 361-362, 365, 366, 367-377, 379, 426
パリ大学.. 92, 105, 110, 111, 131, 253, 256, 423, 426
『パンセ』
..........1, 10, 16, 17, 26, 27, 34, 58, 67, 68, 75, 264, 285, 301, 355, 356, 372, 373, 375, 376, 416, 423, 426

事項索引　435

ヒ

皮肉..166, 171, 262, 268, 274, 275-279
ピュロニスム(懐疑論)..9, 10, 59, 65
ピュロン派, ピュロニアン(懐疑論者)...10, 60

フ

福音書.. 41, 44, 46, 49, 52, 67, 69, 70, 71, 72, 73, 74, 75, 151, 159, 160, 169
『フランス管区年次報告書』...................................2, 12, 221-226, 250, 355, 379-413, 425
『プロヴァンシアルの手紙』
.... 1, 2, 11, 13, 75, 79-83, 85-353, 355, 359-366, 373-374, 376, 379, 423-425
『「プロヴァンシアルの手紙」に対する回答』.................. 102-103, 107, 110-114, 116, 119-127, 141,
145, 147-148, 152-153, 163, 174, 185, 188, 190, 192, 198, 202, 205, 210, 215, 230, 234-235, 238-241, 245
『プロヴァンシアルの手紙』論争対照表.. 117-127
プロテスタント... 10-11, 13, 59, 92, 343, 356, 361-363, 421

ヘ

ヘクト・パスカル..7
ペラギウス派... 173, 313-315, 337, 349

ホ

法問題..96-98, 133, 142, 216, 305, 307
施し..104, 159-160, 189-192, 239, 263
ポール・ロワイヤル　.. 12-13, 36, 38, 58, 68,
70, 79, 81, 91, 95-97, 102-104, 106-108, 116, 121, 131, 204-205, 207, 209, 213-214, 222, 227-230, 232,
235, 238-244, 250, 252-253, 260, 262, 269, 290, 307-308, 343, 356, 369, 372-374, 376, 423, 425, 427
ポール・ロワイヤル・デ・シャン................................... 12, 57-58, 79, 97, 100, 228, 372, 376
ポール・ロワイヤル図書館...2, 427

マ

前置き...256

メ

『メモリアル』...33-35, 38-39, 41-47, 49-53, 57, 67, 69, 373

モ

モハトラ契約...174-175, 186
モリナ派(モリニスト)
.... 98-99, 118, 136, 270, 290, 293, 305-306, 310-311, 313-315, 318--320, 329, 332, 341-343, 374-375

ユ

有効な恩寵 99, 136-137, 139-140, 214, 216, 235, 306-308, 312, 328, 331, 333

ヨ

預言者 50, 182
『ヨハネによる福音書』 44, 46
喜び 18, 23, 27, 41-47, 49-50, 52-53, 57, 65, 170, 277, 317-318, 323-324, 328, 336, 351, 375, 425

リ

理性 8-9, 16, 38, 60-63, 154-156, 157, 182, 188, 271
律法 53, 98, 134, 148, 181-182, 196, 221, 291, 305, 317-318, 320, 324-325, 334, 337
リベルタン 10, 27, 92, 148, 370
良心問題判例学 101,
131, 151, 154, 159, 167-168, 174, 176, 183, 197, 199, 203, 238, 240-241, 257, 262, 274, 276, 277-278
良心問題判例学者 81, 101, 103, 109, 151-154, 156, 158-160, 162-167, 169-170,
172, 174, 191, 193, 195, 199, 201, 203, 234, 240, 258, 262, 268-269, 271, 274, 290-291, 295, 298
『良心問題判例学者弁護論』 109-110, 124-127, 154, 165, 174
隣人 156, 167, 176, 204
倫理神学 91-93, 101-103, 105, 157, 180, 241, 296

ル

ルーヴァン大学 13, 89
『ルツ記』 45

レ

レトリック 2, 65, 83, 251, 274, 285, 287-288, 295, 301, 355
連載 258

ロ

『ローマ教会の伝統の列挙』 93
ローマ教皇 89, 95, 224-225, 239, 250, 425
論証 1, 77-81, 287, 289, 291-293, 374

ワ

和解のミサ 2

人名索引

ア

アウグスティヌス　Augustinus.................. 13, 58, 61-62, 64-66, 72, 87, 89-91, 94, 97, 134, 143-144, 169, 187-188, 228, 292-293, 307, 309-311, 313, 315-321, 323-339, 341-353, 355-356, 360, 417, 422
赤木昭三...16, 426
アブラハム　Abraham... 33, 41-44, 46, 57, 373
アリストテレス　Aristotelēs.. 18, 154, 275
アルヌー　Arnoux (Le P. Jean).. 361, 364-366, 417
アルノー, アニェス　Arnauld (Agnès)... 372
アルノー, アンジェリック　Arnauld (Angélique)..12, 372
アルノー, アントワーヌ　Arnauld (Antoine, dit le Grand)
.................12, 70-72, 79, 81, 91-106, 110, 118, 131-133, 136, 141-145, 147-148, 208, 210, 228, 237-238, 241-244, 246, 250-251, 253, 270, 287, 292, 305-306, 343-344, 355, 359-360, 366, 374-375, 417, 420-421
アンナ, フランソワ　Annat (François)..96-97, 100, 102, 106-108, 114, 124, 147, 157-159, 170-171, 208-209, 211, 214-216, 218, 227-237, 252, 261, 307-310, 359, 416-417, 420
アンリ4世　Henri IV...11-12, 361, 363

イ

イエス・キリスト　Iēsous Christos, Jésus-Christ
....8, 10, 33, 37, 39, 41-47, 49-53, 57, 64, 67-75, 94, 143, 153, 182, 208, 209, 229, 241, 243-245, 292, 296, 312-313, 315, 317-318, 320, 326-327, 330, 341-342, 348, 352, 356, 362, 373, 419
イグナティウス・デ・ロヨラ　Ignatius de Loyala..12
イサク　Isaac..33, 41-44, 46, 373

ウ

ヴァンデル, フランソワ　Wendel (François)................ 320, 344-345, 347, 352, 360, 422
ヴァスケス, ガブリエル　Vasquez (Gabriel).............. 160, 161, 179, 190, 197, 239, 263, 296
植村正久..356

エ

エスコバル, アントワーヌ　Escobar (Antoine)
....101, 105, 154, 177-180, 191-192, 195, 199-200, 296, 418
エピクテートス　Epiktētos.. 8, 57-66, 70
エルマン, ゴドフロワ　Hermant (Godefroy).......................... 102, 105, 119-120, 122-125, 418
エレミヤ（イルメヤ）　yirmeyāh, Jérémie..50-51, 187

438　索引

オ

オリエ, ジャン・ジャック　Olier (Jean-Jacques) 96
オルシバル, ジャン　Orcibal (Jean) 423

カ

カトリーヌ・ド・メディシス　Catherine de Médicis 11
ガラス, フランソワ　Garasse (François) 10, 185, 366, 418
ガリレイ　Galilei 7
カルヴァン, ジャン　Calvin (Jean) 2, 11-12, 141, 148-149, 174, 207, 212, 215, 224, 235, 241-244, 307-311, 313, 316, 319-320, 327, 329, 331, 333, 341-353, 356, 360, 362-364, 417, 421-423

キ

ギットン, ジャン　Guitton (Jean) 423

ク

グイエ, アンリ　Gouhier (Henri) 42-47, 52, 64, 229, 423, 424
クロード, ジャン　Claude (Jean) 244-246, 418

ケ

ケプラー, ヨハネス　Kepler (Johannes) 7

コ

コトン, ピエール　Coton (Pierre) 361-364, 418
コニェ, ルイ　Cognet (Louis) ...87, 92-93, 95-96, 107, 120-123, 218, 228, 233-234, 240, 415, 419-420
コペルニクス, ニコラウス　Copernicus (Nicolaus) 7
小柳公代 18, 420
コルネ, ニコラ　Cornet (Nicolas) 93-94, 227
ゴンティエ　Gontier 361-363, 418

サ

サシ, ル・メートル・ド　Sacy (Le Maître de) 8-9, 57-66, 70, 75
サン・ヴァンサン・ド・ポール　Saint-Vincent-de-Paul 11, 93
サングラン, アントワーヌ　Singlin (Antoine) 12, 39, 57, 369
サン・シラン, ジャン・デュヴェルジエ・ド・オーランヌ　Saint-Cyran (Jean Duvergier de Hauranne)
.... 12, 36, 68, 91, 93, 165, 422
サン・ジール, ボードリ・ド　Saint-Gilles (Baudry de) 104, 117-118, 120, 121-122, 225, 419
サンチェス, トマ　Sanchez (Thomas) 157-158, 171, 177-178, 233-234
サント・ブーヴ　Saint-Beuve 77, 234, 237-238, 252-253, 343, 422

人名索引

シ

塩川徹也 42, 422, 426
シャヴィエル（ザビエル）、フランシスコ・ド　Xavier (Francisco de) 12, 374
ジャックリーヌ→パスカル
ジャンセニウス、コルネリウス　Jansenius (Cornelius)
.... 13, 70-72, 89, 91, 94-98, 132-133, 142, 159, 206, 211, 213-217, 227-230, 235-236, 239, 241, 250-251, 262-264, 267, 269, 305, 307-308, 323, 327, 333, 343, 359, 418
ジョヴィ、エティエンヌ　Jovy (Etienne) 118, 121-122
ジルベルト→ペリエ、ジルベルト

ス

スアレス、フランソワ　Suarez (François) 180-181, 197, 239, 296
末松　寿 422, 426
ストフェール、リシャール　Stauffer (Richard) 423
スミッツ、リュシェシウス　Smits (Luchesius) 345, 347, 352

セ

セリエ、フィリップ　Sellier (Philippe) .... xvi, 287, 303, 323, 330, 332, 335, 379, 426

ソ

ソクラテス　Sōkratēs 274-279
ゾンメルヴォーゲル　Sommervogel 123, 229

タ

田辺　保 15-16, 58, 67, 77, 107, 285, 303, 426

テ

デカルト、ルネ　Descartes (René) 7, 18-19, 370
デコット、ドミニック　Descotes (Dominiques) 287-288, 420
デュ・ヴェール、ギヨーム　Du Vair (Guillaume) 8
デュ・ムーラン、ピエール　Du Moulin (Pierre)
.... 92, 141, 147, 154, 156, 164, 166, 170-171, 174, 188-189, 241-244, 246, 266, 359-366, 419

ト

トマス・アクィナス　Thomas Aquinas 89, 98, 138, 154, 164, 191, 307, 309-310, 329, 333, 338
トリチェリ　Torricelli 19

ナ

ナヴァール, アンリ・ド　Navarre (Henri de) →アンリ4世
中村雄二郎..107

ニ

ニコル, ピエール　Nicole (Pierre)..97, 100, 102-106, 108, 138, 141, 146, 151, 159, 167, 174, 176, 180, 185, 189, 192, 198, 202, 205, 211, 216, 228, 252, 287, 343-344, 355, 415
西川宏人..34
ニーゼル, ヴィルヘルム　Niesel (Wilhelm)......................................344, 417
ニュートン, アイザック　Newton (Isaac)..7

ヌ

ヌエ, ジャック　Nouet (Jacques)..........................93, 104, 107, 152, 155, 157-161, 164-166, 170, 173, 185, 188, 190, 192, 198, 202, 205, 210-211, 227, 230, 233-234, 237-246, 359-366, 416-419

ハ

パスカル, エティエンヌ　Pascal (Etienne)..................15, 18, 23, 36, 287, 367, 369, 370-372
パスカル, ジャックリーヌ　Pascal (Jacqueline)
....15, 23-24, 28-29, 34-39, 50, 68-69, 367, 369, 371-373, 420-421
支倉崇晴...41, 58, 77, 426

ヒ

ピタウ, ジョゼフ　Pitau (Josephe)..425
広田昌義...251, 416, 421, 426
ピロ　Pirot...152, 154-157, 159-163, 165-166, 169-170, 172, 359, 417

フ

フェレイロル, ジェラール　Ferreyrolles (Gérard).....................................290, 295, 420
フォジェール, プロスペル　Faugère (Prosper)..68
プラトン　Platon..65, 276
ブランシュヴィック, レオン　Brunschvicg (Léon)....................17, 68, 87, 415-416
ブリザシエ, ジャン　Brisacier (Jean)..95, 153, 418

ヘ

ペトロ　Petros...133, 143-144, 292, 293
ペラギウス　Pelagius..314, 350
ペリエ, ジルベルト　Périer (Gilberte)..........15-16, 23-25, 33-39, 52, 82, 287, 294, 367, 369-372, 377
ペリエ, フロラン　Périer (Florin)..19-20, 23-24, 28-29, 50, 371

人名索引 441

ペリエ, マルグリット　Périer (Margueritte) 15, 25, 34, 36, 229
ペリエ, ルイ　Périer (Louis) 43-44, 52, 67, 77

ボ

ボオニー, エティエンヌ　Bauny (Etienne)
.... 92, 100, 102, 146-147, 155-156, 158, 164, 166, 178, 180-181, 186, 203-204, 257, 279, 418

マ

マーレー, ジョン　Murray (John) 352, 421
牧田吉和 353, 421
マザラン, ジュール　Mazarin (Jules) 93, 95-96, 102, 372
マタイ　Mattaios 43, 50, 73
松田一男 352, 421
マリア, マグダラ　Maria (Magdalene) 44-45, 51, 229
マルグリット→ペリエ, マルグリット
マルコ　Marcos 73

ミ

ミエ, オリヴィエ　Millet (Olivier) 426
ミトン, ダニエル　Miton (Daniel) 26-29, 372
ミール, ジャン　Miel (Jan) 303

メ

メニエ, ベルナール　Meynier (Bernard) 15, 209, 243-244, 418
メナール, ジャン　Mesnard (Jean)
.... xvi, 58, 68, 79, 98, 222, 229, 303, 310, 356, 374-375, 379, 416, 421, 424-425
メルセンヌ, マラン　Mersenne (Marin) 370
メレ, シュヴァリエ・ド　Méré (Chevalier de) 25-28, 82, 294, 372

モ

モーセ　mōše, Moïse 42-44, 51
望月ゆか 251-252, 303, 310
モーリアック, フランソワ　Mauriac (François) 35, 421
森 有正 416
モリナ, ルイス　Molina (Luis)
.... 89, 98, 165, 178, 199-200, 213, 296, 306-307, 309, 316, 319-320, 327, 329, 341-342, 418
モリニエ, オーギュスト　Molinier (Auguste) 68, 415
モロ・シール, エドゥワール　Morot-Sir (Edouard) 251, 421

442　索引

モンタルト　Montalte..81, 111, 123, 132-135, 137-138, 140-141, 143, 146-149, 151, 153-174, 182, 185, 252, 270-272, 274-280, 282-283, 289-290, 292, 295-300, 306, 415
モンテーニュ, ミッシェル　Montaigne (Michèle de)... 9-10, 57-66, 70

ヨ

ヨハネ　Iōannēs...44, 46, 73, 347, 348
ヨハネス・パウルス2世　Joannes-Paulus II...2

ラ

ラパン　Rapin (Le P.)...106, 119, 123-124, 222, 235, 237, 241, 249-250, 417
ラフュマ, ルイ　Lafume (Louis)...17, 43, 423
ラブレー, フランソワ　Rabelais (François)...366
ラポルト, ジャン　Laporte (Jean)...303, 343-344, 420

リ

リアンクール　Liancourt...96
リシュリュー, ジャン・アルマン・デュ・プレシ　Richelieu (Jean Armand du Plessis)
....15, 25, 91-93, 365-366, 371, 419
リュスティジェ　Lustiger, J.-M...xvi, 2

ル

ルイ14世　Louis XIV..12, 95, 228, 250, 253
ルカ　Loukas..73
ルター, マルティン　Luther (Martin)...................10, 12, 148, 149, 224, 310, 329, 335, 343-44
ルツ　Rūt, Ruth...45-46, 51
ル・モワーヌ, アルフォンス　Le Moyne (Alphonse)
.... 100, 133, 136-137, 138, 148, 185, 281, 282, 290, 300, 374, 375, 418

レ

レギナルドゥス　Reginaldus..158-159, 171, 196, 199, 239, 240
レシウス, レオナール　Lessius (Léonard)..........170, 172, 175, 178, 191-195, 199, 233-234, 239, 272

ロ

ロアンネス　Roannez...25-26, 372, 376, 421
ロベルヴァル　Roberval..17-18, 370

ワ

和田誠三郎...423
渡辺信夫...346, 417

著者略歴
森川　甫（もりかわ　はじめ）
1932年　　神戸市に生まれる
1963年　　大阪大学大学院文学研究科博士課程中退
　　　　　関西学院大学社会学部専任講師、助教授を経て
現在　　　関西学院大学社会学部教授, 文学博士（大阪大学）
主要業績
（著書）　『フランス・プロテスタント　苦難と栄光の歩み
　　　　　　―ユグノー戦争, ナント勅令, 荒野の教会―』
　　　　　（日本基督改革派教会西部中会, 1999年）
（編・著）『現代におけるカルヴァンとカルヴィニズム』（すぐ書房, 1987年）
　　　　　Sengari-Séminaire sur les Pensées de Pascal（関西学院セミナーハウス, 1990年）
（翻訳）　Kazuta KURAUTI, L'avènement de la sociologie moderne au Japon
　　　　　(Cahiers internationaux de sociologie, P.U.F., 1974)
　　　　　リシャール・ストフェール『人間カルヴァン』（すぐ書房, 1976年）
　　　　　カルヴァン『新約聖書注解　共観福音書』上（新教出版社, 1984年）
　　　　　『要約イエス・キリストの生涯』（『メナール版パスカル全集』第2巻所収,
　　　　　白水社, 1994年）
（分担執筆）Pascal, Port-Royal, Orient, Occident, Paris, Klincksieck, 1991.
　　　　　宮谷宣史編『性の意味―キリスト教の視点から―』（新教出版社, 1998年）
　　　　　その他.

パスカル『プロヴァンシアルの手紙』―ポール・ロワイヤル修道院とイエズス会―
関西学院大学研究叢書　第95編
2000年8月28日初版第一刷発行

著　者　　　森川　甫
発行代表者　山本　栄一
発行所　　　関西学院大学出版会
所在地　　　〒662-0891　兵庫県西宮市上ヶ原1-1-155
電　話　　　0798-53-5233

印刷所　　　水書房
製本所　　　日本データネット（株）
函・写真撮影　清水　茂

©2000 Printed in Japan by
Kwansei Gakuin University Press
ISBN:4-907654-16-2
乱丁・落丁本はお取り替えいたします。

http://www.kwansei.ac.jp/press